specials Åland

– eine Auswahl

Weitere Karten und Stadtpläne:

Wir stellen mindestens 1-2 mal jährlich

AKTUALISIERUNGEN

zu diesem Reiseführer online:

www.edition-elch.de

Updates zu Buchinhalten, Leseproben, Leserpost, Links in den Norden

Autor **Heiner Labonde** und Autorin **Jessika Kuehn-Velten** sind die Finnland-Experten der Edition Elch.
Heiner Labonde ist Inhaber eines Verlags, der einen seiner Schwerpunkte auf finnische Literatur und Themen setzt.
Jessika Kuehn-Velten ist Kinderpsychotherapeutin, arbeitet in Fortbildung und Supervision im Kinderschutz sowie als freie Schriftstellerin auch mit Kurzprosa und Lyrik.
Die Autorin und der Autor verbringen mehrere Wochen im Jahr in Finnland – eine besondere Liebe gilt den åländischen Schären.

Ein herzliches Dankeschön an: Riitta-Lea Värelä für viele schöne Gespräche, sorgsame Informationen, gute Kooperation …
Autor, Autorin und Verlag bedanken sich auch bei allen Leserinnen und Lesern, die uns Anregungen und Korrekturen zuschickten, allen voran Robert Asam, Andreas Dörich, Christian Koch, Bernd Preibisch und Andreas von Wechmar. Und wir danken Gerd Kassel für sein wunderschönes Paddelfoto auf Seite 57.

Heiner Labonde und Jessika Kuehn-Velten
ÅLAND-INSELN
HELSINKI
OSLO
STOCKHOLM
KOPENHAGEN
Edition Elch

Autor und Autorin dieses Reiseführers haben die zusammengetragenen Angaben nach bestem Wissen erstellt, die Redaktion hat sie mit größtmöglicher Sorgfalt überprüft. Trotzdem sind inhaltliche Fehler nicht vollständig auszuschließen. Daher besteht auf die Angaben keine Garantie seitens des Verlages oder des Autors und der Autorin. Im Fall von inhaltlichen Abweichungen übernehmen weder Verlag noch Autor und Autorin dafür die Verantwortung und Haftung; dies gilt auch im Hinblick auf mögliche Unfälle, zum Beispiel im Rahmen von Paddeltouren, Wanderungen und anderen Aktivitäten.

LESERTIPPS

Schreiben Sie uns bitte, sofern Sie vor Ort Änderungen erlebt oder falls Sie Ergänzungsvorschläge haben. Wird Ihr Tipp in der nächsten überarbeiteten Ausgabe verwendet, bedanken wir uns mit einem Freiexemplar. Verlag und Autorenpaar freuen sich über jede Wortmeldung. Im Fall elektronischer Post senden Sie Ihre Anmerkungen bitte offen in einer E-mail, nicht als Anhang.

Edition Elch
Stichwort: Åland-Inseln
Hamburger Straße 70
D – 63073 Offenbach am Main
E-mail: ee39@edition-elch.de
Internet : www.edition-elch.de

Vierte, vollständig aktualisierte Auflage 2024

Elch-Logo: © *Petra Gran*
Fotos: *siehe Bildnachweis auf Seite 287*
Redaktion und Satz: *Pekka Sjöblom*
Karten und Umschlag: *Brigitte Otto, Konstanz*
Produktion: *druckhaus köthen, Köthen/Anhalt*

Inhalt

EINSTIMMUNG

DIE INSELHAUPTSTADT

FESTLAND-ÅLAND

Eine Übersichtskarte mit der Lage Ålands zwischen Schweden und Finnland ist auf Seite 3 platziert.

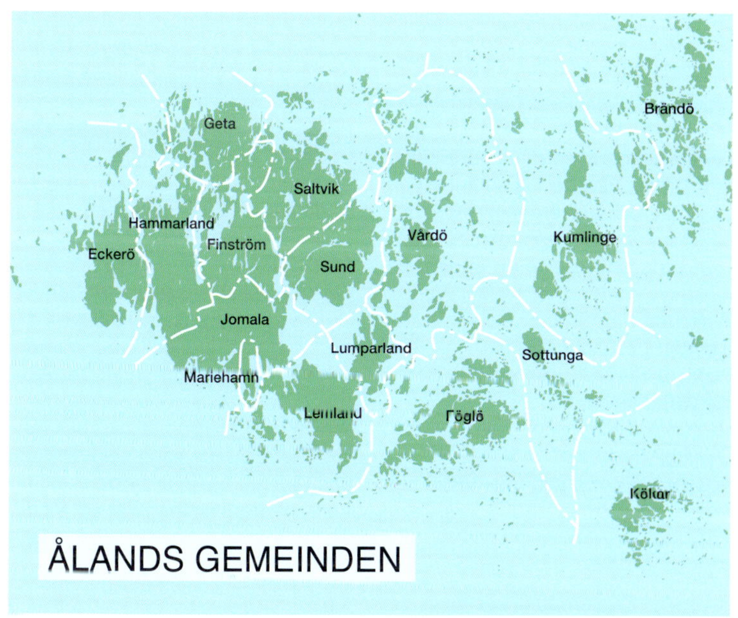
Geta
Brändö
Saltvik
Hammarland
Finström
Eckerö
Vårdö
Kumlinge
Sund
Jomala
Lumparland
Sottunga
Mariehamn
ÅLANDS GEMEINDEN

ABC Åland

AHVENANMAA

Åland ist der schwedische und offizielle Name, Ahvenanmaa die finnische Bezeichnung für den Archipel zwischen den Nachbarn Finnland und Schweden – beides steht für Wasser-Land; im Altfriesischen gibt es das Wort »A« mit entsprechender Bedeutung. Eine gelungene Bezeichnung, denn Wasser gibt's im Inselreich genug. Die Inseln gehören als autonome Region völkerrechtlich zu Finnland; Sprache und Kultur sind jedoch schwedisch ausgerichtet, wenn auch mit eigenen Sitten und Gebräuchen. Deshalb ist die Bezeichnung Åland auch die international übliche und korrekte.

BOOTSHÄUSER

Die rot am Wasser leuchtenden Holzschuppen, oft in Reihe nebeneinander am Ufer, tragen zu der einzigartigen Atmosphäre der Küstenlinien bei. Wenn sie sich, auf felsigem Grund gebaut und von Möwen umkreist, manche von Schiffen bewohnt, andere offen und einladend, im flachen Wasser zwischen den Steinen spiegeln, ist das Bild perfekt. Dazu ein Steg, ein Pfahl mit Rettungsring, eine Reuse an die Wand gelehnt ...

CYKEL

Beliebtes Fortbewegungsmittel auf Åland: das Fahrrad – auf Schwedisch *cykel*. Das Terrain ist meist eben, die Anstrengung angenehm, die Erkundung von Natur und Sehenswertem familienfreundlich möglich. Sobald die Hauptstraßen verlassen sind, spürt man Sonne und Wind, sieht sich satt an den Farben, an grünen Wiesen und Wäldern, an blauem Himmel und rotem Fels, atmet würzige Luft und Freiheit. Schärenfähren und Fahrradfähre überbrücken Wasserwege bis in die Schärengemeinden hinein. Zahlreiche Tourenvorschläge führen auf die interessantesten Strecken, und fast überall lässt es sich halten, schauen, picknicken, vielleicht baden, auf alle Fälle genießen ...

DUZEN

Die Verwendung des Du ist auf Åland wie auch bei den Nachbarn Schweden und Finnland sehr viel üblicher als im deutschen Sprachkreis. Das macht den alltäglichen Umgang recht unkompliziert. So dürfen Sie auch in Geschäft und Büro mit *hej* grüßen und sich mit *hejdå* verabschieden. Außer in sehr förmlichen Situationen ist das Du die Regel. Dies bedeutet nicht, dass alle Distanzen entfallen sowie Höflichkeit und Respekt auf der Strecke bleiben.

EISBUDEN

Eine heiße Leidenschaft der Åländer: Wo immer Speiseeis zu haben ist, bilden sich spontan kleine Schlangen. Jung und Alt sind zumindest im Sommer gleichermaßen lecksüchtig; und, schließlich ist Saison, kein trübes Wetter oder Schauer kann sie abhalten, auch am späten Abend in der Fußgängerzone der Inselhauptstadt Mariehamn wird rasch noch mal zugeschlagen. Ob vom Pappbecher ummantelt oder aus der Waffel quellend, die Portionen kann der staunende Zuschauer nur als Mega und Maxi bezeichnen und die Eisfreunde ob ihrer Balancierkünste bewundern.

FLACH

Die höchste Erhebung Ålands ist der Orrdalsklint in Saltvik – aber auch er bringt es auf nicht mehr als 129 Meter. So ist die Region eher flach, höchstens sanft gewellt. Das trotzdem Bizarre dieser Landschaft kommt durch die Felsformationen zustande, durch Grotten und Höhlen, Klippen und zerklüftete Uferfelsen. Da ist dann doch schon einmal ein kleiner, steiler Aufstieg, eine kurze Kletterpartie durch einen Felsspalt oder Kamin Abwechslung und Herausforderung gleichermaßen.

GRANIT

Prägende rötliche Farbschattierungen in weiten Teilen Ålands hat das schöne Urgestein Granit zu verantworten. Besonders angenehm als glatter Buckel, von der Sonne erwärmt, ideale Unterlage für ein Picknick-Päuschen. Zermahlen fädelt er sich als Belag für manchen ländlichen Weg durch eine grüne Landschaft. Klein und fein poliert kann der Inselgast ein Stückchen Granit und damit ein Stückchen Åland als Schmuck mit nach Hause nehmen. Ob am Ohr getragen, dekorativ um Finger oder Hals – eine bleibende und individuelle Erinnerung.

HALTESTELLEN

Auffällig in der Landschaft und nett anzusehen sind die åländischen Bushaltestellen der Überlandlinien, die die Landgemeinden miteinander vernetzen. Da winkt als Schild nicht nur

der weiße Bus auf blauem Grund, sondern darüber spannt sich ein Halbrund wie ein bunter Regenbogen – passend zu Ålands Farben. Die Bezeichnungen geben gleichzeitig Auskunft über die alten Flurnamen der heutigen Dörfchen, Weiler und Gehöfte.

INSELN DES FRIEDENS

Den schmückenden Beinamen trägt heute der Archipel, jahrhundertelang Streitobjekt und Schauplatz kriegerischer Auseinandersetzungen zwischen dem Königreich Schweden und dem zaristischen Russland. Zu verdanken hat er dies seinem demilitarisierten Status, erstmals festgelegt als »Ålandsservitut« 1856 und heute völkerrechtlich verankert in den Verträgen mit Finnland, ebenso gültig nach dessen NATO-Beitritt 2023. Die Insulaner sind vom Wehrdienst befreit. Mehr denn je kann Åland als Musterbeispiel dienen, wie auf politischem Weg und durch den Schutz von Minderheitenrechten Krisen vorgebeugt werden kann.

JESUSBILD

Was haben Christusdarstellung und Weihnachtsmann gemeinsam? Beide sind von Åland aus um die ganze Welt gegangen. *Haddon Sundblom* und *Warner Sallman* sind Maler und Grafiker, die aus Föglö nach Nordamerika emigrierten. Sallman schuf ein klassisches Jesusbild, das in unzähligen Reproduktionen international Verbreitung fand und findet. Und Sundblom zeichnet für den Prototyp des »Coca-Cola«-Weihnachtsmannes, mit Rauschebart und rotem Kostüm, verantwortlich. (Siehe Seite 242)

KASTELHOLM

Dieser einstige Verwaltungssitz der schwedischen Krone war immer mehr ein Schloss als eine trutzige Burg. Als Bollwerk gegen den östlichen Feind, so wie Schwedens Olafsburg im finnischen Savonlinna, taugte es nicht. Als Jagdschloss für Majestät und Gefolge schon eher. Und Steuern konnte man von dort aus auch einziehen. Kastelholm ist eine der wichtigsten Sehenswürdigkeiten Ålands – und das Freilichtmuseum Jan Karlsgården wie die kulinarischen Highlights von Smakbyn befinden sich gleich nebenan. Malerisch liegt es in reizvoller Landschaft, eine Einladung für Fotoapparate und Zeichenstift. (Siehe Seite 193)

LINDEN ...

... sind nur eine Art der zahlreichen Laubbäume, die Åland bewalden, nur ein Teil der herrlichen, für diese Breiten außergewöhnlichen Inselflora. In den Wäldern und auf den Hainwiesen blühen nicht nur Leberblümchen und Buschwindröschen, duften nicht nur Bärlauch sowie andere Kräuter, sondern finden sich ebenso Eichen, Ulmen, Birken, Ahorne, Eschen. Und die liebenswerte Hauptstadt Mariehamn trägt wegen ihrer prächtigen Alleen den Beinamen »Stadt der 1.000 Linden«. (Siehe Seite 110)

MITTSOMMERSTANGE

Midsommar ist auch auf Åland eins der wichtigsten Ereignisse im Jahr. Freudig wird er erwartet, bedeutet er doch den Beginn der Sommer- und Urlaubszeit. Hoch ragen in allen Gemeinden Holzstämme in den Himmel, geschmückt mit Kronen, symbolischen

Wo Mittsommerstangen in den Gemeinden aufgestellt werden, erfahren Sie in den einzelnen Kapiteln unter der Rubrik »Unterhaltung«.

Motiven, verschieden großen Kränzen, Sonnen, baumelnden Girlanden, fast alles in den traditionellen Farben Ålands: Gelb, Rot, Blau. In Gemeinschaftsarbeit wird der Kreppschmuck gebastelt, gemeinschaftlich wird der geschmückte Baum aufgerichtet, gemeinschaftlich wird gefeiert, getanzt, gesungen. Ein lebendiger und schöner Brauch. (Siehe Seite 72)

NACHBARN ...

... zu haben, auf die man sich verlassen kann, ist in dünn besiedelten und eher auf sich gestellten Regionen wie Åland und insbesondere seinen Schären auch heute noch eine wichtige Sache. Es gibt genug Situationen, etwa bei extremer Witterung, in denen der eine auf die andere angewiesen ist. Darum besitzt nachbarschaftliche Hilfe einen hohen Stellenwert vor Ort. Dazu gehört gleichzeitig jedoch auch der Respekt vor der Privatsphäre.

ORCHIDEEN

Das Klima und auch der Boden meinen es gut mit dem Archipel. Die Flora ist äußerst vielfältig, eine Pracht sind die Blumenwiesen und lichten Wälder. Besondere Aufmerksamkeit verdienen die Orchideen, die hier in mehreren Arten gedeihen, von Knabenkraut bis Frauenmantel. Immerhin handelt es sich hier ja ursprünglich um tropische Gewächse! Sie stehen alle unter Naturschutz und dürfen nicht gepflückt werden. Und es genügt ja auch völlig, sie an ihrem natürlichen Platz aufzuspüren und zu bewundern. (Siehe Seiten 132, 214 und 253)

POST

Auf Åland ging und geht die Post ab. Quer über den gesamten Archipel begegnet man den Zeichen des früheren Postwegs aus Königs- und Zarenzeiten, auf dem über Land und Meer die Sendungen zugestellt werden mussten, bei heftigem Wetter und schwerer See, über unsicheres Eis, in Sturm, Flut und Gefahr, was manches Menschenleben kostete. Ausstellungen, Landmarken sowie Broschüren zeugen davon. Heute ist Åland stolz auf seine Posthoheit und die eigenen Briefmarken – ganz und gar ungefährlich, außer dass Sammlerherzen höher schlagen. (Siehe Seiten 51/67)

QUILTEN ...

... ist nur eine der handwerklichen und schöpferischen Fähigkeiten, mit denen åländische Künstler und KunsthandwerkerInnen zu begeistern wissen. Ob ihre Produkte zum Verwenden gedacht sind oder nur der Freude des Anschauens dienen, ob das Material Metall oder Glas, Wolle, Filz oder Ton ist – immer wieder sind die unvorbereiteten Besucher erstaunt über die Vielfalt origineller Ideen und ihrer Umsetzung. Viele Künstlerinnen und Designer verstehen es, eine ganz persönliche Handschrift zu entwickeln und doch ihre Zugehörigkeit zum typischen nordischen Design zum Ausdruck zu bringen.

RÖSEN

Hügelgräber aus der Bronze- und Eisenzeit finden sich zuhauf im Archipel. Sie wurden zum Teil mit Steinsetzungen bedeckt und hervorgehoben, sei es in Form von Dreizacken, Schiffen oder eben Rösen, kleinen aufgeschichteten Steinhügeln. In Gräbern der oberen Klasse hat man wertvolle Grabbeigaben gefunden: Tongefäße und bronzene Schmuckstücke oder Waffen. Auch wenn das damalige Gemeinwesen Ålands noch zu wenig erforscht ist – die Rösen gelten als kleine Landmarken auf dem Weg in die Vergangenheit.

SCHAFE

Määhh blökt es einer/m interessiert bis freundlich entgegen. Kleine Schafherden grasen an vielen Orten auf der Insel und vermitteln ein Bild der Friedfertigkeit. Der Widder ist schon zu einem zumindest inoffiziell unbestrittenen Symboltier geworden. Gewundene Hörner gehören nicht nur auf die Weiden der Landgemeinden, sondern auch zum Stadtbild von Mariehamn. Da steht immerhin ein dreieckiges »Warnschild« mit einem *Gumse* drauf neben der Stadtbibliothek. Ein weiterer Bock wacht beim Parlamentsgebäude der Insulaner, ein Präsent der Gotländer. Und so manche Textilkünstlerin ist doch sehr auf die freundliche Zuarbeit der Wolligen angewiesen.

TACK

Freundlichkeit wird auf Åland groß geschrieben – und darf mit dem schwedischen Wort für »danke« quittiert werden. Versuche, in der trotz der Zugehörigkeit der Inseln zu Finnland schwedischen Heimatsprache zu kommunizieren, werden mit Freude angenommen. Und so schwierig wie das Finnische ist die Sprache ja auch gar nicht. Zumindest beim Lesen erkennt man einige Zusammenhänge, und beim Sprechen helfen dann immer noch die Gesten.

UNTERHALTUNG

Natürlich hat Åland keine Partymeile. Und doch: Im Sommer vermitteln die Inseln fast südländisches Flair, wenn man entlang der Bootshäfen flaniert, sich auf den Sonnenterrassen der Cafés und Restaurants zu Wein, Plausch oder Fischplatte trifft. Und dann die für die Größe des Archipels überraschend vielen und vielfältigen Festivals und Events! Von Rockoff bis Jazzhappening, von Filmfestival bis Wikingermarkt, von Orgelklang über Kammermusik bis zu sommerlichem Volkstheater auf Freilichtbühnen – nichts Aufgesetztes nur für Touristen, sondern Ausdruck echt åländischen Lebensgefühls.

VOTIVSCHIFFE

Ursprünglich waren viele Vorgänger der mittelalterlichen Kirchen Ålands als Seefahrerkapellen auf weiter Fahrt übers Meer Orte des Schutzes und der Zuflucht. Jahrhunderte später erklangen in den Nachfolgebauten genauso die Gebete für günstige Winde, der Dank für gelungene Fahrt und unver-

▲ Sie und andere Wollige lassen die Besucher vor allem auf Festland-Åland manchmal vergessen, wie nahe das Meer ist.

sehrt heimgekehrte Männer. Die von Seeleuten selbst kunstvoll gearbeiteten Votivschiffe in den Kirchen legen heute noch Zeugnis ab von der erlebten Rettung aus Seenot und Gefahr und sprechen in den Symbolen der Seefahrt von Hoffnung sowie tiefer Gläubigkeit. (Siehe Seite 75)

WIKINGER

Trinkfest und in Fell gekleidet, immer auf Eroberung aus, fremde Länder, fremde Frauen: Wir haben da feste Klischeevorstellungen, bereichert aber auch durch Cartoons wie über Hägar und den kleinen, pfiffigen Wickie, dessen Vätergeneration einer zünftigen Schlägerei nicht abgeneigt ist, anstatt im Verdacht umfangreicher Kopfarbeit zu stehen. – Auch auf Åland ließen sich Wikinger nieder und legten Spuren. Zwischen 800 und 1000 war ihre große Zeit. Besonders in der Gemeinde Saltvik kann man dem Volksstamm auf die Spur kommen. Etwa bei der Kirche in Kvarnbo mit dem Thingplatz, damals Ort der Beratung und Rechtsprechung. Aber auch beim alljährlichen Wikingerfest, mit Ständen fahrender Handwerksleut', Musikanten und Gauklern, mit Lagerfeuer, Speis' und Trank. (Siehe Seite 185)

XYLOGRAFIE

Die Kunst des Holzschnitzens. Eine der vielen Arten von Kunsthandwerk, die die Inseln vorzuzeigen haben. Da kommen Möbel, Reliefs, Gefäße und natürlich Schiffe zustande, formschön und haptisch, wie es das natürliche Material vorgibt. Daneben liegen Schwerpunkte im textilen Gestalten und im Silberschmieden. Einige Kunsthandwerker kann man im heimischen Atelier besuchen und ihnen beim Arbeiten über die Schulter blicken. Und gern ein Stück erwerben oder in Auftrag geben.

YACHTEN ...

... und Segelboote in imponierender Zahl gehören zu Ålands Küste und ihren Häfen wie der Rum zum Grog. Wer an feinen Sommerabenden entlang der Mariehamner Hafenpromenaden schlendert, sieht sie zu Hunderten: groß oder bescheiden, fein herausgeputzt, alt oder neu, besonders schön, wenn aus edlem Holz. Åland mit seinem großflächigen Schärengarten zieht Freizeitskipper aus allen Anrainerstaaten der Ostsee an. Eine gelassene Munterkeit liegt über der Szene, wenn sie sich vor roter Abendsonne bei einem Glas Bier oder einem Brandy an Deck treffen.

ZISCH ... !

Zeit zum Entspannen, für sich selbst, mit Freunden – die Sauna (auf Schwedisch *bastu)* schenkt auch auf Åland gesundes Schwitzvergnügen im heißen Aufguss-Dampf. Bei vielen Unterkünften mit Hütten findet sich ein eigenes Schwitzbad oder eine gemeinsame Strandsauna, nicht selten traditionell mit Holz befeuert. Mariehamn wartet sogar mit einem navigierbaren Saunafloß auf. Öffentlich wird nach Geschlechtern getrennt sauniert. Übrigens ist Sauna das einzige finnische Wort, das es rund um die Welt geschafft hat ...

Vor der Reise

Information

◎ **TURISTINFORMATION VISIT ÅLAND**, Torggatan 6 (Telegrafen), Tel. 00358 – (0)18 – 24000, info@visitaland.com, visitaland.com, Facebook.

Visit Åland ist der offizielle Tourismusverband, getragen von rund 240 Firmen aus der Branche. Visit Åland ist Ansprechpartner für Besucher und Gäste der Insel, unterhält eine Anlaufstelle in Mariehamn und ist Betreiber einer Internetplattform – dort finden sich (auch auf Deutsch) aktuelle und Hintergrundinformationen sowie (auf Englisch) einige jährlich aktualisierte, informativ-nützliche Broschüren zum Download: so der »Åland Guide«, das »Åland Travel Magazine« und der Schärenfahrplan »Skärgårdsguide«, weitere siehe unter »Mariehamn«. Die freundlichen, kompetenten Mitarbeiter geben zu speziellen Fragen auch telefonisch Auskunft (auf Englisch).

Diplomatische Vertretungen

Die autonome Provinz Åland ist ein integraler Bestandteil der Republik Finnland, dementsprechend nehmen die jeweiligen finnischen Botschaften ihre Außenvertretung wahr.

◎ **DEUTSCHLAND**: Botschaft von Finnland, Rauchstraße 1, D–10787 Berlin, Tel. 030 – 50 50 30, sanomat.ber@gov.fi, finlandabroad.fi/web/deu.

◎ **ÖSTERREICH**: Botschaft von Finnland, Opernring 5 / 6. Stock, A – 1010 Wien, Tel. 01 – 53 503 65, info.wie@gov.fi, finlandabroad.fi/web/aut.

◎ **SCHWEIZ**: Botschaft von Finnland, Weltpoststrasse 4, CH – 3015 Bern, Tel. 031 – 350 41 00, info.bern@gov.fi, finlandabroad.fi/web/che.

Einreisebestimmungen

◎ **REISEDOKUMENTE:** Für Touristen aus den EU-Ländern und aus der Schweiz genügt ein gültiger Personalausweis oder Reisepass, der bei der Einreise mindestens noch drei Monate gültig sein muss. Kinder egal welchen Alters brauchen ebenfalls einen Personalausweis oder Reisepass.

Touristen dürfen sich in Finnland/Åland drei Monate aufhalten, dort arbeiten oder studieren; erst danach ist eine Registrierung notwendig.

Finnland, Åland eingeschlossen, ist Unterzeichner des Schengener Abkommens: Damit entfallen in aller Regel genauere Kontrollen von EU-Bürgern und Schweizer Bürgern bei der Einreise. Dies gilt vor allem bei der Ankunft mit dem Flugzeug, aber auch beim Übersetzen mit der Fähre. Was Stichproben-Kontrollen jedoch nicht ausschließt …

Von Finnland nach Åland wählen Sie 018 – Rufnummer, aus dem Ausland 00358 – 18 – Rufnummer. Auf Åland gibt es die einheitliche Festnetzvorwahl 018 und verschiedene Vorwahlnummern für die Handynetze. Mehr auf Seite 42.

ÅLAND IM INTERNET

◎ In diesem Buch sind zahlreiche **WEBADRESSEN** aufgeführt, die zusätzlichen und aktuellen Informationsgehalt vermitteln. Die allgemeine Verbreitung von SMARTPHONES mit ihren Recherche- und Übersetzungsdiensten hat – unabhängig von deren Qualität – dazu geführt, dass viele Behörden, Dienstleister und Shops keinen englischsprachigen und schon gar keinen deutschsprachigen Inhalt mehr auf ihren Websites anbieten. Wir geben an, ob eine Website auch auf Deutsch (D) oder wenigstens Englisch (E) vorliegt. Der Stand der Digitalisierung und die Verfügbarkeit kostenfreien WLAN-Zugangs in Finnland, so auf Åland, ist erheblich weiter fortgeschritten als in Deutschland. Daher sind Smartphones & Co. wesentliche Informationsmedien auch im touristischen Sektor und haben zu einer spürbaren Verringerung gedruckter Informationen geführt. So nutzen viele Unternehmen zum Beispiel Facebook, um etwa häufig variierende Öffnungszeiten anzuzeigen. Nachfolgend sind einige Webadressen aufgeführt, die über das Touristische hinaus Gewinn bringen, auch wenn die Originalseiten oft nur in Schwedisch verfasst sind. Es gibt ja kostenlose Übersetzerdienste, manchmal (noch) unfreiwillige Übersetzungs-Komik inbegriffen.

◎ **visitaland.com/de** – Der Online-Auftritt von Visit Åland bietet auch in deutscher Sprache vielseitige Informationen und gut aufbereitete Artikel zum Reisegebiet. Die ansprechende Website wird regelmäßig aktualisiert.

◎ **www.regeringen.ax** – Hier haben Regierung, Behörden und öffentliche Einrichtungen das (schwedische) Wort und stellen verlässliche Links zu weiterführenden Informationen zur Verfügung.

◎ **www.aland.com** – Diese kommerzielle Seite enthält eine Menge an Informationen zu Essen, Reise und Unterkunft, Shopping, Dienstleistungen, Freizeit und auch zum Thema Sehens- und Erlebenswertes. Überwiegend auf Schwedisch, zum Teil mit englischen Texten. Des Weiteren finden Sie hier das åländische Telefonbuch und das Pendant unserer »Gelben Seiten«.

◎ **www.aland.ax** – Als »Begleitseite« der vorgenannten Adresse führt (auf Schwedisch und Englisch) das öffentliche Åland (det offentliga Åland) zu Informationen und Einrichtungen in den Bereichen Politik, Kultur, Gesundheit, Medien, Arbeit und Ausbildung.

◎ **www.viligt.ax** – Gewährt einen Überblick auf das reichhaltige kunst- und kunsthandwerkliche Schaffen auf Åland und die Personen dahinter.

◎ Die **KOMMUNEN** Ålands haben ihre eigenen Seiten, selten mit Hinweisen auf Englisch: *gemeindename.ax* führt zumeist in die gewünschte Region. Im Buch werden die Websites jeweils einleitend unter »Information« genannt.

◎ **MEDIEN**: Tageszeitungen »Ålandstidningen« (www.alandstidningen.ax) und »Bye Åland« (www.nyan.ax), Radio und TV (www.alandsradio.ax). – Außer den üblichen Sparten gibt's natürlich viele Berichte mit Lokalkolorit.

◎ Die Websites einiger **REISEVERANSTALTER** können hilfreich sein, wenn sie mit Unterkünften, Beschreibungen aktueller Events und Anreisemöglichkeiten aufwarten: www.alandsresor.fi und die Websites von Reedereien, wie www.vikingline.de und www.finnlines.com.

Wer mit dem eigenen Wagen unterwegs ist, benötigt den gültigen nationalen Führerschein, den Fahrzeugschein und das Eurokennzeichen am Gefährt. Die TÜV-Plakette sollte mindestens noch drei Monate gültig sein.

Detaillierte Informationen zu Einreisebestimmungen finden Sie unter um.fi (auf Englisch) beim Finnischen Außenministerium oder unter www.auswaertiges-amt.de, siehe Finnland, Reise- und Sicherheitshinweise.

◎ **HAUSTIERE**: Innerhalb der EU gelten einheitliche Regelungen für die Mitnahme von Haustieren. Herrchens/Frauchens Liebling braucht einen eigenen Reisepass mit Bild und Angaben über Tier, Besitzer/in sowie Impfungen, genannt EU-HEIMTIERPASS. Hunde, Katzen und Frettchen müssen außerdem mit einem Mikrochip gekennzeichnet sein. Eine gültige Impfbescheinigung gegen Tollwut ist obligatorisch; bei Reiseantritt muss die Impfung mindestens 21 Tage und darf höchstens ein Jahr zurückliegen. Wau, Miau & Co benötigen zusätzlich die tierärztliche Bestätigung über eine medikamentöse Behandlung gegen den Fuchsbandwurm (Echinokokkose).

Präzise Auskunft erteilt das Finnische Amt für Lebensmittelsicherheit RUOKAVIRASTO, Tel. 00358 – (0)29 – 530 0401 (Mo–Mi 9–11 Uhr), www.ruokavirasto.fi (E).

◎ **ZOLL**: Waren des persönlichen Bedarfs sowie als privates Geschenk sind für EU-Bürger nicht zoll- oder meldepflichtig. Dazu gehören die Medikamente in der Reiseapotheke in realistischem Umfang; eine Ausnahme jedoch sind Alkohol und Tabakwaren. Während es im übrigen Finnland bei alkoholischen Getränken für den persönlichen Bedarf oder als Geschenk keine Begrenzung gibt (den EU-Normen entsprechend), wartet Åland mit Sonderregelungen auf: Der Archipel gehört zwar zum Zollgebiet der EU, nicht jedoch zu deren Zone für Verbrauchssteuern/Mehrwertsteuern.

Reisende dürfen die gleichen Mengen einführen, die auch beim Duty-Free-Einkauf ausgeführt werden können. Die Einfuhr von Hochprozentigem ist Personen bis 20 Jahren nicht gestattet. Für Bürger aus Nicht-EU-Ländern sind die Regeln strenger. Genauen Aufschluss gibt tulli.fi (E).

◎ **DUTY FREE**: Grundsätzlich gibt es für EU-Bürger keine Duty-Free-Regelung. Mit einer Ausnahme: Wenn Sie mit einer Fähre fahren, die auf Åland anlegt, dürfen Sie auf dem Schiff verbilligt zugreifen – dank der Sonderregelung für Finnlands autonome Provinz: Diese Duty-free-Sonderregelung GILT ALLEIN auf den Schiffen, nicht jedoch in den gewöhnlichen Geschäften auf Åland.

Beachten Sie zollrechtliche Höchstmengen und dem Jugendschutz geschuldete Altersbegrenzungen beim Kauf von Tabakwaren und Alkoholika. Fragen Sie im Zweifel im Shop nach.

Klima und Reisezeit

Als Inselreich hat Åland ein ausgesprochen GÜNSTIGES MEERESKLIMA. Dafür sorgen besonders in der Hauptsaison im Sommer die Sonne, die zwi-

Manche Unterkünfte erlauben das Mitbringen von Haustieren, andere nicht. In jedem Fall sollten Sie sich im Voraus vergewissern.

ÅLAND-FREUNDE zu Hause FINDEN GLEICHGESINNTE IN DER **DFG** – der Deutsch-Finnischen Gesellschaft e.V. Kontakt via Bundesgeschäftsstelle: Scherlstraße 11-13, 04103 Leipzig, Tel. 0341 – 9999 7450, www.dfg-ev.de.

schen den vielen kleinen Inseln das oft flachere Wasser auch rasch erwärmen kann, und der Wind. Regenwolken setzen sich selten lang fest, sondern ziehen, mitunter innerhalb weniger Stunden, wieder weiter; rasch stabilisiert sich die Wetterlage zum Positiven. Die südliche Lage, bezogen auf Finnland, verspricht zudem besonders viele SONNENTAGE und angenehme Wärme. Die Statistik wartet für die letzten Jahre mit satten 300 Sonnenstunden im Juli auf, ein Spitzenwert im Norden. Das Klima ist, auch im Unterschied zum benachbarten Festland, sehr mild, davon profitieren Landwirtschaft und Schönheiten der Flora – wo sonst in diesen Breiten gedeihen so herrliche Orchideen und Laubwälder wie auf Åland?

Der Sommer ist natürlich die begehrteste Reisezeit: Die hellen Abende locken zu Festen und Tanz nach draußen, in den Häfen findet das Leben an Deck der Boote statt, man trifft sich beim Plausch in geselliger Runde im Garten oder auf einer der Restaurantterrassen. Von Juni bis Mitte August, wenn auch bei uns die großen Ferien sind, währt die Hauptsaison, und die meisten Lokale und Museen sind geöffnet.

Aber auch andere Jahreszeiten haben ihren Reiz. Zwar gibt es weniger Events und touristische Attraktionen, jedoch hat die Natur immer geöffnet und schenkt wunderbare Impressionen: Bilder in immer neuen Farben, wechselnde Lichtverhältnisse über dem Wasser, sanfte bis tosende Wellen – und Ruhe für die Begegnung mit dem alltäglichen Leben der Åländer. Auch der Herbst ist in der Regel lang und freundlich. Und wenn im Winter zwischen den Schären die Ostsee zufriert, schafft das eine eigene und besondere Atmosphäre.

Kleidung und Ausrüstung

Was die Touristen als Gepäck mit sich schleppen, hängt zum einen von den allgemeinen klimatischen Vorgaben, zum zweiten von besonderen Vorhaben oder Hobbys ab, denen sie frönen wollen. Vom Klima her dürfen sich die Åland-Besucher »mitteleuropäisch« kleiden. Neben der Grundausstattung empfiehlt sich eine leichte und komfortable Regenbekleidung; schließlich will man nicht vor jedem kurzen Schauer flüchten müssen. Ein warmer Pullover bzw. Fleecejacke oder -weste schützen in kühlen Abendstunden oder bei einer frischen Brise. Und festes Schuhwerk ist wegen des oft felsigen (bei Nässe zuweilen auch glatten) Untergrunds auf jeden Fall angezeigt.

Bekleidung und Ausrüstung richten sich natürlich auch nach speziellen Sport- und Freizeitaktivitäten. Wer einen Wanderurlaub plant oder eine mehrtägige Kajaktour, weiß in der Regel, welche Ausrüstung man braucht, oder informiert sich rechtzeitig vor der Reise. Dazu können spezielle Wanderschuhe gehören, Funktionsunterwäsche, ein Zelt mit windfester Sicherung, ein guter Schlafsack. Die Beachtung von Sicherheitsstandards ist ein Zeichen von Vernunft. So ist es nicht nur für Kinder und Ungeübte Pflicht, beim Bootssport Schwimmwesten zu tragen. Und beim Radeln über Stock und Stein einen Helm. So machen es auch die Einheimischen.

Ein normaler Theater- oder Restaurantbesuch erfordert kein spezielles Outfit. Hier gilt: Verhalten Sie sich so, wie Sie es im Heimatland bei entsprechenden Anlässen und in den entsprechenden Lokalitäten auch tun.

Gesundheit

◎ Gesetzlich KRANKENVERSICHERTE aus Deutschland, Österreich und der Schweiz haben auf Åland (wie in Finnland) Anspruch auf kostenlose ambulante Behandlung bei Unfall oder akuter Erkrankung. – Privat Versicherte sollten die Modalitäten mit ihrer Kasse IM VORAUS KLÄREN.

Legen Sie bei einer notwendigen ambulanten ärztlichen oder zahnärztlichen Behandlung (im Gesundheitszentrum Mariehamn oder Godby bzw. außerhalb deren Öffnungszeiten beim Bereitschaftsdienst) die **EUROPÄISCHE KRANKENVERSICHERUNGSKARTE**, ausgestellt von der heimischen Krankenkasse , und Ihren Personalausweis vor. Selbst zu zahlen ist IMMER eine Gebühr von rund 21 €. Bei Nutzung des Bereitschaftsdienstes werden etwa 29 € fällig. Für Personen unter 18 Jahren ist die Behandlung frei. Außerhalb der regulären Öffnungszeiten ist ein zusätzlicher Aufschlag fällig. Krankenschwestern und -pfleger verfügen übrigens, auch in der Erstversorgung, durchaus über mehr Kompetenzen als hierzulande.

Eine notwendige Krankenhausbehandlung erfolgt mit Einweisung; auch hier werden Zuzahlungen fällig. Für Medikamente und Behandlungen in privaten Arztpraxen, Zahnarztpraxen und Kliniken müssen Versicherte in Vorleistung treten sowie binnen 6 Monaten bei ihrer Krankenkasse eine Kostenerstattung beantragen – hier wird es ebenfalls einen Selbstbehalt geben. Schweizer Bürger sollten sich vor der Reise mit ihrer Krankenkasse besprechen.

◎ **INFORMATIONEN** über Leistungen im Krankheitsfall erhalten Sie bei Ihrer Kasse oder unter www.dvka.de.

◎ Prüfen Sie, ob eine PRIVATE **ZUSATZVERSICHERUNG** SINNVOLL ist, die alle nachgewiesenen Behandlungskosten und Rücktransporte im Krankheitsfall übernimmt.

◎ **VORSORGE**: Da der Archipel ein ZECKENGEBIET ist (wie auch mehrere Gegenden in Deutschland, vor allem im Süden) und infizierte Zecken FSME

Auf Seite 41 finden Sie eine Reihe Adressen aufgelistet, an die Sie sich im Notfall oder bei zu behandelnder Krankheit wenden können.

sowie Borreliose übertragen können, kann eine Impfung gegen FSME im Vorfeld der Reise sinnvoll sein – achtsames Verhalten unterwegs in der Natur sowieso. Ausreichender Tetanusschutz sollte selbstverständlich sein.

◎ An wen genau Sie sich für eine notwenige ambulante Behandlung **AUF ÅLAND** wenden müssen, steht im Kapitel »Unterwegs auf Åland« auf Seite 41. Bei Komplikationen stehen Ihnen ggf. auch das Touristenbüro in Mariehamn und/oder das dortige deutsche Honorarkonsulat (s.S. 40) zur Seite.

Reisende mit Handicap

Vorab-Information ermöglicht online visitaland.com, siehe unter »Plan your trip« und »Accessibility«.

Vor Ort ist das Touristenbüro in der Inselhauptstadt Mariehamn gern behilflich (siehe Seite 27).

◎ **HANDICAMPEN**, Ålands handikappförbund r.f., Skarpansvägen 30, AX–22100 Mariehamn, Tel. 00358–(0)18–22360, handicampen.ax (mit automatisierter Übersetzungsfunktion). Mo–Do 9–15 Uhr, Fr 9–13 Uhr.

Der lokale Verband für Menschen mit Handicap beherbergt 12 Selbsthilfegruppen unter seinem Dach und ist für Fragen rund um das Leben mit Einschränkungen auf Åland ansprechbar. Er unterhält auch eine Werkstatt mit Verkauf von Flaggen, Wimpeln, Geschenkartikeln, Holzspielzeug und -möbeln in der Fabriksgatan 12 in Mariehamn: FIXJÄNST, Facebook.

Geld

◎ **WÄHRUNG**: Offizielle Währung auf Åland ist der EURO. Wie in Finnland wird in Geschäften der Endbetrag auf 5 Cent-Beträge auf- oder abgerundet. Viele Geschäfte und Servicestellen nehmen ebenso SCHWEDISCHE KRONEN als Zahlungsmittel an.

Die Ein- und Ausfuhr von Zahlungsmitteln ist zwar unbegrenzt, jedoch müssen Summen ab 10.000 € deklariert werden.

◎ Die GÄNGIGEN **KREDITKARTEN** werden fast überall akzeptiert (sofern man es nicht an der kleinen Eisbude auf der vorletzten Schäre versucht). Generell ist das bargeldlose Bezahlen auch mit Handy oder Uhr üblicher als in Deutschland.

◎ Auch **GELDAUTOMATEN** kann man mit Plastikkarten füttern und erhält Bares – im mit dem heimischen Geldinstitut vereinbarten Rahmen. Dabei werden in der Regel sowohl gängige Kreditkarten als auch Debitkarten, wie die Girocard, akzeptiert. Zu gegebenenfalls im Ausland anfallenden Gebühren lohnt sich ein rechtzeitiges Nachfragen beim Kartenherausgeber.

In Mariehamn kommen Sie mit der Girocard gut zurecht. Es gibt mehrere der OTTO genannten Automaten bei Banken bzw. der Hauptpost im Zentrum. Der gebildete Otto spricht Englisch; hier kann man auch andere Bankgeschäfte tätigen. – Rechnen Sie aber nicht damit, im ländlichen Raum oder gar in den Schären fündig zu werden. NUR IN GODBY (Gemeinde Finström) gibt's einen Geldautomaten, während

Falls Sie den Verlust einer Geldkarte bemerken, lassen Sie diese von zentraler Stelle sperren: siehe Seite 41 unter »Praktisches A–Z, Hilfe, Sperr-Notruf«.

die Bankfilialen in den Schären kein (!) Bargeld mehr führen.

◎ **FAZIT**: Vorteilhaft ist die Kombination Kreditkarte und Debitkarte.

Karten

Wenn Sie sich vor der Reise Landkarten für Ihr Reisegebiet zulegen, achten Sie darauf, dass diese nicht älter als 2–3 Jahre sind bzw. dass es sich um die aktuelle Auflage handelt. Im Falle Ålands ist das Angebot an Plänen und Landkarten übersichtlich. Eine recht grobe Åland-Karte und immerhin einen Stadtplan Mariehamn enthält die TOURIST MAP, die es im Touristenbüro vor Ort gibt; beides enthält auch der informative ÅLAND GUIDE (siehe Seite 27).

◎ In Deutschland nicht mehr erhältlich, aber vor Ort im Buchladen und im Touristenbüro (noch) zu erstehen ist die nützliche **ÅLAND TURIST & CYCELKARTA** (Touristen- & Fahrradkarte) im Maßstab 1 : 100.000, herausgegeben von »Strax Kommunikation« in Kooperation mit Visit Åland. Sie beinhaltet ferner einen Stadtplan von Mariehamn sowie zahlreiche Informationen zu Sehenswürdigkeiten. Legende auch in Englisch. Letzte Auflage 2017. Preis 9,80 €.

◎ Für aktuellere und detailliertere Informationen und die Reiseplanung von zu Hause aus empfiehlt sich die **KARTE ÅLAND / AHVENANMAA** im Maßstab 1 : 60.000. Der zweiteilige Kartensatz aus robustem Papier eignet sich als Freizeit-, Rad-, Wander- und Wassersportkarte und beinhaltet Sehenswertes, Radwege, Bootshäfen, Unterkunft, Shops u.a. Verlag Calazo, 2022. In Deutschland im Fachhandel erhältlich. Preis um 30–35 €.

Die Karten lassen sich auch als DIGITALE VERSION fürs Smartphone erwerben.

◎ Auf der WEBSITE von VISIT ÅLAND (visitaland.com/de) ist eine **ÅLAND-KARTE** auzufrufen, die je nach angesteuertem Thema eine Auswahl von Unterkünften, Veranstaltungen, Sehenswürdigkeiten, Restaurants sowie Aktivitäten zeigt. Man sollte sich aber im Klaren sein, dass die Auswahl kein Qualitätsmerkmal ist, sondern dass etwa die Unterkünfte und Restaurants dort »nicht umsonst« aufgeführt werden; andererseits kann die Karte bei der Orientierung hilfreich sein.

Zurück zu visitaland.com/de: Unter dem Menü »Reise buchen« sind weitere Karten aufzurufen, zum Beispiel mit einer Auswahl an Badestränden.

BEZUGSQUELLEN

Die Mindestkriterien, um hier aufgeführt zu werden, sind eine breite Auswahl an Skandinavien-Karten und die Angabe der (ungefähren) Lieferzeit.

◎ **GEOBUCHHANDLUNG.DE**, Schülperbaum 9, 24103 Kiel, Telefon 0431 – 910 02, www.geobuchhandlung.de. Diese Versandbuchhandlung gibt das Erscheinungsjahr von Karten (und Literatur wie Reiseführern) an – ein weiteres kundenfreundliches Kriterium.

◎ **MAPFOX.DE**, Lauenburger Str. 2, 24113 Kiel, Tel. 0431 – 666 75 99, mapfox.de.

Anreise

Die Insellage Ålands bedingt, dass der Weg immer übers Wasser führt – und dass die Reisenden in der Regel mit einer Fähre oder, in geringerer Zahl, per Flieger anreisen werden. Eine Bahnreise dürfte an einem schwedischen Fährhafen enden; auf Åland selbst gibt es keine Schienen.

Åland ist von der Ausdehnung her überschaubar – so ist das Auto für die Entdeckung der Inseln nicht unbedingt notwendig, wenn auch je nach Interessenlage, bei Camping- oder Caravanferien beispielsweise, sinnvoll und unproblematisch. Das Zweiradparadies lässt sich ebenso gut per Drahtesel oder Motorrad erschließen.

Mit der Fähre

Direkte Fährverbindungen Deutschland – Åland gibt es nicht, es ist immer ein Umstieg erforderlich. Dabei kann die Anreise über Schweden, Finnland oder Estland erfolgen – je nachdem auch, ob das Gros der Strecke auf dem Wasserweg absolviert oder eine längere Schleife mit dem eigenen Fahrzeug über Land gefahren werden soll. Grundsätzlich stehen zwei bevorzugte Anfahrtrichtungen zur Wahl: von Schweden direkt nach MARIEHAMN, Ålands Hauptstadt, nach BERGHAMN (auf Eckerö) oder LÅNGNÄS (auf Lumparland); oder vom finnischen Festland nach Mariehamn oder Långnäs.

Die Überfahrt vermittelt schon das erste URLAUBSGEFÜHL, die Passage durch die Schärengärten vor Turku oder Stockholm und Åland ist eine berückende Strecke und stimmt, vom sonnigen Deckstuhl aus, so richtig auf die Ferien ein.

Åland wird von vier Fährlinien angesteuert: VIKING LINE und ECKERÖ LINJEN sind åländischer Herkunft (!), FINNLINES fährt unter finnischer Flagge und die SILJA-Schiffe gehören zur estnischen Reederei TALLINK SILJA.

◎ Allgemein ist zu beachten, dass die Reedereien (wie auch viele Hotels und andere touristische Anbieter) weitgehend dazu übergegangen sind, mit **FLEXIBLEN PREISSYSTEMEN** zu arbeiten, d.h. mit tagesaktuellen Tarifen: Autopakete und Spartarife fließen automatisch in den Buchungsvorgang ein. Alle folgenden Preisangaben sind daher nur Richtwerte. Gleichwohl gilt: FRÜHZEITIGE und gute Planung wird belohnt. Fragen Sie ggf. die freundlichen Damen und Herren, die sich hinter den telefonischen Info-Nummern verbergen, nach auf Ihre Bedürfnisse zugeschnittenen Konditionen. Aufgrund der flexiblen Preissysteme können bei einem Retour-Paket auch die Einzelpreise je nach Abfahrtszeit und Fahrtrichtung differieren. Unsere Tarifbeispiele beziehen sich, sofern nicht anders angegeben, auf Hin- und Rückfahrt für 2 Personen; die zwei jeweils angegebenen Tarife bezeichnen Neben-/Hauptsaison (etwa Mitte Juni bis Mitte August). Die Angabe der Fahrt-

Natürlich ist auch eine Bahnfahrt nach Stockholm mit anschließendem Umstieg auf eine Fähre denkbar, doch sind die aktuellen Verbindungen (via Hamburg und Kopenhagen) zu umständlich und im Vergleich mit dem Bus auch zu teuer.

zeiten erfolgt ohne Berücksichtigung der Zeitverschiebung (siehe Seite 42). Haustiere sind im Voraus zu buchen und kosten um 18 € je Strecke.

◎ Es können, sinnvoll eher für die längeren Nachtfahrten, **KABINEN** gebucht werden; auf einigen Abfahrten und/oder Schiffen sind sie sogar obligatorisch und kosten ab etwa 25 €.

VON SCHWEDEN NACH ÅLAND

◎ **STOCKHOLM – MARIEHAMN**: Die Passage wird von Viking Line, die in Mariehamn ihren Heimathafen hat, ganzjährig 3 mal täglich bedient. Die Schiffe fahren dann weiter nach Helsinki bzw. Turku, Mariehamn ist also Zwischenstopp. Die Überfahrt dauert etwa 5:30 Stunden (tagsüber) bzw. bis zu gut 8 Stunden (nachts). Für ein Retourticket zahlen 2 Personen ab 80 € ohne Kabine, mit Auto ab 168 €, mit 2 Fahrrädern ab 116 € – in Haupt- wie Nebensaison je nach Abfahrt und mit Rundtour-Ticket- oder anderer Ermäßigung.

Nachtfahrten übrigens gehen nach und starten zum Teil ab Långnäs (siehe unten); dann muss eine Kabine mit gebucht werden.

◎ Alternativ wird die Route **STOCKHOLM – MARIEHAMN** (und weiter nach Turku, Helsinki oder Tallinn) von den Tallink-Silja-Schiffen befahren. Die Preisgestaltung ist ähnlich; auch hier sind Nachtfahrten (mit Kabinenpflicht) erwartungsgemäß teurer und erfolgen zum Großteil von oder nach Långnäs.

◎ **STOCKHOM – LÅNGNÄS** (Lumparland): Nachts wird zum Teil Långnäs angefahren, in ca. 6:30 Stunden. Die Preise für die Nachtfahrten liegen etwas höher als die für die Tagfahrten. Långnäs liegt knapp 30 km von Mariehamn entfernt weiter östlich.

◎ **KAPELLSKÄR – LÅNGNÄS**: Finnlines bedient mit zwei neuen, komfortablen KREUZFAHRT-FÄHREN 2 mal täglich, morgens und abends, die Route Kapellskär-Naantali, mit Zwischenstopp in Långnäs. Die Überfahrt nach Åland dauert etwa 3:30 Stunden. Hier lohnt genaues Planen, denn die Tarife fürs Retourticket schwanken stark, liegen für 2 Personen mit Auto zwischen 96 und 153 €.

◎ **GRISSLEHAMN – BERGHAMN** (Eckerö): Täglich 2–3 Abfahrten bietet Eckerö Linjen, Fahrtdauer 2 Stunden. Es bestehen (erschwingliche) Zubringerbusverbindungen etwa ab Stockholm und Uppsala nach Grisslehamn sowie von Eckerö nach Mariehamn (und zurück). Retourticket 2 Personen um 34 € je nach Saison, mit Auto um 74 €, mit 2 Fahrrädern um 64 €.

VON FINNLAND NACH ÅLAND

◎ **TURKU – MARIEHAMN / LÅNGNÄS**: In 5:30/4 Stunden setzen die Schiffe ganzjährig einmal täglich über, bei Viking Line kosten die Tickets in Haupt- und Nebensaison für 2 Personen hin und zurück um 76/70 €, mit einem Pkw 192/142 € und mit 2 Fahrrädern 112/106 €.

Auch hier heißt die Alternative Tallink Silja, ganzjährig einmal täglich, je nach Abfahrt und Saison Retourticket für 2 Personen 70 –106 €, mit Pkw 150 –256 €.

◎ **HELSINKI – MARIEHAMN**: Diese Passage benötigt schon 10 –11 Stunden mit Viking Line. Je nach Wochentag und Saison differieren die Preise:

Elch-Tipp: Bei einigen Reedereien erhalten Mitglieder der Deutsch-Finnischen Gesellschaft (siehe Seite 17) einen Preisnachlass; dies gilt zum Teil auch für die Schwesterorganisationen in Österreich (ÖFG) und der Schweiz (SVFF).

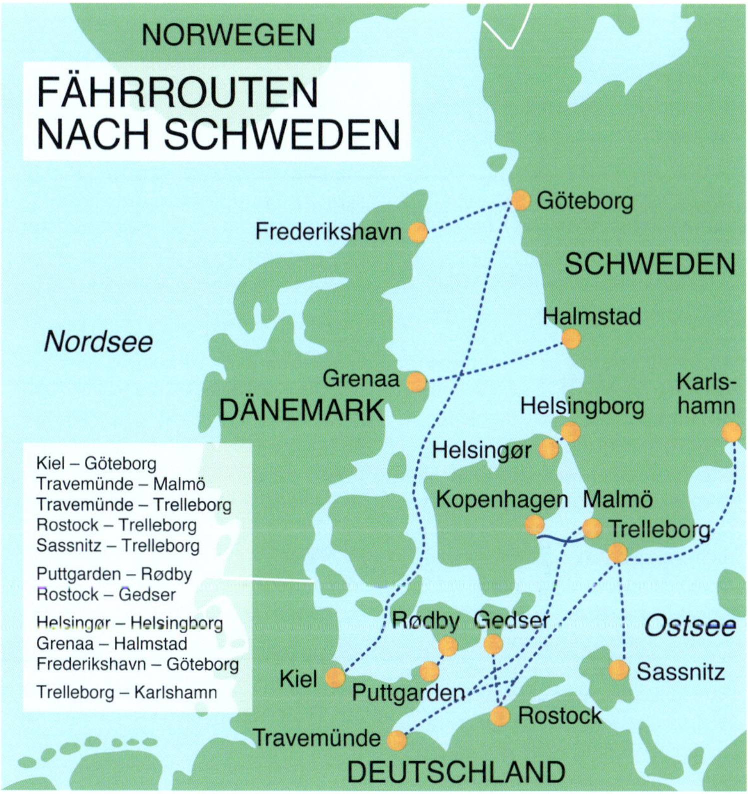
NORWEGEN
FÄHRROUTEN NACH SCHWEDEN
Göteborg
Frederikshavn
SCHWEDEN
Halmstad
Nordsee
Grenaa
DÄNEMARK
Helsingborg
Karls-hamn
Helsingør
Kiel – Göteborg
Travemünde – Malmö
Travemünde – Trelleborg
Rostock – Trelleborg
Sassnitz – Trelleborg
Puttgarden – Rødby
Rostock – Gedser
Helsingør – Helsingborg
Grenaa – Halmstad
Frederikshavn – Göteborg
Trelleborg – Karlshamn
Kopenhagen
Malmö
Trelleborg
Rødby
Gedser
Ostsee
Kiel
Puttgarden
Sassnitz
Rostock
Travemünde
DEUTSCHLAND

FÄHREN NACH ÅLAND
FINNLAND
Naantali
Turku/Åbo
Helsinki
SCHWEDEN
Berghamn
Mariehamn
Grisslehamn
Långnas
Kapellskär
Tallinn
Stockholm
ESTLAND

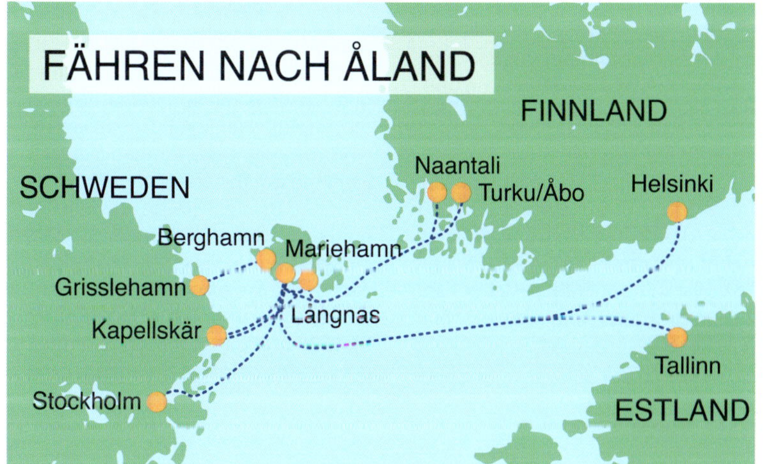

INSELHÜPFEN

◎ Eine ganz spezielle Art, Åland vom finnischen Festland bzw. von Turkus Schärengarten aus zu erreichen, besteht mit dem lokalen Fähranbieter **ÅLANDSTRAFIKEN**, der den Verkehr zwischen den Inseln und Gemeinden Ålands wahrnimmt. Zwei Linien stellen die Verbindung her – die SÖDRA LINJEN, die südliche Linie von Galtby auf Korppoo nach LÅNGNÄS (Gemeinde Lumparland), sowie die NORRA LINJEN, die nördliche Linie von Osnäs/Vuosnainen nach HUMMELVIK (Gemeinde Vårdö). Das Vergnügen rentiert sich preislich, sofern man nicht von einem Endhafen zum anderen fährt, sondern mindestens eine Übernachtung in den Schären einlegt. Während pro Strecke (Neben-/Hauptsaison) im Transit-Tarif 90/134 € fürs Auto, 365/547 fürs Wohnmobil und 26/18 € fürs Fahrrad anfallen, sind es im günstigen SCHÄREN-VERWEIL-TARIF je nach Linie und Strecke 19–34 / 24–42 € fürs Auto, 55–102 / 70 –130 € fürs Wohnmobil und 4–7 € fürs Fahrrad – das ist ein immenser Unterschied. Kontakt siehe unter »Buchung und Reedereien« auf Seite 25.

2 Personen plus Pkw und Innenkabine sind für 357 € (Nebensaison) bzw. 471 € (Hauptsaison) hin und zurück zu haben. Abfahrt 1 mal täglich. – Bei Tallink Silja mit ungefähr gleicher Fahrzeit kommt das Kabinenpaket, ebenfalls für 2 Personen, auf ca. 426/554 €.

VON ESTLAND NACH ÅLAND

◎ **TALLINN – MARIEHAMN**: Mit Tallink Silja (sowie von Mitte Juni bis Mitte August auch mit Viking Line) kommen Sie von Estland aus in die åländische Inselhauptstadt. Das Retourticket für 2 in der Doppelkabine kostet inklusive Auto 457–585 €; die Überfahrt dauert rund 11 Stunden.

AUS DEUTSCHLAND UND VIA DÄNEMARK / POLEN

Für die Kombination von Fähr- und Autostrecken ergeben sich zahlreiche Möglichkeiten, je nach Wohnort und Reise-Interesse. Einige Fährlinien bieten KOMBITARIFE an, so SCANDLINES mit der Verbindung Rostock-Gedser, inklusive der Fahrt über die Öresundbrücke für rund 110 €. Es gibt ferner Kombitickets mit den Stockholm-Mariehamn-Fähren.

◎ **DIREKT** nach **SCHWEDEN** oder **FINNLAND**: Von KIEL gelangen Sie mit STENA LINE nach Göteborg und Halmstad. – Von TRAVEMÜNDE aus geht es mit Finnlines nach Malmö, mit TT LINE nach Trelleborg und teilweise Karlshamn. – In ROSTOCK legen Stena Line und TT Line nach Trelleborg ab. – Ab SASSNITZ setzt FRS BALTIC nach Trelleborg über. – Anschließend geht's jeweils auf die Landpartie nach Stockholm, Kapellskär, Grisslehamn.

Von Travemünde können Sie nach Finnland durchstarten, vor allem falls Sie einen Teil des Urlaubs auf dem finnischen Festland verbringen wollen. Finnlines bringt Sie in 29–32 Stunden nach Helsinki (Vuosaari).

◎ **ANREISE** über **DÄNEMARK** oder **POLEN**: Scandlines bringt Sie entweder von Rostock nach Gedser oder von

Puttgarden nach Rødby mit Anschluss Helsingør-Helsingborg oder alternativ Öresundbrücke, für die ohne Kombitarif eine Maut zu entrichten ist; ohne Fähren durch Dänemark über Brücken und Tunnel nach Schweden zu kommen ist (über Jütland) möglich, aber umständlich. – Stena Line bedient die Route Grenå-Halmstad. – Ab Polen im Angebot sind die Verbindungen von Swinemünde nach Ystad (POLFERRIES) oder Trelleborg (TT-Line), von Gdynia nach Karlskrona (Stena Line) und von Gdansk nach Nynäshamn (Polferries).

◎ AUSFLUG ZUM **AUSFLUG**: Viking Line fährt neuerdings IM SOMMER eine Drei-Tages-Tour von Stockholm über Mariehamn nach Gotland, mit Bustransfer bis Visby, der Hauptstadt von Gotland.

BUCHUNG UND REEDEREIEN

Der Preisvergleich fällt auf den ersten Blick schwer. Wer bei einer Online-Buchung nicht alle Fragen beantwortet findet oder wem diese Art Recherche und Buchung nicht liegt, lässt sich in einem auf den Norden spezialisierten Reisebüro oder durch die Reedereien selbst beraten: Die Telefone sind zumeist Mo–Fr 8.30–17 Uhr besetzt.

Alternativ zu den Websites der Reedereien stehen Fährschiff-Portale wie www.directferries.de oder www.ferryexperts.com zur Verfügung.

◎ Die großen Reedereien, vor allem die auf Åland beheimateten Eckerö Linjen und Viking Line, vermitteln außer der Anreise ebenso Unterkünfte und **PAUSCHALANGEBOTE**, wie z.B. Golf , Angel oder Kanupakete. Hier dürfte sich für die jeweiligen Zielgruppen ein Preisvergleich rentieren.

◎ **ECKERÖ LINJEN**: Torggatan 2, AX–22101 Mariehamn, Tel. 00358–(0)18–28 000, www.eckerolinjen.se.

◎ **FINNLINES**: Einsiedelstraße 43–45, 23554 Lübeck, Tel. 0451–1507 443, www.finnlines.com.

◎ **TALLINK SILJA**, Mattentwiete 6, 20457 Hamburg, Tel. 040–547 541 222 (Mo–Fr 7:30–16 Uhr), de.tallink.com.

◎ **VIKING LINE**: Finnlandverkehr GmbH, Zwijndrechtring 75, 22846 Norderstedt, Tel. (Buchungen) 0046–8–4524087 (Mo–Fr 7:30–16 Uhr und auf Englisch), www.vikingline.de.

◎ **ÅLANDSTRAFIKEN**, Styrmansgatan 1, AX–22100 Mariehamn, Tel. 00358–(0)18–25600 (Mo bis Fr 10–17 Uhr), www.alandstrafiken.ax. Siehe den Kasten zum INSELHÜPFEN auf Seite 24.

◎ **FÄHREN VON DEUTSCHLAND AUS** ODER VIA DÄNEMARK / POLEN (Reihenfolge wie im Buch ab Seite 24): Scandlines, Telefon 0381–7788 7766, www.scandlines.de. – Stena Line, Tel. 0431–9099, www.stenaline.de. – TT Line, Tel. 0180–666 6600, www.ttline.com. – FRS Baltic, Tel. 0461–864 608, www.frs-baltic.com. – Polferries, Telefon 0046–40–121 700, polferries.de.

Mit dem Flugzeug

Direktflüge von Mitteleuropa nach Åland sind nicht im Angebot der Fluggesellschaften. So ist Umsteigen angesagt. Verbindungen bestehen von Helsinki und Turku sowie von Stockholm aus.

Von Finnland nach Åland wählen Sie 018–Rufnummer, aus dem Ausland 00358–18–Rufnummer. Auf Åland gibt es die einheitliche Festnetzvorwahl 018 und verschiedene Vorwahlnummern für die Handynetze. Mehr auf Seite 42.

◎ **FINNAIR**, der nationale finnische Carrier, steuert Mariehamn 1–2 mal täglich vom Flughafen Helsinki/Vantaa aus an (und retour). Die Flugzeit beträgt um 60 Minuten. Angebote für ein One-way-Ticket gibt es ab 127 €, je nach Datum und Flugzeit. Tel. (in D): 069 – 664 050 33, www.finnair.com.

◎ **AMAPOLA** (populAir): Die schwedische Airline fliegt Ålands Hauptstadt von Stockholms Flughafen Arlanda sowie von Turku aus an. Die Flugdauer beträgt jeweils rund 30 Minuten. Je nach Datum und Abflugzeit kosten Tickets für 2 Personen bei Abflug Stockholm 145–216 € sowie bei Abflug Turku 246–460 €. Tel. (Schweden) 0046 – 770 – 790 700, amapola.nu (E).

◎ Von Deutschland nach Finnland oder Schweden kommt man mit verschiedenen **AIRLINES**. »Finnair« und »SAS« sind die offiziellen nordischen Carrier; hinzu kommen »Lufthansa«, »Swiss«, »Austrian Airlines« und »Air Baltic« meist mit Zwischenstopp in Riga. – Flughafen-Informationen über Mariehamn und finnische Airports sind auf www.finavia.fi einzusehen.

Mit dem Bus

Eine gängige Busverbindung gibt es NACH SCHWEDEN, in STOCKHOLM ist dann der Umstieg auf die Fähre möglich. Die Häufigkeit der Fahrten reicht von 3 Abfahrten/Woche bis zu 2 Fahrten täglich in der Hauptreisezeit. Die Preise liegen um 60–100 € je Strecke.

Fahrräder können in begrenztem Umfang sowie zu bestimmten Zeiten mitgenommen werden, wofür ein Aufpreis um 8–18 € zu entrichten ist. Der Transport von E-Bikes ist (bisher) nicht vorgesehen.

Seit 2023 gibt es auch eine Flixbus-Verbindung nach HELSINKI. Beispiel mit Start in Berlin: Die Fahrt hat einen Buswechsel in Warschau und beinhaltet die Überfahrt per Fähre von Tallinn nach Helsinki. Das Ticket kostete bei Redaktionsschluss 106–188 €.

◎ **INFORMATION**: Flixbus, Birketweg 33, 80639 München, Tel. 030 – 300 137 300 (Callcenter, besetzt rund um die Uhr), www.flixbus.de.

Mitfahren

Für die Mitfahrzentralen ist Åland sicher kein übliches Ziel im Angebotsaufkommen. Versuchen kann man es trotzdem. Größere Chancen ergeben sich, nähert man sich mit Stockholm, Helsinki oder Turku dem Ziel an. In vielen Staaten Europas operiert www.blablacar.de, digital und Community-orientiert, mit Anspruch auf Seriosität und Transparenz.

Unterwegs auf Åland

Information vor Ort

◎ **VISIT ÅLAND**, Torggatan 6, AX–22100 Mariehamn, Tel. 00358 – (0)18 – 24 000, info@visitaland.com, visitaland.com. Juli bis Anfang August Mo–Fr 9–18 Uhr, Sa+So 9–17 Uhr, Juni sowie Rest im August Mo–Sa 9–17 Uhr, sonst Mo–Fr 9–16 Uhr. Das Touristenbüro in Mariehamn ist die zentrale Anlaufstelle mit freundlicher und kompetenter Information, der Vermittlung von Kontakten und teilweise Buchungen rund um Reise, Unterkunft, Ausgehen, Shopping, Aktivitäten und Events; zudem gibt es Karten und Broschüren:

◎ **ÅLAND GUIDE** heißt die informative A5-Broschüre in Englisch, die auf rund 100 Seiten Hinweise zu Sehenswürdigkeiten, Festivals, Aktivitäten, Ausflugs- und Familientipps, Märkten, Handwerk sowie Schärenschlaf enthält. Sie liegt vielerorts auf Åland aus, ebenso wie auf den Fähren. Eingeheftet ist ein Mariehamn-Stadtplan und eine Åland-Übersichtskarte.

Das kostenfreie Faltblatt ÅLAND TOURIST MAP beinhaltet ebenso das Doppel von Stadtplan und Übersichtskarte sowie des Weiteren Serviceadressen und Anzeigen.

Insgesamt hat das Angebot an Flyern und Broschüren merklich abgenommen, Faltblätter auf Deutsch gibt es nur noch in Ausnahmefällen. Besonders die kleineren und ländlichen Kommunen sind nur mäßig vertreten. Dennoch lohnt sich der Besuch der lokalen Touristenbüros, da das vorhandene gedruckte MATERIAL sowie persönliche Empfehlungen durchaus ihren Wert haben. Die Büros führen nebenbei ein Sortiment an SOUVENIRS und åländischen Spezialitäten.

◎ Wer auf Åland viel unterwegs sein will, sollte sich eine ordentliche **KARTE** anschaffen (siehe dazu Seite 20 unter »Vor der Reise, Karten«).

AUSSERHALB VON MARIEHAMN

◎ Weitere Info-Stellen gibt es in der Gemeinde **ECKERÖ**, im Terminal der Eckerö Linjen, und in der Schärengemeinde Föglö im Bibliotheksgebäude des Hauptorts **DEGERBY**. Die Adressen stehen einleitend in den jeweiligen Kapiteln.

◎ Auf dem flachen Lande und außerhalb der touristischen Hochsaison fungieren die **GEMEINDEÄMTER** (Kommunkansli, Kernzeit Mo–Fr 9 –16 Uhr; im Juli in der Regel nur »Stallwache« oder sogar geschlossen) als meist willige Ansprechpartner, bei denen man Fragen zu Sehenswertem oder Festivitäten beantwortet bekommt.

Außerdem findet sich des Öfteren bei Cafés, Souvenirläden und sonstigen Anlaufstellen mit Publikumsverkehr ein INFO-STÄNDER mit Prospekten zur Umgebung und auf den Schären Fähren ein INFO-ORDNER.

◎ An Fähranlegern, im jeweiligen Haupt-Örtchen der Gemeinden und

AX ist der Landescode für Post nach Åland. Das Kürzel FIN für Finnland ist also unangebracht und würde für Irritationen und gegebenenfalls Umwege sorgen.

bei bekannteren Sehenswürdigkeiten stehen meist **INFO-TAFELN** mit verzeichneten Punkten touristischen Interesses; deren Legende ist aber oft nur in Schwedisch abgefasst.

◎ Dennoch ist man vor Ort bemüht und macht Fortschritte bei der (mehrsprachigen) **BESCHILDERUNG** von Sehenswürdigkeiten auch auf dem Land. Insbesondere viele Wanderwege und Naturschönheiten haben hier in den letzten Jahren eine informative Auffrischung erhalten.

Transport

Der öffentliche Personentransport ist einerseits nur bedingt flächendeckend, wie bei 30.000 Einwohnern nicht anders zu erwarten, doch gerade in Anbetracht der dünnen Besiedlung sind die existierenden Verbindungen erstaunlich gut konzipiert und vom Zeitplan relativ komfortabel. Neben den öffentlichen Fähren und Bussen verkehren private Taxis und Boottaxis, die wir bei den jeweiligen Gemeinden aufführen. Im Großen und Ganzen teilen sich aber drei Unternehmen den öffentlichen Transport:

◎ **ÅLANDSTRAFIKEN**, Mariehamn, Styrmansgatan 1, Tel. 018–25600, www.alandstrafiken.ax, Mo–Fr 10–17 Uhr. »Herrin« über alle Schärenfähren inklusive Information, Reservierung, Fahrscheine und Dauerkarten, organisiert aber auch die Zubringer-Busse und -Dienste zu den Fähren in den Schärengemeinden sowie den Überlandbus-Verkehr auf Festland-Åland mit. Den aktuellen Gesamt-Fahrplan SKÄRGÅRDSGUIDE (auch in Englisch) für Fähren, Kabelfähren, Zubringer wie auch die einzige Fahrradfähre des Archipels (plus zusätzliche Informationen über die Schärengemeinden) ist online und als Broschüre bei Ålandstrafiken, Visit Åland und anderen Info-Punkten verfügbar. Online lassen sich die Überlandbus-Fahrpläne abrufen.

◎ **VIKING LINE BUSS**, Viking Line Reisebüro, Mariehamn, Storagatan 3, Tel. 018–26311, www.vikinglinebuss.ax, Mo–Fr 9–16.30 Uhr. Die Reederei betreibt außer Fährgeschäft, Unterkunftvermittlung und organisierten Reisen auch die Stadtbusse in Mariehamn sowie für Ålandstrafiken Überlandbus-Linien, gemeinsam mit:

◎ **WILLIAMS BUSS**, Mariehamn, Torggatan 2, Tel. 018–28000. Mo–Fr 10–16 Uhr. Versieht einige Überlandlinien für Ålandstrafiken und fungiert auch als Reiseveranstalter, gehört zur Reederei Eckerö Linjen.

BUS

Stadtbusse in Mariehamn, Überlandbusse auf Festland-Åland und Zubringer-Kleinbusse in den Schären bestreiten den Nahverkehr auf der Straße.

◎ Fünf **BUSLINIEN** decken das Gebiet des »festen Åland« ab. Alle starten in Mariehamn und führen über Jomala – Linie 1 via Hammarland nach Eckerö, Linie 2 via Finström (Godby) nach Geta, Linie 3 via Finström nach Saltvik, Linie 4 via Finström und Sund nach Vårdö und Linie 5 via Lemland nach Lumparland. Die Busse bewegen sich im Wesentlichen auf den Hauptstraßen Nr. 1–4 und steuern auch die Fährhäfen an, von denen es zu den

Die Fähre »M/S Skarven« pendelt zwischen Lumparland und Föglö. – Vor allem in Schären-Åland stehen in einigen Gästehäfen Fahrräder zur kostenlosen Benutzung bereit, wie hier auf Kökar; unten rechts Fähre auf Anruf, hier auf Kumlinge. ▸

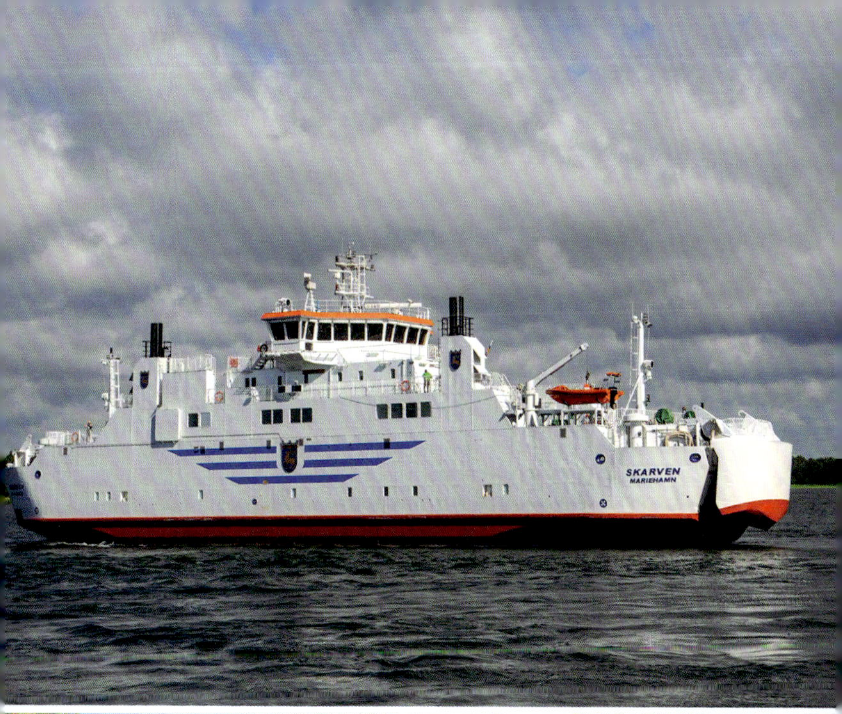
SKARVEN
MARIEHAMN

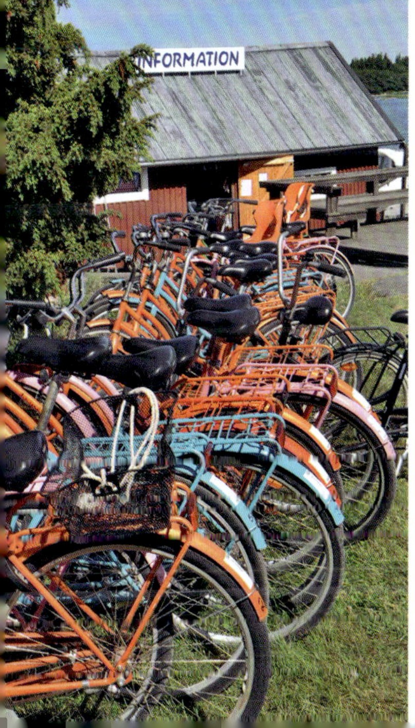

INFORMATION

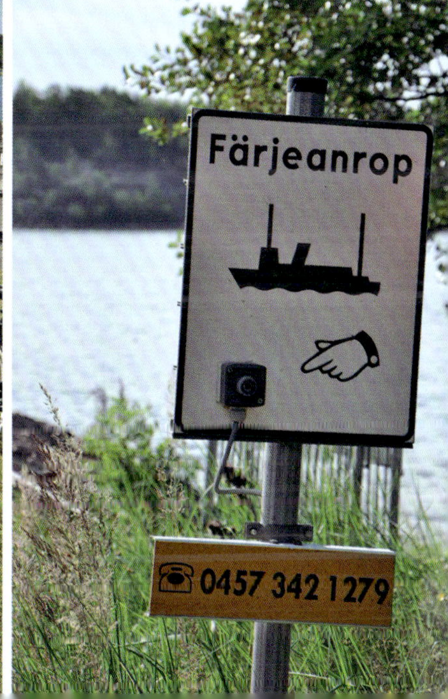

Färjeanrop
0457 342 1279

einzelnen Schärengemeinden geht.

Hinzu kommen die Winterlinien 6, 7A/B und 8 mit Lokalverkehr in Jomala, Finström und Lemland. Fahrpläne unter www.alandstrafiken.ax.

Die Überlandbusse starten am Busbahnhof Mariehamn: Bussplan, Ecke Strandgatan/Styrmansgatan.

◎ **BUSTICKETS** gibt es als Einzelfahrscheine 2,50 €, als 10er, 25er und 50er-Tickets mit entsprechender Preisreduzierung und als Zeitkarten für Monat, Halbjahr und Jahr. Kinder unter 6 Jahren fahren frei, bis 11 Jahren zahlen sie den halben Preis. Die Fahrradmitnahme kostet 5 €.

◎ **IN DEN SCHÄREN** stellen z.T. private Vertragspartner die Anbindung zu und von den Häfen mit Taxi oder Kleinbus im Rahmen von KOLLEKTIVTRAFIKEN kostengünstig sicher.

SCHIFF UND FÄHRE

◎ Die **KABELFÄHREN** gelten als Verlängerung des öffentlichen Straßennetzes und sind deswegen kostenfrei. Sie queren in der Regel kleinere Sunde und Wasserstrecken. VAJERFÄRJA heißen die zumeist kleinen schwimmenden Brücken. Ihre Zahl hat sich in den letzten Jahrzehnten merklich verringert, da immer mehr feste Brücken oder Dämme entstanden sind, um die Inseln untereinander zu verbinden.

Das Fähr-Vergnügen gibt es noch auf SECHS LINIEN: Simskäla-, Töftö-, Embarsunds-, Seglinge-, Björkö- und Ängösundslinjen. Sie verkehren KONTINUIERLICH nach Bedarf rund um die Uhr mit Ruhezeiten von ca. 30 Minuten 1–3 mal am Tag. Für Björkölinjen und Ängösundslinjen gilt zwischen 22 und 6 Uhr Vorbestellung vor 21 Uhr.

◎ Die größeren **AUTOFÄHREN** verbinden die Schärengemeinden untereinander sowie mit dem festen Åland bzw. der finnischen Schärenküste. Hier sind es vier Linien (die Föglö-Linie, die nördliche Linie von Vårdö nach Kumlinge und Brändö, die südliche nach Sottunga und Kökar sowie die Querlinie nach Sottunga und Kumlinge) mit mehreren Stopps, einige auch nur nach Bedarf bzw. Voranmeldung, auf insgesamt ACHT ROUTEN. Für Passagiere zu Fuß sind auch diese Überfahrten (bis jetzt) kostenfrei, lediglich für Pkw, Caravan, Motor- und Fahrrad fallen Gebühren an, für normale Pkw in der Hochsaison 24–42 €, sonst 19–34 €, für Fahrräder retour 4–7 €. Reservierung via Ålandstrafiken.

Sowohl die Reservierungsmöglichkeit als auch die günstigen Tarife gelten nur, wenn die Passage zu einem Zwischenhalt geht bzw. bei Buchung der Gesamtstrecke mindestens eine Übernachtung in den Schären eingelegt wird, nicht jedoch beim Durchstarten von einem Endhafen zum anderen (siehe »Inselhüpfen« im Kapitel »Anreise«, Seite 24).

VORABBUCHUNG ist in der Hochsaison sinnvoll, da die Autoplätze begrenzt sind (zwischen 6 und 60 je nach Fähre). Es gilt: Mitgenommen werden zunächst die Vorausbucher, dann »first come, first serve«. AUSNAHME: Für die Überfahrt nach FÖGLÖ auf der Föglölinjen ist keine Vorabbuchung möglich! Sonderregelung für Caravans: Es werden nur drei Vorausbuchungen pro Fahrt angenommen, darum frühzeitig Schlange stehen! In der Regel gibt es werktags mindestens zwei, am Wochenende minde-

Auf den Åland-Fähren zwischen den Gemeinden, besonders auf den längeren Überfahrten in Schären-Åland, liegen in der Regel Ordner mit Info-Material aus, die die Durchsicht allemal lohnen.

stens eine Abfahrt je Route, auf viel genutzten Strecken auch deutlich mehr. Und das auch zur Winterzeit.

◎ Die **FAHRRADFÄHRE** »M/S Silvana« startet in Snäckö in Geta und fährt nach Skarpnåtö in Hammarland und zurück. Sie erspart zeitraubende Umwege oder die kilometerlange Rückfahrt auf gleicher Strecke und hat ihren eigenen Reiz, ohne motorisierten Verkehr und als attraktive Tourenpause. Fahrzeit 25 Minuten.

Saison: Ca. 20.6.–20.8. täglich 12.30 Uhr ab Snäckö, 13 Uhr ab Skarpnåtö; geplant ist eine zusätzliche Abfahrt (ab 1.7. bis Mitte August) um 16 Uhr ab Snäckö, um 17 Uhr retour ab Skarpnåtö. Tickets 17 € (inklusive Fahrrad), Kinder (bis 11 Jahren) 8 €, Fahrradanhänger 8 €. Kontakt: Lolos Seaside Café, Snäckö/Geta, Tel. 0457 – 345 1341.

TAXI

◎ Auf den ersten Blick sehr erstaunlich ist die hohe Anzahl an **TAXIUNTERNEHMEN**, gemessen an der Bevölkerungsdichte. Die Fahrer sind oft Multifunktionsdienstleister, gerade in den Schären: Sie fahren auch Kinder zur Schule, bringen Milchkannen zum Sammelpunkt am Fährschiff, liefern Lebensmittel und Medikamente aus, leeren Briefkästen und leisten dergleichen mehr. In den Schären sind dementsprechend BOOTTAXIS für solche Alltagsdienste ebenso wie für Ausflüge im Einsatz.

Auf Festland-Åland sind zuständig: u.a. Mariehamns Taxi, , Norra Esplanadgatan 1, Tel. 010 – 26000, www.mariehamnstaxi.com, und Taxi19199, Tel. 19199, www.taxi19199.ax.

Mit dem Auto mobil

Bis auf wenige Ausnahmen entsprechen die Vorschriften für Auto und Verkehr denen in ganz Finnland. Eine der Ausnahmen ist die Geschwindigkeitsregelung, den kleinen und ja insgesamt auch nicht so langen geraden Straßen angepasst. So ist Auto fahren auf Åland grundsätzlich eine eher gelassene, beschauliche bis vergnügliche Angelegenheit; man hat ja Urlaub. Insgesamt gibt es auf Åland 1.091 km öffentliche Straßen und allein 160 km gesonderte und asphaltierte Radwege.

◎ **ABBLENDLICHT**: innerhalb und außerhalb geschlossener Ortschaften auch tagsüber vorgeschrieben.

◎ **ALKOHOL**: Der nordische Liberalismus hat beim Alkohol seine Grenze bei 0,5 Promille. Da hört der Spaß bei der Polizei urplötzlich auf. Trunkenheit am Steuer zieht empfindliche, um nicht zu sagen drakonische Strafen nach sich. Lassen Sie das Fahrzeug stehen, wenn es feucht-fröhlich wird.

◎ **ANSCHNALLEN**: für alle Personen im Auto Pflicht.

◎ **AUTOVERMIETUNG**: gibt es nur in Mariehamn. Siehe Seite 86.

◎ **BENZIN**: Der Sprit für das brave Gefährt ist ausnahmslos bleifrei. Es gibt Benzin mit 95 und 98 Oktan sowie Diesel. Super-betankte Autos fahren auch mit 95 Oktan auf Åland super. Für gewöhnlich liegt der Preis ein paar Cent höher als in Deutschland. Auf den Schären kann es etwas teurer werden – der Inselzuschlag ...

◎ **E-AUTO-LADESTATIONEN**: Fündig werden Sie in Mariehamn, Godby

In Überlegung ist eine weitere Fahrradfähre auf der Route zwischen Lumpo in Lumparland und Bomarsund/Sund. – Noch ungewisser ist die Wiederaufnahme der Verbindung zwischen Simskäla/Vårdö und Tengsödavik/Saltvik.

in Jomala und auf Eckerö. Auf elbil.ax findet sich eine Karte mit öffentlichen Ladestationen für Pkw. Zudem stellen auch vermehrt Hotels, Hüttenbetreiber und Campingplätze ihren Gästen Ladestationen zur Verfügung.

◎ **GELDSTRAFEN** werden dem Einkommen angepasst und nach Tagessätzen berechnet (siehe das drakonische Beispiel ganz unten).

◎ **GESCHWINDIGKEIT**: Man fährt schon noch einen Tacken langsamer als auf dem finnischen Festland. Erlaubt sind innerorts 50 (mancherorts nur 40) km/h, außerhalb geschlossener Ortschaften 70 km/h und auf den Hauptstraßen, sofern ausgeschildert, maximal 90 km/h.

◎ **MAUTGEBÜHREN**: Glück gehabt, gibt es auf Åland nicht – trotz der vielen durchaus teuren Brücken, Dämme und der Fährverbindungen.

◎ **NOTRUF**: 112 – einheitliche Nummer für Notarzt, Feuerwehr, Polizei, Seerettung.

◎ **PANNENHILFE**: Einen 24-Stunden-Service für Starthilfe, Abschleppdienst, Schlüsselprobleme usw. verspricht Bärgarn AB, Sundgärdarn 15, Jomala, Tel. 018 – 21400, info@bargarn.ax, bargarn.wordpress.com.

◎ **PARKEN**: endlich mal eine völlig sorgenfreie Angelegenheit. Auf dem Lande oder in den Schären sowieso – bei den meisten Sehenswürdigkeiten und Museen bzw. am Beginn der dorthin führenden Fußwege gibt es Platz, um das Auto abzustellen. Und in Mariehamn, Ålands einziger Stadt, ist das Parken immer noch KOSTENFREI, abhängig vom Standort auf 30 Minuten bis 4 Stunden begrenzt. Parkscheibe erforderlich!

◎ **REIFEN**: Von Dezember bis März sind WINTERREIFEN auch für im Ausland zugelassene Fahrzeuge Pflicht. Ganzjahres-Haftreifen entsprechen normalerweise den Bestimmungen. SPIKES sind zwischen 1.11. und 31.3. bei entsprechenden Wetterverhältnissen erlaubt.

◎ **SCHADENSFÄLLE**: Sind Ausländer an einem Unfall beteiligt (auch bei Wildunfällen), sollten sie in jedem Fall die Polizei informieren: entweder Tel. 112 (üblicher Notruf, siehe oben) oder via 018 – 527 100 (Polizeistation).

◎ Die **STRASSEN** sind in guter Verfassung, auch die nicht asphaltierten öffentlichen Wege; die Beschilderung ist eindeutig.

◎ **WERKSTÄTTEN** gibt es vor allem in der Hauptstadt, etwa Autoservice Åland, Elverksgatan 9, Tel. 018 – 19380, auto-service.ax. – Mekonomen Bilverkstad, Tel. 018 – 31012, www.mekonomen.fi. – Oder SOS Bilservice, Tel. 018 – 23300, www.bifa.ax.

◎ **WILDWECHSEL**: Ernst zu nehmen sind die auffallend häufigen WARNSCHILDER mit springendem Reh – der Population entsprechend viel häufiger als Elchschilder, wie wir sie aus Finnland und Schweden gewohnt sind.

Bei Wildunfällen muss in jedem Fall die Polizei verständigt werden, die ihrerseits den zuständigen Jagd- und Forstbeauftragten benachrichtigt.

◎ **WOHNMOBIL** und CARAVAN gehören nachts auf den Campingplatz oder einen ausgewiesenen Parkplatz, auf Privatgelände immer nur mit Einverständnis der Eigentümer. Das Allemansrätten (sog. Jedermannsrecht, Seite 44 f.) gilt nicht für Motorisierte.

Prominentes Beispiel für eine dem Einkommen angepasste Geldstrafe als Folge eines Verkehrsdelikts: 2023 überschritt der allseits bekannte Unternehmer A. W. die erlaubte Höchstgeschwindigkeit um 32 km/h. Strafe: 120.000 €.

Unterkunft

Åland ist ein Ferienziel, das die Besucher dank seiner berauschenden Naturschönheit dazu verführt, sie aktiv zu erkunden, sich viel an der frischen Luft aufzuhalten, sportlich zu betätigen: ideal nicht nur für Individualreisende, sondern auch für Vereine und Gruppen. Und Åland hat viel Platz für Kinder, sich auszutoben und herumzutollen, genau das Richtige für Familien. Genauso bietet der Archipel eine recht schnell und bequem zu erreichende, inspirierende Umgebung für Tagungen und Kongresse.

Je nach Zielgruppe und Individuum hat Åland für jede/n etwas zu bieten; zwar nicht in jedem Segment und an jedem Ort in großer Auswahl, aber gemessen an Größe und Ressourcen des Inselreichs beachtlich. Hotels sind vorwiegend in Mariehamn zu finden, während Gasthäuser und Pensionen verstreut übers ganze Gebiet liegen. Ferienhütten und Campingplätze bevorzugen – erwartungsgemäß – freie Sicht auf Land und Meer.

◎ Eine **ÜBERSICHT** des Angebots an Übernachtungsmöglichkeiten findet sich auf visitaland.com unter »Unterkunft«. Aktiv in der Vermittlung von Unterkünften sind nicht nur Eigentümer und Verwalter, sondern ebenso die beiden im Archipel verwurzelten Reedereien Viking Line (www.vikingline.de) und Eckerö Linjen bzw. die zugehörige Agentur ÅLANDSRESOR (www.alandsresor.fi). – Beide Reedereien geben Prospekte und Kataloge mit Angeboten an Hotelzimmern und (vor allem) FERIENHÜTTEN heraus.

Eine Auswahl an Unterkünften ist jedem Kapitel im Reiseteil voran gestellt. Die Preise können saisonbedingt schwanken; im Gegensatz zum finnischen Festland liegen die Preise in den Sommermonaten höher als in der übrigen Zeit. Die Preisbeispiele beziehen sich, wenn nicht anders genannt, auf die Übernachtung für zwei Personen in der Haupt-/Nebensaison.

HOTELS

Die meisten Hotels finden sich erwartungsgemäß in Mariehamn. Das Gros verfügt über ein eigenständiges Restaurant und hat eine Sauna im Angebot. Der Standard reicht vom gewöhnlichen Zimmer mit Frühstück bis zur Luxusherberge mit einem reichhaltigen Morgenbuffet, die Wahl von der Innenstadt Mariehamns bis zu ruhiger Lage in den Schären, am Meer.

B & B / GÄSTHEM / APARTMENT

Pensionen, Gästehäuser und B & B finden sich vielfach auf dem Lande und in den Schären, einige aber auch in Mariehamn. Viele haben mittlerweile ganzjährig geöffnet, andere nur von Juni bis August oder Mai bis Oktober.

Besonders schön sind oft frühere Gutshäuser mit feinem Landhaus-Interieur. Gästezimmer, Apartments sowie Privatunterkünfte findet man auch auf Åland nicht nur auf den offiziellen Tourismus-Websites, sondern auch in den gängigen Internetportalen, mitunter im Preis recht interessant.

JUGENDHERBERGEN / VANDRARHEM

Godby Vandrarhem in Finström und Jurmo Vandrarhem in Brändö sind für alle geöffnet. Es gibt Doppel-, Familien-, zum Teil Einzelzimmer und das klassische Bett im Mehrbettzimmer für 25–35 €. Frühstück und Bettwäsche kommen wahlweise hinzu.

FERIENHÜTTEN/-HÄUSCHEN

Die Åländer dürften derzeit mehr als 8.550 der populären, auf Schwedisch *stuga* oder *semesterstuga* genannten Freizeithütten besitzen (im Plural *stugor* – *stugby* ist ein Feriendorf).

Vieles spricht für die eigenen vier Wände im Grünen: die Unabhängigkeit, der Blick von der Veranda aufs Wasser ... Wer sich für einen Urlaub im Ferienhäuschen erwärmen kann, sollte möglichst früh ein geeignetes Objekt reservieren. Denn hier gilt ganz klar: Wer zuerst kommt, hat die größte Auswahl an verfügbaren Hütten.

◎ Der Begriff **FERIENHÜTTE** kann täuschen: Von der kleinen, eher einfachen Hütte bis zum stattlichen Bungalow oder zur Design-Holzvilla gibt es alle Varianten; für Paare, Familien, Gruppen finden sich passende Größen. Wichtigstes gemeinsames Merkmal: Sie sind AUTARK, Küche und Bad in den vier Wänden vorhanden. Mal gehören Sauna, Fahrräder und ein eigenes Boot zur Ausstattung, mal nicht, mal nur gegen Gebühr – ebenso gilt darauf zu achten, ob Bettwäsche und Handtücher zur Ausstattung gehören oder gegen Gebühr hinzubestellt werden können; dies variiert völlig.

Vermietet werden Ferienhäuschen resp. -hütten im Sommer häufig erst ab 2–3 Tagen, bevorzugt gar nur wochenweise und mit dem Wechseltag Samstag. Bei längeren Aufenthalten gibt es oft Rabatt.

◎ **CAMPINGHÜTTEN** teilen sich das Bad (und teilweise auch die Küche) in gemeinschaftlich genutzten Servicegebäuden (auf dem Platz), Hauswäsche ist hier meist nicht im Preis inbegriffen bzw. sollte mitgebracht werden. Sie werden vorwiegend kurzfristig für eine oder nur wenige Nächte genutzt.

CAMPINGPLÄTZE

Mehr als ein Dutzend Campingplätze verteilen sich über den Archipel. Neben den großen Plätzen sind auf dem Gelände einiger Hüttendörfer kleine Stellflächen für Camper ausgewiesen, ebenso wie die Campsites in der Regel über Hütten verfügen – mal nur Campinghütten, mal lediglich Ferienhütten, mal beide Kategorien.

Viele der Plätze liegen am Wasser, verfügen über Strand und / oder Kanuvermietung, ebenso wie über Kiosk und / oder Cafeteria. Die meisten der Plätze liegen in der Ferien- und Bade-Gemeinde Eckerö; hier kann es auch schon einmal etwas voller und enger werden. – Überhaupt sind die Unterschiede groß, was die Lage, das Platzangebot, den Komfort und auch die Preisgestaltung angeht.

Das Gros der Campingplätze ist zwischen Mai und September geöffnet, teils strikt vom Ersten eines Monats bis zum Letzten eines anderen, teils nicht an runden Daten orientiert, sondern an Wochenenden und/oder Terminen, die die lokale Saison markieren. Campingausweise sind nicht erforderlich. Die TARIFE sind sehr verschieden, nicht nur saisonabhängig, und der Strom für Wohnmobile geht in der Regel extra, um 5–8 €/Nacht.

Oben ein typischer Sommerhäuschen-Traum ausländischer Urlauber, unten der einfache, aber heimelige Campingplatz Kattnäs in Hammarland ▶

GRILL-PL
BASTU
WC-DUSCHAR
BADSTRAND

Essen und Trinken

Die Kultur einer Gegend hat immer etwas mit regionaltypischen Speisen und Getränken zu tun. So verwundert es nicht, dass die GRENZLAGE Ålands zu Schweden, ganz im Westen Finnlands, sich auch in der Küche niederschlägt. Trotz der Mischung mit internationalen Einflüssen, trotz Schwerpunktverlagerung von traditioneller Hausmannskost zu verfeinerter, leichterer Küche halten sich typische GERICHTE UND ZUTATEN ÅLÄNDISCHER KOCHKUNST, werden sie nach wie vor als Spezialitäten verkauft und in Cafés und Restaurants serviert, etwa *Ålands Pannkaka,* dieser leckere, dickere mit Grieß verfeinerte Pfannen-Kuchen mit Pflaumenkompott und Sahne.

Köche wie Genießer besinnen sich auf die Wurzeln, vor allem auf frische, REGIONALE Zutaten – es wird experimentiert, Landwirte und Kooperativen stellen sich mit anspruchsvoller Produktvielfalt ins Feld. Käse, Lammwurst und Senf gewinnen Preise. Chocolaterie, Schärenbäcker, Apfelbauer, Bienenzucht, Brennerei und Brauerei machen das Genussfeld komplett.

Natürlich kennzeichnet, wie könnte es bei Ålands Lage mitten in der Ostsee anders sein, FISCH in jeder Form die Speisekarte – ob frisch vom Grill oder aus der Pfanne, als Terrine oder mariniert.

Sehr beliebt ist das Picknick im Freien – in Wald und Wiese, auf glattem Fels am Ufer oder draußen auf schaukelndem Boot. Langsam gibt es auch erste Brunch-Angebote im Archipel ...

WESSEN BUDGET KEIN UPPIGES DINNER ZULASST, sollte den Besuch in einem Restaurant mittags und nicht abends anpeilen. Selbst Speise-Tempel haben oft eine relativ preiswerte Mittagskarte. Mehr unter »Lunch«.

DIE MAHLZEITEN

◎ **FRUKOST**: Zum Frühstück im Ferienhäuschen wie auf dem Campingplatz gehört auf jeden Fall frischer Kaffee, dazu Brot, Marmelade sowie Käse, Joghurt mit Früchten. In Hotels und Gasthäusern ist das Frühstücksbuffet mit oft reicher Auswahl üblich, mit Brot und Brötchen, Keksen, Käse, Wurst sowie Fisch, Cerealien, Milchprodukten, mit Obst und Saft. Wer das Frühstück in der Unterkunft verpasst, kann in Café oder Cafeteria am Wege das Versäumte nachholen.

◎ **LUNCH**: Ab 11 und bis gut 14 Uhr ist es Zeit, den kleinen bis mittleren Hunger zu besänftigen. Viele Lokale und Cafés halten eine spezielle und reduzierte Speisekarte parat oder offerieren Selbstbedienung vom »kleinen Buffet«. Angeboten werden kalte und warme Mahlzeiten.

Besonders in kleineren Speiseräumen und auf dem Land hängt oft ein Schild DAGENS RÄTT im Fenster und verspricht die Aussicht auf ein Auswahlgericht mit oft regionaler (Hausmanns-) Kost. – Nach schwedischem Vorbild gehören ein Salatteller, Brot, Wasser oder ein nicht-alkoholisches Kaltgetränk sowie Kaffee zum Hauptgericht. Die Åländer selbst trinken übrigens auch gern Milch zum Essen.

Es ist eine Vorliebe vieler Skandinavier, im Sommer Proviant mit in die Natur zu nehmen. Wo immer sie hinspazieren, ins Grüne oder zu Felsen am Wasser, ein Ausflug ohne Picknickkorb *(matsäck* auf Schwedisch) ist schwer vorstellbar.

KULINARISCHE SPEZIALITÄTEN

Autonomie nicht nur in der Politik und bei den eigenen Briefmarken – auch in der Küche. So kennzeichnen Åland einige kulinarische Besonderheiten, abgesehen von heimischem Senf, Käse und Insel-Chips.

◎ Da ist zunächst einmal Ålands **PANNKAKA** – kein Pfannkuchen im herkömmlichen Sinne, sondern ein in der Pfanne gebackener Reis- oder Grießkuchen, gewürzt mit einer Prise Kardamom, der mit Pflaumenkompott und frischer Schlagsahne genossen wird. Ziehen Sie von Café zu Café und testen Sie – da gibt es verführerische Rezepte!

◎ **GRÄDDMUNKAR** sind finnlandschwedischen Ursprungs, angeschnittene, mit Sahne und Apfelmus gefüllte Berliner, das Richtige für Naschkatzen in den Cafés.

◎ Nicht nur auf Åland, auch an der finnischen Schärenküste ist das schwere, feuchte **SCHWARZBROT** zu Hause, eine Komposition aus Roggen, Malz oder Honig und Gewürzen; es schmeckt gleichzeitig herzhaft und angenehm süßlich und passt wunderbar zum heimischen Käse. Seine Herstellung benötigt übrigens fast einen ganzen Tag. – Im »Wettbewerb« um die beste Rezeptur scheint Kökar vorn zu liegen.

◎ Schwedische Tradition offenbart sich beim leckeren PAJ, einem »Mittelding« zwischen Streuselküchlein und Tarte mit Früchten, und beim Butterbrot. **SMÖRGÅSBORD** allerdings ist mehr als eine durchschnittliche Platte: ein Buffet Fantasie pur mit Fisch und Marinaden, mit Roastbeef, Kaviar und frischem Grünzeug, Pasteten sowie Salaten – ein Gedicht.

◎ **KAFFEE**: zu betrachten einmal als Heißgetränk, zum anderen als Pause. Das Belebende aus der Bohne ist schlicht köstlich und aromatisch, so wie ihn die Skandinavier und besonders die Finnen, Weltmeister im Kaffeekonsum pro Kopf, rösten und aufbereiten. Und dann die Café-Pause so ab 15 Uhr: Eigentlich ein Muss, besonders im Sommer, wenn sich das Leben so weit wie nur möglich nach draußen verlagert, wenn die Stühle und Tische der Gastronomen in Mariehamns Fußgängerzone ähnlich begehrt sind wie Solkulla Gård in Finström, Stickstugan oder Humlan Café in Lemland oder Bettys in Eckerö. Café bedeutet dabei, anders als von zu Hause gewohnt, in der Regel Selbstbedienungstheke – was dem Ambiente in keiner Weise Abbruch tun muss. Zum Kaffee darf es auch gerne ein Eis (für die Åländer offenbar immer und überall) oder der traditionelle Pannkaka (s.o.) sein.

◎ **MIDDAG**: Ab 18 Uhr beginnen die Restaurants sich langsam auf die ersten Abendgäste einzustellen: Es warten anregende Vorspeisen, raffinierte Menus mit Fisch und Fleisch und verführerische Desserts – beispielsweise mit heimischen karamellisierten Äpfeln – auf Genießer.

Besonders die Reichhaltigkeit der FISCHGERICHTE begeistert. Man merkt wahrlich, dass ergiebige Fanggründe vor der Haustür liegen, ebenso wie hier guter Zuchtfisch zu Hause ist: Lachs, Forellen, der kleine Ostseehering namens Strömming, Hecht und Felchen, Barsch und Zander. Be-

Mit Stolz feiern und promoten die Åländer ihre handwerkliche Herstellung von Lebensmitteln: ob beim Erntefest und im Verbund Mathantverk Åland (siehe Seiten 118, 130 und 185) oder auf Höfen, die zur Besichtigung einladen.

gehrt ist auch das Angebot an Speisen mit Wild von Reh und Hirsch über Elch bis Wildente sowie, nicht zu vergessen, Lammgerichte. Auf gute und passende Weine brauchen die Restaurantgäste nicht zu verzichten.

Natürlich sind auch auf Åland Fast- und STREETFOOD präsent. Neben der Vorliebe für traditonelle Burger und Hotdogs hat der Archipel lokale Varianten entwickelt: *Bolstaholms Burger* vom Charolais-Rind, Våffelrakans Kartoffelwaffeln oder *MacHarry's Ledholmare,* der unnachahmliche Heringsburger aus Gottby!

◎ Zwei Åland-**RESTAURANTS** waren zuletzt im WHITE GUIDE der besten nordischen Restaurants gelistet: das NAUTICAL in Mariehamn und SMAKBYN in Sund, wo einer der bekanntesten Insulaner residiert: der TV-KOCH, Autor und mehrfach ausgezeichnete Gastronom *Michael Björklund!*

Vegetarische und vegane kreative Gerichte und Nachhaltigkeit sind definitiv auf Åland angekommen.

FÜR SELBSTVERSORGER

◎ **OBST & GEMÜSE** aus Åland kann sich qualitativ sehen lassen und findet seinen Weg auch in den Export. Geta rühmt sich seiner Obstplantagen, Finström bezeichnet sich als Gemüsegarten. Essbare, »nachwachsende Rohstoffe« gedeihen unter Glas in zahlreichen Gewächshäusern, auch in den Schären. Gurken im Glas sind ein solches EXPORTGUT, ebenso Marmelade und Kartoffeln als Chips in bunten Tüten. TYPISCH für die SCHÄREN sind Sanddornprodukte.

◎ **KÄSE** und Milchprodukte zu kaufen und zu probieren ist eine kulinarische Wonne. Der åländische Käse aus der heimatlichen Molkerei ÅCA (oder von kleinen Höfen wie Mattas Gård) in mehreren Würz- und Reifestufen hat Qualität und Geschmack; zahlreiche Milchprodukte, Joghurt, Sauerrahm & Co. bereichern den Speise- und Getränkeplan. Die AUSWAHL ist größer als in Mitteleuropa, inbegriffen einige Diätprodukte.

◎ Gutes **BROT** auf Åland: herzhaftes aus Roggen gebackenes, mildes helles, schön dünnes Ring- und Fladenbrot aus vollem Weizenkorn (Hemvetebröd) von Johannas Hembakta aus Finström, und das berühmte Schwarzbrot, das so typisch für die Schären ist (siehe Seite 37).

◎ **ALKOHOL** ist immer noch teuer im Verhältnis zum deutschen Preisniveau, es gibt Beschränkungen beim Vertrieb und noch hat ALKO ein Monopol für den Verkauf harter, sprich hochprozentiger Spirituosen. Immerhin ist der Markt liberalisiert worden, verfügen mehr und mehr Restaurants und Cafés über teilweise oder volle Schankrechte. Kurios bleibt, dass die Besucher einer lokalen Brennerei deren Produkte nach einer Verkostung nicht vor Ort kaufen dürfen.

◎ Achten Sie in den Läden auf dem Land und im Supermarkt auf lokal hergestellte **KÖSTLICHKEITEN**, wie etwa Honig von Silverstrand oder MarBi, Lammwurst von Marskogens Lamm aus Finström, Apfelsaft von Öfvergårds aus Finström, Apfel-Chutneys von Peders Aplagård auf Kökar, Limonade aus Amalias Limonadfabrik aus Lemland, Fisch von Fina Fisken oder Bergmans Fisk aus Jomala und mehr.

Im Sommer begehrt sind natürlich Lokale mit einer Terrasse und möglichst am Wasser, wie hier der Gastropub Bodegan in Eckerö, unten kalorienreiche Vielfalt beim Konditor ▶

GASTROPUB
BODEGAN

Praktisches A-Z

DIPLOMATISCHE VERTRETUNGEN

◎ Auf Åland vertritt eine Honorarkonsulin deutsche Interessen und die deutscher Staatsbürger. **DEUTSCHES HONORARKONSULAT**: Katarina Mörn, Axtours.ax Ab, Mariehamn, Storagatan 14, Tel. 018 – 51213, mariehamn@hk-diplo.de.

Übergeordnet ist auch für Urlauber die jeweilige Botschaft zuständig:

◎ **BOTSCHAFT DEUTSCHLANDS**, Krogiuksentie 4, FIN–00340 Helsinki, Tel. 09 – 458 580, bmeia.gv.at/oeb-helsinki.

◎ **BOTSCHAFT ÖSTERREICHS**: Unioninkatu 22, FIN–00130 Helsinki, Tel. 09 – 681 8600, www.aussenministerium.at/helsinki.

◎ **BOTSCHAFT DER SCHWEIZ**: Kalliolinnantie 16 A 2a, FIN–00140 Helsinki, Tel. 09 – 622 95 00, www.eda.admin.ch/helsinki.

FESTE UND FEIERTAGE ...

... werden von Brauchtum, geschichtlichen Ereignissen und von den Festen des Kirchenjahres bestimmt.

◎ **NEUJAHRSTAG**: NYÅRSDAGEN.

◎ **DREIKÖNIGSTAG**: am 6. Januar – TRETTONDAGEN.

◎ **OSTERN**: PÅSK; Karfreitag (LÅNGFREDAGEN), Ostersonntag, -montag.

◎ **WALPURGISNACHT**: 30. April – VALBORGSMÄSSAFTON.

◎ **1. MAI**: FÖRSTA MAJDAGEN.

◎ **HIMMELFAHRT**: KRISTI HIMMELFÄRDSDAGEN.

◎ **PFINGSTEN**: PINGST.

◎ **TAG DER SELBSTVERWALTUNG**: 9. Juni, SJÄLVSTYRELSEDAGEN.

◎ **MITTSOMMERABEND**: der dem 21.6. zunächst liegende bzw. folgende Freitag – MIDSOMMARAFTON.

◎ **MITTSOMMERTAG**: der Samstag darauf – MIDSOMMARDAGEN.

◎ **ALLERHEILIGEN**: 1. Samstag im November – ALLA HELGONS DAG.

◎ **UNABHÄNGIGKEITSTAG**: 6. Dezember, Unabhängigkeit Finnlands – SJÄLVSTÄNDIGHETSDAGEN.

◎ **LUCIADAGEN**: 13. Dezember.

◎ **WEIHNACHTEN**: Jul; am 25. und 26. Dezember. Der Heiligabend heißt JULAFTON.

FUNDSACHEN

◎ Für Fundsachen ist die örtliche **POLIZEI** zuständig. In Mariehamn ist das die Hauptwache in der Strandgatan 27, Tel. 527 100.

◎ Nach auf den **FÄHREN** verlorenen Gegenständen erkundigen Sie sich direkt im jeweiligen Terminal.

GELD

◎ **GELDAUTOMATEN** (OTTO auf Finnisch, ATM auf Englisch), die internationale Karten akzeptieren, gibt es derzeit nur in Mariehamn und in Godby (Finström). Im ländlichen Raum sind Bankfilialen selten und fungieren vor allem als Ansprechpartner für Einheimische. D.h. dass Ausländer sich dort nicht mit Bargeld versorgen können und demgemäß planen müssen.

Zu Währung, Zahlungsmittel bzw. GELDKARTEN-AUSSTATTUNG siehe im Kapitel »Vor der Reise« auf Seite 19.

HILFE

◎ Allgemeine **NOTRUFNUMMER**: **112** für medizinische Notfälle, Unfall, Feuerwehr, Polizei und Seerettung.

Von den Fest- und Feiertagen sind nicht arbeitsfrei: Walpurgisnacht, Pfingstmontag, der Tag der Selbstverwaltung am 9. Juni (arbeitsfrei nur für die Angestellten des öffentlichen Dienstes), Luciadagen.

◎ **ÄRZTLICHE BEREITSCHAFT**: Zuständig ist in Mariehamn und in Festland-Åland Hälsöcentralen, das GESUNDHEITSZENTRUM: in Mariehamn beim Krankenhaus, Doktorsvägen 1, Tel. 018 – 538 500. Mo–Fr 8–15.30, Sa+So 9 –15.30 Uhr. – In Finström im Godby Center, Tel. 018 – 535 819. Mo–Do 8–16, Fr 8–14 Uhr. Außerhalb dieser Zeiten ist UNBEDINGT Tel. 018 – 5355 zu kontaktieren. www.ahs.ax.

Das Gesundheitszentrum in Finström ist auch für Sund, Saltvik, Geta, Vårdö, Kumlinge und Brändö zuständig, das in Mariehamn für die anderen Gemeinden. Die kleinen Gesundheitsstationen in Schären-Åland kümmern sich um Einheimische mit Termin. Für akute Fälle gilt Tel. 018 – 5355 (s.o.)

◎ **APOTHEKEN**: Die zu Hause bekannten Generica sind erhältlich, teilweise unter anderen Handelsnamen. Medikamente, die Sie nehmen müssen, sollten Sie für den Urlaub von daheim mitnehmen; teilweise werden Rezept- und Apothekenpflicht anders gehandhabt. Apotheken gibt's in Mariehamn, in Godby (Finström) und auf Kumlinge. In Mariehamn Central-Apoteket, Skarpansvägen 24, Tel. 018 – 19655, und Första Apoteket, Torggatan 3, Tel. 018–16511. – Godby Apotek, Godby Center, Tel. 018 – 41600. – Kumlinge siehe Seite 266. Ansonsten ist den zentral gelegenen lokalen Lebensmittelläden oder Postfilialen ein MEDICINSKAP fürs Nötigste sowie für Bestellungen angeschlossen.

◎ **DEFIBRILLATOREN** sind auf Åland flächendeckend verteilt. Die Standorte: www.hjartstartare.ax.

◎ **ZAHNÄRZTLICHE** Bereitschaft: Tel. 018 – 14 600.

◎ **TIERÄRZTLICHE** Bereitschaft: Tel. 018 – 528 600.

◎ **POLIZEI**: Tel. 018 – 527 100.

◎ **SEENOT- UND LUFTRETTUNG**: Tel. 018 – 19475, sjoraddningen.ax. – Nationale Seenotzentrale Turku: Tel. 029 – 41000.

◎ **SPERR-NOTRUF**: bei Verlust bzw. der Gefahr von Missbrauch von elektronischen »Medien« wie Bankkunden-, Kredit-, Mobilfunkkarten, elektronischen Berechtigungen wie zum Beispiel für Onlinebanking und auch der elektronischen Identitätsfunktion des deutschen Personalausweises – aus dem Ausland Tel. 0049 – 116116, alternativ 0049 – 30 – 4050 4050. Gebührenpflichtig. Information: www.sperr-notruf.de.

NACHRICHTEN

◎ Eine begrenzte Auswahl internationaler **ZEITUNGEN** führt der Buchladen Mariehamns Bokhandel, Torggatan 14 (in der Fußgängerzone).

◎ Hotels haben die gängigen internationalen **NEWS-KANÄLE** im Sat-Programm.

◎ Mit Schwedisch-Kenntnissen können Sie sich an **ÅLÄNDISCHER PRESSE** (»Nya Åland« und »Ålandstidningen«) sowie regionalen Radio- und TV-Stationen (wie alandsradio.ax) versuchen. »Steel FM« sendet Popmusik.

ÖFFNUNGSZEITEN

◎ **GESCHÄFTE**: Es gelten uneinheitliche Öffnungszeiten, Lebensmittelmärkte haben im Sommer oft auch abends und an Wochenenden samstags nachmittags und sonntags für einige Stunden geöffnet. Kernzeit Mo–Fr 9 –17 Uhr, Sa 9 –13 Uhr.

◎ **POST**: Hauptpost Mariehamn Mo–Fr 9.30 – 17 Uhr, Sa 10.30 – 13.30 Uhr. Eher variierend: die Postfilialen in den Schären bzw. auf dem Land in Läden.
◎ **BANKEN**: Mo–Fr 9.30 – 15.30 Uhr als Kernöffnungszeit (siehe Seite 40).

POST

◎ Die **HAUPTPOST** siedelt in Mariehamn, Nygatan 6. Auf dem Land werden Postdienstleistungen wie bei uns oft von Geschäften versehen.
◎ **PORTO**: Postsendungen auf Åland und von dort in die weite Welt sind wegen der Posthoheit der Provinz mit åländischen Briefmarken zu frankieren. Ein Standardbrief bis 20g in EU-Länder kostet derzeit (ebenso wie eine Postkarte) 3 €.

RAUCHEN

◎ Glimmstängel sind IN ALLEN ÖFFENTLICHEN EINRICHTUNGEN, in Restaurants, Bars und Cafés **TABU**. Auch draußen in der Natur ist OBACHT geboten und die Waldbrandgefahr im Hochsommer nicht zu unterschätzen.

STROM

◎ Ihre mitgebrachten Geräte dürften funktionieren: Auch auf Åland quillt bei Bedarf 220 V Wechselstrom (50 Hz) aus der **STECKDOSE**.

TELEFON

Die åländischen Festnetztelefonnummern in diesem Buch sind, abgesehen von den einleitenden Kapiteln, ohne Vorwahl angegeben. Die Vorwahl 018 gilt für ganz Åland, die einzelnen Gemeinden haben keine eigenen Codes. Sind Vorwahlen angegeben, handelt es sich um Mobilfunk-Nummern.

◎ **INLANDGESPRÄCHE**: innerhalb Ålands vom Festnetz ins Festnetz ohne Vorwahl, bei Beteiligung eines Mobiltelefons mit heimischer Sim-Karte generell mit Vorwahl.
◎ Für **GESPRÄCHE INS AUSLAND** wählen Sie 00, die Landeskennzahl, die Mobilnetz- oder Ortsvorwahl ohne 0 und die gewünschte Rufnummer. Landeskennzahlen: 49 Deutschland, 43 Österreich, 41 Schweiz, 31 Niederlande, 352 Luxemburg.
◎ **VOM AUSLAND AUS** ist die 00 plus (finnischer) Landeskennzahl 358 zu wählen, dann die åländische Mobilnetz- oder Festnetzvorwahl 018 ohne 0, dann der Teilnehmeranschluss.

TOILETTEN

◎ **ÖFFENTLICHE** »Bedürfnisplätze« befinden sich in Mariehamn an den Fährterminals, beim Touristenbüro, in der Stadtbibliothek, in der Sittkoff-Galerie und, als einziges 24-Stunden-Münz-WC, am Marktplatz.

WASCHTAG

◎ Einen klassischen **WASCHSALON** sucht man auf Åland vergeblich. Wer Wäsche waschen möchte, ist auf Servicehäuser in Feriendörfern, auf Campingplätzen und in Bootshäfen angewiesen und sollte fragen. – In Mariehamn ist die Wäscherei und Reinigung Alltvätten ansässig, Strandgatan 21.

ZEIT

◎ Auf Åland gilt wie in Finnland die **OSTEUROPÄISCHE** Zeit. Wenn es in Deutschland 12 schlägt, ist es dort bereits eine Stunde später, ergo 13 Uhr. Die Umstellung von Winter- auf Sommerzeit gilt wie in Deutschland auch.

Åland kunterbunt im Sommer: oben auf der Schäre Sälskär (anzusteuern im Rahmen eines Bootsausflugs ab Hammarland, siehe Seite 157), unten auf Föglö Bushaltestelle im Grünen sowie als Beispiel lokaler Produkte der Apfelsaft von Grannas (siehe Seite 168) ▶

Hummersö

GRANNAS
ÄPPEL ÅLAND

Ferien aktiv

ÅLANDS VORNEHMSTES KAPITAL sind der Reichtum und die Vielfalt seiner Natur. Das Land ist relativ dünn besiedelt, es verbleibt viel Freiraum für FLORA UND FAUNA. Zu den Besonderheiten der Pflanzenwelt zählen die Orchideenarten, vor allem das Knabenkraut, Liliengewächse wie der Wald-Gelbstern, in einigen Gebieten Wacholder und Heidenelken und vielerorts auch die lichten Laubwälder. Ålands LANDSCHAFTSBLUME ist übrigens die Schlüsselblume. Bei den Tierarten gebührt den vielen verschiedenen Seevögeln der erste Rang; es sind aber auch Rehe, Hirsche sowie Elche unterwegs. Bären gibt es nicht – dafür Insekten aller Art, auch Mücken, die jedoch im Seewind weniger Chancen nutzen können als etwa in Schweden und Finnland an ruhigen Gewässern.

◎ Es ist erfreulich, dass die Åländer nicht auf Massentourismus und Betonhochbauten in der Landschaft setzen, sondern auf **SANFTEN TOURISMUS**. Die einzigartige SCHÄRENWELT ermöglicht eine Vielzahl von Aktivitäten – meditativ dösen am Strand von Eckerö, wandern in Ramsholmens Buchenhain oder auf felsiger Runde in Saltvik, sich dem Wind entgegenstemmen auf Getas roten Felsen, im Kanu um Föglö kurven, mit der Angelrute in der Hand die Zeit vergessen, auf dem Rad die Inseln entdecken. Ebenso stehen Fitnesscenter, Beachvolleyball, Golf, Discgolf, Reiten, Segeln, Tauchen, Klettern, Fun- sowie Wintersport zur Wahl, können Sie bei Laufevents und Triathlon mitmachen. Platz ist genug da, man tritt sich nicht auf die Füße, außer vielleicht beim abendlichen Tanz in der Strandbar.

◎ **IN DIESEM BUCH** geben die folgenden Seiten einen ersten Überblick, während die einzelnen Ortskapitel ab Seite 82 – jeweils unter »Ferien aktiv« – konkrete Vorschläge unterbreiten.

◎ Mit Schwedisch-Kenntnissen können folgende **AKTIVFÜHRER** nützlich sein: »Vandra på Åland« (65 Spazier- und Wanderstrecken), Sanna-Mari Kunttu, 2022, um 35 €. – »Åland: vandra, cykla, paddla« (60 Routen/Touren zum Wandern, Radeln, Paddeln), Olle Persson, 2020, um 30 €.

ALLEMANSRÄTTEN

Das Allemansrätten stammt aus einer Zeit, in der Reisende im Allgemeinen nicht zu ihrem Vergnügen unterwegs waren und sich niemand mit der Anwesenheit von (vielen) Touristen befassen musste. Es erlaubte, über das Land anderer zu gehen, wenn keine alternativen Wege da waren. Wurden Reisende von der Dunkelheit eingeholt oder von Schlechtwetter überrascht, durften sie auf dem Grund und Boden anderer übernachten. Sie durften sich von der Natur ernähren, wilde Beeren und Pilze sammeln und für den Eigenbedarf nicht geschützte Blumen pflücken. Obwohl sich die Zeiten geändert haben, wird das Allemansrätten in Schweden, Norwegen und Finnland großzügig gehandhabt. Ålands Regelung steht im Kasten nebenan.

Wie bereits auf Seite 15 angekündigt: Liegt eine Website von den Åland-Inseln auch in englischer und/oder sogar in deutscher Sprache vor, kennzeichnen wir dies mit E und/oder D.

ALLEMANSRÄTTEN (SOG. JEDERMANNSRECHT) **AUF ÅLAND**

Vom Grundsatz her kennt auch Åland das Allemansrätten, wie es in Norwegen, Schweden und Finnland gehandhabt wird. Dabei ist die Freiheit des »größtmöglichen offenen Bewegens und Agierens« im Gemeinschaftsgut Natur generell an SELBSTVERANTWORTUNG und Selbstverpflichtung gekoppelt. Deshalb lesen verantwortliche Skandinavier den Begriff »Jedermannsrecht« nicht so gern, betont er doch das (ungeschriebene) Recht und weniger die auch gemeinten Pflichten.

Wegen der besonders empfindlichen Naturkonstellation des Schärenarchipels gelten auf Åland ohnehin einige EINSCHRÄNKUNGEN, um das ökologische Gleichgewicht nicht zu gefährden, um Flora und Fauna, aber auch die unbelebte Natur zu schützen – damit künftige Generationen die Pracht genießen können, statt die Folgen einer Politik des Raubbaus zu tragen.

◎ Sie können sich in der Natur **FREI BEWEGEN, ABER RESPEKTIEREN SIE PRIVATE** Grundstücke, Ufer, Bootsstege, Gebäude und bestellte Flächen und halten entsprechend Abstand. Benutzen Sie nach Möglichkeit markierte Wege und Stege. Wenn Sie querfeldein unterwegs sind, schließen Sie beim Überqueren von Weiden unbedingt wieder die Gatter, auch wenn momentan keine Tiere in Sicht sind.

◎ **RASTPLÄTZE**: Zelten im Freien dürfen Sie nur mit Erlaubnis des jeweiligen Grundbesitzers. Ist er nicht zu erreichen, dürfen Sie als Einzelne/r, nicht als Gruppe (!), einen Tag mit gebührendem Abstand von Gebäuden zelten. Offenes Feuer, ohnehin nur erlaubt, wenn aktuell keine Waldbrandgefahr besteht, ist auch nur mit Einverständnis des Besitzers möglich. Feuer auf Felsklippen sind verboten, da diese durch die Hitze platzen können. Hinterlassen Sie an Ihren Rastplätzen keinen Abfall. Vergraben ist eine schlechte Lösung, da es Tiere gibt, die Müll wieder ausgraben und sich an scharfkantigen Konservendosen oder Scherben verletzen können.

◎ Sie dürfen FÜR DEN EIGENBEDARF **BEEREN UND PILZE** SAMMELN, die nicht unter Naturschutz stehen. FINGER WEG ABER VON **GESCHÜTZTEN BLUMEN UND PFLANZEN**, etwa den zahlreichen Orchideenarten.

◎ Verschärfte Regelungen gelten natürlich für **NATURSCHUTZGEBIETE**: kein Pflücken von Pflanzen, kein Mitnehmen von Tieren und Steinen, kein Übernachten, kein Feuer außer an einigen ausgewiesenen Feuerstellen.

◎ Achten Sie besonders auf Schonzeiten und Brutzeiten der **SEEVÖGEL**. Bestimmte Inseln mit Brutkolonien dürfen dann nicht betreten werden.

◎ **HUNDE** sind in Naturschutzgebeiten an der Leine zu führen und müssen sonst jederzeit beaufsichtigt sein.

◎ Zum **JAGEN** und **TAUCHEN** mit Geräten sind spezielle Genehmigungen erforderlich.

◎ Das Allemansrätten gilt in punkto ÜBERNACHTUNG nicht für **MOTORISIERT REISENDE**. Wohnmobile und Zelte von Autotouristen gehören auf die Campingplätze. Die endlose Weite in Teilen Norwegens, Schwedens und Finnlands, wo dies AUS KULANZ nicht verboten ist, ist auf den überschaubaren Åland-Inseln nicht gegeben.

NATURRESERVATE
Einen Nationalpark gibt es in der Region Åland nicht, dafür eine stattliche Anzahl kleinerer Reservate, in denen der Mensch nur begrenzte Nutzungsrechte hat oder die er nur zu bestimmten Zeiten oder auch gar nicht betreten darf. Speziell als SCHUTZGEBIETE ausgewiesen sind rund 3.500 ha Landfläche, dazu ca. 36.000 ha der Wasserfläche. 59 Naturschutzgebiete gibt es insgesamt, was fast 2 % der gesamten Landfläche entspricht. Gerade die Naturreservate und Schutzgebiete sind, wo zugänglich, oft gut und informativ beschildert.

Angeln

Angelsaison ist das ganze Jahr über: Der Lachs will im Frühling anbeißen, der Hecht im Herbst und der Barsch im Winter. Fast 60 Fischarten sind derzeit auf dem Archipel bekannt!

◎ Wer angeln möchte, braucht dazu eine Berechtigung: **ANGELSCHEINE** sind leicht und unbürokratisch zu erwerben. Es gibt 56 ANGELREVIERE in öffentlicher und kommunaler Hand, zudem 16 Landschaftsgewässer (mit gemeinsamem Angelschein) und viele weitere Gebiete in Privatbesitz.

Für ca. 30 der ÖFFENTLICHEN Gebiete lassen sich Angellizenzen online via visitaland.com buchen (siehe unter »Fiskekortinformation«); es gibt eine Karte, in der die Reviere verzeichnet sind (fiskekarta.ax); besonders groß sind die Gebiete Eckerö und Kumlinge. Weitere Portale sind www.ifiske.ax (D) und www.fiskekort.fi. Hier findet sich ebenfalls ein Verzeichnis öffentlicher Angelgründe und besteht die Möglichkeit, online zu buchen sowie die Bestätigung per SMS auf das Handy oder via E-mail zu erhalten.

Für PRIVATE ANGELREVIERE muss mit den Besitzern verhandeln werden. Bei Hüttenvermietern sind Angelplätze zum Teil einbezogen.

Angelscheine gibt es oft auch im LANDHANDEL der jeweiligen Gemeinde, zu der ein Angelgebiet gehört. Natürlich unterscheiden sich die Angelgründe hinsichtlich Größe und Fischbestand, manchmal auch bezüglich Angelsaison und Fangmethoden. Auf der Revierkarte sind die REGELN fürs Angeln im jeweiligen Gebiet notiert.

Die Gültigkeitsdauer der Lizenzen ist wählbar: 1, 2 oder 3 Tage, eine Woche oder mehr sind möglich. Ab etwa 8 € sind Sie für einen Tag dabei, die Preise variieren je nach Revier.

Gemeint sind stets das Sportangeln und der Fang für den aktuellen privaten Bedarf und Verbrauch, kein kommerzielles Recht. Die Lizenzen gelten ebenso fürs Eisloch-Angeln ...

◎ Folgende **MINDESTMASSE** muss ein gefangener Fisch vorweisen, um ihn behalten zu dürfen: Lachs 60 cm, Lachsforelle 50 cm, Hecht 55 cm, Brasse 42 cm, Zander 37 cm und Maräne 35 cm; gemessen von Kieferspitze bis Ende Schwanzflosse.

◎ **NATURSCHUTZ**: Von Mitte April bis Mitte Juni ist es – den BRÜTENDEN WASSERVÖGELN zum Schutz – verboten, mit Spinn- oder Schleppangel vom Ufer aus zu fischen.

◎ Es gibt in allen Gemeinden erfahrene **GUIDES**, die für Tipps und Tricks, Angelexkursionen und Boottrips zur

Outdoor aktiv: oben in Eckerö, unten Discgolf als zurzeit ungemein populäres Freizeitvergnügen, hier der Parcours in Jomalas Vesterkalmare (siehe Seite 134 f.) ▶

Verfügung stehen. In den einzelnen Kapiteln wird auch auf solche Angebote hingewiesen. Viele der größeren Hüttenanbieter oder auch Viking Line unterbreiten Komplettangebote für Petrijünger, die sowohl Ferienhütte, Boot, Ausrüstung als auch Angellizenz bis hin zur Infrastruktur für Räuchern und Lagern umfassen.

Guides finden Sie unter anderem bei MaPa Fishing Team, Jomala, Nybovägen 35, Telefon 0457 – 078 9560, www.mapafishingteam.com. – Ein Ansprechpartner für Angelgerät und Ausrüstung ist Jakt- och Fiskebutiken Äventyret, Mariehamn, Torggatan 12, Tel. 018 – 23860.

◎ Eine Reihe von Angelwettbewerben und -**EVENTS** sind auch für Ferienangler von Interesse, etwa in Eckerö der Lachsangel-Trollingträff Anfang Juni im Käringsund Resort, www.trollingtraff.ax (E).

Baden, Schwimmen

So viele Sunde und Buchten, Schären und Inseln – Gelegenheiten zum Baden und zum Schwimmen gibt es zuhauf. Sofern man sich nicht gerade offensichtlich auf Privatgrund befindet oder wo ausdrücklich verboten, darf man überall ins Wasser steigen. Auch öffentliche Badestrände sind vorhanden, einige mit Sprungturm, Toilette und Umkleide.

◎ Unter www.visitaland.com finden sich zwei **KARTEN**: Eine zeigt die neun größeren offiziellen BADESTRÄNDE (*simstrand* auf Schwedisch) auf Festland-Åland, die andere die kleineren offiziellen Badestellen, auch in den Schären. Zudem verfügen viele Ferienhütten über einen eigenen Zugang zum Wasser mit Bademöglichkeit.

◎ Bei Eingeweihten sowie Familien mit Kindern ist die Westküste Ålands, vornehmlich Eckerö, wegen der vielen **SANDSTRÄNDE** und der flachen Ufer populär, etwa bei den Campingplätzen von Käringsund oder bei Degersand im Süden der Gemeinde.

In Mariehamn bietet sich für Kinder der öffentliche Sandstrand von LILLA HOLMEN an, mit Beachvolleyballfeld und Kletterschiff. – NABBEN, kurz vor der Stadt, ist ebenfalls kinderfreundlich, mit Platz zum Spielen und Toben.

◎ Trotz aller Uferbadeplätze können Sie auch ins **SCHWIMMBAD** gehen. Schwimmhallen mit Erlebnisqualität und zusätzlichem Angebot gibt's in Godby (Idrottscenter, mit Sauna und Fitnessstudio) und in Mariehamn (das großzügige MARIEBAD mit Wellness- und Massageabteilung und draußen auch einem Badestrand).

Discgolf

Binnen weniger Jahre hat sich Åland zu einem Paradies für Freunde dieses Freizeitvergnügens entwickelt. Es ist ein Spaß für die ganze Familie: Man betätigt sich sportlich draußen in der Natur und muss weder große Übung noch eine teure Ausrüstung mitbringen. – Etwas Geschick und Ausdauer, schon gelingt das Zielwerfen auf die Metallkörbe, in abwechslungsreichem

Auf den Seiten 47 und 177 finden sich Fotos von den beiden Discgolf-Parcours in Vesterkalmare/Jomala und bei Soltuna/Geta.

Gelände und natürlichen Hindernissen wie Bäumen ausweichend. Ganze 17 Bahnen warten auf junge und ältere Frisbee-Freunde.

◎ **INFORMATION**: www.discgolf.ax (E) und bei Facebook.

Golf

Den Golfsport und seine Anhänger umgibt ja ein spezielles Flair, eine besondere Note. Elitär ist der Sport aber schon lange nicht mehr; immer mehr Sportsfreunde entdecken für sich das entspannende und die Kondition fördernde Potenzial dieser sportlichen Betätigung im Grünen.

◎ Auf Åland können passionierte Golfer ebenso wie Anfänger auf zwei schön gelegenen Arealen abschlagen und einlochen. Vis-à-vis des Schlosses Kastelholm in SUND pflegt **ÅLANDS GOLFKLUBB** ZWEI 18-LOCH-PLÄTZE. Das weitläufige Gelände, mal parkähnlich, mal mit schönem, dichterem Baumbestand gestaltet, bietet auf der SLOTTSBANAN (bis 5.585 m, Par: 71) und auf der KUNGSBANAN (bis 5.600 m, Par: 72) zwei Parcours, die auch internationalen Ansprüchen genügen.

Kontakt: Ålands Golfklubb, Sund, Kastelholm, Kastelholmsnäsvägen 22, Tel. 018 – 41500, www.agk.ax (E).

◎ **ECKERÖ GOLF** in der gleichnamigen Gemeinde verfügt über einen 18-Loch-Kurs in neu angelegtem Gelände, der sich auf Strecken zwischen 3.247 und 5.754 m spielen lässt.

Kontakt: Eckerö Golf, Kyrkoby, Tel. 0457 – 004 6532, eckerogolf.ax.

◎ Man verachte das **MINIGOLF**-Spiel nicht. Die Åländer jedenfalls tun es nicht, gemessen daran, dass man vielerorts auf die kleinen Betonbahn-Anlagen trifft; vor allem bei Campingplätzen, wie Gröna Uddens Camping (in Mariehamn) oder das Käringsund Resort (Eckerö).

◎ Ein Publikumsrenner ist in Mariehamn **ÅNGBÅTSBRYGGANS ÄVENTYRSGOLF** am Osthafen. Das »Abenteuergolf« geht über 2 x 9 Loch, ist ansprechend gestaltet und mit Kunstrasen unterlegt, ein Vergnügen durchaus auch für Familien. Gespielt wird im Sommer BIS SPÄT IN DIE NACHT, der Parcours ist raffiniert ausgeleuchtet, anbei Brasserie, Terrasse, Lounge, mitunter sommerliche Live-Musik.

Kontakt: Ångbåtsbryggans Äventyrsgolf, Mariehamn, Östra Hamnen, Tel. 018 – 17613, bryggan.ax.

Jagd

Auch für Waidmänner und -frauen ist Åland ein interessantes Terrain. Verbreitet ist vor allem die Jagd auf WILDENTEN und Rehe, die auf Hirsche und Elche bedarf einer Sondererlaubnis.

Die Jagd ist vom Hochsitz, mit Hunden und sogar mit Pfeil und Bogen möglich. Jagdsaison ist je nach Wild etwa ab Anfang September bis Ende Dezember

Touristen / Ausländer brauchen eine Jagdlizenz; sie kostet um 35 € für ein Jahr und ist mindestens 14 Tage vor der Jagd bei der zuständigen Jagdverwaltung der Landskapsregering

(Tel. 018 – 25321, katarina.lindqvist@regeringen.ax) zu beantragen, unter Nachweis der gültigen Jagdprüfung und Waffenlizenz. Am besten wenden Sie sich an erfahrene Jagdguides, etwa beim Hüttendorf Svinö stugby in Lumparland, Stugbyvägen, Tel. 0457 – 5957 652, www.svinostugby.com.

Uns persönlich liegen übrigens Fotosafaris mehr ...

Klettern

Wer über einschlägige Erfahrung verfügt, kann sich an zwei geschraubten Routen probieren:

◎ Der **LOTSBERGET** in MARIEHAMN bietet Kraxelvergnügen in zehn Varianten der Schwierigkeitsgrade 4+ bis 8–.

◎ In STRÖMBOLSTAD in der Gemeinde Sund (nördlich des Östra Kyrksundet) gilt es den **SKÅLBERGET** zu bezwingen. Auch hier gibt es zehn Routen, diesmal in den Schwierigkeitsgraden 7– bis 8+ bzw. 9–.

◎ Ansprechpartner für Kletterfreunde ist **ÅLANDS KLÄTTERKLUBB,** Tel. 040 – 169 6958. Der Club, der in Vikingahallen in Jomala ein Klettercenter unterhält, vermittelt Schnupperkurse von 1–2 Stunden und Informationen.

◎ Zunehmender Beliebtheit erfreut sich das **BOULDERN**: Hier geht es um Problem lösendes Herangehen ans Überwinden resp. Bezwingen eines Felsens, einer Klippe. Die Höhe ist dabei weniger wichtig (meist zwischen ein und sieben Metern), vielmehr sind Köpfchen und Kraft gefordert.

Bevorzugte Zielgebiet für diese Art Freeclimbing ist GETAS NORDEN (mit Kalvsbergen, Djupviksgrottan vom Restaurant Soltuna aus, Fågelberget, Husklint sowie Kasviken). Auch hierzu gibt der Kletterclub Auskunft.

◎ WEITERE **INFORMATION**: online www.thecrag.com (D), kletterszene.com (D) und 27crags.com (E).

Als Boulder-Guide für Südfinnland fungiert »Etelä-Suomen Bouldertopo« (auf Finnisch und Englisch).

Rad fahren

Das Fahrrad ist auf Åland ein ideales Fortbewegungsmittel. Radler sind immer in Tuchfühlung mit der umgebenden Natur. Keine Scheibe, kein Blech trennt Sie vom wirklichen Leben. Das gemächliche Tempo erlaubt es, Dinge wahrzunehmen, die den Autofahrern entgehen. Schmale Wege stehen Ihnen offen, Sie können jederzeit anhalten, zu erleben gibt es wahrlich genug. Und Åland ist ein relativ flaches Fahrradparadies, auch Kinder können mithalten. Ob Sie von der Ferienwohnung aus kürzere Tagesausflüge machen oder mit dem Tourenrad mehrtägige Exkursionen unternehmen, Sie befinden sich auf reizvollem Terrain.

◎ Nicht überall gibt es indes spezielle **FAHRRADWEGE**. Auf dem Lande führt die Strecke des Öfteren über die allgemeine Straße mit Autoverkehr. In der Regel ist der aber nicht so dicht, dass es nicht tolerabel wäre. Zudem bemüht sich die öffentliche Hand im Rahmen ihrer finanziellen Mittel (und

Radelnde Familie auf Föglö ▶

DIE POSTROUTE – MEHR ALS EIN WEG

Mehr als 270 Jahre lang bestimmte der quer über den Archipel durch neun Gemeinden verlaufende POSTVÄGEN Ålands Geschicke mit. Nachdem die schwedische Krone ihre Macht gefestigt und ausgeweitet hatte, erließ sie 1638 eine Verordnung, die eine REGELMÄSSIGE Postzustellung von Stockholm nach Turku über Land und Meer sicherstellen sollte. Von Turku aus führte eine Verbindung weiter bis nach St. Petersburg, der Königsweg.
Aus der bloßen Übermittlung von eiligen Depeschen und der Beförderung per königlichen Boten entwickelte sich ein nicht unerheblicher Personen- und Warentransport, auch wenn kein kommerzieller Hintergrund vorlag. Verpflichtet zu diesen bei Wind und Wetter besonders im Winter LEBENSGEFÄHRLICHEN Transportfahrten wurden Bauern mit persönlichem Grundbesitz, die im Gegenzug Steuerprivilegien etc. erhielten. Entlang der Strecke entstand ein Netz von Stationen, an denen Pferde gewechselt wurden, Reisende Unterkunft und Verpflegung fanden. Obwohl schon im 19. Jahrhundert Eisenbahn und Dampfschiffe das Transportwesen organisatorisch veränderten und erleichterten, wurde der Postweg auf Åland erst im Jahr 1911 offiziell geschlossen. Die Postrodden-Regatta zwischen Grisslehamn und Eckerö jedes Jahr Mitte Juni erinnert an die Geschichte, 2024 zum 50. Mal. Heute ist der Postvägen eine beliebte Strecke, wo sich Touristen auf Erkundung begeben, bevorzugt mit dem Fahrrad. Nur noch kurze Abschnitte des Originalwegs sind erhalten, aber ob auf Schotter oder auch über Asphalt: Die 65 km langen, mit Posthorn und Königskrone markierten Wege durchqueren abwechslungsreiche Landschaften, passieren historische Sehenswürdigkeiten sowie nette Stationen für Rast und Erholung.

nicht zuletzt auch mit Fördergeldern der Europäischen Union), das Radwegenetz konsequent auszubauen.

Fahrradwege sowie spezielle Radrouten sind entlang der Straße und an Weggabelungen mit schmalen länglichen Schildern **MARKIERT**: mit Ziel, Fahrradsymbol und ggf. Kilometerangabe, WEISS AUF GRÜNEM GRUND.

◎ **ZU EMPFEHLEN** sind (neben anderen) die Routen NACH JÄRSÖ im Süden Mariehamns (obwohl Rückweg auf gleicher Strecke, gesamt 20 km) sowie RUND UM DEN KYRKSUNDET in Sund (etwa 25–30 km von Schloss Kastelholm aus). Auf 2–3 Tage angelegt ist die RUNDTOUR DURCH HAMMARLAND nach Skarpnåtö, wo die Fahrradfähre nach Geta übersetzt und die Route via Godby zurück nach Mariehamn führt.

◎ Im Sommer verkehrt täglich die **FAHRRADFÄHRE** »M/S Silvana« ab Lolos Seaside Café in Snäckö/Geta nach Skarpnåtö/Hammarland und retour (12.30 und 13 Uhr, eine zusätzliche Abfahrt ist in Planung). Der Fahrpreis pro Radler liegt bei 17/8 €.

◎ Es gibt viele Stellen, wo man ein Fahrrad **MIETEN** kann: zum einen bei Spezialisten, die ferner Boote, Kanus, Kajaks etc. offerieren, zum anderen auf Campingplätzen und in Feriendörfern. – Ein kompetenter Anbieter ist im Ost- wie Westhafen von Mariehamn vertreten: RoNo Rent, Tel. 018 – 12820, www.rono.ax (D, E). Ab 14 € je Rad und Tag, E-Bike 49 €/Tag, jeweils günstigere Wochentarife.

◎ Wer sich für MEHRTAGES-TOUREN interessiert, aber nicht auf eigene Faust Übernachtungen buchen sowie Wege auskundschaften oder ins Blaue losradeln möchte, entscheide sich für ein **CYKELPAKET**, wie sie die Reedereien Viking Line und Eckerö Linjen anbieten. Je nach Wahl kann das Paket u.a. die Überfahrt nach Åland, Unterkunft, Mietfahrrad, Helm, Tourenkarte beinhalten. In bequemen Tagesetappen werden abwechslungsreiche Landschaften durchquert und Sehenswürdigkeiten passiert.

◎ Wie wäre es mit **INSELHOPPING**? Erkunden Sie mit dem Drahtesel die Schärenwelt weiter draußen, wo vor allem FÖGLÖ und KÖKAR weit oben in der Gunst der Radfahrer stehen. Die regelmäßig nach Fahrplan verkehrenden Schärenfähren bringen Sie von Etappe zu Etappe, und das zu einem erschwinglichen Preis: Fürs Rad werden je nach Jahreszeit und Strecke 4–7 € fällig. INFORMATION Fährverkehr: Ålandstrafiken, Mariehamn, Tel. 018 – 25600, www.alandstrafiken.ax (E).

Reiten

Auf Åland gibt es mehrere REITSTÄLLE, die es Besuchern ermöglichen, ein bisschen Freiheit des Seins von leicht »erhöhter Warte« aus auf schaukelndem Rücken zu erleben. Im Angebot sind REITKURSE ebenso wie die Teilnahme GEFÜHRTEN AUSRITTEN.

◎ Vielfältig ist das Angebot des Stalls **AFTONSOL** IN HAMMARLAND: Bei Reitstunden, Wochenendkursen oder REITLAGERN sind auch ausländische Touristen willkommen. Hammarland, Tellholmsvägen 262, Tel. 018 – 33629, www.aftonsol.ax.

Zur Fahrradfähre siehe auch die Seiten 9 (Foto), 31 (zusätzliche Informationen unter »Transport«), 151 (Hammarland) sowie 171 (Geta).

◎ Auf Eckerö empfiehlt sich der Stall **ROSENQVIST**, Ollasgatan 35, Telefon 0457 – 522 1617, www.rosenqvist.ax.

◎ Warum nicht gleich Co-Living mit dem Pferd? **GRANLUNDA GÅRD** ist ein Reiterhof, der gleichzeitig komfortabel-gehobenes Wohnen anbietet. Mit großer Reithalle und viel Außengelände. Jomala, Gottby, Vestansundaväg 290, Tel. 040 – 522 2514, www.granlundagard.ax.

Spaß und Abenteuer

Fun und Adrenalin für Erwachsene, Spaß und Abenteuer für Kids – auch davon hat Åland genug zu bieten.

◎ **KITEBOARDING**-Kurse und Wakeboard-Vermietung, Wasserski sowie Bootsspaß für Gruppen und mehr – dafür steht Larssons Vattensport, Saltvik, Norra Tjenan 26, Tel. 0457 – 5244 072, www.larssonsvattensport.com.

◎ Für abenteuerlustige Leute jeden Alters, die mit einer Mischung aus ein wenig Mut, und Geschick und Balance verschiedene Parcours meistern wollen, ist der HOCHSEILGARTEN **FLOWPARK** das Richtige: von Baum zu Baum auf schwankendem Untergrund, über Seilrutschen und mehr, verschieden hoch. Vårdö, Trollvägen 40, Tel. 0457 – 345 7301, www.flowpark.fi (E).

◎ Für Rennfahrer-Feeling zuständig ist **ÅLANDS MOTORKLUBB** in Lemland. Wer Benzin im Blut hat (und ein wenig Kleingeld), kann im Sommer in GO-KARTS schneidige Runden drehen. Bei Interesse erkundigen Sie sich besser vorab über Zeiten und Konditionen. Vessingsboda, Tel. 0457–564 3343, karting.ax.

◎ **BOWLING** ALS FUNSPORT gibt es mit und ohne Altersbegrenzung: als DISCOBOWLING für die ganze Familie Sa 14–18 Uhr. – COSMICBOWLING Fr 18–21 Uhr ab 18 Jahren. – Allgemeine Öffnungszeiten der Bahnen: Mo–Fr 13–21 Uhr, Sa+So 12–18 Uhr. Mariehamn, Idrottsgården (Sportzentrum), Neptunigatan 23, Tel. 018 – 531 430, www.mariehamn.ax (siehe »Idrott och fritid« und »Idrottsgården«).

◎ **GEOCACHING**: Hunderte Caches sind via GPS-Schatzsuche auf Åland und sogar in der Inselhauptstadt Mariehamn aufzuspüren. Registrieren Sie sich auf www.geocaching.com (D), laden Sie die Koordinaten herunter und legen Sie los!

Wandern

Auf Schusters Rappen den åländischen Archipel zu erkunden ist bei guter Vorbereitung mit die schönste und unmittelbarste Art, Land und Leute kennenzulernen. Ob Sie nur einen verlängerten Spaziergang oder eine mehrtägige Tour planen, ob Sie allein, zu zweit oder mit Familie unterwegs sind, ob Sie einen markierten und mit INFO-TAFELN versehenen Weg begehen oder querfeldein ein Etappenziel erkiesen: Die Varianten sind zahlreich.

◎ Zu einigen KULTURHISTORISCH interessanten Wanderwegen und NATURSCHUTZGEBIETEN gibt es **INFOBLÄTTER**, so in der Gemeinde Sund für Wege im Umkreis der Festung Bomarsund, ebenso wie für Nåtö, Ramsholmen, Långbergen; sie beschreiben den Wegverlauf, Sehenswertes unterwegs sowie die Natur und Geschichte der Umgebung auch auf Englisch und sind bei Visit Åland im Touristenbüro ebenso wie online zu bekommen.

Quellen: Zurzeit 11 solcher Blätter enthält www.fastighetsverket.ax (siehe »Naturreservat« und »Vandringsstigar«). – Unter visitaland.com/wandern sind Kurzbeschreibungen mehrerer Strecken samt digitaler Karte mit Streckenverlauf und Details zu finden.

◎ Allein über 30 Pfade, Wege, Stiege sind speziell ausgewiesen. An besonders schönen oder auch historisch bedeutsamen Stätten sind **AUSSICHTSTÜRME** zur Weitsicht aus der Vogelperspektive platziert.

◎ Ålands längste Wanderstrecke ist der **SADELINLEDEN**. Die 63 km Route führt durch die drei Gemeinden Hammarland (Start in Skarpnåtö am Fähranleger), Finström und Geta (mit Ziel im Höckböle-Naturreservat). Benannt ist die Strecke nach dem Pastor *R.U.F. Sadelin* (1788–1958), der in Hammerland die erste Bibliothek auf Åland einrichtete. Für die abwechslungsreiche Gesamtstrecke sind mindestens drei Tage anzusetzen, wollen Sie Flora und Fauna genießen, Sehenswertes und historisch Interessantes würdigen. Die Route führt durch Wälder, Wiesen, karge Felslandschaften, kleine Moore und ist im Frühling besonders schön.

◎ Der 40 km lange **JOMALALEDEN** führt in der gleichnamigen Gemeinde von Hammarudda an der Küste nach Emkarby. Die Strecke mit moderatem Schwierigkeitsgrad führt abwechslungsreich durch ländliche Weiler mit alten Gehöften, über felsige Höhen mit freier Aussicht, entlang dem Naturreservat RAMSHOLMEN und passiert (Militär-)Historisches.

◎ Besonders attraktiv und in gutem Zustand ist der **LEMLANDSLEDEN**: Etwa 25 km zieht sich die Route von Lemströms Kanal nach Lumparsund. Schön der Blick von Bistorpsberget, wo ein AUSSICHTSTURM die Warte erhöht.

ST OLAV WATERWAY

2019 eröffnet, ist ST OLOFS SJÖLED ein 1.200 km langer, internationaler Pilgerweg. Er nutzt neue und bestehende Wanderrouten, Fahrrad- und Waldwege und folgt streckenweise den Spuren von Pilgern im Mittelalter, markiert mit rot-grauen Kreuzen.
Ab Turku geht es über Åland (Kökar, Föglö, Lemland, Jomala, Mariehamn, Hammarland bis Eckerö) und Schweden bis Trondheim in Norwegen (wo Olav der Heilige im Nidaros-Dom begraben liegt), per pedes und im Kajak oder auch mit Fähren. stolavwaterway.com (E).

◎ Sie möchten an einer **GEFÜHRTEN WANDERUNG** teilnehmen, mit Erklärungen zu allem, was da wächst, fleucht und kreucht und was es zu sehen gibt? Visit Åland ist mit Adressen behilflich. alandtours.com nennt private Guides für diverse Aktivitäten. Und alandguider.ax ist ein Portal von lizensierten Guides, die auch mit Visit Aland kooperieren.

Wassersport

PADDELN

Noch so eine ganz besondere Art, sich dem Archipel zu nähern, ist die von einem kleinen Boot aus, sei es nun aus Holz, Metall oder Kunststoff: knapp über den sich kräuselnden Wellen dahinzugleiten, der Küstenlinie folgend, in kleine Buchten eintauchend, Sunde und auch mal offene Wasserflächen querend, an einer unbewohnten Schärenschönheit fest machend, Piraterie und Inbesitznahme für ein paar Stunden vielleicht.

Im Labyrinth des inneren Schärengürtels gewähren unzählige Felsbuckel und Inselchen Schutz vor allzu ungestümen Wellen, ideal für ruhige Fahrten, das bedeutet auch für Familien mit Kindern. Wer mag und es beherrscht, hat es nicht weit bis zu den äußeren Schären sowie über längere Strecken offenen Wassers.

◎ **BOOT**: Wegen der Windstabilität ist das Kajak gegenüber dem Kanadier im Vorteil. Auch auf eher geschützten Seen ist ein Trend zum Kajak festzustellen, trotz der etwas komplizierteren Technik mit dem Doppelpaddel und der geringeren Ladekapazität im Vergleich zum Kanadier.

◎ Sehr **POPULÄR** sind Touren von Käringsund in Eckerö aus, etwa um Mellanön (leicht) oder – 42 km lang und mittelschwer – ganz Eckerö herum, ebenso Routen in Mariehamns oder Föglös Schärengarten. Auch von Hamnsundet in Saltvik lässt sich gut starten, so nach Boxö oder Verkviken (leicht) oder bis Geta/Havsvidden – da wird es allerdings anspruchsvoll.

◎ Ob Sie auf eigene Faust auf Erkundung gehen oder sich doch lieber einer **GEFÜHRTEN TOUR** anschließen, liegt an Ihnen. Geführte Exkursionen haben den Vorteil, dass Sie eine Menge Wissenswertes erfahren sowie in unbekannten Gewässern in erfahrener Begleitung sind. Solche Touren können wenige Stunden dauern oder sogar eine Zelt-Übernachtung draußen in den Schären umfassen.

◎ **KAJAKVERMIETUNG / -TOUREN**: Paddelboden / S.G.U. Friluftsentreprenörer offeriert im Sommer Anfängerkurse, im Juli und im August geführte Touren nach Kobba Klintar, zudem Fortgeschrittenenkurse, Abendtouren und Stand-up-Paddling-Kurse (SUP). Vermietet werden Kajaks und Ausrüstung. Mariehamn, Lervik, Tel. 0457 – 343 3933 und 018 – 14757, www.paddelboden.com (E).

Nimix vermietet Kajaks (Tagespreis 55 €) und Ausrüstung und bringt die Kunden an alle Startplätze innerhalb Eckerös, innerhalb Ålands ebenso, jedoch gegen Aufpreis. Eckerö, Västanholmen 14, Tel. 050 – 66716, www.nimix.ax (E).

◎ Viele Camping- und Hüttenanbieter stellen ihren Gästen ein Ruderboot zur Verfügung oder **VERMIETEN** Kajak oder Kanadier.

SEGELN

Erheblich rasanter kann es schon mal bei der Fahrt mit einem Segelboot zugehen. Hart am Wind, ein paar Spritzer dürfen es dann schon sein. Aber es geht auch gemütlich, je nach Wetter, Revier und Laune. – Die åländischen Gewässer jedenfalls gelten als Segelparadies. Es muss was dran sein, wenn

Nicht immer kann das passende Foto direkt neben dem Text stehen. Auf Seite 57 folgt ein besonders schönes Motiv zum Paddeln auf Åland.

man in Mariehamn an den Hafenpromenaden entlang spaziert, schickes Boot neben schicker Yacht ausmacht, wenn man an die vielen Gast- und Servicehäfen denkt, die an den Küstenstreifen des festen Åland ebenso wie an Ufern der Schärengemeinden verteilt liegen. Vom schwedischen Grisslehamn sind es nur 23 Seemeilen bis Eckerö, von Kapellskär 37 nach Mariehamn und vom finnischen Hafen Turku 93 wiederum bis Mariehamn.

◎ Knapp 20 **GÄSTEHÄFEN** verteilen sich über den Archipel. Sie verfügen meist über ein komplettes Serviceangebot samt Tankstelle, während die sogenannten SERVICEHÄFEN im Normalfall kleiner gehalten sind. Hinzu kommen Ankerplätze und -buchten – alles zusammengerechnet, zählt man auf Åland etwa 70 Möglichkeiten, das Boot festzumachen. Drei Gästehäfen liegen allein in Mariehamn.

Topnoten bekommt der Hafen auf der idyllischen Insel RÖDHAMN, etwa 10 Seemeilen südlich der Hauptstadt. Im frühen 19. Jahrhundert als Lotsenstation auserkoren, hat sich die Insel (gruppe) zu einem populären Ziel mit Hafen, Café und Mini-Museum entwickelt (siehe Seite 216).

Sehr informativ und hilfreich ist die bei Visit Åland erhältliche Broschüre SAIL ÅLAND (E).

◎ Wer sich mit nautischen **KARTEN** eindecken will, wird in der Inselhauptstadt fündig bei Mariehamns Bokhandel, Torggatan 14.

◎ **ZUBEHÖR** für Schiff und Bootsmotoren erhalten Skipper in der Inselhauptstadt, zum Beispiel im Kea-Center, Mariehamn, Varvsgatan 2, Tel. 018 – 22424, Facebook.

TAUCHEN

◎ Um Åland herum liegen in Küstennähe einige **WRACKS** in gut erhaltenem Zustand. Zu danken ist dies dem geringen Salzgehalt und dem relativ niedrigen Sauerstoffgehalt der Ostsee sowie nicht zuletzt einer restriktiven Tauchgesetzgebung, die sich zu bewahren bemüht. Daher ist das Tauchen streng REGLEMENTIERT und nur mit Tauchguide und Sondergenehmigung der Provinzregierung und des Museumsamtes Ålands möglich. Aktuelles Tauchzertifikat und Logbuch vorausgesetzt (siehe Seite 119 f.).

SPEKTAKULAR: Weltweit Beachtung fand 2010 die Entdeckung eines bis dato unbekannten und in 22 Meter Wassertiefe liegenden Zweimastschoners. Die Sensation: An Bord fanden sich 168 Flaschen fast 200 Jahre alten französischen CHAMPAGNERS aus renommierten Häusern wie etwa Veuve Clicquot und Jugla. Auch Porzellan aus der Zeit um 1800 konnte geborgen werden. Vermutlich war das Schiff auf dem Weg nach St. Petersbirg. Zurück zum Champagner, dieser war – noch genießbar und begeisterte selbst Experten aus Frankreich. Inzwischen im Museum und in begrenzter Anzahl für viel Geld in Sammlerhänden.

◎ Nicht nur für Segelfreunde attraktiv wird es, wenn beim **TALL SHIPS RACE** oder anderen Windjammer-Paraden Großsegler und Segelveteranen die åländischen Gewässer ansteuern – im Jahr 2024 ist Mariehamn sogar einer der Häfen: 1.500 nautische Meilen, sechs Häfen von Litauen bis Polen, 100 Schiffe, fünf Wochen … www.tallshipfriends.de (D).

Passionierte Paddler schwören darauf: Mit dem Boot sind viele Orte und Schönheiten in Landschaft und Natur zu erkunden, zu denen kein Pfad und keine Straße führt. Ohne Begleitung sollten aber nur Fortgeschrittene aufbrechen. – Foto: © Gerd Kassel ▶

Wintersport

CURLING

Die Übertragungen von den Olympischen Winterspielen zeigen auch auf Åland Wirkung – ein zunehmend beliebtes Wintervergnügen unter Dach ist das Curling. Gelegenheit dazu haben Besucher des Åland Curlingklubb in Eckerö, Käringsundsvägen 85, Tel. 0457 – 374 9778, www.curling.ax. Siehe auch Seite 149.

EISANGELN

Das etwas andere Angelvergnügen für die kalte Jahreszeit, ebenso simpel wie erstaunlich effektiv. Wenn es fest genug ist, raus aufs Eis, kleines Loch gekappt, Hocker aufklappen, Heißgetränk parat stellen und rein mit der Schnur. Welcher Köder gut ist und wo was wann gerne beißt: Fragen Sie einen Angelguide oder auch den Bauern von nebenan, der weiß es auch. Schnappen Sie sich eine Angellizenz – und einen Mitangler zum gemeinsamen Schweigen. Es ist allerdings Anglerlatein, dass der Fisch schon filetiert, tiefgefroren und pfannenfertig am Haken hängt.

SCHLITTSCHUHLANGLAUF

Wo das Wasser ein so beherrschendes Element ist, da sollte man es doch im Winter im Aggregatzustand des Eises nicht ungenutzt lassen. Auf Langlauf-Schlittschuhen über die Binnenseen oder – bei sicherem Eis – entlang der Uferlinien und zwischen den Schären zu kurven ist in verzauberter Winterlandschaft unerhört reizvoll. Meist im späten November beginnt die erste Eisbildung, Ende Januar sind auch die Buchten zugefroren.

Zunächst kann man sich auf die zugefrorenen flachen Binnengewässer wagen, so etwa den Bjärströms träsk (Finström). Bleibt es kalt, dürfen bald die inneren Buchten unter die Kufen, auch der Vandöfjärden.

Bei knackigen Temperaturen geht es im nächsten Schritt auf die breiteren Meeresarme, wie Ivarskärsfjärden und Svartsmarafjärden.

VORSICHT: Bevor Sie das Eis betreten, erkundigen Sie sich über die Tragfähigkeit, besonders in den Schären. Natürlich »warme« Strömungen können selbst bei tiefen Minusgraden die Tragfähigkeit von dick erscheinendem Eis untergraben. Fragen Sie bei Visit Åland nach geführten Touren. Oder Sie bewegen sich zumindest dort, wo kundige Åländer ihre Runden drehen.

SKIVERGNÜGEN

Dass Sie wohl nicht auf die Åland-Inseln fahren, um hier ihre jährliche Skiwoche auszukosten – geschenkt. Dass Sie jedoch im Winter durchaus Skier unterschnallen können, um bei genügend weißer Gleitmasse auch mal querfeldein dem Langlauf zu frönen, das ist wahr. Es gibt sogar einige gespurte Loipen und Rundkurse, die Schneekanonen bei Bedarf künstlich aufpäppeln, und zwar in der Nähe der Vikingahallen in Jomala mit dem Ski- und Biathlon-Zentrum. IF Åland Skidning, Tel. 0457 – 347 9944, skidning.ax. – Aber selbst Abfahrt, Slalom, Riesenslalom, Snowboard sind möglich, notfalls mit Kunstschnee: Germundö Alpin in Saltvik, Lavövägen, Tel. 045 – 7342 0830, www.alpin.ax.

Selbstverständlich gibt es noch mehr Möglichkeiten, Freizeitsport zu treiben, ob Tennis, Boule, Bowling oder Beachvolleyball. Aktuelle Daten und Adressen erfahren Sie im Touristenbüro (siehe Seite 27/84).

Begegnung mit Åland

Landschaftsbilder

◎ Åland bildet die südwestlichste Region Finnlands – und zeigt sich landschaftlich ganz anders als der Norden, als Mittelfinnland oder der Osten: eben als etwas ganz Eigenes, Besonderes. Åland ist ein **SCHÄREN-PARADIES**, vom Meer geprägt und umschlungen. Wie viele Inseln und Schären es nun genau sind, darüber schwanken die Angaben – zählt man nur die Inseln mit über 0,25 ha Fläche, kommt die offizielle Statistik auf stattliche 6.757. Und keine sieht aus wie die andere: große und kleine, wie Perlen aufgereihte und vereinzelte, bewaldete, felsige und nackte, glatte und zerklüftete Kleinode im Wasser sind es. Ihre Zahl eröffnet trotz der relativ geringen 1.553 km² Landfläche (und umso mehr Wasser) eine Vielfalt an Erlebnissen, Erkundungen, Eindrücken und Ausblicken. Entsprechend zahlreich sind auch die Möglichkeiten für AKTIVITÄTEN. Besonders Wassersportler kommen auf ihre Kosten, sei es mit Kanu und Kajak, mit Segelboot oder Motorschiff. Aber auch Wanderer sind in ihrem Element – und Åland gilt als Tipp für Radfahrer. Dazu tragen auch die gemütlichen Schärenfähren und die nette Fahrradfähre bei, die ein bequemes Inselhüpfen ermöglichen.

◎ Ålands **FARBEN** sind in der eigenen Flagge Blau, Rot und Gelb, kräftig und intensiv wie die Natur. Hier leuchten das Rot der Granitfelsen, das Grün der Wälder und Wiesen, das Blau der Ostsee in vielen Kombinationen und Variationen.

◎ Und auch die **MENSCHEN**, die Insel- und Schärenbewohner, offenbaren ihren eigenen Charakter. Das Leben am Meer ist nicht immer so sonnig und einfach, wie es den Sommerurlaubern scheinen mag – die kalten Winter, die Herbststürme, die kargen Böden, Flut und raue See fordern ihren Tribut. Die Åländer zeichnen sich dementsprechend vor allem durch eine hohe Anpassungsfähigkeit an die Natur, eine hohe FLEXIBILITÄT auch in beruflicher Hinsicht aus. Die meisten eignen sich im Lauf ihres Lebens ganz verschiedene Fähigkeiten an, können nicht nur fischen und Äcker bewirtschaften, verstehen etwas von Wald und Tier, sondern stehen ihre Frau und ihren Mann auch im Tourismusgewerbe, in der Verwaltung und im Büro, wo immer Kopf und Hand gebraucht werden. Längst nicht jede/r hat den Beruf gelernt, den er oder sie ausübt – und tut es trotzdem gut und aus Überzeugung, und eben: IN DER HEIMAT; wobei zunehmend Sommerjob-Suchende aus ganz Finnland und aus Schweden Ålands Charme für sich entdecken.

◎ Ganz typisch für Åland ist der felsige Untergrund, sind die grauen und vor allem roten **GRANITFORMATIONEN**, von aufragenden Felsen über abfallende Klippen bis zu Steinfeldern und großen, flachen Felsplatten. Sogar der Straßenschotter ist oft rötlich gefärbt, bringt die Steinfarbe mit in den Alltagsweg. Betrachtet man die von früher Eiszeit, Schmelze und Wasser gewaschenen Felsen, lassen sich die Linien der Faltungen und Verwerfungen entdecken, die die Steine farbig und lebendig gestalten, mit dem Spiel der an- und ablaufenden Wellen ein ständig neues Bild.

Als Ganzes vereint das Inselreich zwei ganz unterschiedliche Landschaftsbilder: **FESTLAND-ÅLAND** (FASTA ÅLAND genannt) sowie **SCHÄREN-ÅLAND**. Jedes für sich wie in der kontrastierenden Gesamtheit ein Erlebnis.

Geschichte

DIE ANFÄNGE

◎ Åland – aus dem Meer geboren, dem Meer entstiegen. Gleich der **MYTHOLOGISCHEN** Weltschöpfung in Finnlands Nationalepos Kalevala. Die Tochter der Luft, geschwängert von Wind und Wellen, wird zur Wassermutter. Diese hebt ein Knie aus den Wogen, und eine Taucherente baut hierauf ihr Nest. Die Eier purzeln aus dem Nest, zerbrechen und bilden Erde, Himmel, Sonne, Mond und Wolken. Derweil die Wassermutter Landschaften formt: »Schon geschaffen sind die Inseln, aufgereiht im Meer die Riffe. / Aufgestellt die Himmelsstützen, Feld und Flur durch Wort entstanden ...«

◎ Es war das Resultat der **LANDHEBUNG**, dass im Zeitraum um 8.000 v.Chr. erste Buckel und Hügel aus dem Meer lugten. Das topografische Werden und Aussehen der heute so faszinierenden Schärenwelt war Folge der ungeheuren Kräfte, die während der Eiszeit und nach deren Rückzug wirkten. Die Eiswalzen aus den polaren Regionen hatten alle vor der großen Kälte bestehenden Erhebungen und Gebirgsformationen im Sinne des Wortes unterdrückt, den harten Granit geformt. Mit Einsetzen milderen Klimas um 10.000 v. Chr. und dem daraus resultierenden Rückzug der Eismassen konnte sich das Land wieder heben.

◎ Die zunehmende Erwärmung setzte allerdings auch Schmelzwasser frei, dessen Massen und Wirbel den Fels schliffen, rundeten, teilten. Mit dem milderen, feucht-warmen Klima entstanden die Voraussetzungen für eine dichte Vegetation und eine vielfältige Tierwelt. Die **ERSTEN MENSCHEN**, die sich ab etwa 4.200 v. Chr., in der jüngeren Steinzeit, auf den immer noch wenigen und verstreuten Inseln und Schärenfelsen ansiedelten, waren Jäger und Fischer. Sie kamen auf kleinen Booten aus dem südöstlichen Finnland, aus der Region um Åbo / Turku, und werden der Kammkeramik-Kultur zugeordnet. Zunächst belagerten sie die Inseln nur während ihrer Jagd- und Fischzüge, wählten ihre Wohnplätze entsprechend den wechselnden Standorten ihrer Beutetiere. Doch recht bald schon ließen sich erste kleine Sippen und Verbände dauerhaft nieder, der zu jeder Jah-

Die Landhebung dauert in Finnland und besonders auf Åland an und ist leicht zu messen: Die Landmasse wächst, die Hebung beträgt etwa einen halben Zentimeter pro Jahr.

reszeit reichen Jagd- und Fischgründe wie auch der relativen Sicherheit vor Überfällen wegen. Von großer Bedeutung war für lange Zeit die Seehund- und Robbenjagd.

Ab ca. 2.500 v.Chr. folgte eine neue Einwanderungswelle, diesmal aus dem Westen. Die Neusiedler waren Träger der Schnurkeramik-Kultur oder auch Bootaxt-Kultur, wie sie etwa schon in den schwedischen Regionen Scania und Helsingland zu finden war. Zwar blieben Jagd und Fischfang noch dominant, doch gesellten sich zur Fisch- und Fleischfraktion nun zunehmend bäuerliche Sammler, die sich im Anbau erster Nutzpflanzen und vor allem in der VIEHHALTUNG versuchten.

Auf Åland finden sich vergleichsweise viele Spuren einer stein- und bronzezeitlichen Besiedlung. Die Lage der Wohnplätze orientierte sich in der Regel am Verlauf der sich wandelnden Küstenlinie, so dass Archäologen heute die ältesten Funde eher höher gelegen und im Landesinneren orten, jünger zu datierende Ausgrabungserfolge dagegen in ufernahen Bereichen. Leider sind sie für den Laien selten auszumachen.

◎ Typisch für die **BRONZEZEIT** (1.500 –500 v.Chr.) sind die auch von einigen Küstenstreifen Schwedens und Finnlands her bekannten RÖSEN: meist aus auf Felsen aufgeschichteten Steinen bestehende Steingräber, die über den Gebeinen der Toten nach deren Verbrennung errichtet wurden. Bronzewaffen und -schmuck sind die wertvollen Grabbeigaben höher gestellter Persönlichkeiten der damaligen Gesellschaft. Inzwischen hatten sich einige größere und nah beieinander liegende Hauptinseln gebildet, Kern des heutigen FESTEN ÅLAND. Ackerbau und Viehzucht gewannen stetig an Bedeutung. Der HANDEL und Austausch von Waren und Gütern auch aus/mit entfernteren Regionen gedieh. So kennzeichnen diese Epoche auch die Spuren erster systematischer Schiffbautätigkeit.

Mit dem Ausklang der Bronzezeit tauchte Åland für lange Jahrhunderte ins Dunkel. Nur wenige Funde aus dieser Zeit liegen vor. Aufgrund sich verschlechternder klimatischer Verhältnisse wurden die Existenzbedingungen schwieriger, nahm die Bevölkerungszahl erheblich ab.

In der späteren Eisenzeit, etwa ab 500 n.Chr. jedoch verbesserte sich das Klima wieder, und eine neue Einwanderungswelle von Bauern und Fischern besiedelte von Westen aus die Inselgruppe, vor allem aus dem Gebiet um Uppsala aufbrechend. Die Bevölkerungszahl stieg rasch, und die Gruppe der Hauptinseln wurde permanent besiedelt.

◎ Auch wenn die Åland-Inseln einen gern genutzten Zwischenstopp und Brückenkopf zwischen dem schwedischem und dem finnischen Festland bildeten, wurden sie doch nicht zum wirtschaftlichen Machtfaktor, wie es bei Gotland später der Fall war. Åland war zwar zentral, aber in der Bedeutung Randlage. Gleichwohl blieb die Inselgruppe von den Einflüssen der Zeit der **VÖLKERWANDERUNG** und der Merowingerzeit nicht unberührt. Die Struktur der Gesellschaft, ihre kulturellen und religiösen Vorstellungen orientierten sich an germanischen sowie nordischen Normen.

Die Seehund- und Robbenjagd war jahrtausendelang eminent wichtig: als Lieferant von Fleisch, Speck, Tran und Öl, von Haut, Fell und Knochen, für den Speisezettel, für Kleidung und Gerät, für den sich langsam entwickelnden Handel.

WIKINGERZEIT & MITTELALTER

Im 10./11. Jahrhundert besitzt Åland festen Anschluss an die weite Welt. Es sind wie üblich reisende Händler auf der Suche nach neuen Absatzmärkten, die Vorreiter spielen. Ihre Wege über die Ostsee, nicht nur von schwedischem Gebiet aus, sondern etwa auch von Schleswig aus auf verschiedenen Routen bis hinein ins russische Wolgagebiet und ins Schwarze Meer, führen zunächst immer entlang der Küsten, die ihren Schiffen Schutz vor Sturm und rauer See gewähren. Da bieten die Åland-Inseln willkommene Rastplätze. Auch die Åländer selbst unternehmen mit eigenen Schiffen EXPEDITIONEN weit gen Osten. Mehrere Funde arabischer Münzen belegen diesen Fernverkehr.

◎ Nicht lange, und den Spuren der Händler folgen Missionare, Soldaten und Steuereintreiber. Die gesellschaftlichen Strukturen in Skandinaviens **MACHTZENTREN** bilden sich zur Zeit der Wikinger zusehends heraus. Herrschaftseliten bereichern sich durch kriegerische BEUTEZÜGE, durch Bestechung und Vergabe von Ländereien werden Abhängigkeiten geschaffen und Machtpositionen abgesichert. Steuern werden von den Untertanen erhoben, regelmäßige Abgaben gefordert. Die noch fragilen repressiven Systeme werden immer wieder kriegerisch von Rivalen in Frage gestellt, Bündnisse geschlossen und gebrochen. Für Jahrhunderte werden Åland und Finnland Spielfiguren für unterschiedliche Machtinteressen. Åland erlebt gleichwohl eine Zeit des Aufschwungs als TRANSITLAND auf zentralen Handelsrouten; so sind Schiffe der Friesen zum Beispiel oft Gäste in den Naturhäfen.

◎ Die **CHRISTIANISIERUNG** Nordeuropas schreitet voran; die römische Kirche festigt ihre Position. Auf Åland werden erste Holzkirchen errichtet, meist Stabkirchen, oft direkt neben heidnischen Gräberfeldern. Später ersetzen sie Sakralbauten aus Stein.

Ab 1164 gehören die Inselgemeinden zum neuen Erzbistum Uppsala.

◎ Herren über die Ostsee sind zu jener Zeit die Dänen. Sie nutzen Åland als Zwischenstation für aggressive Expansionszüge gen Estland und Finnland. Ihre Präsenz endet 1220 vorerst.

Allmählich bilden sich in Skandinavien festere, größere Herrschafts- und Machtgebiete mit längerer Lebensdauer. Åland wird integraler Bestandteil des **SCHWEDISCHEN** Reiches.

Nach einer Verwaltungsreform wird die Inselgruppe ab 1309 von Åbo / Turku aus verwaltet und gehört auch kirchenpolitisch zum Bistum Åbo.

1388 findet die Festung KASTELHOLM erstmals Erwähnung. Errichtet auf Veranlassung von *Bo Jonsson Grip*, dem mächtigsten Mann des schwedischen Reichsrats, wird der Bau im Lauf der Zeit mehrfach zu einer ansehnlichen Schlossanlage erweitert werden (und zwischenzeitlich auch in Schutt und Asche gelegt). Im 15. Jahrhundert dient er zunächst als Sitz der Administration sowie lokalen Befehlsgewalt. »Chef« ist ein Vogt bzw. Lehensherr, der der schwedischen Krone unmittelbar untersteht. Dabei wird die kleine Provinz zeitweise an kurzer Leine gehalten. Die Åländer dürfen per Verordnung (1422) nur in Åbo und in Stockholm Handel treiben.

Oben ist richtig 'was los auf dem Wikingermarkt in Saltvik (siehe Seiten 185 und 178), unten »beleben« historische Figuren als Aufsteller – täuschend echt aus gewissem Abstand wie Wandmalereien wirkend – in Schloss Kastelholm in Sund (siehe Seite 193) ▶

REFORMATION & BRUDERZWIST

◎ 1507 zerstören unter Befehl von *Sören Norrby* und auf Geheiß ihres Königs Hans dänische Flotteneinheiten die Feste Kastelholm und besetzen Åland; zwei Jahre später plündern und verwüsten sie Åbo. Von 1521 bis 1523 kämpfen auch auf Åland Schweden und Dänen erbittert um die Vorherrschaft im Ostseeraum. Schließlich obsiegt der legendäre *Gustav Vasa* und wird als schwedischer König inthronisiert. Während seiner Regentschaft wird 1527 im ganzen Reich, somit auch auf Åland und in Finnland, die **REFORMATION** eingeführt. 1538 werden die seit mindestens 1472 auf der Schäreninsel KÖKAR siedelnden Franziskanermönche vertrieben.

Dass Gustav Vasa einiges an der kleinen Inselprovinz liegt, zeigt sich nicht nur daran, dass er den Archipel zum königlichen Jagdgebiet erklärt, sondern belegt ferner die Tatsache, dass er Åland neben Åboland 1556 als Herzogtum und persönliches Lehen an seinen Lieblingssohn Johan vergibt. Der aber überwirft sich mit seinem Bruder *Erik XIV.*, wird von diesem 1563 in Turku überfallen und festgesetzt. 1568 wird Erik dann für geisteskrank erklärt und abgesetzt. Auf den Thron folgt ihm Bruder Johan als *Johan III.* Dieser lässt das Schloss Kastelholm ausbauen und herausputzen. Davon haben Erik und Gemahlin *Karin Mansdotter* wenig – 1571 werden sie als Gefangene in Kastelholm eingekerkert.

◎ Die große Politik streift Åland erst wieder 1634, als die Inselgruppe der neu arrangierten Provinz Åbo mit Björneborg/Pori zugeschlagen wird, dabei aber eine begrenzte Selbstständigkeit behalten darf. Der Verwaltung steht jetzt ein Provinzhauptmann vor. *Per Brahe* wird 1637 Generalgouverneur über Finnland und setzt etliche Reformen durch, die auch Åland betreffen. Ab 1638 wird eine regelmäßige, straff organisierte **POSTROUTE** von Schweden über Åland nach Finnland eingerichtet (siehe Seiten 51 und 142). Die åländischen Bauern werden gezwungen, sich in Postrotten zu organisieren. 1639 wird die erste allgemeine Schule in SALTVIK eröffnet.

DIE RUSSEN KOMMEN

◎ Von 1700 bis 1721 wütet zwischen Schweden und Russland der Große **NORDISCHE KRIEG** mit zahlreichen gegenseitigen Attacken. 1714 erobert ein russisches Expeditionsheer von Zar *Peter dem Großen* Åland. Der Großteil der Inselbevölkerung flieht nach Schweden, andere werden gefangen genommen und nach Russland deportiert, die Dörfer zerstört.

1718 wird auf der Insel VARDÖ auf einer Wiese eine »Kongressstadt« errichtet, wo ein Jahr lang Friedensverhandlungen im Sande verlaufen. Der Krieg wird bis zur Erschöpfung fortgesetzt, bis zum Frieden von Nystad 1721. Russland zieht sich zurück.

◎ Nur um 1808 erneut åländischen Boden zu betreten. Knapp 1.000 Soldaten scheinen zu genügen, um die Inseln in Schach zu halten; die meisten werden auf der Schäreninsel Kumlinge stationiert. Nach einigen Scharmützeln mit der Bevölkerung VERSCHWÖREN sich die Bauern zu einer »geheimen Kommandosache«. Unter Führung von Polizeikommissar *Arén*

Bis Schweden unter Gustav Vasa 1523 die Selbstständigkeit erkämpfte, hatte sich das Land (ebenso wie Norwegen) seit 1397 in einer Zwangsunion mit Dänemark befunden, die als Kalmarer Union geläufig ist.

und Vikar *Gummerus* segeln 450 Bauern nach Kumlinge, schießen und machen Lärm wie tausende Krieger und bringen die verschreckten russischen Soldaten zur KAPITULATION.

Im Sommer kommt König *Gustav IV. Adolf* nach Åland, dankt der Bevölkerung für ihren heldenhaften Einsatz und verspricht dauerhaften militärischen Schutz für die Inseln.

Die Großwetterlage aber verheißt nichts Gutes für Schweden. Das ganze finnische Festland ist in der Hand zaristischer Truppen, und im März 1809 landen erste russische Militärkontingente auf Åland. 9.000 schwedische Soldaten unter *von Döbeln* stehen auf Grund von Versorgungsproblemen und Krankheiten mehr schlecht als recht zur Verteidigung bereit. Dann erreicht von Döbeln die Nachricht von der Absetzung Gustav Adolfs und der Befehl zum sofortigen Rückzug. **ÅLAND WIRD RUSSISCH**.

◎ Verwaltet wird die Inselgruppe weiterhin von Kastelholm aus. In der Nähe, strategisch günstig am östlichsten Punkt der Hauptinseln, auch den Postweg sichernd, beginnen die Besatzer 1829 mit dem Bau der mächtigen Festung BOMARSUND. Bis 1854 sind die runde Hauptfestung und drei wuchtige, frei stehende Wehrtürme fertiggestellt. **KRIMKRIEG**: Plötzlich kreuzen englische und französische Kriegsschiffe vor Bomarsund auf und nehmen die Festung unter Beschuss. Auch von Land wird angegriffen. Die russischen Truppen kapitulieren.

◎ Die siegreichen Mächte bieten Schweden die Hoheit über die Åland-Inseln an. Doch Schweden lehnt aufgrund seiner Neutralitätsposition im Konflikt ab. Bei den FRIEDENSVERHANDLUNGEN in Paris 1856 äußert Schweden dann doch den Wunsch, den Archipel seinem Staatsgebiet zuzufügen. Die Russen lehnen strikt ab. Der Konflikt endet mit dem Erlass des **ÅLANDSSERVITUT** vom März 1856: Åland wird zur INTERNATIONALEN, DEMILITARISIERTEN ZONE erklärt, die Verwaltungshoheit hat weiterhin das zaristische Russland.

REFORMEN werden eingeführt. Die Inseln erhalten die generelle Gewerbefreiheit, was besonders die Schifffahrt beflügelt und das Erblühen der sogenannten Bauernreedereien zur Folge hat (siehe Seite 209). Schon 1835 nimmt in GODBY eine Seefahrtschule ihre Ausbildungstätigkeit auf.

◎ 1861 erfolgt die Gründung von **MARIEHAMN**, des neuen zentralen Ortes auf Åland, der sich schnell zur Hauptstadt entwickelt. Dies beflügelt nicht nur Handel und Gewerbe, sondern verleiht Impulse für das gesellschaftliche Leben, Kunst und Kultur. So erwächst 1886 in ÖNNINGEBY um den Maler Westerholm eine angesehene Künstlerkolonie. In den 1890er Jahren avanciert Mariehamn zu einem gern besuchten Kurbad für die St. Petersburger Aristokratie. 1895 erfolgt die Gründung von Ålands Volkshochschule, die in der jüngeren Geschichte bald ihre Rolle spielen wird.

AUTONOMIE

◎ 1914, kurz nach Ausbruch des Ersten Weltkriegs, beginnt sich auf Åland eine Art Untergrundbewegung zu formieren, die sich zunächst aus Studenten und jungen Bauern rekrutiert. Ihr Ziel ist die Loslösung vom russischen

Die Zeit der russischen Besatzung 1714–21 wird auch als »Großer Unfrieden« bezeichnet.

Imperium. Entgegen den internationalen Statuten entsendet Russland 1915 Truppen auf die Inseln und beginnt mit dem Bau von Befestigungsanlagen, insgesamt 10 Küstenbatterien. Die kleine Untergrundbewegung wächst zur allgemeinen Volksbewegung. In den Wirren des **REVOLUTIONSJAHRES 1917** findet am 20. August in der Volkshochschule in FINSTRÖM ein geheimes Treffen von Vertretern Mariehamns und der Landgemeinden statt. Sie fordern: FINNLAND FREI UND ÅLAND SCHWEDISCH.

Am 6. Dezember erklärt Finnland seine Unabhängigkeit.

◎ Die Wirren des auf dem finnischen Festland ausbrechenden **BÜRGERKRIEGS** zwischen der revolutionären roten und der bürgerlichen weißen Garde greifen auch auf Åland über. Schweden schickt rund 600 Soldaten, um die Scharmützel zu beenden und Verhandlungen einzuleiten. Der Wille der Bevölkerung scheint klar, gut 95 % der Bürger haben sich in einem Referendum für den Anschluss an Schweden ausgesprochen. Zur Einigung mit Finnland kommt es nicht. Als deutsche Flottenverbände auf Åland landen, verlassen alle Truppen die Inseln.

◎ 1919 ist der Disput um den Status des Ostseearchipels Thema der Pariser Friedenskonferenz, auf der drei Vertreter Ålands ihre Petition erläutern können. Schweden befürwortet eine Volksabstimmung. Um einer Sezession vorzubeugen, beschließt das finnische Parlament im Mai 1920 ein GESETZ ÜBER DIE **SELBSTVERWALTUNG** FÜR ÅLAND. Die Provinzversammlung unter Führung von *Julius Sundblom* und *Carl Björkman* versichert jedoch umgehend den Schweden, dass die Vereinigung mit dem alten Mutterland ihr Ziel bleibe. Die beiden Sprecher werden daraufhin von Finnland des Hochverrats angeklagt. Um einer militärischen Eskalation vorzubeugen, wird der Fall auf Intervention Englands dem Völkerbund zur Entscheidung vorgelegt.

◎ Am 24. Juni 1921 entscheidet der VÖLKERBUND, dass die Åland-Inseln integraler Bestandteil Finnlands sind und Finnland dementsprechend die Souveränitätsrechte ausübt. Gleichzeitig jedoch erhalten die Åländer Garantien zum Erhalt und zur Ausübung ihrer Sprache, ihrer Kultur und Bräuche. Noch im selben Jahr 1921 unterzeichnen zehn Staaten als Garantiemächte eine Konvention über die **DEMILITARISIERUNG** und den Neutralitätsstatus Ålands.

Auf diesem Fundament tritt 1922 das in den Grundzügen schon 1920 erarbeitete Selbstverwaltungsgesetz in Kraft. Das demokratisch gewählte åländische Parlament konstituiert sich am 9. Juni. Sein erster Präsident ist jener Julius Sundblom, der, als Statue, über Mariehamns Marktplatz wacht.

Der Status der Inselgruppe als demilitarisierte Zone wird bald auf den Prüfstand gestellt, als Schweden und Finnland Pläne erarbeiten, den Archipel gemeinsam zu befestigen. Dieser »Stockholmplan« scheitert am Widerstand der Åländer und nach Protesten der Sowjetunion. Von den Schrecken des Zweiten Weltkriegs bleibt Åland weitgehend verschont. Kleinere militärische Befestigungen werden sofort nach Kriegsende zerstört.

SYMBOLE DER AUTONOMIE

Der besondere Status, den Åland innerhalb der Republik Finnland genießt, ist nicht nur abstrakt in Verträgen codiert, sondern findet in Symbolen und Befugnissen, wie sie meist nur souveränen Staaten zuerkannt werden, manifesten Ausdruck.

◎ Ein solches nationales Symbol ist die åländische **FLAGGE**. Am 3. April 1954 wurde sie in Mariehamn das erste Mal gehisst. Farben und Gestaltung spiegeln die Zugehörigkeit zum Norden und die Position zwischen Schweden und Finnland wider: vor blauem Hintergrund das skandinavische Kreuz in Gelb (deutend auf die schwedisch geprägte Sprache und Kultur), das Kreuz mit roten Streifen über dem Gelb (das finnische Staatswappen zeigt einen gelben Löwen auf rotem Grund).

◎ Seit 1984 gibt das Inselreich seine eigenen **BRIEFMARKEN** heraus, seit 1993 besitzt Åland völlige Posthoheit. Wer von Mariehamn also eine Karte an die Lieben zu Hause schickt, muss mit åländischen Marken frankieren. Jährlich erscheinen gut ein Dutzend Marken, inklusive Kleinserien sowie Blocks. Sie thematisieren die åländische Flora und Fauna, Brauchtum und Geschichte, Politik, Sport und Kultur. Die Postwertzeichen von Åland zeichnen sich durch ausgesucht schöne Motivgestaltung aus und stehen bei Philatelisten hoch im Kurs.

◎ Auf Åland zugelassene Pkw besitzen sogar ein eigenes **KFZ-KENNZEICHEN**: Das Schild trägt blaue Schrift auf weißem Grund, darüber das Wort »Åland«, eingerahmt von der åländischen Flagge und dem Wappen des Archipels. Das Kennzeichen beginnt mit ÅL. Das Nationalitätskennzeichen, das man auch vor die Postleitzahl setzt, lautet AX.

◎ Das **WAPPEN** Ålands zeigt unter einer Krone auf blauem Grund einen stolzen Hirsch mit prächtigem Geweih, seit dem 16. Jh. Ålands Wappentier. In früherer Zeit hatte er ein goldenes Halsband um – 1951 wurde dies »Zeichen der Unterwerfung« entfernt, um auch so die Autonomie der Inseln zu unterstreichen.

◎ Zur Identität der Åländer trägt auch ihre **NATIONALHYMNE** bei: *Ålänningens sång*. Zu hören war das patriotische Heimatlied erstmals 1922 auf einem großen Sangestreffen – Åland hatte gerade seinen autonomen Status erhalten. Der Text stammt von *John Grandell* (1892–1960), die Melodie von *Johan Fridolf Hagfors* (1857–1931). Bei feierlichen Anlässen wird diese Hymne gespielt, bei offiziell staatlichen gerne auch vor der finnischen ...

◎ **SJÄLVSTYRELSEDAGEN**: Der Tag der Selbstverwaltung oder auch Tag der Autonomie am 9. Juni ist für die Åländer ein bedeutsamer Tag, der gebührend gewürdigt und gefeiert wird. 2022 war es die 100. Wiederkehr, begangen mit vielfältigen Veranstaltungen, Festen, Seminaren, Kulturevents, Pannkaka und Pomp, Sonderbriefmarken, herzigem Logo in Åland-Farben, frechen Designplakaten mit Inselmotiven und -charakteristika. Mit einer guten Mischung aus Stolz, Demut, Selbstbewusstsein und viel Freude und Vergnügen. Sehr eigensinnig hieß das Motto des ganzen Festjahres mit seinen 100 ÅR AV EGENSINNE!

Åland heute

◎ In den Nachkriegsjahrzehnten kann Åland seine Stellung als neutrales und selbständiges Gebiet sichern und sogar ausbauen. 1951 tritt ein revidiertes Selbstverwaltungsgesetz in Kraft, mit neuen Befugnissen. 1954 erhält Åland die eigene **FLAGGE** (siehe Seite 67, auch zu anderen Symbolen/Ausdrucksformen der Autonomie.)

1970 wird die Inselgruppe stimmberechtigtes Mitglied im Nordischen Rat, 1988 die erste parlamentarische Regierung gewählt, und 1993 verbrieft ein drittes Selbstverwaltungsgesetz alte Rechte und erweitert noch einmal die Befugnisse zur Regelung inneråländischer Angelegenheiten.

◎ Dass Åland und Finnland heute in der Praxis hervorragend zusammenarbeiten und in wesentlichen Fragen im Gleichklang agieren, zeigt sich im gemeinsamen Beitritt zur **EUROPÄISCHEN UNION** in 1995. In einer eigenen Volksabstimmung hatten sich 1994 fast 74% der Åländer für den Beitritt ausgesprochen. Als Gebiet mit einem besonderen Status gelingt es den Åländern, bei den Beitrittsverhandlungen einige Ausnahmeregelungen und verlängerte Übergangsfristen für ihren Archipel auszuhandeln. Seit dem Start der neuen Währung in 2002 ist ÅLAND EURO-LAND.

Den neuen europäischen Rahmenbedingungen Rechnung zollend, tritt 2004 das mittlerweile VIERTE Selbstverwaltungsgesetz in Kraft.

Anfängliches gegenseitiges Misstrauen hier und da zwischen offiziellen Stellen in Helsinki und Mariehamn und auch innerhalb der Bevölkerung ist inzwischen einem vertrauensvollen und von gegenseitigem RESPEKT und Wohlwollen getragenen Miteinander gewichen. Die Åländer vermuten keine versteckten Angriffe mehr vom finnischen Festland auf ihre gewachsenen regionalen Eigenheiten, auf die sie stolz sind. Das Festland betrachtet die Leute von Ahvenanmaa (siehe Seite 8) nicht mehr als Quertreiber, die auf Separatismus drängen.

Einmal mehr erweist sich eine angemessen föderalistische, auf Subsidiarität bedachte Politik als vernünftige Lösung zwischen zentralstaatlichen und peripheren Notwendigkeiten und Interessen. Diese praktische Lösung der Åland-Frage dient heute bei dem Versuch, internationale Konflikte beizulegen, als ein positives Anschauungsbeispiel.

POLITISCHES SYSTEM

Åland lässt sich in Kurzform als autonome, demilitarisierte, schwedischsprachige Region innerhalb Finnlands bezeichnen. Welche konkrete Wirklichkeit steckt hinter diesem Satz? Die zwischen Finnland und Åland bestehende, gesetzlich verankerte Autonomieregelung erlaubt den Åländern die weitgehende Selbstbestimmung und SELBSTVERWALTUNG in allen zentralen Fragen, die die inneren Angelegenheiten des Archipels betreffen. Zwar kann das Selbstverwaltungsgesetz für Åland samt den damit verbundenen Befugnissen und Rechten der Insulaner vom finnischen Reichstag geändert werden, doch dies nur mit ZUSTIMMUNG des åländischen Parlaments. Entsprechende Modifi-

Unter Subsidiarität vermerkt der »Duden«: »gegen Zentralismus gerichtete Anschauung, die dem Staat nur die helfende Ergänzung der Selbstverantwortung kleiner Gemeinschaften … zugestehen will.«

zierungen hat es in der Vergangenheit schon gegeben, nicht zum Nachteil der Åländer.

◎ Das gesetzgebende, höchste Organ ist das regionale Parlament von Åland, das **LAGTING**. Es besteht aus 30 Abgeordneten. Die (letzte) Wahl 2023 bescherte immerhin sechs Parteien bzw. Listen den Einzug ins Parlament. Die politischen Gruppierungen entsprechen in ihrer Ausrichtung den Parteitraditionen, wie sie auch in Schweden und Finnland üblich sind. Von den 21.279 Wahlberechtigten nahmen 68,3% an der Wahl teil. Regierungschefin (Lantråd) ist zurzeit *Katrin Sjögren* von der Liberalen Partei.

Die Åländer entsenden einen frei gewählten Vertreter in den 200-köpfigen finnischen Reichstag.

Gesetzgebungskompetenz sowie Budgetrecht übt das Insel-Parlament vor allem auf folgenden Feldern aus: Unterricht, Kultur inklusive Denkmalschutz, Gesundheitswesen und Umwelt, internes Verkehrswesen, Gemeindeverwaltung, Polizei- und Postwesen, Radio und Fernsehen. Selbstverständlich besteht auch weitgehende wirtschaftliche Autonomie. Allgemeines FINNISCHES RECHT findet Anwendung in gesamtstaatlichen Kernbereichen wie Außenpolitik, Teilen des Zivil- und Strafrechts, Gerichtswesen, Zollwesen, Staatssteuern. Der finnische Staat wird auf Åland durch einen LANDESHAUPTMANN repräsentiert; er wird vom finnischen Staatspräsidenten ernannt, Voraussetzung ist die Zustimmung des Lagtingsvorsitzenden. Umgesetzt werden die Gesetze und Verordnungen von den zuständigen Abteilungen der Zentralverwaltung. Die 16 Gemeindeverbände und ihre Kommunalverwaltungen sind SUBSIDIÄR für ihren Einflussbereich tätig.

◎ Ein zentraler Begriff für die Åländer ist das **HEIMATRECHT**. Nur wer das Heimatrecht besitzt, genießt das aktive und passive Wahlrecht, kann Grundbesitz erwerben sowie eigenständig ein Unternehmen gründen.

Das Heimatrecht erwirbt man automatisch durch Geburt, wenn zumindest ein Elternteil åländisch ist. Finnen, die seit mindestens fünf Jahren auf Åland leben und der schwedischen Sprache leidlich mächtig sind, können das Heimatrecht beantragen, verlieren es jedoch wieder, wenn sie länger als fünf Jahre keinen Wohnsitz mehr auf den Inseln haben.

ÅLAND IST DEMILITARISIERTES Gebiet, d.h. es dürfen keine Truppen auf der Insel stationiert und keine Befestigungsanlagen gebaut werden. Wer das åländische Heimatrecht besitzt und vor seinem 12. Lebensjahr nach Åland gezogen ist, ist von der Wehrpflicht befreit. Das Thema **NEUTRALITÄT** wird in den entsprechenden internationalen Beschlüssen zur Demilitarisierung nicht thematisiert. Åland darf also in Konflikten durchaus Stellung beziehen – besitzt nur eben keine militärische Option.

Finnland ist 2023 der NATO beigetreten. Dieser Schritt hat keine unmittelbaren Auswirkungen auf den Status des Archipels.

WIRTSCHAFT

Die PANDEMIE zu Beginn der 2020er Jahre hat Gesellschaft und Wirtschaft auch auf Åland nachteilig beeinflusst.

Inzwischen gibt es Modifikationen und Ausnahmeregelungen, die es unter bestimmten Voraussetzungen aus dem Ausland zugezogenen Personen erlauben, Grundbesitz zu erwerben und geschäftlich tätig zu werden.

Eine ganze Reihe kleinerer Unternehmen musste aufgeben, auch im Umfeld des Tourismus, von Hüttenanbietern bis zur Gastronomie, weil die Besucherzahlen drastisch einbrachen. Praktisch nur Finnen als Inländer durften die Inseln während der heftigsten Phase der Pandemie besuchen.

Abgesehen von diesem Einbruch, der nur Schritt für Schritt wieder ausgeglichen werden kann, gilt:

◎ Im Ergebnis recht erfolgreich, versucht man auf Åland, die Verbindung zu gestalten zwischen traditionellen Erwerbsformen und den Notwendigkeiten, die sich auch für einen kleinen Wirtschaftsraum durch die wachsende Internationalisierung der Ökonomie ergeben. Zunächst steht Åland im **WETTBEWERB** mit den den Archipel flankierenden Wirtschaftsräumen Stockholm und Turku; hier herrschte, nahe liegend, schon immer ein reger Austausch von Waren und Gütern. Bestimmte Segmente, wie das Reedereigeschäft, stehen jedoch im globalen Wettbewerb.

◎ Ein **DREIKLANG** aus Schifffahrt, Landwirtschaft sowie Tourismus bestimmt unverändert die Wirtschaftsmelodie, wobei der Dienstleistungssektor allgemein und die verarbeitende Industrie dabei sind, ebenso Taktgeber zu werden. Insgesamt sind ca. 2.870 Firmen und Selbständige auf Åland registriert. Die meisten Firmen sind indes Familienbetriebe oder beschäftigen nur wenige Angestellte.

Arbeitgeber mit über 20 Beschäftigten kommen vorwiegend aus den Sparten maritimer Verkehr, produzierendes Gewerbe, IT und Kommunikation, Hotelwesen, Handel, Bank- und Finanzdienstleistungen. Die größten Unternehmen sind Viking Line, Ålandsbanken, Ålands Post und Crosskey (internationaler IT-Dienstleister).

◎ Die Arbeitslosigkeit auf Åland ist gering, lag 2023 bei nur 4,5 %; die Rate der arbeitslosen Jugendlichen betrug 7,5 %, beide Werte mit fallender Tendenz. Andererseits beträgt die Zahl der Beschäftigten rund 74 %. Mittelfristig droht in mehreren Berufsfeldern ein **FACHKRÄFTEMANGEL**, wie etwa im pädagogischen Sektor sowie im Gesundheitswesen. Schon heute ist die touristische Hochsaison nur mit vielen Kräften von außerhalb zu meistern – diese kommen vorwiegend aus Finnlands Südwesten (mit seiner Schwedisch sprechenden Minderheit), aus Schweden selbst und zunehmend aus anderen Ostseeanrainer-Staaten.

◎ Für dünn besiedelte ländliche Regionen spielt die **LANDWIRTSCHAFT** als Erwerbsfaktor nach wie vor eine wichtige Rolle. Die Boden- und Klimaverhältnisse nutzend, haben sich viele Betriebe spezialisiert, primär auf Zuckerrüben, Kartoffeln, Getreide, Zwiebeln, Chinakohl, Äpfel. Kleine Industriebetriebe sorgen für die Weiterverarbeitung. Als Musterbeispiel gilt dabei die Firma TAFFEL als erfolgreicher Exporteur von Kartoffelchips. Etwa 13.800 ha Land werden landwirtschaftlich genutzt; der ökologisch bewirtschaftete Anteil nimmt stetig zu und liegt schon bei rund 4.000 ha. Ferner sind etwa 30 Fischzuchtbetriebe auf Åland ansässig. Den größten Anteil am Fangergebnis haben Hering, Dorsch, Barsch, Felchen, Zander.

◎ Die kapitalintensive SEEFAHRT sowie die damit zusammenhängenden

Dass während der Corona-Pandemie zeitweise nur Inländer nach Åland reisen konnten, hatte auch sein Gutes: Viele Festland-Finnen kamen erstmals auf den Archipel; dies hat das gegenseitige Verständnis füreinander gefördert.

Dienstleistungen tragen am meisten zum Bruttosozialprodukt bei. Insgesamt zählen rund 44 Schiffe zur åländischen **HANDELSFLOTTE** mit einer Gesamttonnage von fast 1,1 Mio. BRT. Zur Flotte gehören neun im Schärenverkehr eingesetzte Autofähren.

◎ Nach dem Rückgang der Besucherzahlen in Folge der Corona-Pandemie bessert sich die Situation merklich: Für gewöhnlich liegt die Besucherzahl bei über 2 Millionen, wobei das Gros Tagesgäste oder Durchreisende auf der Strecke zwischen Schweden und Finnland stellen. Von den tatsächlichen Åland-Urlaubern stellen die skandinavischen Nachbarn den Löwenanteil. Mit großem Abstand liegen deutschsprachige **TOURISTEN** immerhin auf Rang Drei. Doch das Potenzial ist keineswegs ausgeschöpft. Entsprechend intensiv arbeitet der åländische Fremdenverkehr am Ausbau der Infrastruktur, wobei die Verantwortlichen bevorzugt auf SANFTEN TOURISMUS setzen, umweltverträglich und nachhaltig (siehe Seite 44 f.).

GESELLSCHAFT

◎ Åland ist ein genuin schwedischsprachiges Gebiet, d.h. SCHWEDISCH ist alleinige Unterrichts- und **AMTSSPRACHE**, im Gegensatz zu Finnland, das sowohl Finnisch als auch Schwedisch als Amtssprachen hat.

◎ **BILDUNG** UND AUSBILDUNG sind für ein Insel-Reich wie Åland überlebenswichtig, will es die Abwanderung junger Leute verhindern und Familien attraktive, zukunftsfähige Arbeitsplätze bieten. Also bemüht man sich im Rahmen der Möglichkeiten um ein breit gefächertes Angebot.

Obligatorisch ist die neunklassige Grundschule. Englisch ist Pflichtfach, Finnisch, Französisch und Deutsch sind wählbar. Auch den Schärenkindern ist es möglich, die in kommunaler Verwaltung liegende schulische Grundausbildung zu absolvieren, ohne zu Hause ausziehen zu müssen.

Wer das Abitur machen will, muss aufs »Festland« und in Mariehamn das ÅLANDS LYCEUM besuchen. Wer anschließend ein Universitätsstudium aufnehmen will, muss sich in Schweden oder Finnland einschreiben.

Auf Åland selbst gibt es immerhin einige höhere Fachschulen für Schifffahrt, Handel, Tourismus, Krankenpflege, Hauswirtschaft, Technik sowie Landwirtschaft.

◎ ANSCHLUSS AN DORT DRAUSSEN hat Åland nicht nur aufgrund der täglichen Fährverbindungen (im Winter an die 20 und im Sommer fast 40 pro Tag), sondern auch dank moderner **TELEKOMMUNIKATION**.

Schon frühzeitig wurde so gut wie die ganze Inselwelt mit Breitband verkabelt; fast jeder Åländer hat theoretisch Internetzugang. Selbst in den Schären ist fast überall Mobilfunkbetrieb möglich. Dennoch gibt es weiter die gute alte Zeitung als Tor zur Welt; gleich zwei Tagesperiodika sprechen für eine enge Leser-Blatt-Bindung.

Mit Nachrichten und Gute-Laune-Programm werden die Insulaner auch durch ihre eigene Radio- und TV-Anstalt versorgt. Neben den lokalen Programmfenstern werden auch die öffentlichen schwedischen sowie finnischen Radio- und TV-Programme ausgestrahlt. Zudem sind mehrere private Radiostationen auf Åland ansässig.

MITTSOMMERBRÄUCHE

Allein auf Festland-Åland werden rund 45 Mittsommerstangen errichtet, in den Schären ca. 30. Seit dem 18. Jh. werden die Stangen, einst als Symbole für GLÜCK, Erfolg sowie Fruchtbarkeit, Jahr für Jahr aufgestellt. Sie bleiben das ganze Jahr über stehen und werden erst einen Monat vor Mittsommer neu angestrichen sowie dekoriert. Jedes Dorf verwendet dabei – neben den åländischen – auch eigene FARBEN.

Der Grundaufbau der 10–15 m hohen, getrockneten, imprägnierten und geschmückten Kiefernstämme jedoch stimmt überein: der Mann in der Spitze, die Arme im Wind; darunter ein Band mit der aktuellen Jahreszahl, ein Sonnenrad (und eine Art Wetterhahn), das beim Aufstellen gen Osten weist, als Symbol für Wärme und gutes Wetter. An den Enden der beiden Querstangen tanzen vier Segelschiffe, Talismane für Seeleute und Fischer. Über weitere Querträger werden die MITTSOMMERKRONEN gehängt, das Ganze wird mit Blumen, Bändern und Girlanden umwickelt sowie verziert, die Form einer Sanduhr aufnehmend, Symbol für die vergehende Zeit. Ein prachtvolles und eben symbolträchtiges Bild. Starke Männer braucht es zum Aufrichten, ein »Mittsommerkäpt'n« leitet die Zeremonie.

Steht der Baum, erschallt eine gebührende Rede – und nach der ÅLAND-HYMNE beginnen Feier und Tanz unter dem Baum.

Kultur und Lebensart

Gemessen an seiner geringen Einwohnerzahl und der weiten Streuung im ländlichen Raum wartet Åland mit einem reichhaltigen kulturellen und gesellschaftlichen Leben auf. Dabei erweisen sich gewachsene Traditionen keineswegs als hinderlich für eine auch kulturell weltläufig offene und EXPERIMENTIERFREUDIGE Haltung. Die Vielfalt repräsentieren historische Stätten ebenso wie die aktuelle Handwerks-, Kunst-, Theater- oder Musikszene. Begeben Sie sich auf Spurensuche zwischen Steinzeit, Mittelalter und Gegenwart, nach Kirchenhistorie und Kirchenbau, Festen und Events, Folklore und Avantgarde.

◎ **FORNMINNE** bezeichnet auf den Hinweisschildern die frühzeitlichen Fundstätten, und sie sind reich gesät auf Åland. Allerdings dürfen die Erwartungen nicht zu hoch gestellt werden: Nach tausenden Jahren ist für's ungeübte Auge oft nichts mehr zu erkennen. Manche Plätze lohnen sich wiederum, vor allem wenn sie gut mit Info-Tafeln versehen sind und so die Vorstellungsgabe anregen.

◎ Die mittelalterlichen **KIRCHEN** mit schöner Ausgestaltung und Wandmalereien sind fast eine eigene Rundreise wert. In der Regel sind sie in den Sommermonaten in der Kernzeit zwischen 11 und 16 Uhr zugänglich, vertrauensvoll für Besucher geöffnet.

◎ Nachvollziehbar ist, dass, abgesehen von der »Mischspezies« **KUNSTHANDWERKER**, eher wenige professionelle Künstler auf den Inseln fest ansässig sind. Vor allem textiles, aber

Seefahrertraditionen allerorten: oben ein Votivschiff in der Kirche von Eckerö, unten Knotenkunde auf einem Volksfest ▶

LIROS
LIROS

auch anderes Kunsthandwerk hat festen Boden auf Åland und ist auf hohem Niveau entwickelt. ATELIERBESICHTIGUNGEN lohnen sich eigentlich immer.

Eine Interessenvertretung åländischen KünstlerInnen und KunsthandwerkerInnen ist Ålands Slöjd & Konsthantverk, www.konsten.ax.

◎ Auch wenn Åland nicht über eine eigene Opernbühne verfügt: Theater- und sonstige Ensembles vornehmlich aus Schweden und Finnland kommen regelmäßig zu **GASTSPIELEN**. Bei internationalen Kontakten spielt das NORDENS INSTITUT PÅ ÅLAND eine wichtige Vermittlerrolle. Mariehamn, Köpmansgatan 4, www.nipa.ax (mit Übersicht Kulturprogramm).

◎ So einige Events und **FESTIVALS** zieren den Kulturkalender; natürlich fallen sie auf dem kleinen Åland eher überschaubar und familiär aus. Aber darin liegt gerade auch ein Reiz, denn schnell verlieren sich Anonymität und Fremdheit, schnell wird das Schärenparadies mit seinen Bewohnern, Museen, Lokalitäten VERTRAUT und fühlt sich heimatlich und geborgen an.

◎ Die Stärke und Vielfalt des åländischen Kulturlebens liegt im Engagement der Bürger. Ehrenamt und nachbarschaftliche Solidarität sind üblich im ländlich strukturierten Inselreich: Mehr als 50 **VEREINE** beteiligen sich am kulturellen Leben, führen Museen, spielen Sommertheater.

◎ Das åländische **MUSIKINSTITUT** kümmert sich um den musikalischen Nachwuchs. Mehrere Chöre, Sanges- und Spielgruppen bereichern die Musikszene. Festivals fördern den Austausch zwischen Publikum, einheimischen und Gastkünstlern. www.ami.ax.

◎ Åland ist also mehr als unberührte Natur, als Ruhe am Wasser oder Aktivurlaub. Fast jedes Dörfchen nennt einen Kultursteig, ein kleines Museum oder eine **AUSSTELLUNG** sein Eigen, wenn auch nicht immer in dem Rahmen, den Sie erwarten mögen: Es kann die kleine Wohnhütte einer ehemaligen lokalen Größe oder eine alte Schule oder Mühle sein, ein Feuerwehr- oder ein skurriles Fotografiemuseum, ein Heimatmuseum mit einer bunten Sammlung an Exponaten. Beeindruckend ist die oft private Initiative einer Siedlung, die solche Räume pflegt und zugänglich hält.

◎ Die öffentlichen **MUSEEN** werden vom Museumsbüro (Ålands Museibyrå) betreut. Die Seite www.museum.ax gibt (zum Teil auf Englisch, vereinzelt auch auf Deutsch) Auskunft über Ålands Museum und Kunstmuseum, weitere Themenmuseen, Archäologie und historische Plätze.

◎ Die MUSEUMSKARTE **SOMMARBILJETT** ermöglicht den Eintritt in 5 Museen auf Åland für 15 € (Studenten und Pensionäre 10 €). Mit dabei sind Ålands Kulturhistorisches und Kunst-Museum, Schloss Kastelholm, das Gefängnismuseum Vita Björn sowie das Bomarsund Besucherzentrum. Das Ticket ist zwei Jahre gültig.

◎ **KONZERTE** und andere Kulturveranstaltungen sind online anzusteuern via: www.alandica.ax, www.teater.ax und www.bibliotek.ax.

◎ Auch der **SPORT** genießt auf den Inseln einen hohen Stellenwert. Spitzensportler treten bei internationalen Ereignissen im finnischen Trikot auf. Stolz ist man auf Erfolge in der Leichtathletik, bei Unihockey und Fußball,

In den einzelnen Kapiteln sind die Festivals unter der Rubrik »Unterhaltung« vermerkt.

ÅLANDS KIRCHEN

Rund 68 % der Åländer sind Mitglied der EVANGELISCHEN Kirche, die sich auf 10 Kirchengemeinden verteilt. Wie in anderen westlichen Gesellschaften ist auch auf Åland zu beobachten, dass sich die Beziehung zur Institution Kirche als nicht zu hinterfragender Instanz lockert. Gleichwohl hat die Kirche für viele noch eine wichtige Rolle im System des Gemeinwesens.
Wer sich für Kirchengeschichte interessiert, kann auf den Inseln eine regelrechte KIRCHENTOUR durch die Gemeinden unternehmen. 16 Kirchen sind zu entdecken, die ältesten reichen in ihrer Historie bis ins 12. / 13. Jh. zurück. Vor und hinter diesen Mauern lässt sich also eine fast tausendjährige Geschichte entschlüsseln. Immer wieder wurden die zunächst kleinen Kirchen erweitert, umgebaut und ausgeschmückt.

◎ Die Gotteshäuser sind zumindest während der Sommermonate tagsüber **GEÖFFNET** und zu besichtigen. Kleine Faltblätter, häufig auch mit englischsprachigen, selten gar deutschsprachigen Texten geben jeweils Hinweise und ERLÄUTERUNGEN zur Architektur, zur sakralen und künstlerischen Ausgestaltung.

◎ Mehrere der Kirchen schmücken beeindruckende **WANDMALEREIEN**. Da sage keine/r, dass Steine nicht reden könnten, Bilder nicht sprechen.

◎ Typisch sind die vielen von der Decke hängenden **VOTIVSCHIFFE**, Dankesgaben von Seeleuten nach Rettung aus Seenot und Ungemach, detailgetreue Nachbildungen, in mühevoller Heimarbeit geschnitzt und gewerkelt. Auch hier stecken hinter jedem Schiff Geschichten und Schicksale.

◎ Gleiches gilt für Rundgänge über die **FRIEDHÖFE** vor den Mauern aus Holz und Feldstein. Die Grabstelen und ihre Inschriften verraten so einiges über das jeweilige Dorf im Wandel der Zeiten.

◎ Die ersten Kirchen wurden meistens unmittelbar neben früheren heidnischen Kultstätten und Gräberfeldern erbaut, ein Zeichen der Dominanz über die Schar der alten nordischen Gottheiten. Entlang der Handels- und Seerouten entstanden zudem kleine **KAPELLEN**, möglichst Halt bietend im neuen Glauben und Schutz vor Sturm und Unwetter.

◎ Freundlich, informativ und auch auf Englisch begrüßt Sie **www.kyrkor.ax** (E), auf der Sie die einzelnen Kirchen und ihre Geschichte in Wort und Bild im Detail kennen lernen können.

im Segel- und Schießsport und beim Gewichtheben. Seit 2004 kicken IFK Mariehamns Männer in der ersten finnischen Liga, wurden 2016 sogar Landesmeister und standen zweimal im Pokalfinale, 2015 mit Erfolg.

Aber im Zentrum der Bemühungen stehen Breitensport und die Jugendarbeit. Finanziert wird ein Großteil der Aktivitäten in Kultur und Körperkultur durch die (Zwangs-)Zuwendungen aus Lotterie- und Glücksspielbranche.

Sprache

SCHWEDISCH!

Auf Åland wird SCHWEDISCH gesprochen. Etwa 85,8 % der Bewohner bezeichnen das Schwedische als MUTTERSPRACHE – nur 4,6 % nennen Finnisch. Schwedisch ist die einzige offizielle Sprache im Archipel, verbürgt in den »Abkommen zum Schutz von Sprache und Kultur von Åland«, die konstituierender Bestandteil der Verträge über den autonomen Status der Region sind. Finnland dagegen, innerhalb dessen Staatsgrenzen das Inselgebiet liegt und das selbst über eine Minderheit von 5,2 % schwedisch sprechenden Bürgern (die Finnlandschweden) verfügt, ist laut seiner Verfassung offiziell zweisprachig. So sind finnische Schüler auch verpflichtet, in der Schule zumindest elementares Schwedisch zu lernen. Auf Åland werden Finnischkurse dagegen lediglich als Wahlfach angeboten.

Die Zugehörigkeit der Åländer zur schwedischen Sprachwelt wird die meisten Besucher und Touristen freuen. Diese kleine Welt ist zwar von der Zahl der aktiv Sprechenden her nicht exorbitant größer als die beim östlichen Nachbarn, aber: Die VERSTÄNDIGUNG und die Lesbarkeit schriftlicher Informationen – und sei es die Speisekarte – fällt doch etwas leichter. Åländer sagen *centrum*, wenn sie Zentrum meinen (und nicht *keskusta*) und *information*, wenn sie eben das meinen (und nicht *neuvonta*), um bei einfachen Beispielen zu bleiben.

KEIN ÅLÄNDISCH?

Sprechen die Åländer nicht Åländisch? Eine eigene Sprache hat sich in der Tat nicht herausgebildet, trotz der Insellage. Aber selbstverständlich gibt es eigentümliche und eigenständige Dialekteinfärbungen, Akzente sowie eine ganze Reihe von Worten und Begrifflichkeiten, die TYPISCH für Åland sind und dem Schwedischen fremd.

◎ Dieser Dialekt wird als **ÅLANDSSVENSKA** (auch: ÅLANDSKA) bezeichnet, das in sich wiederum Nuancen besitzt, je nachdem, ob der Sprecher etwa in Hammarland oder auf Kökar beheimatet ist.

◎ Auch die **RUSSISCHE ZEIT** von 1809 bis1917 hinterließ in der Sprache einige Spuren und brachte Wortschöpfungen hervor, die auf SLAWISCHEN Fundamenten fußen.

◎ Zur Veranschaulichung hier einige **BEISPIELE** FÜR EIGENSTÄNDIGE ÅLÄNDISCHE WÖRTER – als mittlerer Begriff die schwedische Version:

batteri – värmeelement – Heizkörper
butka (russ. Ursprung) – arrestlokal – Arrestzelle
bykmaskin – tvättmaskin – Waschmaschine
böla – gråta – weinen
durak (russ. Ursprung) – tokdåre – Narr
fäx – fähus – Viehstall
ola – stjäla – stehlen
päron – potatis – Kartoffel (siehe dazu die Erläuterung ganz unten)
stöpsel – stickkontakt – Steckdose

Im Alt-Schwedischen war das Wort für Kartoffeln *jordpäron,* also »Erdbirnen«. Dies wurde bald in *päron* abgekürzt und lebt in einigen Dialekten so weiter. Die Finnen übernahmen das Wort direkt und benutzen heute noch *peruna.*

AUSSPRACHE & CO

Hier nur ein paar Erläuterungen zur Einführung. Wer Genaueres wissen will, greife zu einem einschlägigen Lehr- oder Wörterbuch. Die HAUPTBETONUNG liegt auf der ersten Silbe. Mit Großbuchstaben beginnen nur Eigennamen und Satzanfänge.

Der SKANDINAVISCHE SONDERBUCHSTABE *Å* / *å* findet sich am Ende des Alphabets, noch vor den beiden Umlauten *ä* und *ö*.

Die AUSSPRACHE weicht in einigen Punkten vom Schriftbild ab:

D, **H** und **L** bleiben vor einem j stumm: *djüp* – (jüp) – tief; *hjälp* – (jälp) – Hilfe; *ljus* – (jüss) – Licht.

G spricht sich wie im Deutschen, Ausnahmen: Vor hellen Vokalen (-e, -i, -y, -ä, -ö) sowie nach l- und r- entspricht der Ton einem -j-: *get* – (jet) – Ziege; *älg* – (älj) – Elch.

K wie im Deutschen, Ausnahme: vor hellen Vokalen wie ch (so wie in »ich«): *köpa* – (chöpa) – kaufen.

SJ, SKJ, STJ ähneln einem sch in der Aussprache: *sjö* – (schö) – See; *skjorta* – Hemd; *stjärna* – (schärna) – Stern.

SK vor hellen Vokalen wird ebenso zum sch-Laut: *skär* – (Schär) – Schäre.

O wird zum u-Laut: *ro* – (ru) – Ruhe; *ost* – (ust) – Käse. Vor Doppelkonsonanten und -ch und -ck oder als Vorsilbe *om* wie ein offener o-Ton: *komma* – kommen; *och* – (okk) – und.

U hat in der Aussprache einen Drang zum hellen -ü-: *utan* – (ütan) – ohne. Oder es bleibt ein helles -u- (wie in »jung«): *ung* – jung.

V wird immer wie -w- gesprochen: *vatten* – (watten) – Wasser.

Y ähnelt in der Aussprache einem -ü-: *dyr* – (dür) – teuer.

Å bildet den Ton eines langen geschlossenen -o-: *båt* – (boot) – Boot. In Kombination mit -nd, -ng, -ld u. Doppelkonsonanten spricht er sich offen wie in »Gosse«: *gång* – (gong) – Gang.

Das Anhängen des **BESTIMMTEN ARTIKELS** an das Substantiv (et oder en) ist eine SPEZIALITÄT der skandinavischen Sprachen. *Hav* heißt Meer und *havet* das Meer, *väg* heißt Weg und *vägen* der Weg. Viele schwedische Namen von Wanderwegen, Seen und anderen Lokalitäten beinhalten den angehängten Artikel. Doch statt aus »Postvägen« in der Übersetzung »der Postväg« zu machen, verwenden selbst Profis, die tagtäglich mit den skandinavischen Sprachen umgehen, stattdessen die vor Ort übliche Schreibweise, gebrauchen sie quasi als Eigennamen. Mit »der Postvägen« kommt es auf Åland selbst jedenfalls weniger zu Irritationen.
Übrigens gibt es im Schwedischen lediglich zwei Geschlechter: Utrum (–en) und Neutrum (–et). Zu den Utra gehören Personen, Tiere *und* Sachen, zu den Neutra neben Sachen ebenso Personen, deren Geschlecht unbekannt ist oder keine Rolle spielt, mystische Wesen und Gattungsbezeichnungen von Tieren. Es gibt also keine Unterscheidung nach männlich und weiblich, sondern man muss die Artikel einfach kennen bzw. lernen. Speziellen Dank für hilfreiche Hinweise an *Monika* und *Rolf Maier*, *Ulrik Etzold* und *Maria Eisenhändler*.

Noch zum bestimmten Artikel: Endet das Substantiv auf a, wird als bestimmter Artikel lediglich ein n angesetzt: *gata* – Straße und *gatan* – die Straße.

Wörterkladde

GRUNDWORTSCHATZ
adjö – Auf Wiedersehen!
barn – Kind
där – dort
fru – Frau
god morgon – guten Morgen!
god dag – guten Tag!
god afton – guten Abend!
hej – Hallo!
hejdå – Tschüss!
herr – Herr
här – hier
ja – ja
nej – nein
när – wann?
tack – Danke!
ursäkta – Verzeihung!
var – wo?
vart – wohin?
var så god – Bitte!
vem – wer?
har du ... – Haben Sie ...
jag behöver ... – Ich brauche ...
jag söker ... – Ich suche ...
vad kostar ... – Was kostet ...
talar du tyska eller engelska? – Sprechen Sie Deutsch oder Englisch?

ZAHLEN
0 – *noll*
1 – *ett*
2 – *två*
3 – *tre*
4 – *fyra*
5 – *fem*
6 – *sex*
7 – *sju*
8 – *åtta*
9 – *nio*
10 – *tio*
20 – *tjugo*
100 – *hundra*
1000 – *tusen*

ZEITANGABEN
dag – Tag
minut – Minute
timme – Stunde
vecka – Woche
månad – Monat
år – Jahr
måndag – Montag
tisdag – Dienstag
onsdag – Mittwoch
torsdag – Donnerstag
fredag – Freitag
lördag – Samstag
söndag – Sonntag
vår – Frühling
sommar – Sommer
höst – Herbst
vinter – Winter

TOURISTENALLTAG
affär – Geschäft
ankomst – Ankunft
avgift – Gebühr
avresa – Abreise
bastu – Sauna
butik – Geschäft
bensinstation – Tankstelle
biljett – Fahr-/Eintrittskarte
bio – Kino
båt –Schiff, Boot
cykel – Fahrrad
farlig – gefährlich
flygplats – Flugplatz
frimärke – Briefmarke
färja – Fähre
helgdag – Feiertag
hus – Haus
hyra – mieten
höger – rechts

Historischer Wegweiser in Vårdö – »V/v« und »W/w« sind sozusagen ein Buchstabe im Schwedischen, wobei das W im Lauf der Zeit vom V abgelöst wurde und heute fast nur noch in geschichtlichem Zusammenhang vorkommt, besonders in Namen ▶

klocka – Uhr
kulle – Hügel
kyrka – Kirche
lekande barn – spielende Kinder
lekplats – Kinderspielplatz
läkare – Arzt
många – viele
pengar – Geld
polisstation – Polizeirevier
rakt fram – geradeaus
resa – Reise
rum – Zimmer
semester – Urlaub
sevärdhet – Sehenswürdigkeit
sjukhus – Krankenhaus
skola – Schule
stuga – Sommer-/Ferienhütte
stugby – Feriendorf
stängt geschlossen
tidning – Zeitung
tidstabell – Fahrplan
trädgård – Garten
tält – Zelt
utflykt – Ausflug
vandringsled – Wanderweg
väder – Wetter
vänster – links
öppen/öppet – offen, geöffnet

ORTE UND GEOGRAFIE

berg – Felsen, Berg
bostad – Wohnung, Wohnsitz
bro – Brücke
by – Dorf
dal – Tal
fjärd – Förde, Fjord
gatan – Straße
grund – Untiefe
gård – Hof
hamn – Hafen
hav – Meer
holm – Inselchen
klippa – Klippe
klippkust – Felsenküste
kobbe – kleine Schäre
kust – Küste
näs – Landenge, Landzunge
sjö- See
skog – Wald
skär Schäre
ström – Strom, Strömung
sund – Meerenge
torg – Marktplatz
träsk – Sumpf, See
vik – Bucht
vägen – Weg, Straße
ö – Insel

IN RESTAURANTS...

betala – bezahlen
bricka – Tablett
bröd – Brot
dagens rätt – Tagesgericht
djupfryst – Topf
dricka – trinken
efterrätt – Dessert
färsk – frisch
gaffel – Gabel
glas – Glas
glass – Speiseeis
gryta – Eintopf
gröt – Grütze/Brei
gästgivaregård – Gasthof
kaka – Kuchen, Kleingebäck
kanel – Zimt
kniv – Messer
kopp – Tasse
matsedel – Speisekarte
nota – Rechnung
nypon – Hagebutte
olja – Öl
ost – Käse
peppar – Pfeffer
pepparrot – Meerrettich
pålägg – Aufschnitt
salt – Salz
självbetjäning – Selbstbedienung
sked – Löffel
småfranska, bulle – Brötchen
småkaka – Plätzchen
smör – Butter
smörgås – Butterbrot
snabbrestaurang – Schnellrestaurant
socker – Zucker
soppa – Suppe
spets – Trinkgeld
stekt – gebraten

...UND CAFÉS...

sur – sauer
söt – süß
tallrik – Teller
tårta – Torte
tändsticka – Streichholz
vinlista – Weinkarte
vinäger, ättika – Essig
vispgrädde – Schlagsahne
vitlök – Knoblauch
yoghurt, jogurt – Joghurt
ägg – Ei
äta – essen

KÖTT – FLEISCH:
fläsk – Schweinefleisch
kalvkött – Kalbfleisch
korv – Wurst
köttbullar – Fleischbällchen
köttfärs – Gehacktes
lammkött – Lamm-/Hammelfleisch
lever – Leber
njure – Niere
oxbringa – Rinderbrust
oxstek – Rinderbraten
revbenspjäll – Rippchen
skinka – Schinken
tunga – Zunge

FÅGEL, VILT – GEFLÜGEL, WILD:
anka – Ente
duva – Taube
fasan – Fasan
gås – Gans
hare – Hase
hjort – Hirsch
kalkon – Pute
kanin – Kaninchen
kyckling – Hähnchen
rapphöna – Rebhuhn

...UND KNEIPEN UND BEIM...

ren – Rentier
ripa – Schneehuhn
rådjur – Reh
svin, gris – Schwein
älg – Elch

FISK – FISCH:
aborre – Barsch
brass – Brasse
gädda – Hecht
gös – Zander
forell – Forelle
harr – Äsche
hälleflundra – Heilbutt
kräfta – Krebs
lax – Lachs
laxforell – Lachsforelle
löjrom – roter Maränenkaviar
marulk – Seeteufel
piggvar – Steinbutt
räkor – Krabben, Garnelen
röding – Saibling
rödspätta – Scholle
sik – Maräne, Renke
sill, strömming – Hering
sjötunga – Seezunge
torsk – Dorsch
ål – Aal

GRÖNSAKER – GEMÜSE:
blomkål – Blumenkohl
brysselkål – Rosenkohl
böna – Bohne
grönsallad – Kopfsalat
kantarell – Pfifferlinge
kronärtskocka – Artischocken
lök – Zwiebeln
morot – Möhre
persilja – Petersilie

...LEBENSMITTELEINKAUF

potatis – Kartoffel
purjolök – Porree
rödbeta – Rote Bete
rödkål – Rotkohl
sparris – Spargel
svamp – Pilz
vitkål – Weißkohl
ärta – Erbse

FRUKT – OBST:
apelsin – Apfelsine
björnbär – Brombeere
blåbär – Heidelbeere
hallon – Himbeere
havtorn – Sanddorn
hjortron – Multebeere
jordgubbe – Erdbeere
krusbär – Stachelbeere
körsbär – Kirsche
lingon – Preiselbeere
persika – Pfirsich
päron – Birne
smultron – Walderdbeere
vinbär – Johannisbeere
vindruva – Weintraube
äpple – Apfel

DRYCKER – GETRÄNKE:
choklad – Kakao
filmjölk – Sauermilch
grädde – Sahne
juice – Fruchtsaft
kaffe – Kaffee
läskedryck – Limonade
mineralvatten – Mineralwasser
mjölk – Milch
te – Tee
vatten – Wasser
öl – Bier

Mariehamn

Stadtbilder

Die Hauptstadt und gleichzeitig einzige Stadt Ålands bildet mit etwa 12.000 Einwohnern eine der 16 Gemeinden Ålands – mit 11,6 km² in der Fläche die kleinste, von der Bewohnerzahl her die stärkste – und dabei eine nette, freundliche Kleinstadt mit schönen GRÜNFLÄCHEN, anregender Fußgängerzone und viel MARITIMEM Flair. Das liegt an der Geschichte Mariehamns ebenso wie an der Lage auf einer schmalen LANDZUNGE, die weit ins Meer hinein ragt und dabei nur gut 1 km breit ist, begrenzt an drei Seiten durch die Gemeinde Jomala, im Süden durch Lemland. Dieser exponierten Lage verdankt Mariehamn gleich ZWEI GROSSE YACHTHÄFEN, einer im Osten, der andere im Westen, beide das Stadtbild wesentlich prägend.

Unterschiedlich stellen sich die beiden Küstenlinien dar: Der Westen zeigt eine steilere, bizarre Ufergestaltung, im Osten geht es eher flacher und sanfter zu: spannende Kontraste, die eine Stadtwanderung noch anschaulicher macht.

Den Namen, der so viel wie »Marias Hafen« bedeutet, trug die Stadt nicht immer. Einst hieß das Dörfchen ÖVERNÄS und war recht unscheinbar. Zu Blütezeiten Bomarsunds hatten Sund mit Nya Skarpans sowie von der Einwohnerzahl her Godby ohne Zweifel mehr Bedeutung.

Aber dann, 1861, gründete der russische ZAR ALEXANDER II. die Hauptstadt an der Landzunge und gab ihr, nach seiner Gemahlin *Maria Alexandrowna,* den neuen Namen; seit 2011 ehrt eine Statue die Zarin am Aufgang zum Stadthaus. Bald wuchs die Neugründung von 25 Einwohnern auf etwa 1.000 um 1900 sowie fast 12.000 heute, Tendenz steigend.

Mariehamn gehört übrigens zu FASTA ÅLAND, also Festland-Åland, ist aber eine eigene Welt für sich.

ZWISCHEN KLEINSTADT UND WELTHAFEN

Zwar ist Mariehamn nicht unbedingt das, was man sich von einer (europäischen) Welt- und Hauptstadt erwartet – es ist einfach viel kleiner. Trotzdem haben hier namhafte Architekten gewirkt, finden sich neben malerischen Holzvillen und -häusern sowie gelegentlichen Bausünden im gut integrierten Gesamtbild großartige Bauwerke. Gleichzeitig hat Mariehamn einen Fährhafen von respektabler Größe und Modernität. Und eben diese Mischung aus Kleinstadt und großer Welt macht viel von dem Reiz aus, der Besucher schnell in Bann zieht.

Touristisch ist besonders die CITY von Interesse; zu den Vierteln im Norden gehören KLINTEN, STRANDNÄS, JOHANNEBO, DALBO, NORRBÖLE sowie HINDERSBÖLE, zu denen im Süden FRÄMMANBERG, VÄSTERNÄS, ÖSTERNÄS und YTTERNÄS.

Was Mariehamn heute gut tut, sind klare Bauvorschriften und eine inzwi-

◀ Oben das belebte Fährterminal im Westhafen, im Hintergrund das Museumsschiff »Pommern«, unten das Haus der åländischen Selbstverwaltung mit Parlament und Regierungssitz

schen sorgfältige Planung. So wird das Stadtbild nicht von großen Industrieanlagen überschattet und es dürfen im Zentrum keine Gebäude mit mehr als vier Stockwerken errichtet werden.

Information

◎ Turistinformationen **VISIT ÅLAND** (1), Torggatan 6, AX–22100 Mariehamn, Tel. 00358 – 18 – 24000, info@visitaland.com, visitaland.com (gute Website auch auf Deutsch, ausführlicher noch auf Englisch). Ende Juni bis Anfang August Mo-Fr 9–18 Uhr, Sa+So 9–17 Uhr, Rest Juni und August Mo-Sa 9–17 Uhr, sonst Mo–Fr 9/10–16 Uhr. Beheimatet mitten in der Fußgängerzone in der Mall Telegrafen.

Publikationen: das A4-Heft ÅLAND mit Kurz-Infos zu Museen, Events, Küche, Landschaft, Ausflügen sowie den ÅLAND GUIDE auf Englisch zu Aktivitäten, Sehenswürdigkeiten, Gastronomie, Shopping, Veranstaltungen, mit eingehefteter Åland-Karte plus Stadtplan von Mariehamn; beide sind gut und informativ und werden jedes Jahr aktualisiert.

Ferner gibt es eine TOURIST MAP samt Stadtplan, grober Åland-Karte, Adressen sowie viel Werbung, zudem Info-Blätter, teils zu Events, teils zu Ausstellungen und mehr; außerdem Infos der Stadt (s. dort). Und FREUNDLICHES, KOMPETENTES PERSONAL.

◎ **SPEZIELLE** Broschüren, die unregelmäßig erscheinen oder von anderen Anbietern stammen: Sail Aland, dreisprachig, mit Gästehäfen. – Åland Cottages and Hotels, von Viking Line. – Archipelago Guide & Ferry timetables, von Ålandstrafiken: mit Fahrplänen der Schärenfähren und Kurzinfos zu allen sechs Schärengemeinden.

Eine ausgedruckte Liste mit Restaurants in der Stadt gibt es auch. Und die APP Öppet Åland zeigt wichtige Info-Stellen, einige Unterkünfte, Restaurants und Geschäfte auf einer Karte an.

◎ **PLZ**: 22100 (einheitlich).

◎ **KOMMUNE**: Die schwedischsprachigen Website www.mariehamn.ax versteckt unter »Kultur, Stadsvandringar« einen Flyer auf Englisch/Deutsch (City Walk/Auf Streifzug) sowie einige schwedischsprachige Publikationen zu Architektur (konkret über die »Gebäudekünstler« Sonck und Hongell), Skulpturen im Freien, Kunstobjekten sowie zu Promenaden, Spazier-, Wander- und weiteren Wegen für Fitness und Gesundheit, darunter witzig-kreativ aufbereitet: Hälsopromenaden.

◎ **ÅLANDSTRAFIKEN** (2), Styrmansgatan 1, Tel. 25600, www.alandstrafiken.ax (E). Mo–Fr 10 –17 Uhr.

Wer Ausflüge in die SCHÄREN oder ein Insel-Hopping beabsichtigt, sollte sich vorab über Fährverbindungen informieren sowie Plätze für Auto oder Wohmobil reservieren. Hier – wie im Touristenbüro – bekommen Sie den SKÄRGÅRDSGUIDE mit FAHRPLÄNEN und Kurzbeschreibungen der angelaufenen Schärengemeinden in drei Sprachen (auch auf Englisch).

Infos und Fahrpläne gibt es ferner zu BUSLINIEN, Zubringerdiensten zu Fähren, öffentlichem Taxitransport in den Schärengemeinden und zur einzigen Fahrradfähre.

Alle im Buch genannten Åland-Telefonnummern ohne Vorwahl betreffen das Festnetz mit der einheitlichen Vorwahl (0)18; geben wir eine Vorwahl für Kontakte vor Ort an, handelt es sich um ein Handynetz. **Mehr auf Seite 42.**

MARIEHAMN
Information/ Orientierung:
1 Touristenbüro
2 Ålandstrafiken
3 Busbahnhof
4 Hauptpost
Unterkunft:
5 Hotell Arkipelag
6 Hotell Pommern
7 Park Alandia Hotell
8 Hotell Cikada
9 Strandnäs Hotell
10 Pensionat Solhem
11 Klintvägen Apartm.
12 Gröna Uddens Camping
13 Övernäsgården
Gastronomie/Clubs:
14 Nautical
15 Kallas Stadskrog
16 Indigo
17 F.P. von Knorring
18 ÅSS Paviljongen
19 Dino's Bar och Grill
20 Boquerian
21 Nonna Rina
22 Hjorten
23 Mariebar
24 Niska Mariehamn
Gastronomie/Clubs:
25 Diablo Pizza
26 Ångbåtsbryggan Äventyrsgolf
27 Sittkoffska Gården
1 Sjöfolk
28 Bagarstugan
29 Café Viktor
30 Svarta Katten
Sehenswertes/ Aktivitäten:
31 a) Westhafen/ Yachthafen
31 b) Westhafen/ Fährhafen
32 Fischereihafen (Fiskehamnen)
33 Kirche St Göran
14 Seefahrtmuseum (Sjöfartsmuseum)
34 Museumsschiff Pommern
35 Osthafen (Österhamn)
36 Seefahrtviertel (Sjökvarteret)
37 Parlament (Lagting)
38 Rathaus (Stadshuset)
39 Ålands Museum/ Konstmuseum
40 Övernässtugan
41 Alandica
42 Stadtbibliothek (Stadsbibliotek)
43 Lilla Holmen
44 Badhusparken
45 Marktplatz
46 Mariebad
Sjukhusvägen
Lemlandsvägen
Grindmattesvägen
Klintvägen
Västra Utfarten
Österleden
Elverksgatan
Strandgatan
Skarpansvägen
Ålandsvägen
Sportpark
Neptunigatan
Sjöpromenaden
Köpmansgatan
Nygatan
Badhusparken
Torggatan
Norragatan
Havsgatan
Norra Esplanadgatan
Stora gatan
Hamngatan
Västra Esplanadgatan
Östra Esplanadgatan
Södragatan
Parkgatan
Mariegatan
Skillnadsgatan
Westhafen
Osthafen
N
0
250 m

Transport

◎ Mariehamns **BUSBAHNHOF** (3) liegt schräg gegenüber der Bibliothek Ecke Strandgatan / Styrmansgatan. Von hier starten Buslinien nach ganz Åland. Info-Tafeln mit Abfahrtzeiten finden sich an den Bussteigen. – Die Strecken bedienen Viking Line Buss und Williams Buss.

◎ Die **STADTBUSSE** verkehren auf fünf Linien. Das Ticket kostet 2,50 € je Fahrt, für Kinder (ab 7 Jahre) 1,25 €, für ein Fahrrad 5 €. Es gibt preiswertere Mehrfahrtenkarten. Das Routennetz umfasst eine nördliche und eine südliche Rundlinie, jeweils vom Centrum (Nygatan) aus. Ca. 25 Minuten dauert die Fahrt, Haltestellen sind u.a. Busbahnhof, Krankenhaus, Kirche, Marktplatz und Hafenterminal, so dass ein günstiges SIGHTSEEING gesichert ist. Im Sommer und während der Kernarbeitszeiten an Werktagen verkehren die Busse etwa 1–2 x stündlich. Infos, Routen, Fahrpläne bei Ålandstrafiken (Büro und Website).

◎ **TAXIS**: Taxistände befinden sich natürlich im Fährhafen und in der Nähe der Kreuzung Storagatan / Ålandsvägen an der Lindenallee. – Anbieter: Mariehamns Taxi, Norra Esplanadgatan 4, Tel. 26000 (24 Std. im Dienst), www.mariehamnstaxi.com (mit Preisangaben). – Taxi 16000 (Flughafen), Tel. 16000, www.taxi16000.ax.

Der Grundpreis beträgt je nach Wochentag und Uhrzeit ab etwa 7 €, der km-Preis, abhängig von der Personenzahl, 1,95–2,70 €, die Gebühr für eine Reservierung ca. 8,25 €. Einige Wagen sind für Fahrradtransporte ausgelegt.

◎ **BOOTSTAXI** mit Standort Mariehamn (und Bootsausflüge): Shipland Vilhelm Holmberg, Torggatan 47, Tel. 040 – 504 3601, www.shipland.ax (E).

◎ **AUTOVERMIETUNGEN** befinden sich in Mariehamn und am Flughafen in Jomala: RBS (Rundberg Bil & Service) bringt das Auto auf Wunsch gratis zu (Hauptstadt-)Hotel, Fährhafen oder Flugplatz. Strandgatan 1 B (st1-Tankstelle), Tel. 525505, www.rundbergs.com (E). Kleinwagen ab 68 €/Tag, 250 km inbegriffen. – Europcar, Flygfältsvägen 67 (Flughafen), Tel. 040 – 306 2892, www.europcar.fi. Kleinwagen ab 133 €/Tag, ab 379 €/Woche.

◎ **FAHRRADVERMIETUNG**: Ro No Rent ist im Westhafen (Havsgatan 29, Västra Hamnen) wie im Osthafen (Ångbåtsbron, Östra Hamnen) vertreten, Tel. 12820 und 12821, www.rono.ax (E). Juni bis Mitte August täglich 9/10–18 Uhr, sonst reservieren unter rono@aland.net – Standardfahrrad 14 €/Tag, 70 €/Woche. Das Sortiment umfasst auch Mehrgang- und E-Bikes, Helme, Karren, Motorboote, Rettungswesten, Wasserski – und Pannenhilfe auf Fasta Åland für 20 €. Siehe Seite 122.

◎ **CITY SPORT & CYKEL**, Skarpansvägen 28, Tel. 14950. Mit Werkstatt.

Unterkunft

HOTELS

◎ **HOTELL ARKIPELAG** (5), Strandgatan 35, Tel. 24020, www.hotellarkipelag.com (E). DZ je nach Saison 110–240 €, auch Suiten sowie Zimmer mit Meerblick.

Für die Stadt selbst brauchen Sie kein Auto – Mariehamn lässt sich bequemer zu Fuß oder mit dem Fahrrad erkunden.

Das führende Konferenzhotel am Osthafen ist das TEUERSTE am Platz und eine Institution in Mariehamn. Architektonisch korrespondiert es zum Parlamentssitz. Von Doppelzimmer bis Suite MIT SAUNA sind renovierte Räume verschiedenen Komforts verfügbar, alle mit Balkon. Zum Verwöhnen zwei Restaurants, Gin-Bar, Sauna, Spa, Pools (auch outdoor). Populär ist der Sommergarten mit Terrassen-Restaurant GARDEN. Als renommierter Treff gilt am Samstag der Nachtclub ARKEN. Fahrradvermietung, Billard, Boule und Spiele an der Rezeption.

◎ **HOTELL POMMERN (6)**, Norragatan 8–10, Tel. 15555, www.alandhotels.fi (E). DZ 180/125 €. Auch Familienzimmer.

Chic und Eleganz bestimmen das Interieur. Sauna, Gym in Kooperation mit Fitness-Center Avancia, Fahrradvermietung (auch E-Bikes), Weinbar und das gute Restaurant Kvarter 5 vervollständigen das Angebot. Gehört zu den Ålandhotels, wie das etwas moderatere Hotell Savoy und das ältere Hotell Adlon in Mariehamn.

◎ **PARK ALANDIA HOTELL (7)**, Norra Esplanadgatan 3, Tel. 14130, www.parkalandia.com (E). DZ 178/115 €. Im Angebot auch Suiten und Familienzimmer, günstige Wochenendtarife.

Im Herzen der Stadt liegt das renovierte, einladende, familiengeführte Hotel mit Sauna, Indoor-Pool und dem Park Restaurant mit Bar (oft Live-Musik). Schöne Terrasse an der Lindenallee. Fahrradvermietung.

◎ **HOTELL CIKADA (8)**, Hamngatan 1, Tel. 16333, www.cikada.aland.fi (E). April bis Oktober, DZ ab 99/67 €. Auch Familienzimmer.

Etwas in die Jahre gekommen, dafür relativ preiswert. Gegen Aufpreis Zimmer mit Balkon. Je nach Jahreszeit öffnen die Pools indoor oder outdoor. Restaurant, Sauna, Fitness, Massage.

◎ **STRANDNÄS HOTELL (9)**, Godbyvägen 21 B, Tel. 21511, strandnashotell.ax. DZ 130/105 €, Apartments mit Mini-Küche 140/115 €.

2 km nördlich vom Zentrum. Einfache, freundliche Zimmer, netter Aufenthalts- und Frühstücksraum mit Bar und Terrasse, leider keine Sauna. Gemeinschaftliche Etagenküchen.

PENSION/B & B/PRIVATQUARTIER

◎ **PENSIONAT SOLHEM (10)**, Lökskärsvägen 18, Tel. 16 322 und 0400 – 596 046, www.pensionatsolhem.ax. DZ 95/75 €.

Gemütliche Zimmer in ruhiger Lage im GRÜNEN SÜDEN der Stadt. Gemeinschaftliche Dusche / WC sowie Sauna. Kinderfreundlich mit Spielwiese und eigenem Badestrand. Schöner Blick aufs Meer.

◎ Lohnenswert kann die Suche nach **PRIVAT**en **APARTMENTS** und -Zimmern in Mariehamn bei Portalen sein: Hier sind Objekte in Zentrumsnähe ab 60–70 € je Nacht vertreten, zwar ohne Frühstück, aber eventuell mit Balkon.

◎ **KLINTVÄGEN APARTMENTS (11)**, Klintvägen 5 & 1, Tel. 040 – 324 7605, www.klintvagenapartments.ax (D). Von 21 bis 87 m². Studio (2–3 Personen) 134/89 €, Rabatt ab 3 Nächten.

In Nähe des Mariebads sind moderne Studios sowie 2-Zimmer-Wohnungen mit gut ausgestatteter Küche, Terrasse und grünem Innenhof samt Grill zu mieten, dazu auch Fahrräder. Check-In via Zugangscode.

Zu den Hotelpreisen: Der Preis vor dem Schrägstrich benennt den Hochsaisontarif (etwa Juni bis August), die Zahl hinter dem Schrägstrich den Tarif für die Nebensaison. Die Abkürzung DZ steht für Doppelzimmer.

CAMPING

◎ **GRÖNA UDDENS CAMPING (12)**, Östernäsvägen 1 A, Tel. 528700, www.gronaudden.com (E). Mai bis Mitte September Zelt und Womo 33/20–22 €, April bis September Hütten (2 Personen) mit Kitchenette ab 96/64 €.

Stadtnah gelegen & landschaftlich schön an der Bucht SLEMMERN. Der GEPFLEGTE Platz umfasst Café, Pizzeria, Bar, Laden, Gartenterrasse, einen weiten Sandstrand, Strandsauna, Minigolf, Fahrradvermietung, Spielplatz und Barbecue. Service-, Küchen- und Wäsche-Haus, Bettwäsche zu mieten.

◎ TREND im Archipel: **GLAMPING**. Schlafen im Zelt, aber mit Luxusbett, Sonnenterrasse und ans Zelt serviertem Frühstück. Gemeinschaftlich genutzter Sanitärbereich. Glamping Tält Mariehamn, Lökskärsvägen 34 (in Ytternäs am Strand), Tel. 0457 – 344 3443, Buchung über Portale. 120–145 € bei 2 Personen. Weitere Åland-Adressen: Mickels Gård in Jomala, Rundhusbyn in Saltvik und Snäckö Canvas in Geta.

FERIENHÜTTEN

◎ **ÖVERNÄSGÅRDEN (13)**, Pension und Ferienhütten, Östernäsvägen 1 B, Tel. 12525, www.overnasgarden.ax. Mai bis September. Ferienhütten (bis zu 4 Personen) ab 105 €.

B & B und 15 Ferienhütten von einfachem bis mittlerem Standard, nett gelegen im Südosten der Stadt. Blick auf die Bucht Slemmern, Strand, Sauna, Spielplatz, Feuerstelle zum Grillen. Frühstück auf Wunsch.

◎ **STRANDBERGS STUGOR** werden von Grund auf renoviert. In famoser Lage in einem alten Gartenviertel und am Sandstrand. Varvsvägen L 183.

Essen und Trinken

Mariehamn verfügt über einen guten Mix, von anspruchsvollen Restaurants, die den Abend auch vom Ambiente her genießen lassen, über stimmungsvolle und verführerische Cafés bis zu einfacheren Bistros und Lokalen.

MITTAGS servieren auch viele ambitionierte Lokale preiswerten Lunch. Gemessen an der Größe der Stadt, besteht eine erstaunliche Vielfalt!

GEHOBENE RESTAURANTS

◎ RESTAURANG **NAUTICAL (14)**, Hamngatan 2, Tel. 19931, www.nautical.ax. Mo–Di 11–14 Uhr, Mi–Fr 11–23, Sa 17–23 Uhr. Lunchkarte Mo–Fr .

Authentisch im restaurierten historischen Gebäude des Seefahrtmuseums, umgeben von maritim geprägter Kunst, Schifffahrtgeschichte, historischen Leuchten und behutsamer Modernisierung schmecken an weiß gedeckten Tischen saisonal wechselnde Gerichte (Hauptspeisen um 35–50, Vorspeisen um 15–20 €).

Die sonnige Terrasse NauticALTAN mit schicken Outdoormöbeln ist nach Mittsommer bis Mitte August ganztägig geöffnet: mit Kaffee, Bistro-Angebot und Sommerdrinks.

◎ **KALLAS STADSKROG (15)**, Norra Esplanadgatan 2, Tel. stadskrog.ax (E). Sommers täglich 10.30 –22 Uhr, sonst Mo-Do 10.30 –21.00, Fr 10.30 –22 Uhr, Sa 16–22 Uhr. Mo–Fr Lunch um 15 €.

Domizil ist ein trefflich restauriertes Gebäude aus den 1920er Jahren, mit Fensterbögen und attraktiver Hof-Veranda, einst die Residenz des Gouverneurs der Provinzregierung. Die jah-

Wenn Sie wissen wollen, welche Unterkunft über barrierefreie Zimmer verfügt und wo Haustiere willkommen sind, hilft das Buchungsportal von Visit Åland (siehe Seite 14). Wir können nicht sämtliche Merkmale und Angebote aufführen.

reszeitabhängige Speisekarte ist kurz, ein gutes Zeichen – in der Tat ist die Küche exquisit und bei 22–35 € für ein Hauptgericht im Preis moderat. Für die Lunchkarte siehe bei Facebook.– Kallas findet sich auch in Vårdö.

◎ Ein Tipp ist **INDIGO** RESTAURANG & BAR **(16)** am Lilla Torget, Nygatan 1, Tel. 16 550, www.indigo.ax (E). Mo–Do 11–24 Uhr, Fr 11–4, Sa 17–4 Uhr, im Sommer Sa ab 12 und So ab 14 Uhr. Lunch Mo–Fr bis 14.30 Uhr.

Auch hier spielt die Atmosphäre eine Rolle: Die BACKSTEINWÄNDE des ehemaligen Lagerhauses kontrastieren zur modernen Einrichtung – ein insgesamt stimmiges und warmes Interieur mit aufmerksamem und umsichtigem Personal. Neben à la carte (Toast Skagen 15,90 €, Bergforelle auf Tjudö-Apfel 39,50 €, Lammkarree u.a.) gibt es nachmittags sowie am frühen Abend auf der Terrasse/im Wintergarten oder in der Bar ein Bistro-Menü.

Zum Lokal gehören eine großzügige Terrasse mit Außenbar sowie eine Bar im Obergeschoss. Arrangiert werden Konzerte sowie Veranstaltungen, darunter Weinverkostungen.

◎ **F.P. VON KNORRING (17)**, Ångbåtsbron Östra Hamnen, Tel. 16500, Facebook. Mitte April bis Mitte September Mi–Sa ab 16 Uhr, im Sommer täglich 12–2 Uhr.

Speisen in authentisch MARITIMER Atmosphäre auf dem RESTAURANTSCHIFF IM OSTHAFEN, benannt nach einem um das Stadtwohl verdienten Probst. Von etwa dem 8. August bis in den September hinein eine vorzügliche für das legendäre skandinavische KREBS-ESSEN! Die Bar Frans lädt auf die Brücke.

◎ Gehobene Restaurants finden Sie auch in den ambitionierten **HOTELS**, etwa im Arkipelag (Restaurants Compagniet und Garden), im Park Alandia (Park Restaurang & Bar) oder im Pommern mit dem preisverdächtigen Kvarter 5.

BESCHWINGT & GUT

◎ **ÅSS PAVILJONGEN (18)**, Westhafen, Sjöpromenaden, Tel. 19141, www.paviljongen.ax. Täglich 11–16 und 17–22 Uhr.

In der berauschenden Architektur von JUGENDSTIL-Meister *Lars-Sonck* lädt das rot-weiße Haus inmitten von Booten und Segelschiffen zu Lunch, Dinner, Drinks auf der Terrasse, After-Work-Events und mehr. Ein ERLEBNIS besonders, wenn die SINKENDE SONNE ihre Strahlen über das Ufer wirft.

Der nahegelegene PUB ALBIN im Strandhäuschen mit frischer Pizza gehört ebenfalls zu Åss, einem der äländischen Segelclubs.

◎ **DINO'S BAR OCH GRILL (19)**, Strandgatan 12, Tel. 13939, www.dinosbar.com (z.T. E). Restaurant/Bar Mo bis Do 10.30–21/22 Uhr, Fr 10.30–22/4 Uhr, Sa 14–22/4, So 14–21/22 Uhr.

In einem alten HOLZHAUS aus dem 19. Jh. vereinen sich das populäre Restaurant, ein Balkon mit Überblick und eine nette Sommerterrasse mit Loungebereich am Lilla Torget mit Bühne, auf der abends Musiker aufspielen, sowie die Rockbar, Fr+Sa abends mit DJs und Live-Musik. Hier gibt's reelle Steaks und Burger, wie schon der Bullenkopf im Inneren andeutet ...

◎ **BOQUERIAN (20)**, Galleri Sittkoff, Torggatan 13, Tel. 17660, www.boquerian.ax. Mo–Do 11–21 Uhr, Fr+Sa 11–

Die Zahlen in Rotorange entsprechen der Stadtplanlegende auf Seite 85.

22 Uhr, im Sommer bis 24 Uhr. Mo–Fr Lunch (um 14 €), Sa 11–15 Uhr Brunch.

Das NETTE, unprätentiöse TAPAS-Restaurant serviert Snacks, Wurst, Käse, klassische Tapas sowie Desserts – und hat eine Einkaufstheke für Heimesser. Sitzplätze gibt's zudem auf der Terrasse und im Wintergarten.

◎ Der erste »richtige« Italiener im Archipel war **NONNA RINA** (21), Torget, Tel. 17111, Facebook. Juni bis August Mo–Sa 12–21 Uhr, Mai Mo–Fr 15–20 Uhr, Sa 12–20 Uhr, sonst z.T. am Wochenende und/oder nur Take away.

FRISCHE Pasta, Pizza, Antipasti zu erschwinglichen Preisen, ebenfalls Bio-Wein und -Limonade. Vieles ist laktosefrei hergestellt. Das Restaurant der Familie Ferrari mit Bar liegt einladend am Marktplatz; im Sommer locken die geräumige Terrasse sowie auch gelegentliche Blues-Abende.

◎ ÖVNINGSRESTAURANG **HJORTEN** (22), Strandgatan 1, Tel. 536 600, www.hjorten.ax. Wechselnde Öffnungszeiten, in den Schulferien Do–So.

Das »Übungsrestaurant« bildet Köche und Kellner aus und bietet Integrationskurse (mit Sprache und Schule) an. Es wird von Lehrern und Schülern des Gymnasiums Åland geführt. À la carte, mitunter Brunch für 24 €.

BISTRO & LUNCH

◎ **MARIEBAR** (23), Köpmansgatan 1, Tel. 13140, Facebook. Im Sommer täglich 10–20 Uhr, sonst Mo–Do 10.30–15 Uhr, Fr 10.30–20, Sa+So 12–20 Uhr.

Die SUSHIBAR hat außer Sushirollen Nigiri, Ramen, Misosuppe u.a. im Angebot, ebenso für Take away. Der frische FISCH stammt zumindest teilweise von Bergmans in Geta.

◎ **NISKA MARIEHAMN** (24), im Sjökvarteret (Osthafen), Tel. 19151, niska.ax (E). Im Sommer Mo–Sa 11–22 Uhr, So 12–22 Uhr.

Witzig wie stilecht gestaltet ist die Terrasse am Wasser mit HÖLZERNEN SEEKISTEN, die als Stühle und Tische fungieren und mit einer Abspannung aus Fischernetzen, auch als Schutz vor hungrigen Möwen.

Hinter dem Pub verbirgt sich die Idee von Star-Koch Michael Björklund mit einem eigenen PIZZA-KONZEPT! Ålands plåtbröd, dünn und kross ausgebacken sowie mit verschiedenem Belag aus garantiert frischen Zutaten, findet reißenden Absatz, auch in Turku, Helsinki, Vaasa und Ekenäs.

Algoth Niska übrigens war während der Prohibition ein Schmugglerkönig der Schärenwelt.

◎ **DIABLO PIZZA** (25), Nygatan 3, Tel. 17100, diablo.ax. Mo–Do 16–21 Uhr, Fr+Sa 11–5 Uhr, So 12–21 Uhr.

Höllisch gut soll die STEINOFEN-PIZZA sein – die Auswahl ist groß, die Zutaten sind frisch, zum Teil von åländischen Höfen. Kein Wunder – hier mischen die Jungs vom Indigo mit. Das Interieur ist eher gängig-einfach.

◎ BRASSERIE **ÅNGBÅTSBRYGGAN**, (26), Ångbåtsbryggan 2, Tel. 17613, brasserie.ax (E) sowie bryggan.ax. Im Sommer täglich ab 11 Uhr.

Schön gelegenes Ausflugsziel am Osthafen, Kombination aus Brasserie und »Abenteuer«-Minigolf, als Spezialität des Lokals gelten MEERESFRÜCHTE. TERRASSE mit Blick auf Bahn und Ball und öfters Live-Musik.

◎ **SITTKOFFSKA GÅRDEN** (27), Torggatan 13, Tel. 17612, sittkoffska.ax, Mo–Fr 10–20 Uhr, Sa 11–20 Uhr.

Oben Niska Mariehamn im Sjökvarteret/Osthafen, unten das ambitionierte Restaurant Kallas Stadskrog (siehe Seite 88 f.) ▶

KALLAS
STADSKROG
1927

Im Einkaufszentrum SITTKOFF-GALERIE nehmen Sie im großen Innenraum oder auf der Terrasse Platz; die Karte nennt LUNCH (um 14 €), Burger, Fisch, Salate, Hausmannsgerichte.

◎ Die MALL **TELEGRAFEN** (1) öffnete 2024 ihre Pforten. Mit dabei am Start RESTAURANT **SJÖFOLK** (Mo–Fr 11–16 und 17–21 Uhr, Fr bis 23 Uhr, Sa 12–23 Uhr), CAFÉ Å (Mo–Fr 8–18 Uhr, Sa 10–18 Uhr) und der Feinkostladen WYKES DELI (Mo–Fr 11–21 Uhr, Sa 12–23 Uhr. sjofolk.ax sowie www.telegrafen.ax. Torggatan 6.

CAFÉS

◎ **BAGARSTUGAN** Café och Vin (28), Ekonomiegatan 2, Tel. 19 880, www.bagarstugan.ax. Im Sommer Mo–Fr 10–18 Uhr, Sa 10–16 Uhr, sonst Di–Fr 10–16 Uhr, Sa 11–16 Uhr.

Das NETTESTE CAFÉ der Stadt liegt im Lilla Torget, dem kleinen Innenhof mit Kunst und Kneipen. Die liebevoll eingerichtete Backstube mit viel ATMOSPHÄRE wie zu Großmutters Zeiten im roten Holzhaus einer früheren Bäckerei hält garantiert SELBST GEBACKENES bereit: Pannkaka, Obststreusel, fantastische Torten, Quiches, frische Salatteller, Sandwiches und gute Weine. Mit GEMÜTLICHER Außenterrasse. Das Haus ist eins der ältesten original erhaltenen in Mariehamn, es stammt aus dem Jahr 1866.

◎ **CAFÉ VIKTOR** (29), Torggatan 15, Tel. 040 – 129 2812, www.cafeviktor.ax. Im Sommer Mo–Fr 9–17, Sa 9–16, sonst Mi–Fr 11–16.30, Sa 11–16 Uhr.

In einem hübsch renovierten Holzhaus aus dem 19. Jh. in der Fußgängerzone residiert dieses wohnliche Café mit Kunsthandwerk-Ausstellung und -Verkauf und Regal zum Büchertausch. Es gibt Lunch, Toasts, Suppen, Salat, Lasagne, Backwaren und guten Kaffee natürlich.

◎ KAFFESTUGAN **SVARTA KATTEN** (30), Norragatan 15, Tel. 21 599, www.svartakatten.ax. Im Sommer Mo–Fr 10 –17 Uhr, Sa 10 –16 Uhr, sonst Mo–Fr 10 –16 Uhr, Sa 11–16 Uhr.

Das Café-Bistro mit der SCHWARZEN KATZE im Logo ist zum Lunch wie abends stets gut besucht. Küche, gemütliches Ambiente (mit Spielecke!) und Preise stimmen einfach. Verwunschen ist es unter der Sommersonne im GARTEN unter Bäumen hinter dem weißen Holzzaun. Grilltoast, Schokotorte, Käsekuchen & Co. sind hausgemacht.

◎ Erwähnt werden müssen die **EISBUDEN** in Mariehamn, denn die Einheimischen LIEBEN die kalte Köstlichkeit auf die Hand, wann immer Wetter und Temperaturen es erlauben, für Åländer also offensichtlich fast immer, ungeachtet eines Regengusses und gern auch als DOPPELTE PORTION. Fußgängerzone und Storagatan laden ein: Die Festland-Marken Valio (finnisch) sowie Ingman (schwedisch) dominieren auch hier.

◎ Eine richtige italienische EISDIELE (Gelateria) betreiben **ANNA & ALDO**, Godbyvägen 21 C, Tel. 0457 – 343 1384. März bis Dezember Mi–Fr 11–19 Uhr, Sa+So 12–19 Uhr, Juni bis August zudem Mo 11–19 Uhr.

Nach einigen Jahre in Deutschland sind Anna & Aldo seit 2009 der Natur und Ruhe wegen im Archipel und mit ihrem köstlichen hausgemachten Eis, dazu italienischen Kaffee-Spezialitäten, auf Erfolgskurs.

SCHNELLE KÜCHE

◎ **RÖKERI KIOSKEN**, auch Rökka genannt, Kalkhusgränd 8, Tel. 2113.

Hier geht's um Korv, die Wurst, mit Senf und im Hotdog. Stans Bästa!, die besten in der Stadt, wirbt der Kiosk auf dem Areal einer ehemaligen Fischräucherei. Verkauft werden auch Piroggen und gängige Kiosk-Süßigkeiten. Beliebt ist Rökka allemal!

◎ **BURGER** gibt's bei MeGusta, Torggatan 12, KEBAB und Falafel bei Draken Kebab in der Nygatan 1. – Wer sich dann doch ziert, kann stattdessen am 24-STUNDEN-AUTOMATEN eine PIZZA plus Getränk ziehen (Bedienung auf Englisch): Pizza24, Torggatan 4.

FÜR SELBSTVERSORGER

◎ **ALKO**, der Noch-MONOPOLIST in Finnland in Sachen Hochprozentiges, hat sein Lager in der Mall Telegrafen, Torggatan 6, aufgeschlagen.

◎ **LEBENSMITTEL-MÄRKTE** sind in der Regel täglich 9/10–22 Uhr geöffnet: Mathis-Hallen, Ålandsvägen 42, mit eigener Backstube, führt viele ökologische Produkte; dazu gehört auch der Ableger Mathis Punkten, Måsvägen 2. Beide zählren zur K-Kauppa-Kette. – Varuboden City ist die Alternative der S-Market-Gruppe, Torggatan 6. – Strandnäs Grill & Minilivs, Krokensvägen 1. – Vor Hunger bewahren auch die TANKSTELLEN.

◎ Zwei große **SUPERMÄRKTE** liegen im Norden, an der Straße nach Godby vor der Stadt – schon auf dem Gebiet von Jomala (deshalb dort näher beschrieben): KANTARELLEN, Nya Godbyvägen, sowie SPARHALLEN, Sparvägen. Discounter gibt's im »Maxinge«-Einkaufszentrum.

◎ Über **REKO** (Facebook oder App) lassen sich Lebensmittel DIREKT von PRODUZENTEN vorbestellen, die bei der Landwirtschaftsvereinigung im Projekt mitmachen – Abholung donnerstags in Mariehamn (Strandgatan 1, bei der Restaurantschule Hjorten, siehe Seite 90) oder in Godby (Parkplatz Apotheke, Godby-Center).

Stadtrundgänge

IM ÜBERBLICK

SIGHTSEEING

◎ Der MINIZUG auf Rädern **MARIEHAMNSTÅGET** durchquert die Stadt im Hop-on-Hop-off-Prinzip. Start und Endpunkt ist am Marktplatz / Torget. Von Ende Juni bis Mitte August ist das Bähnchen im Halbstundentakt von 12 bis 16.30 Uhr unterwegs. Ticket 6/4 €, Ålandbussen, Tel. 0457 – 524 4551, www.ingsva.fi/mariehamnstaget.

◎ Ebenso geeignet sind die fünf **STADTBUS**-Linien (siehe Seite 84 f.).

◎ Da die Stadt klein und überschaubar ist, lohnt es, sich **ZU FUSS** auf Entdeckungstour zu begeben. Ein Spaziergang von Hafen zu Hafen (von Ost nach West oder umgekehrt) über die schöne ESPLANADE oder als Rundweg

oder ein Shopping-Bummel durch die Fußgängerzone Torggatan samt Nebenstraßen oder auf zu Vorzeigebeispielen åländischer Bauplaner(innen): Die Möglichkeiten reichen bis zur regelrechten Wanderung (Seite 110 ff.).

KLEINE STADT UND GROSSE ARCHITEKTUR

◎ Die Grundstruktur der Straßenplanung in der Innenstadt in rechteckigen, weiträumigen **KARREES** stammt aus der Gründungszeit Mariehamns, wie die alten Stadtpläne des Architekten *G. T. Chiewitz* aus dem Jahr 1859 (zwei Jahre vor der Unterzeichnung der Gründungsurkunde) belegen. Damals sollten, so wollten es die Vorschriften des ehrgeizigen Zaren, die Stadtgebäude in Stein errichtet werden. Diese Forderung ließ man jedoch 1863 wieder fallen, die Häuslebauer durften auf die gewohnte und billigere HOLZBAUWEISE zurückgreifen. Konsequent hat man dann 1872 die freiwillige Feuerwehr gegründet.

◎ Der Finströmer Probst *Frans Petter von Knorring* förderte schon früh maßgeblich die Idee, in Mariehamn ein MEERESBAD anzulegen. 1889 war es dann so weit: Mariehamns Meer- und **KURANSTALT** wurde in der Nähe des Westhafens gegründet, unter Leitung des Kurarztes *Dr. Johannes Hoving* erlebte das Bad seine Blütezeit. Gäste vor allem aus St. Petersburg und Stockholm frönten im Mariehamn der vorletzten Jahrhundertwende der Gesundheit und dem gesellschaftlichen Kurleben gleichermaßen.

Die Stadt wuchs und blühte mit. An von Knorring erinnert noch seine Statue im Park beim Rathaus.

◎ Lars Sonck (1870 – 1956), der große finnische BAUMEISTER des **NATIONALROMANTISCHEN** Stils (des finnischen Jugendstils), der auch in Turku sowie Helsinki maßgeblich tätig war, kam schon als Kind im Alter von acht Jahren nach Åland, als sein Vater Seelsorger der Gemeinde Finström wurde. Er wirkte an der Planung der Kuranstalt mit: Die VILLA HÄLLBERG für die Anstaltsärzte (1922 vom damaligen Standort verlegt und jetzt Sitz der »Åländischen Segelgesellschaft«) stammt ebenso von seinem Reißbrett wie das große Kurhotel, das 1916 niederbrannte.

Heute stehen von dem berühmten Architekten nur noch wenige Holzvillen – aber natürlich Steinbauten wie die Hauptkirche und das Stadthaus (Rathaus). Der Åländer Sonck wurde übrigens gemeinsam mit *Eliel Saarinen* erstes EHRENMITGLIED des finnischen Architektenverbandes.

◎ Es gibt weitere ebenso schöne wie bedeutsame architektonische Spuren in Mariehamn – und einen zweiten Namen, den man sich merken sollte: den der Zeitgenossin Soncks, Architektin und Baumeisterin *Hilda Hongell* (1867–1952). Bäderarchitektur sowie geschnitzte Verzierungen im Jugendstil zeichnen die erhaltenen **HOLZVILLEN** aus ihrer Feder aus – Türmchen und Giebel mit langen Spitzen, verzierte Fensterrahmen und Balkone, viele rund um die Södragatan.

Als Hilda Sjöblom wuchs Hongell in Åland auf und wurde die erste Frau in der Branche und zugleich erste namhafte Architektin des Nordens. Zum Jugendstil fand sie über Neugotik und Neorenaissance.

SCHÖNE VILLEN

Eine Stadtwanderung auf Soncks und Hongells Spuren ist schlicht ein schöner Spaziergang – egal ob man sich für Architektur interessiert oder nicht.

Streift man südlich der Storagatan durch die Parallelstraßen SÖDRAGATAN (Hausnr. 5, 9, zwischen 15 und 21 sowie 33) und MARIEGATAN (Hausnr. zwischen 12 und 15 sowie 20 und 27), passiert man mehr als ein Dutzend der von Hongell entworfenen Villen, die heute alle in Privatbesitz sind.

Von Sonck ist in der Södragatan das SCHWEIZERHAUS im romantisierenden Stil (Nr. 31 A) in dunklem Holz mit hellen Verzierungen und Einfassungen ein besonderes Schmuckstück. Die bekanntesten Bauten Soncks in der Stadt sind freilich ÅSS Paviljong, Kirche St Görans und Rathaus. Auch sein erstes Bauwerk in der Stadt steht noch: das Turmhaus in der Norragatan 24.

Schöne Häuserzeilen hat auch die Neptunigatan, und lohnend ist ein Gang durch das SCHULVIERTEL nördlich der Esplanaden (Skolgatan/Nygatan): Heute befinden sich hier idyllische, kleinstädtisch-beschaulich anmutende Wohnviertel.

⑥ Auch im Zentrum selbst gibt es einige Kleinode. Im westlichen Teil der Norra Esplanadgatan sind einige der alten Villen der **REEDER**-Familien erhalten, wie auch die des einst mächtigen Schiffseigners *Gustaf Erikson* in der Nr. 4 B mit schönem Vorgarten, noch heute im Besitz der Familie.

Die Fußgängerzone ist keinesfalls nur wegen der Geschäfte und Auslagen interessant, denn auch manche Fassade lohnt einen Blick.

Zum Teil muss man die Kleinode in Mariehamn jedoch aufspüren. Denn so freundlich die Stadt als Ganzes erscheint – in einigen Straßen dominieren doch eher lieblos wirkende BETONBAUTEN, zumal sie eben manchmal leider unvermutet direkt neben

Jugendstilvilla in Mariehamn ▲

stilvollen Fassaden auftauchen. Mariehamn ist nicht frei von (früheren) Bausünden, deren Fassaden teilweise durch mangelnde Pflege zusätzlich verlieren; dadurch entstehen stellenweise Brüche im eigentlich schönen Gesamtbild.

WESTHAFEN (VÄSTERHAMN)

Die Lage am Meer, die Häfen, die bewegte Seefahrtgeschichte – sie bestimmen große Teile des Stadtbildes von Mariehamn. Kein Wunder also, dass es auf maritimen Spuren viel zu sehen und zu entdecken gibt.

◎ Die meisten Reisenden kommen mit den großen Fähren der Silja Line und Viking Line von Finnland oder Schweden im **WESTHAFEN** (31) an. Die Reedereien haben hier Terminal und Abfertigung. Im Sommer legen täglich ca. 30 Fährschiffe an und ab. Es ist ein IMPOSANTER ANBLICK, wenn mehrere große Pötte gleichzeitig im Fahrwasser vor der Stadt navigieren.

Mit der Gründung der Viking Line 1959 begann Mariehamns unaufhaltsamer Aufstieg als Fährmetropole in der Ostsee. Den ersten regelmäßigen Reiseverkehr erlebte Mariehamn bereits 1866, kurz nach der Gründung, als das Dampfschiff »Admiral von Platen« die Strecke St Petersburg – Turku – Mariehamn – Stockholm bediente. Die Bedeutung der jungen Hauptstadt als künftiger maritimer Verkehrsknotenpunkt betonte auch die Verlegung der Navigationsschule (für die Ausbildung von Seekapitänen) von Godby nach Mariehamn.

◎ In der Tradition dieser nautischen Ausbildungsstätte steht die Åländische Höhere **SEEFAHRTSCHULE**. Das markante Gebäude des Jugendstil-Pioniers Lars Sonck (1939), majestätisch auf einem Felshügel gelegen, offenbart architektonische Verwandtschaft zum ebenfalls von ihm entworfenen Rathaus; es steht in der Gasse Navigationsskolegränd 2, Zugang via Neptunigatan.

◎ Der schöne, fast 1,5 km lange, zumeist direkt am Ufer entlangführende Spazierweg **STRANDPROMENADEN** führt vom Ende des Terminalgeländes nach Süden zum kleinen Fischereihafen. Unterwegs zweigt der Weg zum Lotsenberg (Lotsberget) ab; wer diesen Hügel erklimmt, wird durch einen weiten Blick auf Bucht und Hafen belohnt. Lotstsugan, das LOTSENHÄUSCHEN, diente hier seit 1862 der Überwachung der Hafeneinfahrt. Besetzt war die Station bis 1983 – 1995 wurde sie äußerlich im ursprünglichen Zustand wieder hergerichtet.

◎ Im **FISCHEREIHAFEN** (32) an der Korrvik-Bucht, auch mit dem Auto zu erreichen, liegen malerische wie moderne Fischkutter; auch Schiffe/Boote von Küstenwache, Lotsen und Seenotrettung sind hier vertäut.

◎ Nach diesem Kurzausflug zurück in die Gefilde des Westhafens: Das alte und herausgeputzte **ZOLLHAUS** (Tull- och Packhuset, 1896, Lars Sonck) markiert den Eingang zu Fährterminals und Strandpromenade.

◎ **ÅLANDS SJÖFARTSMUSEUM** (14), Hamngatan 2, Tel. 19930, sjofartsmuseum.ax (E). Juni bis August tägl. 10 – 17 Uhr, sonst 11 – 16 Uhr. Eintritt 16,50/ 11,50/0 €; Tickets gelten für 2 x Museum oder Museum/Pommern. Zu Ausstellungen und Vergnügungen vor Ort bzw. an Bord siehe Seite 97 nebenan.

Im Mariehamn-Kapitel verteilen sich mehrere Fotos mit maritimen Motiven.

ÅLANDS SEEFAHRTMUSEUM

Gleich einer in sich geschlossenen Schiffswelt verbinden Treppen, die Niedergängen nachempfunden sind, die drei Ausstellungsetagen. Die Themen reichen von Bauernseglern und Postroute über Segler rund um die Welt, Navigation und Schiffsbau bis zu Dampfschifffahrt und Sicherheit auf See. Ein zentrales Thema ist die GOLDENE ÄRA DER ÅLÄNDISCHEN FRACHTSEGLER vom Anfang des 20. Jhs. bis in die späten 1930er Jahre, vor allem auf der Weizenroute rund um den Globus von Australien nach England.

◎ Einer der »Stars« auf dieser Route, die manchen Rekord gebrochen und einige der damals UNTER DEN KAPITÄNEN AUSGETRAGENEN RENNEN um die schnellste Passage gewonnen hatte, war die **HERZOGIN CECILIE**. Sie lief im Ärmelkanal 1936 auf Grund. Einiges aus der Inneneinrichtung der Viermastbark hat den Untergang überstanden und wurde dem Museum von der Reeder-Familie Erikson überlassen – so zeigt das Museum Salon, Kontor und Schlafkammer des Kapitäns im Original.

◎ Die Entwicklung von Seefahrt und Schiffstechnik lassen viele detailgetreue **SCHIFFSMODELLE** nachvollziehen. Rund 40 der gezeigten Modelle hat der ehemalige Steuermann *Viktor Andersson* in feiner Handarbeit gebaut. Der 1909 geborene Kap-Hoorn-Umsegler hat in seiner Werkstatt in Hummersö/Föglö insgesamt mehr als 300 solcher Modelle gefertigt.

◎ Ein Augenschmaus sind die schmucken, aufwändig geschnitzten und bemalten **GALIONSFIGUREN**. Meist weibliche Figuren sind es, die die Schiffe schmückten und Patroninnen in der sonst ja reinen Männerwelt auf See waren, z.B. MNEMOSYNE, die Muse der Erinnerung, Schirmherrin der »Pommern«, die dementsprechend in ihren ersten Jahren MNEME hieß.

◎ Modelle und Fotos gibt es auch zur modernen Motor- und Passagierschifffahrt, den hoch technisierten und immer komfortableren Fährriesen von Viking, Silja, Birka, Eckerö & Co. Betagte Schwarzweiß-Filme schildern die Entwicklung des **FÄHRTOURISMUS** in der Region.

◎ Eröffnet wurde Ålands Sjöfartsmuseum 1954, federführender Architekt war der Helsinkier *Jonas Cedercreutz*. Die Vorgeschichte beginnt aber schon um 1920, als Kapitän *Carl Holmqvist* aus Mariehamn åländische Nautica zu sammeln begann. 1935 gründete er mit Gleichgesinnten einen Verein, um ein Museum ins Leben zu rufen, was aber erst ab 1949 verwirklicht werden konnte. Viele private Schenkungen belegen, dass die Bevölkerung das Projekt mit Stolz annahm. Als wahre Kostbarkeit gilt die **SEERÄUBERFLAGGE**, womöglich die einzige noch existierende authentische ihrer Gattung!

◎ In vorbildlicher Weise ist an **FAMILIEN MIT KINDERN** gedacht, ist viel interaktives Verstehen und Ausprobieren möglich: allen voran der hoch aufragende **KLETTERMAST** mit Segeln und Krähennest, der stets von Kindern belegt und bespielt ist. (Nicht nur) die Kleinen können Schiffe beladen, Knoten üben, im Simulator ein Schiff steuern oder ein Kanalrennen fahren – und sogar auf einem Vergnügungsschiff Karaoke singen. Ruby, die SCHIFFSRATTE, spielt den Wegweiser für die Kinder; in ihrem Heimat-Loch können die Kleinen auch malen, basteln und spielen.

Der ansprechende Museumskomplex umfasst u.a. Archiv, Bibliothek, Shop und das Restaurant **NAUTICAL** (siehe Seite 88).

In dem Park beim Museum fällt der Blick auf eine von Mariehamns prächtig dekorierten Mittsommerstangen, die größte und wichtigste, am Beginn des **BADHUSPARKEN** (44).

◎ Beim Museum – zum Wasser hin – steht **DER MANN AM STEUER**, eine Statue (1936, *Emil Cedercreutz)* zu Ehren der åländischen Seefahrer, die auf dem Meer ihr Leben ließen. Die Donation an die Stadt war das erste öffentliche Denkmal Mariehamns. Ergänzt wurde es durch eine Mauer aus Steinen, die die Namen vieler auf See gebliebener Schiffsleute tragen. – An Allerheiligen findet hier alljährlich eine Gedenkfeier statt.

◎ Zwei weitere **SKULPTUREN** in unmittelbarer NACHBARSCHAFT haben maritimen Bezug: Das KAP-HOORN-DENKMAL von *Allan Palmer* (2000) anlässlich des 55. Kap-Hoorn-Kongresses, der in Mariehamn stattfand; und, am westlichen Beginn der Esplanade, VOLK DES MEERES (Havets Folk) von *Matti Haupt* (1971), eine Hommage an das Meer.

◎ Unten im Hafen (mit dem Seefahrtmuseum über eine Brücke direkt verbunden) ist das STOLZE **MUSEUMSSCHIFF POMMERN** (34) die einzige erhaltene Viermastbark im ORIGINALZUSTAND überhaupt. Die »Pommern« hat einen Stahlrumpf, ist 106,5 m lang und 13 m breit. 48 m ragt der Großmast über der Ladewasserlinie bis in schwindelnde Höhen.

Sie liegt (natürlich) fest vor Anker, trägt aber noch Segel, von denen einige bei Windstille und zu besonderen Anlässen schon mal gesetzt werden. Dann kann man eine KLETTERPARTIE hoch überm Kai beobachten und sich ausmalen, wie ein solches Manöver bei schwerer See vor fast 100 Jahren vor sich ging ... Die gesamte Segelfläche bei insgesamt 28 Segeln ist auf stolze 3.240 m^2 ausgelegt, die ständig auszubessern und zu erneuern waren. 26 Mann besatzten das Schiff, bis zu 4.050 t Last konnte es aufnehmen.

Im Auftrag einer Hamburger Reederei wurde die »Pommern« 1903 in Glasgow gebaut – sie lief unter dem Namen »Mneme« vom Stapel, wurde 1906 nach dem Wechsel der Reederei umbenannt. Als Frachtsegler fuhr sie bis zum Ersten Weltkrieg regelmäßig auf der Route von Europa nach Südamerika, vor allem lud sie in Chile Salpeter. 1923 kaufte der Reeder Gustaf Erikson das Schiff und setzte es auf der Getreideroute nach Australien ein. Im Jahr 1939 machte die Bark ihre letzte Fahrt zum Heimathafen Mariehamn, wo sie im Westhafen ihren endgültigen Liegeplatz fand. 1953 schenkte Familie Erikson die »Pommern« der Stadt Mariehamn. Als Museumsschiff wird sie LIEBEVOLL GEPFLEGT und in Schuss gehalten: Sie blieb in ihrem ursprünglichen Zustand bewahrt.

An Bord ist alles bildlich und zum Anfassen präsent – die Kombüse des Smutje, der Vorratsraum, die winzige Werkstatt des Schiffszimmermanns, die Mannschaftsquartiere, die im Vergleich komfortablen, dennoch engen Kajüten des Kapitäns und seiner Offiziere. Die Fotos im Bauch des Schiffes und viele, auch deutschsprachige Info-Tafeln erzählen lebendig vom Ab-

Ein Prachtstück im Jugendstil ist der ÅSS Paviljongen im Westhafen (siehe Seite 100), der ebenso ein Restaurant beheimatet wie das Schiff »F.P. von Knorring« im Osthafen (siehe auch Seite 89) ▶

F.P. von KNORRING

lauf einer WELTREISE, wie die Besatzung sie ZU BEWÄLTIGEN hatte, von Zwischenfällen und Schwierigkeiten. Von Stürmen und ORKANEN, als jeder Mann rund um die Uhr gefordert wurde, und Flauten, in denen das bange Warten auf die mögliche Weiterfahrt und um das Ausreichen der Essensvorräte mit Reparaturarbeiten und dem Schrubben der Decks hinging. Von den Schiffsratten, die die Vorräte bedrohten, von der Wanzenplage, die die Mannschaft am Schlafen hinderte, von Wassereinbrüchen in die Schlafkojen sowie steif gefrorenem Bettzeug. Und von der wenigen Freizeit, Musik und Tanz, Rum, Heimweh und all dem, was als Seefahrtromantik verklärt wird. – Ganz real wirkt die Simulation, wie es sich anfühlte, wenn der Sturm heulte, die Wellen übers Deck klatschten und die Bark rollte.

◎ Kontrastprogramm zum großen Fährschiffhafen ist der nachfolgende Hafen- und Uferabschnitt mit dem GAST- UND **YACHTHAFEN** des Segelclubs »ÅSS« (Ålandska Segelsällskapet) mit Clubhaus und Restaurant im Westhafen: SJÖPROMENADEN, Västerhamn, Hafenmeister-Tel. 13 610, segel.ax (D). Mai bis September. 160 Boote können an Steg oder Boje vertäut werden. Die Serviceeinrichtungen reichen von Duschen und Sauna über Treibstoff und Trailerrampe bis zu Kiosk und Fahrradvermietung.

Der Hafen vermittelt freundliches, weltoffenes Flair. Saisonhöhepunkte sind die international besetzten SEGELREGATTEN. Es ist ein Sommervergnügen, das bunte Treiben zu verfolgen, die Promenade entlang zu flanieren und schmucke Boote zu gucken.

◎ Prachtstück im Yachthafen ist die rote Holzvilla mit ihrer geschwungenen Dachkonstruktion samt weißen Verzierungen, die maritime und nordische Bodenständigkeit mit fast asiatisch anmutender Leichtigkeit verbindet. Lars Sonck entwarf 1896 den ausgefallenen Bau. Ein wunderschöner Anblick mit den weißen Booten im blauen Wasser ... Ursprünglich sollte das Haus als Sommervilla für die Ärzte des Kurbades dienen – heute beherbergt es das kulinarisch wie atmosphärisch spezielle RESTAURANT **ÅSS PAVILJONGEN**. Die Servicegebäude im Hafen sind in ihrem Rot farblich auf die Villa abgestimmt. Die legere »Schwester« des Paviljongen ist der PUB ALBIN mit Terrassenflair am Pier, sich direkt anschließend.

OSTHAFEN (ÖSTERHAMN)

◎ Einmal die Stadt durchqueren – am besten auf direktem Weg über die nördliche Esplanade – ist auf der schmalen Landzunge nicht weit, und das maritime Sightseeing erfährt seine Fortsetzung im **OSTHAFEN** (35). Obwohl an der Ostküste im Süden das Naherholungsgebiet LILLA HOLMEN lockt, hält die Route nach Norden zu, entlang der Uferpromenade parallel zur Ausfallstraße Österleden.

Zwar fehlt im Osthafen der Fährverkehr, dadurch ist der gesamte Hafen auf eine ausgedehntere Länge ruhiger – nur die Nähe zur Ausfallstraße nimmt der UFERPROMENADE stellenweise etwas von ihrer Idylle. So hat jeder der zwei Haupthäfen seinen Reiz.

◎ Der Gast- und **YACHTHAFEN** des Segelclubs »MSF« (Mariehamns Seglarförening) umfasst ebenfalls Club-

Im West- und im Osthafen können Sie sowohl Fahrräder als auch Boote mieten **(siehe Seite 122).**

haus, vollständiges Serviceangebot, Ruhebänke, Kinderspielplatz. Das Restaurant DELICATESSEN CLUB MARIN ist mit seiner Terrasse im Sommer ausgesprochen populär. Viele Häuser im Osthafen erstrahlen in HELLEM BLAU. ÖSTRA UTFARTEN, Österhamn, Hafenmeister-Tel. 19979, msf.ax (E). Juni bis August.

Der Hafen ist mit 300 Liege- und 60 Ankerplätzen einer der größten an der Ostsee; dies garantiert stets ein farbenfrohes Bild – kein Wunder, dass hier das RESTAURANT-SCHIFF F.P. VON KNORRING vor Anker liegt **(17)**.

◎ Weiter die Uferpromenade entlang erreicht man nach ca. 700 m das **SJÖKVARTERET** **(36** – SEEFAHRTVIERTEL) an der Meeresbucht Slemmern, Österleden 110. Info-Tel. 16 033, sjokvarteret.ax. Ganzjährig geöffnet.

Hier hat der traditionelle Schiffbau seine Heimat gefunden; es verbinden sich Gegenwart und Vergangenheit, Maritimes und Kunst. In den hübsch renovierten Holzhäusern und Bootsschuppen entstand eine eigene kleine Welt, deren Besuch als Muss in Mariehamn bezeichnet werden darf.

Das Schöne für die Besucher: Das Viertel lebt, es ist nichts einfach fertig oder museal verstaubt, im Gegenteil: Dieses MITEINANDER von Schiffbau, Handwerk und Kunsthandwerk, von Lehren und Lernen, von der Vermittlung alter Fertigkeiten im Umgang mit Holz, Segeltuch, Metall und eben neuen kreativen Ausdrucksmitteln in diesen wie auch anderen Materialien bleibt ständig in Bewegung.

◎ Ausgangspunkt der Anlage ist die kleine **WERFT**, wo eifrig GEWERKELT wird – es werden sowohl alte Schiffe restauriert und umgebaut als auch neue Kähne anhand historischer Pläne und Entwürfe gefertigt. Bisher hat man über 30 traditionelle Holzboote und Segler gebaut, die bekanntesten sind der Schoner »Linden« (1993), die Galeasse »Albanus« und das Fischkastenboot »Jehu«. Von 1998 bis 2001 wurde die »Sigyn« aufwändig restauriert: Als eine der wenigen erhaltenen aus Holz gebauten Barken (1887, ein Dreimaster) liegt sie heute als Museumsschiff in Turku vertäut. Auch 2024 wird an einem traditionellen Holzschiff gebaut (»Emelia«, siehe unter »Segeltouren«); künftig soll mehr in Boots- und Schiffbau ausgebildet werden.

Vier professionelle Bootsbauer arbeiten im Sjökvarteret. Zuarbeitende Gewerke kamen hinzu, wie die Seilerei und der Segelmacher.

◎ Zu besuchen sind zu bestimmten Zeiten – oder nach Absprache über das Museum – Werftanlagen, -hallen und ÖSTRA SMEDJAN, die **SCHMIEDE** (vertreten bei Facebook).

◎ Der **HAFEN** mit Liegeplätzen am 330 m langen Kai samt Serviceangeboten ist für historische Boote reserviert. Hier haben neben »Linden« und »Albanus« auch der Schoner »Nordboen« und die Yacht »Karolina« ihren Heimatplatz. Das Ufer säumen Bootshäuser in traditioneller Bauweise.

◎ **SEGELTOUREN**: M/S SUNNAN II ist ein munterer, zweistöckiger Veteran mit Restaurant und Bar (1906), die stets in Betrieb ist, ob zum Lunchbuffet oder abends zum Dinner oder für eine Tagestour (55–90 € pro Person, Platz ohne Essen 35 €). – Im Sommer 2025 soll der SCHONER EMELIA für Touristentrips und Segelabenteuer vom Sta-

Das Traditionsschiff »Albanus« im Osthafen steht (nur noch) für Charterausflüge, Ausbildungstörns und Gruppenarrangements zur Verfügung.

pel laufen. Das Schiff wird nach alter handwerklicher Schiffbautradition auf Sjökvarterets Werft gebaut (www.emelia.ax). Der Zweimaster wird rund 25 Meter lang und mit acht Segeln bestückt sein.

◎ Zum Viertel gehört ein **MUSEUM** mit Ausstellungen über regionaltypische Bauern- und Fischerboote sowie zum Schiffbau einst und jetzt. Dokumentation in Fotos und Text, ein historisches Boot und Modelle im roten Haus sowie in der nach dem Vorbild auf Kobba Klintar gebauten Bake, zudem eine kleine Schiffsmotoren-Ausstellung und ein Shop. Mitte Juni bis Mitte August täglich 10–17 Uhr, sonst nach Absprache.

◎ Nebenan ist das PIZZA-LOKAL mit Terrasse **NISKA MARIEHAMN** (24) ansässig (siehe Seite 90). – Weitere Orte für eine Pause: das Café WATCHA und der ein oder andere Pop-up-Spot, wie Alejandras Konstcafé mit Ausstellung und Kunstkursen.

◎ Neben SALT (siehe Kastentext) sind noch WEITERE **ATELIERS** auf dem Gelände heimisch. GULDVIVA vereint die beiden Silberschmiedinnen *Maria Karlström* und *Pia Romberg*. Blomman, die Blume, heißt ihre bekannteste Kollektion; auch åländischen roten Granit verarbeiten beide gern. Verkauf an mehreren Orten in Åland. de.guldviva.com (D). Mo–Fr 10–17 Uhr, Sa bis 14 Uhr. – Dem Schmuck verschrieben haben sich mit ihren Ateliers auch PÅ JOHANSSON (Silber) und ZYGED ART (Gold). – Bildende Kunst von Ölbild bis Cartoon gestaltet Jonas WILÉN (wilen.ax); der aus Eckerö stammende Künstler hat bereits diverse Åland-Briefmarken gestaltet und gezeichnet.

◎ Die Kunst nimmt weiteren Bezug auf die maritime Umgebung: Die von *Stefan Lindfors* 1996 errichtete, von innen beleuchtete Stahlkonstruktion **RADAR II** ist einem Leuchtfeuer, einer Landmarke nachempfunden, wie sie im Schärengarten zwischen Schweden und Finnland typisch ist.

◎ Die kleine ökumenische SEEFAHRERKAPELLE **SJÖFARAR KAPELLET** schließt das Ensemble im Norden ab. Sie ist ein Ort der Stille und Einkehr inmitten all der Geschäftigkeit. Das Gotteshaus knüpft an den alten Brauch an, dass in Häfen an wichtigen Seewegen solche Kapellen errichtet wurden, als Zuflucht und zur geistigen Stärkung für die Seeleute, und immer offen.

◎ Im Jahreslauf finden auf dem Gelände mehrere Veranstaltungen und **FESTE** statt. Dazu gehören der TEERMARKT Ende April, das MITTSOMMERFEST der Künstler und Handwerkerinnen im Juni, die Teilnahme am herbstlichen SKÖRDEFEST und im Dezember ein WEIHNACHTSMARKT.

◎ Im Sommer bieten verschiedene Büdchen und **FOODTRUCKS** die Gelegenheit zu Pause und Snack: Våffelrakan mit Kartoffelwaffeln plus Zwiebeln und Sauerrahm; Lolos Seaside-Café aus Geta; leckere Herings-Burger bei McHarrys Ledholmare usw.

STOLZE SELBSTVERWALTUNG

Das Verwaltungs- und REGIERUNGSVIERTEL findet sich am östlichen Ende der quer durch die Stadt ziehenden Storagatan. Der Gebäudekomplex des Parlaments (Lagting) und der Regierung (Ålands landskapsregering), dazu das Rathaus und der Sitz des finnischen Gouverneurs bilden das demo-

Zu Besuch bei SALT im Sjökvarteret ▶

IM RAUSCH VON FORM UND FARBE

Kunsthandwerklicher Höhepunkt im Sjökvarteret ist SALT, ein Zusammenschluss mehrerer Künstlerinnen (derzeit 6) mit gemeinsamem Showroom und Verkauf sowie WERKSTÄTTEN unter einem Dach. Das Schöne ist, dass immer eine der Aktiven im »lebenden Kunsthaus« anzutreffen ist, Auskunft gibt, Techniken erklärt und erzählt. Vertreten ist Textilkunst mit Stoffdruck, Gewebtem und luftig Gestricktem, ob Mode oder Heimtextilien: herrlich farbenfrohe Teppiche und Stolas von *Ilse Berg*, fröhlich-moderne Stoffdruck-Muster bei *Gunilla von Nandelstadh* und *Ann Granlund*. Hinzu kommen »Lugnets Keramik« *(Siv* und *Simon Linney), Marie Lundgren* mit gewebten Teppichen und Läufern sowie *Anna Nilsson*, die eindrucksvoll textile Bilder mit besticktem Nadelfilz herstellt. Zu Gast im Showroom sind des Weiteren åländische Handwerk-KollegInnen, die das Sortiment gut ergänzen, ebenso wie andere landestypische Produkte: Silberschmuck von *Per-Åke Johansson* und Schwarzschmiedearbeiten von *Bert Johansson* (beide haben im Seefahrtviertel gearbeitet), herrliche Holzarbeiten, außerdem Bücher, CDs, Marmelade, Honig und im Winter Backwaren von »Johannas Hembakta«. Eine wunderbare Balance zwischen traditionellen Techniken und frischer Farb- und Formgebung – so entstehen Hingucker. Die Verbindung aus der Idee von Arbeit in einer Kooperative bei modernem Service und Marketing gelingt, ohne dass die kreative Individualität auf der Strecke bleibt.

◎ **SALT**, Sjökvarteret, Tel. 21505, www.saltshop.ax. Mo–Fr 10–17 Uhr, Sa 10–14 Uhr.

kratische »Machtzentrum« des Inselreiches. Architektonisch allerdings ist der Landtag mit dem angrenzenden Hotell Arkipelag und dem an der Storagatan gegenüber liegenden Ålands Museum verbunden.

◎ Das Haus der åländischen Selbstverwaltung, in dem **PARLAMENT** (37) und Regierung gemeinsam untergebracht sind, ist Teil einer klar strukturierten kleinen Parkanlage mit Rasenflächen, kantigen Torbögen, Plattenwegen, Springbrunnen und einem säulengetragenen Halbrund gegenüber vom Parlament. Das Gebäude ist mit WEISSEM MARMOR verkleidet, auch die Bögen und Wege strahlen in hellen Tönen. Das Ganze wirkt freundlich und nahbar und hat in aller Kleinheit doch das bisschen Monumentalität, das einem unabhängigen und selbstbewussten »Staat im Staate« zusteht. Architekt des SJÄLVSTYRELSEGÅRDEN (1976–78) ist *Helmer Stenros*.

Innen beherbergt das Landtagsgebäude als Herzstück den halbrunden Plenarsaal, Bibliothek, Kanzlei- sowie Arbeitsräume. Die Regierung belegt den Nachbartrakt.

◎ Im Sommer ist das Lagting für die Öffentlichkeit zugänglich: **FÜHRUNGEN** finden von Mitte Juni bis Ende August Fr 10 Uhr statt, der Eintritt ist frei. Sie können auf einem Abgeordnetenstuhl Platz nehmen, das beeindruckende metallisch-gold spiegelnde RELIEF im Plenarsaal ÅLANDS HAV (Ålands Meer, *Juha Pykäläinen)* oder in den Vorräumen Darstellungen bedeutsamer Ereignisse im Archipel auf sich wirken lassen. Während der Besichtigung werden Hintergrundinformationen zur besonderen politischen Situation von Åland berichtet sowie ein Film über Land und Leute gezeigt. Strandgatan 37, Tel. 25000, www.lagtinget.ax. – Die Plenarsitzungen sind öffentlich und finden in der Regel Mo und Mi um 13 Uhr statt.

◎ Im Självstyrelsegården beheimatet ist auch das **ARCHIV** der Provinz Åland (Ålands landskapsarkiv). Hier werden Dokumente von Behörden, kirchlichen und gesellschaftlichen Einrichtungen, von Firmen und Personen des öffentlichen Interesses archiviert. Für Forschungs- und Recherchezwecke können Privatpersonen von den Serviceleistungen Gebrauch machen. Im Besitz des Archivs befinden sich auch etwa 500 LAND- UND SEEKARTEN, die bis ins 17. Jh. zurück reichen. Tel. 25 344. Geöffnet (Kernzeit) Mo–Fr 12–15 Uhr.

◎ In der Mitte des Parks laufen die Wege sternförmig zusammen auf die SKULPTUR **STÅTBÅDAN** mit Wasserspiel. Das abstrakte Kunstwerk von *Alvar Donner* (1980) soll von einem Foto zweier åländischer Schiffer in Festkleidung inspiriert sein, Donner wollte das Selbstbewusstsein der Seefahrernation zum Ausdruck bringen. Ein wenig abseits steht noch eine kleine Skulptur: ein WIDDER aus Beton, gewichtiges Präsent der Insel Gotland.

◎ Von der Storagatan geht es durch üppige, farbenprächtige Blumenrabatten die Stufen zum beflaggten **RATHAUS** (38 – STADSHUSET) empor. Der eher kastig wirkende Bau wurde 1939 nach Entwürfen von Lars Sonck fertiggestellt. Auf dem Weg passiert man eine von *Håkan Bonds* 1965 geschaffene BÜSTE. Sie zeigt den Pfarrer und Probst Frans Petter von Knorring

Wo heute Parlaments- und Regierungsgebäude stehen, erhob sich bis 1975 das Sozietätshaus (1870, *C.J. von Heideken*): Rathaus, Theater, Hotel und »Vergnügungspark« unter einem Dach, sehr populär und ein Wahrzeichen der Stadt.

(1792–1875). Steht man auf dem Hügel vor dem Gebäude, kann man zum Marktplatz (Torget) hinübersehen.

◎ Am Fuß des Rathaushügels blickt anmutig, verziert und in weitem Reifrock die Zarin **MARIA ALEXANDROVNA** herüber, auf Initiative ihres Gemahls, Zar Alexander II., die Namensgeberin der Stadt. Die Statue ist ein Geschenk Russlands zum 150. Stadtjubiläum 2011 *(Andrej Kovaltchuk)*.

◎ Im **ÄMBETSHUSET** (Amtsgebäude) in Sichtweise des Rathauses, Ecke Storagatan / Torggatan residieren der Landshövding, Repräsentant des finnischen Staates, sowie die Steuer- und Zollbehörde. In der Storagatan (Nr. 12) steht auch das ALTE RATHAUS.

MARIEHAMN RELIGIÖS

◎ Bedeutend aus der Zeichenfeder Lars Soncks ist Mariehamns **HAUPTKIRCHE ST GÖRAN** (33 – St. Georg). Der imposante Backsteinbau wurde innerhalb nur eines Jahres unter den wachsamen Augen des Baumeisters *Frithjof Lindholm* hochgezogen, 1927 war er fertiggestellt. Im Parkstreifen der Esplanaden-Kreuzung platziert, bildet die Kirche mit dem benachbarten, Efeu berankten Gemeindehaus und dem dazwischen liegenden Rasengrün ein Ensemble.

Die Kirche wurde im Laufe der Jahre in Teilen umgebaut, im Wesentlichen vergrößert, hat aber ihre Grundkonzeption behalten, die sich vor allem durch eine innere und äußere Einheit, die sorgfältige und genaue Abstimmung aufeinander auszeichnet. Kein Wunder: Sonck arbeitete von Anfang an eng mit dem für die Innenausstattung verantwortlichen Künstler *Bruno Tuukkanen* (1891–1979) zusammen, bekannt unter anderem als Schöpfer der finnischen Nationalfahne. Die Form- und Farbgebung des Kirchenbaus, der Glasfenster, der von alter kirchlicher Symbolik inspirierten Decken- und Wandmalereien, des Altarmosaiks geschah so in einem Guss, was dem Ort eine spezielle, sogar BESCHÜTZENDE, wärmende, gastliche Atmosphäre gibt. Blau ist die bestimmende Farbe im Innenraum, die Form greift neugotische sowie nationalromantische Stilelemente mit schrägen Wänden bzw. weit heruntergezogenen Decken auf.

Die Kirche war ein GESCHENK des Seefahrtsrats *August Troberg* und seiner Frau Johanna an ihre Gemeinde – auch wenn die beiden damit bescheiden nicht an die Öffentlichkeit treten wollten, wussten es ihnen doch alle zu danken. St Göran fand in der Folgezeit viele weitere Donatoren, die Kruzifixe, das Votivschiff, die Glocken gehören dazu. Die kleinste der drei Glocken hat eine BEWEGTE GESCHICHTE – und eine lange Reise hinter sich: Von der Festung Bomarsund verschlug es sie als Kriegsbeute nach England und 1925 wieder zurück nach Åland.

ST GÖRANS KYRKA, Östra Esplanadgatan 6, Tel. 5360, www.mariehamns-forsamling.fi. Juni und Juli Mo–Fr 10–18 Uhr, Sa 10–15 Uhr, bis Mitte August Mo–Fr 11–17 Uhr, Sa 11–15 Uhr, sonst auf Anfrage. Gottesdienst So 11 Uhr. In Juni und Juli finden (oft kostenfreie) Sommerkonzerte.

◎ In dem Gemeindezentrum heißen freundliche, freiwillige Helferinnen in St Görans **SOMMERCAFE** Besucher zu Fairtrade-Kaffee, Gebäck, Kuchen

Im Självstyrelseparken überrascht ein Bronzeguss der Skulptur »Non violence« von *Carl Fredrik Reuterswärd* – eine im Lauf geknotete Schusswaffe. Das Original steht vor dem UN-Hauptquartier in New York.

und Brötchen willkommen, zu moderaten Preisen und zugunsten der Diakoniearbeit. Ein reizvoller kleiner Platz für eine Pause im Jugendstilambiente oder zwischen Rosensträuchern und Springbrunnen. Ende Juni bis Mitte August Mo–Fr 11–16 Uhr; Fr 14 Uhr meist gemeinsames Singen im Café.

◎ Vor der Kirche mahnt das **DENKMAL ANADYOMENE**, 1991 von *Ukri Merikanto* geschaffen, zu Frieden und Liebe. Merikantos Entwurf hatte den ersten Preis eines Wettbewerbs zum Thema »Inseln des Friedens« gewonnen und wurde 1991 am Hiroshima-Gedenktag, dem 6. August, feierlich enthüllt. Anadyomene bezeichnet den Familiennamen der altgriechischen GÖTTIN DER LIEBE UND DES LEBENS, Aphrodite.

◎ Zur Gemeinde Mariehamn gehört neben der Hauptkirche noch das **GEMEINDEZENTRUM** ST MÅRTEN in Hindersböle, nördlich des Osthafens. Der FUNKTIONALE Kirchenbau wurde 1969 von den Mariehamner Architekten *Svahnström* erbaut. Die SEEFAHRERKAPELLE gehört zum Sjökvarteret (siehe Seite 102).

KUNST, KULTUR, GESCHICHTE

Ålands Museum (siehe Kasten) bildet eine architektonische Einheit mit dem Parlament – gegenüber auf der anderen Seite der Storagatan gelegen; das Museumsgebäude (1980) stammt ebenfalls vom Helsinkier Architekten Helmer Stenros und wurde 1981 am »Nationalfeiertag« (9.6.) eingeweiht.

◎ **MARIEHAMNS MUSEET**, Ålandsvägen 42 (Eingang bei Mathishallen), Tel. 22644 und 0400 – 723 808, www.mariehamnsmuseet.hembygd.fi. Mitte Juni bis Mitte August Di–So 12–15, sonst Sa 14–16 Uhr bzw. nach Vereinbarung. Eintritt frei.

Das Mariehamn DER 1920ER JAHRE wurde in liebevoller Handarbeit von Mariehamns Pensionärsverein als MODELLSTADT im Maßstab 1 : 100 gestaltet. Auf ca. 400 m² ist das Wunderwerk in diversen Vitrinen zu bestaunen; ein Faltblatt gibt Auskunft.

◎ An der Ecke Parkgatan/Skillnadsgatan weiter südlich am Rande des Erholungsgebietes Tullarns Äng liegt in einem Garten das ÄLTESTE HAUS der Stadt, dem früheren Stadtnamen entsprechend heißt es **ÖVERNÄSSTUGAN (40)**. Das kleine rote HOLZHAUS stammt aus dem Jahr 1855, die drei Räume sind den WECHSELNDEN ZEITEN gemäß gestaltet und renoviert: Eine Stube gibt original die Mitte des 19. Jhs. wieder, eine weitere zeigt die Zeit um 1960, als die privat organisierte Martha-Vereinigung die Räume innehatte, die dritte ist modern ausgestattet. – Im Kleinen wird so Mariehamns Entwicklung symbolisiert. Im Sommer finden dort mitunter Lesungen und Musik im romantischen Garten statt (Kultur in Omas Garten / Kultur i mormors trädgård bei Facebook); ansonsten ist das Museum im Juli Mi 12–15 Uhr zum köstlichen Martha-Café oder auf Anfrage geöffnet. Tel. 0400 – 786 845.

◎ Nebenan befindet sich im weißen Gebäude (ohne weiteren Hinweis) das **KÖPMANNAMUSEET** in der Parkgatan. Das frühere Schuhgeschäft zeigt Teile von Ladeneinrichtungen sowie Gebrauchsgegenstände aus der Zeit ab 1900 und ist nach Vereinbarung zu besichtigen. Tel. 0400 – 786 845.

ÅLANDS MUSEUM – TOR ZU KUNST UND GESCHICHTE

Ålands Museum ist der Zusammenschluss aus Ålands Kulturhistorischem Museum und Ålands Kunstmuseum, und neben dem Seefahrtmuseum das bedeutendste des Archipels. Modern, klar strukturiert, besucherfreundlich und mit diversen Medien viele Sinne ansprechend präsentieren sich die beiden Landesmuseen.

◎ **ÅLANDS KULTURHISTORISKA MUSEUM** ermöglicht in der permanenten Ausstellung einen Rundgang durch Archäologie, Ethnologie, Bau- und Naturgeschichte Ålands, der zeitliche Rahmen reicht von der ersten Besiedlung durch Robbenfänger über 7.500 Jahre hinweg bis in die Jetztzeit. Die Ausstellungen sind chronologisch geordnet: Eisenzeit, Mittelalter und neuere Geschichte mit all ihren Facetten, mit Krieg und Not, jedoch auch Festen und Spiel, dokumentiert durch viele Fundstücke, Bilder, Modelle: Inventar aus der Wikingerzeit, Werkzeuge verschiedener Zünfte, Spielzeug, Fischfanggeräte und Boote, eine Apothekeneinrichtung aus Mariehamn, ein Leuchtturm als Hingucker, Aufzeichnungen åländischer Volksmusik, Fotos und mehr. Dazu gehören Filmsaal und Museumsladen.

◎ **ÅLANDS KONSTMUSEUM** zeigt repräsentative Arbeiten aus der noch jungen Geschichte der åländischen Malerei und Bildenden Kunst bis zur Gegenwart, zu Installationen und Cross-Overs, in Basis- und Wechselausstellungen. Einige wichtige Künstler sind *K. E. Jansson* (der das wohl bekannteste åländische Kunstwerk, das Gemälde »Åländische Bauernbraut«, schuf, übrigens in Düsseldorf!), *Victor Westerholm*, *Sigrid Granfelt*, *Joel Pettersson, Henrik Nylund* mit seinen in wunderbaren Farbverläufen gestalteten Schärenbildern und der 2022 verstorbene *Guy Frisk*. Aber auch aktive Künstler, wie *Tage Wilén,* Juha Pykäläinen und *Kjell Ekström,* Stefan Lindfors, *Peter Winquist* und *Minna Öberg,* sind vertreten.

◎ **INFORMATION**: Ålands Museum (39), Storagatan 1, Tel. 25426, www.museum.ax als Portal zu beiden Museen (und mehr). Mai bis August täglich 10–17 Uhr, sonst Di–So 11–17 Uhr, Do bis 19 Uhr. Eintritt (für beide Museen) 8/5/0 €. Am ersten Do im Monat generell frei.

◎ Ein paar interessante und witzige Dinge kann man im **EMIGRANTENINSTITUT** erfahren – etwa, dass der Coca-Cola-Weihnachtsmann, Prototyp des modernen kommerziellen Geschenkebringers, von dem – eben in die USA emigrierten – Åländer Haddon Sundblom aus Föglö im Auftrag des Sirup-Konzerns entworfen wurde. Er ist nicht der einzige BERÜHMT gewordene Spross einer Emigrantenfamilie: Das Christusporträt von Warner Sallman ging in unzähligen Reproduktionen um die ganze Erde.

Nun hat die Emigrationsgeschichte vieler Åländer schwierige, ernstere Ursprünge. Allein zwischen 1907 und 1920 wanderten etwa 2800 Einheimische aus, bevorzugt in die USA – aus Not, da eine Existenz in der armen Heimat nicht gesichert war. Das Institut wurde Mitte der 1980er Jahre von dem amerikanischen Åländer *Jon Wennström* gegründet und offiziell 1996 am Tag der Emigranten, dem 13. Juli, eröffnet, um als Forschungsinstitut und gleichzeitig als Bindeglied für Auslandsåländer zu fungieren.

Zu besichtigen ist eine kleine Ausstellung mit privaten Gebrauchsgegenständen, Kleidern, Fotos und Dokumenten.

ÅLANDS EMIGRANTINSTITUT, Norra Esplanadgatan 5, Tel. 13325, www.eminst.net (E). Mo–Fr 12–16 Uhr. Eintritt frei.

Etwas weiter, in der Hamngatan 4, ist ÅLANDS FREDSINSTITUT (Friedensinstitut, 1992) untergebracht, das sich mit Friedensforschung, Konfliktmanagement und Friedenserziehung befasst: Tel. 15570, peace.ax (E).

◎ **ALANDICA (41)**, Strandgatan 33, Tel. 24570, www.alandica.ax (z.T. E).

Das Architektenbüro Kjær & Richter (Dänemark) hat das KULTUR- UND KONGRESSHAUS in drei Teilen gestaltet, passend zum Archipel als Symbol für DREI INSELN, differenziert in den Farben Grau, Weiß und Rot sowie in klaren, geraden Linien. Zum Wasser hin öffnen sich große Glasfronten mit vorgelagerter und ins Glas spiegelnder Holzterrasse. Von der Straßenseite eher nüchtern wirkend, erhält der Bau durch die hohen, geschwungenen Metallskulpturen Schönheit und Glanz: gebogene Aluminiumwellen, mit Millionen kleiner Farbpunkte in zarten Farbverläufen besetzt. Künstlerin von »Swing« ist *Satu Kiljunen*. Auch der Bühnenvorhang im Haupt-Auditorium – mit 600 Sitzen – ist ein (Foto-)Kunstwerk mit Wellenmotiv. Die drei »Inseln« treffen in der Licht durchfluteten Lobby zusammen; hier öffnet sich Alandica mit breiter Fensterfront dem Meer.

Mit Alandica besitzt Mariehamn ein Prestigeobjekt sowohl im Stadtbild als auch im kulturellen Leben: geeignet für Theater- und Musikaufführungen, Kongresse, Ausstellungen etc.

◎ Die Inselhauptstadt verfügt über eine ansehnliche **STADTBIBLIOTHEK (42)**, sowohl die Architektur als auch das Sortiment betreffend. Der ausgefallene, geschwungene Bau (1989, Architektenbüro *Hansson & Stenius* aus Helsinki) in hellem Blau wirkt luftig und beschwingt. Das Innere greift die runden Linien der Außenwände auf, auch der UHRENTURM ist halbrund gestaltet. Viel natürliches Licht durchflutet die Räume, die offen und dennoch optisch unterteilt sind in Lesesaal, Ausleihe und mehrere Gruppen- und Arbeitsräume. Die Bibliothek wird für Kulturveranstaltungen genutzt.

Wer sich für ÅLANDICA interessiert, wird mit originalsprachlichen Werken allemal fündig.

MARIEHAMNS STADSBIBLIOTEK, Strandgatan 29, Tel. 531411, www.bibliotek.ax. Mo–Do 9–20 Uhr, Fr 9–18 Uhr, Sa 10–15 Uhr, Oktober bis März zudem So 12–15 Uhr.

An der Seite der Bibliothek hat ein öffentlicher Bücherschrank inklusive Bank seinen Platz gefunden – witzig: Die Bank trägt ein Parkplatzschild für Lesende mit Parkzeitbegrenzung.

◎ Die **WIDDER VON MARIEHAMN** schuf Juha Pykäläinen 1997 aus hell-

Kultur in Mariehamn: oben Alandica, unten die Bibliothek mit Uhrenturm und drinnen Taglicht in Ausleih- und Lesesaal ▶

BIBLIOTEK

farbigem Beton. Dass Schaf und Widder die – heimlichen – Wappentiere Mariehamns sind, zeigt auch das dreieckige Verkehrsschild mit Schafbock: Mariehamns Gumsen.

◎ NEU GESTALTET wurde die Fläche zwischen Alandica und Bibliothek, **MIRAMAR PARKEN**, über einer Tiefgarage: Rasenflächen mit roter Graniteinfassung, große ringförmige, an ein kleines Amphitheater erinnernde Stufen, Bänke, eine Skateranlage und eine große Freifläche mit Möglichkeit für Sommerevents, Konzerte und Silvesterfeuerwerk ...

NATUR UND AUSSICHT

◎ In Mariehamn gibt es viele grüne Plätze, Naherholungs- und Ausflugsgebiete. Das fängt beim grünen Straßenkreuz IM ZENTRUM an, den **ESPLANADEN** mit den Parkstreifen zwischen Västra und Östra Esplanadgatan in Nord-Süd-Richtung und zwischen Norra Esplanadgatan und Storagatan in West-Ost-Richtung. Beide sind ALS LINDENALLEEN großzügig mit mehreren Baumreihen gestaltet – was Mariehamn den Beinamen »Stadt der 1.000 Linden« eintrug; die ersten Bäume wurden 1885 gepflanzt. Stolz rühmt sich Mariehamn, der nördliche Esplanadenpark sei länger und breiter als Helsinkis berühmte »Konkurrenz«. Ein verstecktes Kleinod ist der PARK MARIERO, angelegt wie ein früherer Villengarten mit alten Pflanzensorten – und freiem Zugang etwa zum Picknick in ruhiger Oase mitten in der Stadt (Zugang Nygatan neben Hotell Savoy). Gepflegt wird der Park vom åländischen Verein für Natur und Umwelt, www.natur.ax.

◎ Reizvoll ist die **WANDERUNG** über Mariehamns **UFERPROMENADEN** im Westen und Osten der schmalen Landzunge mit einem Verbindungsweg im Süden der Stadt; natürlich ist auch jedes Teilstück gut genug, allein für sich entdeckt zu werden.

◎ **NABBEN** am Nordufer der Bucht Slemmern reizt mit typischen ROTEN BOOTSHÄUSERN, privatem Bootshafen, Teppichwaschstangen und viel Atmosphäre. Das seichte Ufer am Badestrand ist prima für Kinder. Gerne wird hier Beachvolleyball gespielt sowie Fußball auf dem Feld nebenan. Nabbens Vänner, Facebook.

◎ Von dort geht es, der Uferlinie folgend, zum **MARIEBAD** mit STRAND, Schwimmhalle und WELLNESS, zum Sjökvarteret, dem schönen Seefahrtviertel mit Bootsbau und Kunsthandwerk, vorbei an den schaukelnden Booten im Osthafen, weiter zum ausgedehnten NAHERHOLUNGSGEBIET östlich der Parkgatan.

◎ Niedlich ist **LILLA HOLMEN (43)**, auf Deutsch »kleines Inselchen«, eigentlich eine Halbinsel. Den Zutritt eröffnet eine schmale weiße Holzbrücke, darüber ein Rundbogen, den der Name und zwei Schwäne zieren. Der Park ist Heimat für Enten, Schwäne sowie frei laufende PFAUEN.

Winzige vorgelagerte Inseln zieren Mini-Bruthäuschen, Kaninchen schätzen den sicheren Stall. Der Sandstrand mit Umkleiden, Pier (und Eisbude) ist kinderfreundlich; das gilt auch für den Spielplatz mit Kletter-Piratenschiff.

Lilla Holmen ist für Familien so etwas wie eine verlängerte heimische Veranda. Mitunter finden auf dem Gelände Musik und Tanz statt.

Fotos von Lilla Holmen folgen auf Seite 121.

◎ Die GRÜNE LUNGE der Stadt schließt sich an: **TULLARNS ÄNG**, Naturschutzgebiet mit schönen Laubwiesen und weichen Sandwegen. Die »Zöllnerwiese« trägt ihren Namen, da der erste städtische Zollverwalter sie zur Gründungszeit anlegte. Die hohe Zeit sind Frühjahr und Frühsommer, wenn ein Blütenteppich aus Waldanemonen, Leberblümchen und Schlüsselblumen den Ort verzaubert.

◎ Noch weiter südlich setzt sich der Grüngürtel in **GRÖNA UDDEN** fort, ein ideales Areal für Badestrand und den Campingplatz mit Minigolf, Hüpfburg und Segway-Bahn. Die STRANDPROMENADE lässt sich weiter in Richtung Ytternäs sowie Lervik verfolgen; via Lillängsvägen, Östernäsvägen, Lerviksvägen und Fiskarevägen geht es hinüber nach Korrvik im Westen.

◎ **FISKEHAMNEN**: Den Fischereihafen prägen nicht nur die Fischkutter, sondern auch Tauchboote sowie Seerettungsfahrzeuge.

Gleich nördlich liegt ein Rastplatz mit Holzbänken und schöner Aussicht. Der Weg passiert LOTSBERGET mit der SEEWACHT-STATION, die den maritimen Verkehr im Auge hat, und wiederum feiner Aussicht von erhöhter Warte (zumindest dort, wo keine Bäume im Wege stehen). Über Havsgatan und Hamngatan kommt man zu den Anlegern und Terminals der großen Fähren und Kreuzfahrtschiffe.

◎ Am Ende der Hamngatan schließlich beginnt SJÖPROMENADEN. Seefahrtmuseum und Westhafen werden passiert; über zum Teil in den Fels gehauene Stufen mit Holzgeländer geht es weiter zum **BADHUSPARKEN** (41). Der Name erinnert an das frühere Kur- und Bäderviertel, Spazierwege durchziehen den Park. Der Hauptweg führt zunächst durch den schmalen Teil des Geländes mit der Mittsommerstange, der auch als ENGLISCHER GARTEN bezeichnet wird. Weiter geht es zu Pub Bastun, alter Arztvilla sowie Badhus-Pavillon – hier finden in der warmen Jahreszeit Sommertheater und Tanzveranstaltungen statt. Auf dem Hügel Badhusberget setzt der WASSERTURM ein markantes Zeichen – das umgebende Felsplateau überrascht mit einer schönen Aussicht über die Bucht, auf Bootsanleger und die nördlichen Gebiete der Stadt.

Leider wird der Wasserturm nicht als Aussichtsplattform genutzt; aber die Felsen eignen sich zu Rast und einem kleinen PICKNICK. Zum Wasserturm führt ferner ein kleiner Serpentinenfahrweg von der Neptunigatan hoch. Vom Park – wo auch ein DISC-GOLF-Parcours eingestreut ist –, gelangt man in das Schulviertel und zum Sportpark.

◎ Weitere **AUSFLUGSZIELE** sowie Wanderwege liegen vor der Tür – zum Beispiel Nåtö oder Ramsholmen. Da sie jedoch zu Lemland bzw. Jomala gehören, werden sie dort vorgestellt – ebenso die Trabrennbahn vor den Toren der Stadt und der Schärenvorposten KOBBA KLINTAR, der ebenfalls im Gemeindegebiet von Jomala liegt.

◎ Über Zugänglichkeiten zu Wegen und Örtlichkeiten für Menschen mit **HANDICAP** informiert die englischsprachige Version von visitaland.com im Menü unter »About Åland«: »Practical information« und »Accessible Åland«.

Unterhaltung

Zu beachten: Die **ALTERSGRENZE** für Clubs und Bars liegt in der Regel **BEI 18 JAHREN**.

AUSGEHEN

Zwar bietet das kleine Mariehamn aus nachvollziehbaren Gründen nicht die Breite und Tiefe eines Nightlife von Stockholm oder Turku. Für die urlaubenden Besucher ergeben sich dennoch genügend Anlässe, nicht schon nach dem Abendbrot unter die Decke schlüpfen zu müssen.

◎ KINO **BIO SAVOY**, Nygatan 14, Tel. 0457 – 345 9788, www.biosavoy.ax.

Gezeigt werden sowohl Filmkunst als auch aktuelle Blockbuster, und es ist Stammsitz des loaklen FILMKLUBBEN CHAPLIN. Zudem werden hier die Beiträge im Rahmen des VERA-FESTIVALS präsentiert (siehe Seite 113). Mariehamns erstes Kino öffnete 1920 und ist in einem funktionalistischen Haus (1939, *Erik Bryggman*) beheimatet.

◎ **DINO'S BAR** OCH GRILL, Strandgatan 12, Tel. 13939, www.dinosbar.com (z.T. E). Bar Mo–Do+So bis 22 (im Sommer 24) Uhr, Fr+Sa bis 4 Uhr. **(19)**

Als Restaurant siehe Seite 89. Bis in die Nacht angesagte ROCKBAR, am Wochenende mit DJ oder Live-Musik.

◎ Gegenüber liegt die **INDIGO BAR**, ein angenehmer Platz zum Plaudern und CHILLEN. Im Sommer öffnet zusätzlich eine Bar auf der Hofterrasse. Kleine Snacks, ein breites Sortiment an Wein, Bier, Drinks, Cocktails. Auch hier Musik und DJs., Afterwork-Drinks und Partys. Als Restaurant siehe Seite 89. Nygatan 1. **(16)**

◎ **ÅNGBÅTSBRYGGANS** am Osthafen ist nicht nur fürs Abenteuergolf zuständig, sondern umfasst auch eine Sommerterrasse mit Live-Musik und kleiner TANZFLÄCHE. Als Lokal siehe Seite 90. Ångbåtsbryggan 2. **(26)**

◎ **PUB BASTUN**, Badhusparken **(44)**: Außer Pub und Jugendclub eine traditionsreiche Konzert-Location – hier gehen auch bekanntere Epigonen der Rock- und Alternativszene gerne auf Tuchfühlung mit dem Publikum. Offen zu Veranstaltungen und Gigs von Poetry Slam über Metal bis Jazz. Das Haus beherbergte einst die städtische Sauna, daher der Name. Sjöpromenaden 5, Tel. 21030. Aktuelle Öffnungszeiten siehe Facebook.

◎ Auch der **KINO NIGHTCLUB** öffnet nicht regelmäßig, sondern besonders zu Veranstaltungen, so rund ums Rockoff-Festival oder anderen speziellen Events. Techno-Beats animieren zum Tanzen, angesagte DJs legen die Platten auf. Verantwortlich ist die Indigo-Crew! Nygatan 3, www.kino.ax.

◎ GEPFLEGTE BARS UND **NACHTCLUBS** führen größere Hotels. Im Arkipelag kann man im Club ARKEN feiern und tanzen, Liveacts, Coverbands und DJs heizen ein: Strandgatan 35, Fr–Sa 11–4 Uhr. – Im Park Alandia ist die Bar gut sortiert. Bevorzugt Mi–Sa finden Live-Auftritte und musikalische Themenabende statt: Norra Esplanadgatan 3, www.parkalandia.com.

◎ **PUB FRANS**, Torggatan 1, Tel. 0457 – 348 0990, Facebook. Fr+Sa 15–1 Uhr, So 15–24 Uhr, im Sommer und zu Festen auch Di–Do 16–24 Uhr.

Treff im kleinen Pub, auf ein Bier oder einen gepflegten Whisky. Einheimische (und Gäste) gucken gern Fußball – natürlich den Heimatverein IFK.

◎ **THEATER**-Freunde kommen in Mariehamn auf ihre Kosten – selbst wenn die Sprache des Abends wohl in den meisten Fällen Schwedisch sein wird. Es gibt eine ganze Reihe einheimischer Laienschauspieler, die etwa bei den beliebten Sommertheatern auf dem Land auftreten. Professionelle Ensembles müssen zu Gastspielen auf die Insel geholt werden, und das geschieht auch regelmäßig. Theateraufführungen finden vor allem auf der Bühne im ALANDICA statt. Volkstümlich geht's auf der SOMMERBÜHNE im Badhusparken (44) zu, wo auch Stücke für Kinder auf dem Programm stehen.

◎ KLASSISCHE MUSIK erfüllt des Öfteren die Räume des **NORDENS INSTITUT** på Åland, Storagatan 9, Tel. 040 – 189 7888, www.nipa.ax. Im eigenen Haus oder an anderen geeigneten Orten präsentiert NIPÅ Konzerte, Tanzvorführungen, Lesungen, Workshops und andere Kulturveranstaltungen mit Künstlern aus den Mitgliedstaaten des Nordischen Rats. In den Räumen zeigt die GALLERI NIPÅ zeitgenössische Kunst. Eintritt frei.

◎ Um den eigenen musikalischen Nachwuchs bemüht sich **ÅLANDS MUSIKINSTITUT**, Grindmattesvägen 7, Tel. 23 393, www.ami.ax. Die Schüler zeigen ab und an bei öffentlichen Auftritten ihr Können.

EVENTS & FESTIVALS

Die Åländer gönnen sich und ihren Gästen eine erstaunliche Vielzahl an kleinen und größeren wiederkehrenden Festen und Erlebnisangeboten.

◎ JANUAR: **RESTAURANGDAGARNA** – zweimal im Jahr (Winter/Sommer) bieten zahlreiche Restaurants spezielle Menüs zu günstigen Preisen an. Eine gute Gelegenheit, einer Vielfalt an kulinarisch-sinnlichen Verlockungen zu erliegen. Facebook.

◎ MÄRZ: **VERA FILMFESTIVAL** – Das Festival des Kurz- und Dokumentarfilms widmet sich herausragenden Arbeiten nordischer und anderer europäischer Filmemacher zum jeweiligen Jahresthema. FÜNF TAGE pralles Programm im Kino BIO SAVOY (siehe Seite 112), inklusive Publikumswahl. verafilmfestival.ax.

◎ MÄRZ: Mariehamns **LITTERATURDAGAR** – Bücherwürmer, Leser, Autoren und Kritiker treffen sich in Mariehamns Bibliothek fünf Tage lang zu Lesungen, Diskussionen, Inszenierungen, Musik und literarischem Souper. www.litteraturdagarna.ax.

◎ **MAI**: ÅLAND GRÖNSKAR – wenn die Apfelbäume in Blüte stehen, das Grün sprießt, dann laden Bauernhöfe zu Besuch und Besichtigung; es gibt Leckeres zu probieren, Tiere sind bereit für Streicheleinheiten, und Musik und Frohsinn herrschen allenthalben. alandgronskar.ax.

◎ JUNI: **ALANDIA CUP** – fünf Tage internationales Fußballturnier für 11-Jährige mit über 100 Mannschaften in der Wiklöf-Holding-Arena und dem ganzen Archipel. IFK Grün-Weiß feuert man in Mariehamn an ... www.alandiacup.com.

◎ Auch in Mariehamn wird fröhlich und bunt der Sommer begrüßt: Es ist **MITTSOMMER**, im Englischen Garten wird die liebevoll dekorierte Stange unter großem Hallo aufgerichtet. Gute Laune, Tanz und Musik ... Die KIN-

Weitere Events: Åland-Messe Anfang April, Åland Sportwoche mit Volleyball und Beachvolleyball im Juni, Rot-Kreuz-Markt im August.

DER-MITTSOMMERSTANGE wird am Nachmittag in Lilla Holmen gesetzt.

◎ JUNI/JULI: **ÅLANDS ORGELFESTIVAL** – in Mariehamn und den Landgemeinden finden in den schönen alten Kirchen eine Woche lang Orgelkonzerte und Kammermusik von Barock bis Moderne mit namhaften europäischen Künstlern statt. alfest.org.

◎ JULI: **ROCKOFF** – populäre Rockgruppen aus Skandinavien und darüber hinaus begeistern das Publikum in einem musikalischen 9-Tage-Marathon auf zwei Bühnen am Marktplatz. Laut, bunt, friedlich machen 40.000 Fans Party! Der Festivalpass kostet um 100 €. www.rockoff.nu.

◎ AUGUST: **KATRINA KAMMARMUSIK** – die hochkarätig besetzte Konzertreihe lässt fünf Tage lang Mariehamn und das Land klingen, mit Musik von Klassik bis Moderne und Cross-over, mit Frühstücks-Matineen sowie festlichen Abenden in Kirchen und Konzerträumen. www.katrina.ax.

◎ AUGUST: **ÅLAND SEA JAZZ** – Ein Wochenende voll inspirierender Jazzklänge an verschiedenen, auch ungewöhnlichen Orten. Ein intimes, hochklassiges Festival. alandseajazz. fi.

◎ AUGUST: **ÅLAND PRIDE** – einen festen Platz hat sich das Regenbogen-Festival im Kalender erobert, mit bunter, schriller Parade, Kultur, Lesungen und Workshops, plus Partys in Mariehamns Clubs fünf Tage lang vom Vormittag bis in die Nacht. pride.ax.

◎ AUGUST: **KULTURNATTEN** – Kulturnacht in Mariehamn: ein Fest mit Musik, Tanz, Modenschau, Feuerspielen, offenen Museen und Galerien, zum Teil mit Workshopangeboten. www.mariehamn.ax (Kultur).

◎ AUGUST/SEPTEMBER: **KONSTRUNDAN** – der Kunst-Zirkel verbindet Åland mit den finnischen Küstenregionen; es handelt sich um ein Projekt von Taito Åboland, in Zusammenarbeit mit der schwedischen Kulturstiftung. An einem Wochenende öffnen die beteiligten Künstlerinnen, Kunsthandwerker und Designer ihre Ateliers und Werkstätten – die Besucher erleben die Werke ganz nah, im Kontakt mit den Kreativen. konstrundan.fi.

Ein Institution in Mariehamn ist die Künstlervereinigung »Ålands Slöjd & Konsthantverk«, www.konsthandverk.ax. Siehe Seite 116.

◎ SEPTEMBER: **SKÖRDEFESTEN** PÅ ÅLAND – so viel ist los beim Erntefest in Mariehamn an diesem Wochenende, dass man gar nicht überall sein kann. Fast alle Land- und einige Schärengemeinden sind schwerpunktmäßig beteiligt, aber auch die Inselhauptstadt feiert mit, mit Ponyreiten und Islandpferden, Markt sowie Erntefest-Menüs in den Restaurants und Cafés. skordefest.ax.

◎ OKTOBER: **ÅLAND MARATHON** - Marathon und Halbmarathon, 10 und 5 km sind die möglichen Strecken; das Event wurde vom Lande nach Mariehamn verlegt und soll dort auch verortet bleiben. Neun Runden sind für den Marathon zu laufen; das Hotell Arkipelag fungiert dabei als Basisstation. www.alandmarathon.ax.

◎ DEZEMBER: **WEIHNACHTSMÄRKTE** – dem Städtchen entsprechend klein, aber fein sind die Märkte im Seefahrtviertel und auf dem Marktplatz jeweils an einem Tag / Wochenende im Advent. – Es gibt auch einen Ostermarkt.

Im Sommerhalbjahr steigen jede Menge Feste und Festivals: oben ein Oldtimertreffen auf der Straße Österleden, nahe Osthafen, unten »Kultur in Großmutters Garten« (Kultur i mormors trädgård) im Garten der Övernässtugan (siehe Seite 106) ▶

Markt und mehr

MARKT UND FUSSGÄNGERZONE

◎ Zum Schauen und Shoppen verführt die kurze Fußgängerzone, die sich die TORGGATAN zwischen Nygatan und Marktplatz entlang zieht; hier spielt sich viel sommerliches Leben ab: **SOMMARGÅGATA** ist Pracht und Ruhepol mit Pflanzen und Blumen in gewaltigen Holzkübeln, gerahmt von einladenden Holzsitzen, -bänken und -logen, alle verschieden gestaltet!

◎ Dem **MARKTPLATZ** (45) vorgelagert ist eine kleine Grünzone mit Sitzbänken. Am Platzrand stehen die Signalglocke eines alten Seglers und die von *Victor Jansson* 1948 geschaffene STATUE Julius Sundblom, erster Regierungschef des autonomen Åland.

Der Marktplatz als Standort für Gemüse, Fisch und Backwaren ist das eine, die MARKTPLATZBÜHNE in Form einer »Kultur-Muschel« das andere. Es unterhalten Tanz- und Musikgruppen das Publikum im Sommer. Marktzeit ist Di–Sa 10 –16 Uhr, im Winter verkürzt. Die Zahl der Stände variiert, je nach Wochentag / Jahreszeit. Abend-FLOHMARKT: Mitte Juni bis Ende August Do 17–20 Uhr. Auf dem Marktplatz finden ferner Oster- und Weihnachtsmarkt und Familientage statt.

◎ Die Einkaufsmeile beginnt an der linken Seite mit **MARIEHAMNS BOKHANDEL**, Torggatan 14, einem wohl sortierten Buchladen mit großer Auswahl an See- und Landkarten sowie Åland-Literatur. Internationale, auch deutschsprachige Presse.

◎ Schmuck auch mit rotem **GRANIT** hier von den Inseln, mit Silber zu hübschen Anhängern oder Ohrsteckern verarbeitet, gibt es bei ELE & KELE in der Torggatan 15. Schöne, besondere und relativ PREISWERTE Åland-Mitbringsel.

◎ Ein MUSS in der Fußgängerzone: **VIKTOR CRAFTS & DESIGN** in der Nr. 15, in einem schönen Holzhaus von 1921. Der Designshop wurde unter anderem von *Inger Nygård,* die für das Label Warm mit allem aus Schafswolle (Lumparland) steht, ins Leben gerufen; hier ist ein bemerkenswerter SHOWROOM für Silberschmuck und Textiles, für Künstlerisches aus Holz, Wolle, Glas und Keramik entstanden. Zu den Betreiberinnen gehören auch *Linda Karlsson* (Labelled, Recyclingfashion und Accessoires) und *Annika Åkerfelt* (Edelmetallschmiede sowie Schmuckdesign). Angeschlossen ist das Café Viktor (siehe Seite 92). Viktor hieß auch der Baumeister des Hauses.

◎ In der oberen Etage dieses Hauses befindet sich eine Galerie, regelmäßig genutzt von der Künstlervereinigung **ÅLANDS SLÖJD & KONSTHANTVERK** und anderen für Ausstellungen. Auf www.konsthantverk.ax und www.viligt.ax finden sich viele der Künstler und Kunsthandwerkerinnen, die über den Archipel verstreut arbeiten. Eine Auswahl in der Stadt siehe Seite 118.

◎ **SITTKOFF-GALERIE**: In dem Karree zwischen Torg- und Ekonomiegatan, Nr. 13, gibt's gut 10 Läden und Lokale unter einem Dach. Vor dem Gebäude wacht *Nikolai Sittkoff* (1828–1897), der Konsul sowie Mariehamns erster großer Reeder, als SKULPTUR (1994, *Mia Arentz-Grastvedt).* Vertreten sind Friseur, Parfumerie, Schmuck, Spielzeug und Drogeriemarkt. (27)

Oben die Fußgängerzone Sommergågata, unten Linda Karlsson, Chefin der Marke Labelled sowie Mitbetreiberin von Viktor Crafts & Design ▶

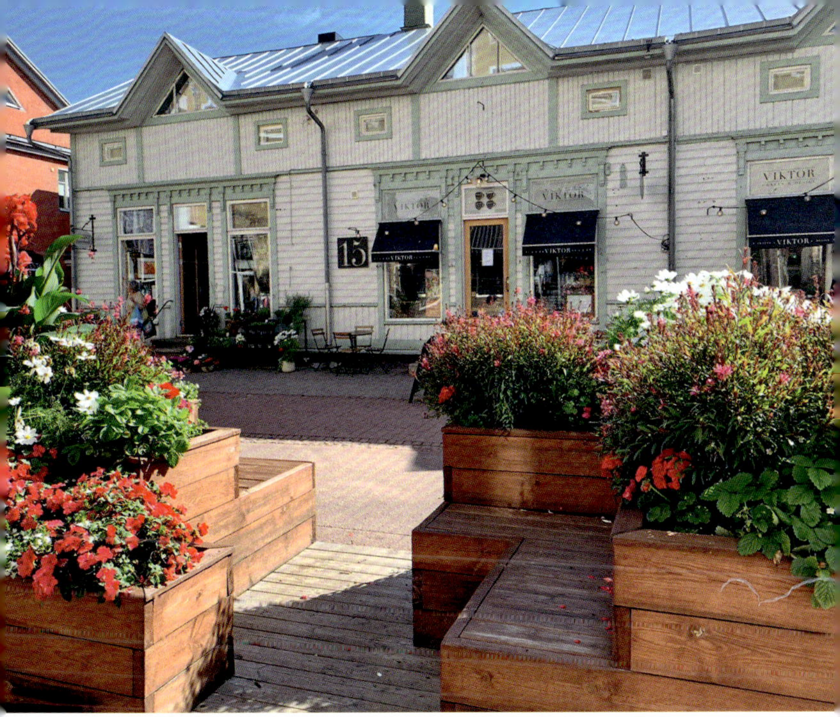
VIKTOR
15
VIKTOR
VIKTOR
VIKTOR
VIKTOR

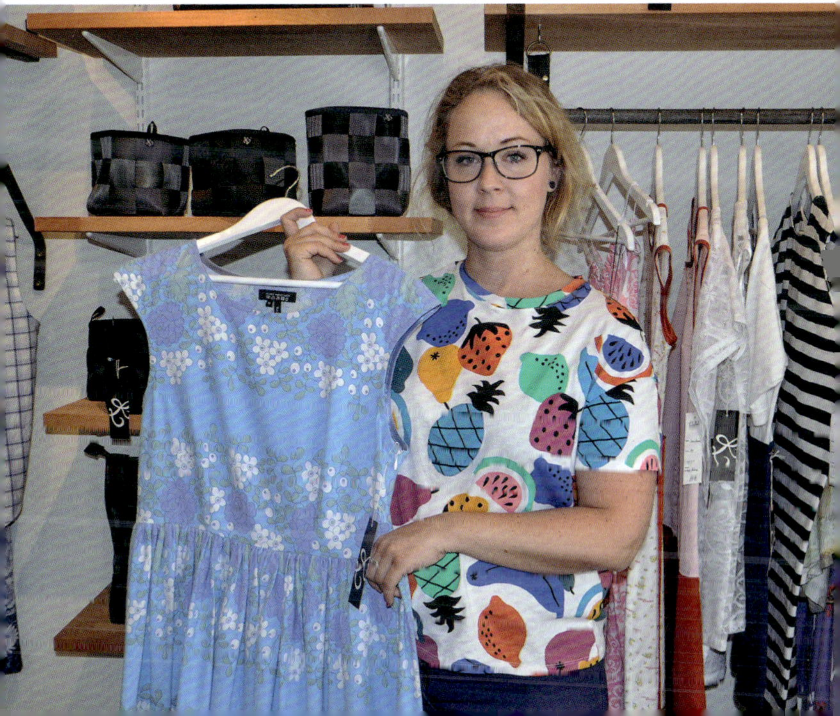

◎ JAKT- OCH FISKEBUTIKEN **ÄVENTYRET** (das Abenteuer) versorgt Freizeitangler mit Ausrüstung, Fisch- und Jagdmessern und Outdoorkleidung. Torggatan 12.

◎ Bei **DRESS LIKE MARIE** hat sich Marie Backman-Thors mit ihren Töchtern verwirklicht – mit chicer, tragbarer Mode für alle Körperformen. Fröhliche Muster, schmeichelnde Schnitte, auch im Online-Shop! Torggatan 12.

◎ Die Kooperative **MATHANTVERK ÅLAND** führt im Sommer einen Pop-up-Shop für gute, besondere Lebensmittel und Naturprodukte aus dem Archipel – Apfelsaft und Honig, Kräuter und Seifen, Sanddorn und mehr; schon mal eingelegte Apfelsprossen probiert? Einer der Produzenten ist im Wechsel vor Ort. Torggatan 9.

◎ Am Ende der Fußgängerzone können sich Philatelisten bei ÅLANDS POSTEN in das Universum åländischer **BRIEFMARKEN** vertiefen – heiß begehrte Sammelobjekte für die Eingefleischten unter ihnen (siehe Seite 67).

Des Weiteren sind hier Automodelle, Sammelteller, Münzen und andere åländische Devotionalien zu erwerben. Und Dienstleistungen rund um Brief und Postkarte. Nygatan 6.

◎ **EMMAUS**, Strandgatan 20: Für Secondhand-Mode, Hausrat und Kurioses lohnt sich der Abstecher. Der Erlös geht an soziale Projekte in Osteuropa und Südamerika.

KUNST UND KUNSTHANDWERK

◎ **GALLERI EHNS** ist Kunstgalerie mit Ausstellungen, Hobby-Laden und Rahmenwerkstatt. Schöne Geschenke, wie Seidentücher, Plaids, geflochtene Holzkörbe. Styrmansgatan 1.

◎ **HAMNBODEN**: Von Ende Mai bis Anfang September, in der Adventszeit und zu Festen öffnen sich die Türen zu Handwerk, Delikatessen und Souvenirs. Hamngatan 12 im Westhafen.

◎ **TRÄBITEN**: Hier schafft *Peter Lindberg* wunderbare Kunst-Stücke aus Holz – Schmuck vor allem, Armreifen, Ringe, Anhänger in schönen Maserungen und natürlichen Farbverläufen. Er arbeitet auch auf Bestellung. Atelier nach Voranmeldung: Båtnäsvägen 4, Tel. 0400 – 744 942.

◎ Exportprodukte auf Åland sind übrigens nicht nur Gebrauchsdesign, eigenes Bier, Chips, Limonade, Senf und Gurken – sondern auch **SPIELZEUG**.

Der Name hinter den Sandeimern, Baggern, Kinder-Küchengeschirr etc. lautet PLASTO: am Firmensitz im Norden der Stadt nicht zu erwerben, wohl aber in den Spielzeugläden **LEKIA** in der Sittkoff-Galleri (und im Maxinge-Center in Jomala).

WICHTIGE ADRESSEN

◎ **HAUPTPOST (4)**: Nygatan 6, Tel. 6360, www.alandpost.ax (E). Mo–Fr 9.30 –17 Uhr, Sa 10.30 –13.30 Uhr.

◎ **ÄRZTLICHE BEREITSCHAFT**: Hälsöcentralen (Gesundheitszentrum), Doktorsvägen 1A, Tel. 538 500, www.ahs.ax. Mo–Fr 8–15.30 (Tel. bis 16), Sa+So 9–15.30 (Tel. bis 16) Uhr. Informationen zur Vorgehensweise außerhalb dieser Zeiten und zur Bereitschaft bei Zahnbeschwerden finden Sie auf Seite 41 unter »Praktisches A–Z«.

◎ **APOTHEKEN**: Första Apoteket, Torggatan 3, Tel. 16511. – Centralapoteket, Skarpansvägen 24, Tel. 19655.

◎ **POLIZEI**: Strandgatan 27, Tel. 527 100.

Die Facebook-Seite von Kulturfabriken, Fabriksgatan 4, informiert über aktuelle Veranstaltungen und Ausstellungen in den Sparten Kunsthandwerk und Kunst. Weitere Websites siehe Seite 116 unter »Ålands Slöjd & Konsthantverk«.

Aktiv in Mariehamn

NATUR UND AUSSICHT

◎ Mehrere Vorschläge für **STADT-SPAZIERGÄNGE** und -wanderungen finden sich auf den Seiten 93 ff.

◎ Wer Mariehamn UMRUNDEN will – über weite Strecken geht dies parallel auch mit dem Fahrrad –, kann die Route **MARIEHAMNS RUNT** ablaufen und ist gut 13 km unterwegs. Im Wesentlichen folgt diese Strecke den UFERNAHEN Spaziergängen, die von uns beschrieben werden.

◎ Gleich zwei ökologisch bedeutsame FEUCHTGEBIETE gibt es im Stadtgebiet: **NABBEN** dient der natürlichen Verbesserung der Wasserqualität, bietet geschützte Laichplätze, fördert die Biodiversität und fungiert gleich zeitig als ökologischer Lernort und als Naherholungsgebiet, das ein Bohlenweg sowie Hinweistafeln erschließen. Gleiches gilt für das 2023 eingerichtete Areal in **APALÄNGEN**, an der Mündung des Flüsschens SvibyÅn. Ein neu errichteter TURM zur Vogelbeobachtung befindet sich ganz in der Nähe. www.mariehamn.ax (unter Verkehr und Umwelt: »Trafik och miljö«).

RUND UMS WASSER

Haben Sie die Sehenswürdigkeiten der Stadt alle auf Schusters Rappen erlaufen, ihre Füße über so manche Türschwelle eines Ladens, einer Galerie oder eines Cafés gesetzt, dann haben Sie ein sportliches Programm absolviert. Doch es geht noch mehr.

◎ Schwimm und Erlebnisbad **MARIEBAD** (46), Österleden 68, Tel. 531 650 (Auskunft, Reservierung), www.mariehamn.ax/mariebad. Mo 12–21, Di–Fr 10–21 Uhr, Sa+So 10–18 Uhr, dazu Mi und Fr 6.30–8.30 Uhr Morgenschwimmen. Der Strand ist von Mitte Mai bis Mitte September täglich 10–20 Uhr zugänglich. Tageskarte 10/6 €; bei längerem Aufenthalt sind 10er-Karten vorteilhaft.

Das architektonisch ansprechende und auffällige Gebäude wurde (2004) am Ufer der Slemmern-Bucht platziert. Neben einem 25-Meter-Becken mit acht Bahnen gibt es eine Grotte mit Wasserfall, Whirlpool, Kinderbecken, eine Riesenrutsche für die Kids, natürlich Sauna und Dampfbad. Draußen warten Außenpool, feinsandiger Strand (und eine Eisloch-Badestelle im Winter), außerdem Beachvolleyball und große Liegewiese. Ausruhen lässt es sich auch (womöglich nach ausgiebiger Saunanutzung) in der RELAXZONE sowie verwöhnen im SPA-Bereich bei Massage und in Entspannungsbädern. Ausklingen kann der Ausflug im Café und Restaurant THAI ORCHID, Mo–Fr 11–18 Uhr, Sa+So 11–17 Uhr. Mit Gartenterrasse.

Vor dem Mariebad macht die GRÜNE FRAU MIT RING (1999) auf sich aufmerksam, eine Skulptur von *Timo Solin*, bekannt für seine Frauenfiguren in farbigem Metall.

◎ **BADESTRÄNDE** finden sich im Stadtbereich an den Ufern der Slemmern-Bucht bei Lilla Holmen (flacher Sandstrand, anbei Servicehaus), Gröna Udden, Nabben, Algrundet, Espholm.

◎ **TAUCHEN**: Dive Åland, Fiskehamnsvägen 2, Tel. 040 – 706 8045, divea`land.com`. Wracktauchen ist im Seegebiet um Åland ein lohnendes Abenteuer bei geführten Touren. Zu den

Voraussetzungen für Tauchgänge siehe »Ferien aktiv« auf Seite 56.

◎ Kinder genießen in Mariehamn ein Privileg beim **ANGELN**: Sie dürfen ihre Schnur im West- und im Osthafen KOSTENLOS von Bootsstegen aus ins Wasser werfen. – Erwachsene dagegen holen sich brav ihre Angelerlaubnis und / oder wenden sich an einen ANGELGUIDE. In Mariehamn zum Beispiel an Fiskelyckan, Tel. 045 – 7342 0538, fiskelyckan.ax, oder ans MaPa Fishingteam, Telefon 0457 – 078 9560, www.mapafishingteam.com.

◎ **PADDELN**: SUP- und Paddelkurse, Kajaktrips und mehr organisiert Paddelboden (S.G.U Friluftsentreprenörerna), etwa regelmäßig von Juli bis August samstags (um 10 Uhr) hinaus nach Kobba Klintar. Mariehamn, Lervik, Tel. 14757 und 0457 – 343 3933, www.paddelboden.com.

◎ **BOOTSAUSFLÜGE**: Bo-Erik Westberg mit Fiskelyckan unternimmt ab Westhafen die Ausflugstour von Mariehamn zur »liebenswerten Schäre« KOBBA KLINTAR, mit Sommer-Café, Bake und gelegentlichen Konzerten (siehe Seite 134 unter »Jomala«).

Als Privattour ist ferner der Ausflug zur INSEL RÖDHAMN mit niedlichem Hafen und Sommercafé (siehe Seite 215 unter »Lemland«) möglich.

◎ Eine heiße Sache ist das **SAUNAFLOSS**: »M/S Sauna Marin«, Fahlersbrygga im Osthafen, Tel. 040 – 353 1337, www.saunax.ax.

Das Boot mit zwei Saunen (Elektro/Holz) kann sowohl selbst gefahren als auch mit Kapitän gebucht werden. Mi und Fr Morgensauna (7 und 8 Uhr), Ticket 15 €.

DRINNEN UND DRAUSSEN

Die Stadt hat einige SPORTZENTREN, deren Angebote teilweise auch Touristen und Gästen offen stehen. Information: Tel. 531 446 und 531 441, www.mariehamn.ax/idrott-fritid.

Im Detail hilft freundliches Fragen – wie so oft im Leben. Wegen seiner gepflegten Sportanlagen und relativen Abgeschiedenheit wird Mariehamn vor allem von finnischen, jedoch auch anderen internationalen Proficlubs und Sportverbänden gerne für Trainigslager und Turniere aufgesucht.

◎ **IDROTTSPARKEN**, Idrottsgatan, Ålands großer Sportpark für internationale Wettkämpfe mit der Wiklöf Holding Arena für Fußball und mehr.

Auf den vier Tenniscourts im Sportpark setzten bereits einstige Idole wie Björn Borg Asse auf die weiße Linie.

Jeden Sommer übrigens finden die MARIEHAMN-SPIELE hier statt – ein international nicht unbekanntes Turnier, das seit 1928 ausgerichtet wird.

◎ In der HALLE **ISLANDIA**, die zum Idrottsparken gehört, herrschen von August bis März eisige Zeiten. Wenn nicht die Puckjäger der Eishockeyclubs die schwarze Scheibe treiben, drehen die fleißigen Mitglieder von Eiskunstlaufvereinen Pirouetten und testen die Fallhöhe beim Rittberger. Außerdem wird hier Curling gespielt.

Zu bestimmten Zeiten dürfen auch die Freizeitläufer und noch unsicher auf Kufen Stehende aufs Eis. Im Sommer dient die Halle entweder als Messeplatz oder Event-Location.

◎ **BALTICHALLEN** steht im Stadtsüden. Hier wird vor allem Unihockey, Basketball, Hand- und Volleyball, Bad-

Draußen vor der Tür: Das Naherholungsgebiet Lilla Holmen gilt sozusagen als »verlängerte heimische Veranda« für Familien (siehe Seite 110); ein Höhepunkt ist der schöne, flache und damit kinderfreundliche Sandstrand, anbei ein Servicehaus ▶

LILLA HOLMEN

minton sowie Indoor-Boule gespielt. Im Freien nutzen die Aktiven zwei Fußballfelder und eine sog. Finnenbahn im Winter als Loipe.

Auch die Baltic Halle wird regelmäßig für Ausstellungen und Konzerte genutzt, um ihren Etat zu decken. Västra Ytternäsvägen.

◎ Tennis- und Badmintonplätze befinden sich in der **BOLLHALLA** in Backeberg, im nördlichen Stadtgebiet. Die Badmintonfelder stehen auch für die Allgemeinheit offen; zudem gibt es Gymnastikräume. Der Sportplatz in Backeberg ist nebenbei ein Treff von Beachvolleyballern. Norrbölevägen.

◎ **BOWLING**: Beim Idrottsgården kann man auf acht Bahnen die Kugel schieben; hier finden auch offizielle Meisterschaften statt. Neptunigatan 23, Tel. 531 430.

◎ Idrottsgården ist ferner eine gute Adresse für professionelles Kraft- und **FITNESSTRAINING**. Daneben gibt es kommerzielle Fitness-Studios. Avancia bietet Geräte, Kurse – und sogar spezielle Preisangebote für Touristen. Neptunigatan 1 (Dependance in der Torggatan), Tel. 15215, www.avancia.ax,

◎ **DISCGOLF**: Mitten im BADHUSPARKEN (44) ist zwischen Felsen und Bäumen auf hügeligem Terrain ein 9–Korb-Parcours angelegt, der von Jung und Alt fleißig bespielt wird. Scheiben können Sie im Touristenbüro mieten und für den Parcours eine gute Stunde einkalkulieren.

◎ Mariehamns **SKATEPARK** befindet sich am MIRAMARPARK, nahe der Bibliothek (Styrmansgatan/Strandgatan): Auch das Zuschauen kann Spaß machen: cool und easy bis artistisch sieht es aus, wenn die Boards durch die Halfpipe sowie über Hindernisse sausen.

◎ Das **MIETEN** von Fortbewegungsmitteln und Sportgeräten ist kein Problem. Als Anbieter fürs Zweirad wurde bereits Ro-No Rent genannt. Die Stationen in den Häfen (groß im Osthafen, kleiner im Westhafen) vermieten ferner Boote, Tel. 12820, www.rono.ax. Bei Gröna Uddens Camping (siehe Seite 88) sind Fahrräder zu mieten und bei Paddelboden Kajaks (siehe Seite 120).

Wenn Sie mit dem Rad unterwegs sind, ist es vielleicht gut, die Adresse eines Fahrradspezialisten mit WERKSTATT zu kennen, wie City Sport & Cykel, Skarpansvägen 28, Tel. 14950, Facebook. Vermietung, Ausrüstung, Reparatur sowie weitere Sportartikel.

◎ **PFERDEFREUNDE** sind beim Reiterclub Sleipner in Espholm richtig, mit Reithalle, Parcours, Reitunterricht und Ponyreiten, auch für Körperbehinderte. Sleipnervägen 8, Tel. 13418, www.sleipner.ax.

◎ Last, but not least – MINIGOLF ist ein in Åland ungeheuer beliebter Freizeitsport. Dementsprechend ist **ÅNGBÅTSBRYGGANS ÄVENTYRSGOLF** immer gut besucht: ob Paare, Familien, junge Leute oder altersgemischte Gruppen, viele tummeln sich auf dem attraktiv angelegten Geländeparcours. Zwei 9–Loch-Bahnen nach internationalem Standard sind einzeln oder zusammen zu buchen. Spielen bis in die Nacht in BELEUCHTETEM Terrain, Essen und Trinken und Geselligkeit. Ångbåtsbryggan 2, Tel. 17613, bryggan.ax.

Auch in Festland-Åland gibt es jede Menge Küstenkilometer und Schären – ein prominentes, ausgesetztes Ausflugsziel ist Kobba Klintar in Jomala, mit ehemaliger Lotsenstation, Skulpturen im Wind und mehr (siehe Cover-Hauptmotiv und Seite 135) ▶

Festland-Åland

Das åländische Festland bezeichnet ein – wenn auch nur vermeintlich zusammenhängendes – Landgebiet, auf dem man manchmal sogar vergessen kann, wie nahe das Meer ist, weil das Auge Wald, Wiesen, Äcker, Weiden und Schafe entdeckt, so weit es blickt.

Hier steht die grüne, flache bis sanft gewellte Landschaft im Mittelpunkt, manchmal auch felsig und hügeliger ausgeprägt, jedoch immer den Boden unter den Füßen versprechend. Dabei besteht das Festland–Åland natürlich aus MEHREREN ZENTRALEN INSELN, die aber durch BRÜCKEN und Dämme in der Tat fest miteinander verbunden sind. Die ausgekerbten, eingebuchteten Küstenlinien erst lassen den Blick aufs weite Meer hinaus schweifen, der sich festhalten mag an den vielen Inseln und Schären vor der Küste und eine Ahnung gibt vom anderen Åland in den Schären.

Die Aufteilung der einzelnen Kapitel folgt den Gemeindegrenzen – es sind neun Gemeinden neben Mariehamn, die zu FASTA ÅLAND gehören, dies der originale Name für Festland-Åland, mit zusammen rund 16.560 Einwohnern, die Hauptstädter nicht mitgezählt. Dabei geht die Reise von Mariehamn aus zunächst in Richtung Westen und führt im Bogen über die nördlichen Gemeinden in den Südosten des Inselreiches.

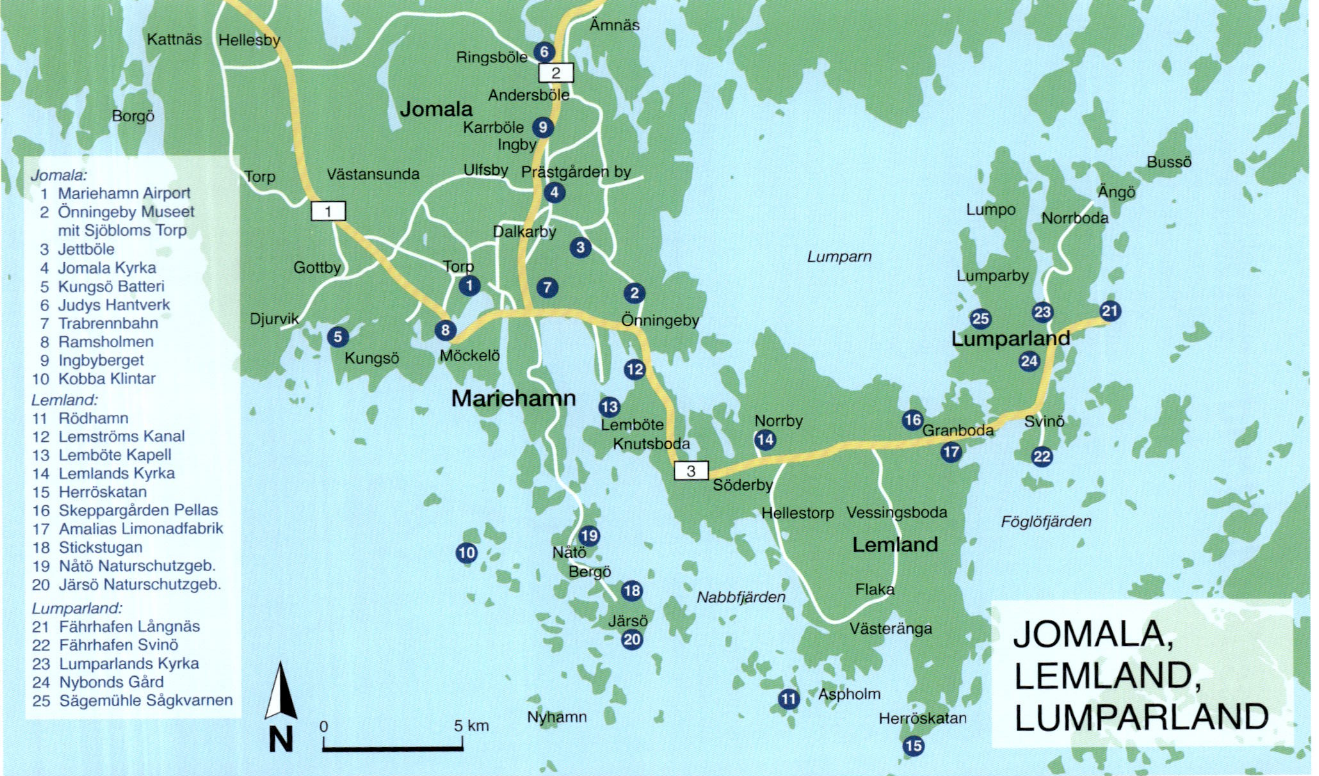
JOMALA,
LEMLAND,
LUMPARLAND
Jomala:
1 Mariehamn Airport
2 Önningeby Museet mit Sjöbloms Torp
3 Jettböle
4 Jomala Kyrka
5 Kungsö Batteri
6 Judys Hantverk
7 Trabrennbahn
8 Ramsholmen
9 Ingbyberget
10 Kobba Klintar
Lemland:
11 Rödhamn
12 Lemströms Kanal
13 Lemböte Kapell
14 Lemlands Kyrka
15 Herröskatan
16 Skeppargården Pellas
17 Amalias Limonadfabrik
18 Stickstugan
19 Nåtö Naturschutzgeb.
20 Järsö Naturschutzgeb.
Lumparland:
21 Fährhafen Långnäs
22 Fährhafen Svinö
23 Lumparlands Kyrka
24 Nybonds Gård
25 Sägemühle Sågkvarnen
Kattnäs
Hellesby
Borgö
Torp
Västansunda
Gottby
Djurvik
Kungsö
Möckelö
Jomala
Ringsböle
Ämnäs
Andersböle
Karrböle
Ingby
Ulfsby
Prästgården by
Dalkarby
Torp
Önningeby
Mariehamn
Lemböte
Knutsboda
Söderby
Norrby
Hellestorp
Vessingsboda
Lemland
Flaka
Västeränga
Aspholm
Herröskatan
Nyhamn
Nåtö
Bergö
Järsö
Nabbfjärden
Lumparn
Granboda
Svinö
Föglöfjärden
Lumparland
Lumparby
Lumpo
Norrboda
Ängö
Bussö
N
0
5 km

Jomala

Die Gemeinde, die im Norden an Mariehamn grenzt, es von drei Seiten umgibt und damit der Hauptstadt überhaupt am nächsten ist, ist Jomala. Die Vororte der Stadt gehen nahtlos nach Jomala über: So kommt es, dass einige Plätze, die man mit Mariehamn in Verbindung bringt, wie FLUGPLATZ und Trabrennbahn, schon zu Jomala gehören; und so kommt es auch, dass Jomala die bevölkerungsstärkste Landgemeinde Ålands ist. Gut 5.600 Einwohner leben in 32 Dörfern und Weilern, für die Landwirtschaft, fruchtbare Äcker und Weiden ebenso wirtschaftlich bedeutsam sind wie der expandierende Dienstleistungssektor.

Jomala (Landfläche 142 km²) kennzeichnet eine sanfte, beständige Landschaft; die Gemeinde stellt einen großen Anteil des zusammenhängenden »Festlands« von Åland. Trotz ausgedehnter Küstenlinien gibt es von hier aus keine Fährverbindungen, und im Vergleich zu anderen Inselkommunen hat Jomala auch wenig vorgelagerte oder bedeutsame Schären, obgleich 589 km² Wasserfläche zu ihrem Areal gehören – mit einer Ausnahme: das recht weit abgelegene Kobba Klintar. Eigner der Insel ist zwar Mariehamn, aber sie liegt im Gemeindegebiet von Jomala. Der Besuch lohnt sich – allein schon, weil man hier auf ganz besondere Art einkehren kann ...

INFORMATION

◎ Ein Touristenbüro gibt es nicht – zuständig ist die Gemeinde: **JOMALA KOMMUN**, Prästgården by, Godbyvägen 448, AX–22150 Jomala, Tel. 32 910, www.jomala.ax. Sprechzeit 9–15 Uhr. Info-Tafeln befinden sich in Gottby, in Nähe der Kirche und bei Lemströms Kanal.

TRANSPORT

◎ Die **HAUPTSTRASSE** Nr. **2** führt von Süden aus Mariehamn ins Herz Jomalas, von dort weiter gen Norden nach Godby/Finström. Auch die Nr. 1 nach Westen und 3 nach Osten müssen erst die Landgemeinde durchqueren. Alle Wege führen durch Jomala ...

◎ Auch die fünf Überland-**BUSLINIEN**, die in Mariehamn starten, fahren zumindest eine Teilstrecke durch Jomala; das verschafft der Gemeinde ein gutes Verbindungsnetz.

◎ Schließlich liegt in Jomala Ålands **FLUGHAFEN** (1), obwohl er MARIEHAMN AIRPORT heißt: in TORP gleich westlich der Hauptstadt-Nordgrenze, Flygfältsvägen 67, Tel. 020 – 708 000, www.finavia.fi (E). Kleiner, überschaubarer, moderner Airport mit Servicestellen, Gratis-Parkplätzen, Schalter von Finnair, Autovermietung (Europcar) sowie Bar & Café. – Hier starten Flugverbindungen nach Helsinki sowie bei Bedarf auch Rettungs- und Notfallflüge.

◎ **TAXI**-STÄNDE am Airport sind zu den Ankunftszeiten besetzt. Ansonsten bietet Taxi16000, Tel. 16000, Fahrdienste an.

Alle im Buch genannten Åland-Telefonnummern ohne Vorwahl betreffen das Festnetz mit der einheitlichen Vorwahl (0)18; geben wir eine Vorwahl für Kontakte vor Ort an, handelt es sich um ein Handynetz. **Mehr auf Seite 42.**

Unterkunft

◎ **BROBACKA GÄSTHEM & KAFÉ**, Björsby, Ängsgatan 177, Tel. 0457–344 9229, www.brobacka.ax (E). 1.5.–30.9. DZ ab 110/95 €.

Das B & B verfügt über sechs schöne, helle Zimmer für 2–3 Personen, zwei Badezimmer zur gemeinschaftlichen Nutzung, eine gut ausgestattete Küche und Wohnzimmer. Freundlicher Service. Ein Plus sind der große GARTEN, auch zum Grillen, das Saunahaus sowie das schöne Café.

◎ B & B **DJURVIKS GÄSTGÅRD**, Gottby, Gottbyvägen 420, Tel. 32 433 und 0457–342 4941, www.djurvik.ax (D). DZ (ab 70/50 €), ganzjährig ein Häuschen mit Küche und Toilette (135/100/80 €) sowie Ende April bis Ende Oktober Hütten (ab 100/80 € für 2 Personen, 120/100 € für 4 Personen).

SCHÖNE LAGE, eigener Strand mit Sauna und Grill. Servicehaus sowie Küche und Essraum im Hauptgebäude, Kajakvermietung.

◎ **EKSTRÖMS STUGOR**, Gottby, Gottbyvägen 260, Tel. 0457–3135 809, www.ekstromsstugor.ax (E). Ferienhütten ab 920/740 €/Woche.

Gut ausgestattete Hütten mit Bad für 4 Personen. Bootsanleger sowie STRAND – und gegen Gebühr eine Rauchsauna.

Essen und Trinken

◎ **BROBACKA CAFÉ**, Ängsgatan 177, Tel. 0457–344 9229, www.brobacka.ax. Mitte Juni bis Mitte August Do-Sa 11–16 Uhr, im Juli täglich 11–17 Uhr.

Selbst gebackene Kuchen, leckere belegte Brote, kleine Lunchgerichte, gezaubert aus lokalen Produkten und serviert vom freundlichen Personal. Dazu ausgewählte Keramik und Kunsthandwerk. Das kleine, süße Café mit Wintergarten lohnt stets den Besuch.

◎ **IWA CAFÉ & BISTRO**, Tel 040–130 5050, Mo–Fr 10–19, Sa bis 17, So 11–16 Uhr, ist eine leckere Anlaufstelle im MAXINGE-CENTER, dem Shoppingzentrum mit etlichen Läden unter einem Dach an der Grenze zu Mariehamn, Sparvägen 1. Das Angebot reicht von Lunch, Pasta und Suppen bis zu Gebäck und köstlichen Pralinen.

◎ **FISKKOJAN** im Maxinge Center bietet ebenfalls Lunch an, siehe Seite 132. – Ansonsten bleiben, außer dem Kirchen-CAFÉ ALLÉ (siehe Seite 129), die kleinen Burger-, Back- und Kaffeestationen etwa in den Supermärkten.

Sehenswertes

◎ Gleich ein Stopp beim (1) **FLUGPLATZ**: Mariehamn Airport hat essentielle Bedeutung – ist doch Åland nur zu Wasser oder aus der Luft zu erreichen. 1937 war das erste Grasfeld bereit, und drei Jahre später startete der reguläre Flugverkehr. 1960 dann wurde der Airport komfortabler und die Startbahn durch Servicegebäude sowie Zufahrten ergänzt.

Eine gründliche MODERNISIERUNG und Erweiterung erfolgte 1991. Heute macht der Airport einen sauberen,

Die ersten Baupläne für den Flughafen basierten Mitte der 1930erJahre auf dem Konzept, dass Mariehamn als »Haltestelle bei Bedarf« auf der Route Helsinki – Turku – Stockholm fungieren sollte.

KÜNSTLERKOLONIE ÖNNINGEBY

Victor Westerholm (1860–1919), der als Initiator und Gründer der Künstlerkolonie gilt, begeisterte sich für die Landschaft auf Åland und bezeichnete sie gern als herrlichstes Malerland auf Erden. Es war damals die Zeit der FREILICHTMALEREI, es zog die Künstler in die Natur, das Hocken im Atelier war verpönt. Naturalismus und Realismus, unverfälschte und echte Wiedergabe und Umsetzung hießen die Themen und Ziele. Die Kolonien waren so etwas wie künstlerische Netzwerke, dienten der gegenseitigen Anregung ebenso wie der Entwicklung neuer Ideale. Auch Westerholm suchte so den Kontakt und Austausch mit Malerfreunden und Künstlerkolleginnen aus Finnland und Schweden, er schwärmte von Åland und überzeugte von der kreativen Reise in die Schären, übrigens in Briefen von Düsseldorf aus, wo er damals noch seine Studien vervollständigte.

So kamen *Fredrik Ahlstedt, Hanna Rönnberg, Axel Andersson (J.A.G. Acke)* in den Önningeby-Kreis, und sie kamen im nächsten Sommer wieder. Die Kolonie wuchs, *Edvard Westman, Eva Topelius, Elin Alfhild Nordlund* und viele mehr fanden den Weg nach Åland. Ihre hellen, SONNENDURCHFLUTETEN Sommerlandschaften haben die åländische Kunst nachhaltig geprägt. Manche Künstler, wie Acke, blieben auch in den Wintermonaten dem Spiel von Licht und Farben auf der Spur, ungeachtet der Kälte.

Die Namen Eva Topelius und Elin Alfhild Nordlund deuteten es an: Frauen prägten die Kolonie nicht minder stark wie ihre männlichen Kollegen: 2023 widmete das Museum ihnen eine Ausstellung. Weitere wichtige Namen sind *Elin Danielson, Dora Wahlroos* und *Ida Gisiko*.

Westerholm selbst, geachtet als einer der hervorragendsten Naturmaler in Finnland zur Zeit der vorletzten Jahrhundertwende, blieb Åland im Sommer treu – während des übrigen Jahres riefen ihn die Pflichten nach Turku, als Direktor des Kunstvereins und Lehrer in der dortigen Zeichenschule. Vor allem die ersten Jahre 1886–92 gelten als Blütezeit der Kolonie – ein jähes Ende fand die lebendige Szene mit Beginn des Ersten Weltkriegs 1914.

freundlichen – zwischen den ankommenden und abgehenden Flügen jedoch etwas verlassenen – Eindruck.

WORPSWEDE AUF ÅLANDISCH

◎ Ganz im Südosten Jomalas liegt das Dörfchen **ÖNNINGEBY (2)**. Wo heute ein Museum steht, wirkte in den 1880er bis 1910er Jahren eine der damals beliebten KÜNSTLERKOLONIEN, vergleichbar mit Gruppen wie am Tuusulanjärvi in Finnland, im norddeutschen Worpswede oder Skagen in Dänemark. Der Begründer und finnische Landschaftsmaler Victor Westerholm baute sich, begeistert von der Landschaft, an Lemströms Kanal eine neue Residenz – und begann 1886, Künst-

ler aus Schweden und Finnland in die Region einzuladen, zum gemeinsamen Austausch, Arbeiten, Diskutieren und Saufen. Die Gäste logierten in Bauernhöfen in der Umgebung, und so passt es, dass das Museum (1992) sich in einem 1869 aus Stein errichteten Stallgebäude niederließ, der zum Gehöft Jonesas gehört.

◎ Das **ÖNNINGEBY MUSEET** ist heute allgemein Museum für Kunst- und Kulturhistorie wie auch speziell Ausstellungszentrum für die Önningeby-Kolonisten. Im Sommer werden regelmäßig Gemälde und Werke der Künstlerkolonie und überhaupt des Åland um die vorletzte Jahrhundertwende gezeigt, ergänzt durch Geschichten zu Leben und Werk der Künstler. Sommerausstellungen widmen sich besonderen, häufig originell präsentierten Themen und Ideen.

Als GALLERI RITA schafft ein Nebengebäude im Sommer zusätzlichen Platz für Ausstellungen oder die Präsentation von Neuerwerbungen des Trägervereins. Ferner wird museumspädagogische Arbeit für Kinder geleistet und finden unregelmäßig kleine Konzerte und Lesungen statt. Jonesasgatan 3, Tel. 33710 und 040 – 096 7710, www.onningeby.com und via Facebook. Mai Sa 11–15 Uhr, Juni bis August Di–So 11–16 Uhr, September Do 18–20 Uhr, Sa+So 11–15 Uhr. Eintritt 5/3 €.

◎ Im angeschlossenen **CAFÉ** ist oft eine kleine Ausstellung zeitgenössischer Malerei arrangiert.

Der HEIMATVEREIN von Önningeby trägt das Museum. Den kunstverständigen Vorsitz führt Kjell Ekström, selbst Maler.

◎ Gleich hinter dem Museum versteckt sich ein wenig die KATE **SJÖBLOMS TORP**, eine karge Hütte mit Stube und Kammer aus den 1890er Jahren, die urprünglich an Jomalas Ostküste in Ytterby stand. Die Ausstellung reflektiert das Kätnerleben ebenso wie die Emigrantenschicksale in der Familie Sjöblom, die das Haus einst bewohnte. Geöffnet wie Önningeby (Schlüssel dort). Eintritt frei.

ÅLANDS ERSTER STEINZEITFUND

◎ Die wichtige steinzeitliche, »muldenkeramische« Siedlung **JETTBÖLE** **(3)** stammt aus der Zeit 2.500 – 2.000 v. Chr. Damals lag die Siedlung in geschützter Bucht am Fuß einer hohen Felswand. In mühevoller Kleinarbeit konnten zehntausende Tonscherben aus zwei verschiedenen Siedlungsperioden, Knochen (wahrscheinlich auch Reste kannibalistischer Gelage), Steine und sogar TONFIGUREN geborgen werden. *Karl Johan Karlsson* war es, der beim Ausheben einer Sandgrube unvermutet auf den Fund stieß; er zog den Archäologen *Björn Cederhvarf* zu Rate, der 1905 mit den Ausgrabungen begann. Diese Funde waren so außergewöhnlich, dass sie zunächst nach Helsinki verbracht wurden: die ersten steinzeitlichen Funde Ålands, die ersten muldenkeramischen Ausgrabungen Finnlands und das bisher einzige bekannte Grab aus dieser Periode mit einem vollständigen SKELETT (wohl verwahrt in Ålands Museum). Mittlerweile sind die ehrwürdigen Kostbarkeiten mehrheitlich in die archäologische Abteilung von Ålands Museum zurückgekehrt. Der FUNDORT liegt an der Straße von Önningeby zur Kirche.

KIRCHDORF JOMALA BY

◎ Die **JOMALA KYRKA (4)**, auf einem ehemaligen THINGPLATZ im Zentrum Jomalas im Dörfchen Prästgårdenby gelegen, darf sich stolz Ålands älteste Steinkirche nennen und darüber hinaus eine der ältesten Skandinaviens. Gewidmet ist sie St. Olaf, dem Schutzheiligen von Åland (und Norwegen). Die ersten Bauteile stammen aus dem 13. Jh., das Gotteshaus mit dem 52 m hohen Glockenturm wurde mehrfach umgebaut und erweitert, damit aber auch die mittelalterliche Anordnung aufgegeben. Ebenfalls aus dem 13. Jh. stammen die WANDMALEREIEN im und am Untergeschoss des Turms – angeblich die einzigen romanischen Wandmalereien in Finnland. Dargestellt sind Themen wie das Jüngste Gericht, die Geschichte des verlorenen Sohnes. Beachtung verdienen ferner die Marienfiguren aus Holz, eine aus dem frühen 14. Jh.

Ein Sohn Jomalas, der Künstler *Ture Bengtz* aus Västansunda, 1927 in die USA emigriert, gestaltete die Glasmalereien des großen Kirchenfensters im Turm. ST OLOFS KYRKA, Godbyvägen 445, Tel. 32830, Anfang Juni bis Anfang August Mo–Fr 10–16 Uhr.

Am Ende der Kirchenallee liegt das schmucke Gemeinde- und Pfarrhaus (von 1847). Im Sommer organisieren Gemeindemitglieder das CAFÉ ALLÉ mit Verkauf von Eis, Kaffee und Selbstgebackenem für einen guten Zweck. Im Juli Mo–Fr 12–16 Uhr.

◎ Auf dem KIRCHHOF steht das einzige **AUSWANDERERDENKMAL** auf Åland, das neben dem Emigranteninstitut in Mariehamn die Erinnerung an die vielen Tausend bewahrt, die in der Regel von materieller Not getrieben

die Inseln verließen und sich vor allem nach Schweden und (vielfach weiter nach) Nordamerika aufmachten, stets einer ungewissen Zukunft entgegen.

◎ Westlich der Kirche und der Str. 2, nur wenige hundert Meter via St. Olofväg/Södersundavägen entfernt, erstreckt sich das Gelände eines Lebensmittelkonzerns, zu dem neben einer Großbäckerei auch die **KÄSEREI ÅCA** (Ålandsmejeriet) gehört, Drittel-Mattesgränd 7, Prästgården, Tel. 32800, www.aca.ax.

ÅCA lässt (neben anderen Molkereiprodukten) schmackhaften Käse reifen: Die Produkte »Kastelholm«-Käse – der gleiche Käsetyp, der in früherer Zeit in der Meierei beim Schloss hergestellt wurde, herzhaft lecker zum Schären-Schwarzbrot – und »Bomarsund«-Käse sind nur zwei jener Spezialitäten, die in den lokalen Läden und Supermärkten verkauft werden.

◎ 4 km von der Kirche auf der Straße Jomalabyväg nach Nordosten, stößt man auf den Hinweis zum **LANDSBYGDSCENTRUM**, Schul- und Ausbildungszentrum für Land- und Hauswirtschaft. Das Hauptgebäude ist ein Richterhaus aus dem 17. Jh. Auf dem Areal versammelt sich auch alles, was in der Landwirtschaft und Nahrungsmittelbranche Rang und Namen hat – von **MATHANTVERKARE PÅ ÅLAND** (dem Verbund der handwerklichen Genuss- und Lebensmittelhersteller) sowie Martha-Vereinigung über die Freunde des Erntefestes bis zur Naturschule. Jomalagårdsvägen 16, www.landsbygd.ax (nur auf Schwedisch, jedoch mit hilfreichem Lageplan).

Etwas Besonderes ist die nahegelegene folgende Einrichtung, der:

◎ **KINDERBAUERNHOF** der Jugendorganisation ÅLANDS 4H, Jomalagårdsvägen 23, Tel. 040 – 752 39 03, www.4H.ax. Mo–Fr 9–15 Uhr.

Auf dem Gelände gibt es Ziegen, Schafe, Kaninchen, die zwei herzigen Miniaturschweine Poppy und Leiff, die frei herumlaufen, Hühner, Katzen, ferner einen Gemüse- und Kräutergarten und mehr. Für Mitgliedskinder bietet 4H Kurse für Hobbys, zum Kochen und Backen, Kaninchenklub, Angeln und Weiteres an, für Jugendliche Aktivitäten sowie Arbeitsmöglichkeiten. Natürlich nimmt der Hof auch am ERNTEFEST (Skördefest) teil.

KUNGSÖ

Im Westen der Gemeinde ist es vor allem die Gegend bei Kungsö, die Besucher von der Str. 1 abzweigen lässt.

◎ Ein 3 km langer Wanderweg führt im Südwesten Jomalas an den Resten einer der zehn KÜSTENBATTERIEN auf Åland vorbei, die die Russen im Verlauf des Ersten Weltkriegs errichteten. Zentrum der **KUNGSÖ BATTERI** (**5** – 1916–1919) ist der Dalsberg, weithin der höchste Punkt mit 32 m. Auf dem Gelände befindet sich ein Modell, das die Stellung mit Wehranlagen sowie Unterkünften nachvollzieht. 100 Mann zählte die Besatzung der zur Stellung gehörenden Kaserne.

Die Batterie wurde 1918 geräumt und 1919 von deutschem Militär und finnischen Arbeitern zerstört. Die informativen Schrifttafeln enthalten auch eine deutschsprachige Version. Teile jener Militärstraße aus dicken Rundsteinen sind erhalten; ansonsten zeugen viele Steinhaufen vom Werk der Demilitarisierung und gemahnen an

Exportiert wird der Käse von ÅCA auch nach Schweden und Finnland – dort erhält er allerdings finnische Bezeichnungen ohne kreativen Bezug …

Frieden. Lohnender RUNDBLICK vom stabilen AUSSICHTSTURM.

◎ Das **SHELL MUSEUM KUNGSÖ** samt rostigem Sammelsurium übt vor allem auf Hardcore-Schrauber eine gewisse Anziehungskraft aus. Am Sandbacksvägen in Kungsö wartet eine eigenwillige Privatsammlung: eine Ex-Tankstelle im Stil der 1950er Jahre.

◎ **KUNGSÖ** ist ein nettes und familienfreundliches Dörfchen. Wer sich in den Sandbacksvägen verirrt, sieht es sofort – an den lustig mit Kinderfiguren bemalten Steinen vor den Einfahrten: *lekande barn* – spielende Kinder.

◎ **BY MINNA**, Kungsö, Möstigen 15, Tel. 0457 – 353 4664, Facebook. Hervorzuheben sind in Minna Rundgrens die Tischläufer und die Tabletts mit grafischen Blütenmustern.

Unterhaltung

◎ **MITTSOMMER**-Stangen werden an mehreren Stellen in der Gemeinde aufgerichtet, etwa in Kungsö und Önningeby. Die zentrale FEIER findet bei der Kirche und der Oase statt, dem Wohn- und Pflegezentrum Jomalas, Godbyvägen 486.

◎ Wie die Finnen sind auch die Åländer **OLDTIMER**-verrückt – besonders nach alten amerikanischen Schlitten. Im Archipel finden sie eine Heimat bei den »Oldtime Cruisers Mariehamn«, deren Clublokal sich in Jomala befindet. Emkarbyvägen 223, Ringsböle. Im März und vor allem im Juli cruisen sie durch die Hauptstadt und über die »Insel-Highways«. oldtimecruisers.ax.

Markt und mehr

◎ **JUDYS HANTVERK** & INREDNING (6), Gölby, Hindersvägen 1, Tel. 040 – 708 8235, Facebook.

In der umfunktionierten früheren Schlachterei hat die Keramikkünstlerin *Judy Bradley* (vormals Kuitunen) richtig Platz. Hier schafft sie mit ihren Mitarbeiterinnen hochwertige, handbemalte Ton-Werke, die auch alltagstauglich sein sollen: Geschirre, Schalen, Vasen und mehr. Dabei hat Judy ihren eigenen Stil entwickelt: farbige Blätter, Blüten, Vögel, Naturmotive, oft auf schwarz oder blau abgesetztem Grund; dann auch wieder elegant schlichte Unikate, nur nuanciert glasiert. Einige passende Wohnaccessoires, »ökologisch korrekte« Lebensmittel sowie Kaffee komplettieren ihr Angebot. Und man kann bei der Arbeit zuschauen. Juli Mo–Fr 10 –16 Uhr, Sa 11–14 Uhr, sonst an ausgewählten Tagen wie zum Erntefest, in der Vorweihnachtszeit sowie auf Anfrage.

◎ **KANTARELLEN**, Nya Godbyvägen, www.kantarellen.ax. Mo–Fr 7–22, Sa 9–22, So 10 –22 Uhr. Einer der größten Lebensmittelmärkte auf Åland, bestens sortiert, passend zum Namen mit dem Pfifferling als Logo sowie zur K-Kette gehörend. Die Feinkosttheke schließt Mo–Fr bereits um 20 Uhr sowie wochenends um 18 Uhr. Die Auswahl an frischen Lebensmitteln ist beeindruckend.

◎ Bei Kantarellen empfiehlt sich die die ÖKO-BÄCKEREI **BRÖDBITEN** mit täglich frischem Brot und Kuchen.

◎ Südlich von Kantarellen folgt ein Einkaufszentrum mitsamt Discounter:

Der Familienbauernhof Mickels Gård, Gottby, Mickelsgatan 26, bietet Hofverkauf von Bioprodukten, schönes Kunsthandwerk, mitunter Aktionen für Kinder und auch Glamping an, das ganz im Trend liegt.

MAXINGE CENTER, Sparvägen 1, Mo –Fr 10–20, Sa 10–17, So 11–16 Uhr, Discounter Sparhallen Mo–Fr 8–22, Sa 9–22, So 10–22 Uhr. Zur Vielfalt an Läden gehören das Spielwarengeschäft LEKIA, das auch das auf Åland produzierte Spielzeug PLASTO für Sandkasten und Spielküche im Sortiment hat; das Reformhaus LIV & LUST; PUNEH mit orientalischen Gewürze, Tees und mehr; eine Filiale des Spirituosen-Monopolisten ALKO; Stationen für Burger und Pizza; und das nette Café IWA. www.maxinge.ax (E).

◎ Eine besondere Empfehlung verdient im Maxinge Center **FISKKOJAN** – hier gibt es nicht nur leckeren frischen und geräucherten Fisch, sondern auch Sushi und Lunch. www.fiskkojan.ax. Mo–Fr 10–18, Sa 10–16 Uhr.

◎ **FINA FISKEN**, Lövdalsvägen 1, finafisken.ax. Mo–Sa 9–18 Uhr. Ein weiterer Fischladen, mit eingelegten Heringsfilets sowie fertigen Gerichten.

◎ **DIENSTLEISTUNG**: Bankschalter beim S-Market, Lövuddsvägen 1. – Hauptpost in Sviby, Flygfältsvägen 10.

Ferien aktiv

EIN TAG AUF DER RENNBAHN

◎ In DALKARBY im Süden der Kommune ist Ålands einzige **TRABRENNBAHN (7)** Kulisse der sommerlichen internationalen Trabrennen, Galopper-Wettbewerbe und anderer Reitdisziplinen. Auf 1.000 m langer Bahn schnauben die Pferde voran, erfreut sich das Publikum im Sehen und Gesehen-Werden und an Pferdewetten.

ÅLANDS TRAVET, Dalkarby (Travvägen / Zufahrt über Godbyvägen), Tel. 328 210, alandstravet.com.

NATUR UND WANDERWEGE

◎ Wer sich für Pflanzen interessiert, findet im Wander- und Naturschutzgebiet **RAMSHOLMEN (8)** ein spannendes Terrain: ein fruchtbares WIESENHAIN-AREAL mit lichtem Laubbaumbestand, gestutzten Eschen sowie Haselnusswäldchen, je nach Jahreszeit bunten Frühlingsblumen, vielen ORCHIDEENARTEN wie Knabenkraut sowie Bärlauch, nach dem es im Sommer würzig RIECHT! Hier fühlen sich Waldvögel wohl, und wenn man sich ruhig verhält und Geduld zeigt, kann es vorkommen, dass ein Rudel REHE dicht vorüber springen. Das Gebiet ragt als LANDZUNGE in die Bucht TORPFJÄRDEN hinein, so tangiert der Rundweg immer wieder das Wasser.

Start: Ramsholmsvägen 22, von der Str. 1 in Richtung Eckerö zu erreichen.

◎ Die tief eingeschnittene BUCHT **TORPFJÄRDEN**, westlich von Mariehamn, ist als Tierschutzgebiet ausgewiesen. Außer Wasservögeln wie Eiderenten und Schwänen sehen Sie mit ein wenig Glück Greifvögel kreisen. Von der Straße 1 biegen Sie gegenüber der Zufahrt nach Möckelö nordwärts zum **VOGELBEOBACHTUNGSTURM** Tjorpfjärdens Fågeltorn ab; das Hinweisschild ist leicht zu übersehen.

◎ Folgt man der Straße 1 weiter und hält sich in Richtung Kungsö, ist das nächste PANORAMA nicht fern – auf dem Aussichtsturm **DALSBERG**; dieser ist eingebunden in den 5 km langen Wanderweg rund um die Kungsö-Stellungen (siehe Seite 130).

Oben einmalig auf Åland, die Trabrennbahn in Jomalas Dalkarby, unten die Natur entlang des 3 km langen Wanderwegs bei Kungsö (siehe Seite 130) ▶

◎ Durchstreift man Jomala von Süd nach Nord, gelangt man auf der Straße 2 nach **DALKARBY**. Hier erstreckt sich ein Sumpfgebiet am kleinen Binnensee PRÄSTTRÄSKET. Der Wanderweg (Start in Prästgården by bei Vikingahallen) führt am Sumpf entlang und führt steil zum Hügel Kasberget hoch. Dort stößt der Weg auf einen Trimmpfad – oder man setzt die Wanderung fort: Weiteres Ziel ist dann Borgberget mit Resten einer Fluchtburg und großem Gräberfeld aus Wikingertagen.

◎ Noch HÜGELIGER wird es Richtung Norden. Ebenfalls ab Straße 2 (Abfahrt Andersböle, dann gleich links!) gelangt man zum **INGBYBERGET** (9): Ein 1,5 km langer und markierter Weg führt über die Höhen und durch eine Schlucht zu GROTTE und AUSSICHTSTURM Karrböle. Zur 11 m tiefen Grotte kann man vom »Gipfel« aus zwischen einem leichteren, längeren und einem kürzeren, schwereren Weg wählen – mit kurzer Kletterpartie in eindrucksvollem Terrain sowie famosem Blick vom Turm, wo übrigens ein Gipfelbuch ausliegt. Die SCHLUCHT wird Trollkyrka (Trollkirche) genannt: Eine Sage knüpft sich an den Platz, an dem eine alte Frau mit ihrer Kuh in der Zeit des Großen Nordischen Krieges Zuflucht gesucht haben soll.

Die Grottenbildung ist Folge einer EISZEITLICHEN Verwerfungslinie, die hier verläuft. Ebenso zeichnet die Eiszeit für das Geröllfeld KNAPPLARNA am Weg verantwortlich, nur eines von vielen auf Åland: Ein Feld mit rund geschliffenen, großen Steinen, das fast künstlich geschaffen wirkt, weil es so unvermutet als begrenztes Areal in die Landschaft eingestreut ist. Die Steine lagen an vorzeitlichen Ufern und wurden vom Meer so geformt – beim Knapplarna-Feld geschah dies vor 7.000 Jahren durch den Ancylus-See. Der Wanderweg passiert unterwegs ein bronzezeitliches Grab.

◎ Die weiß markierte, knapp 40 km lange WANDERROUTE **JOMALALEDEN** verbindet Hammarudda im Südwesten via Gottby, Dalsberg, Kungsö, Ramsholmen, Kasberget, Prästgården by mit Östanåker. Info-Tafeln am Weg geben Auskunft über Dörfer, historische Orte und das NATURSCHUTZGEBIET, das unterwegs passiert wird. – Anschluss besteht im Norden in Emkarby an den 63 km langen SADELINLEDEN (siehe Seite 54) zunächst durch Finström. Info-Blatt bei Visit Åland, Jomala bibliotek (Skolvägen 3) oder zum Download bei der Kommune (www.jomala.ax).

BADEN UND ANGELN

◎ Die Gemeinde verfügt über vier **SCHWIMMSTRÄNDE**: sehr hübsch, etwas versteckt und nicht überlaufen der kleine feine Sandstrand Småholma in Möckelö (mit Umkleiden, Småholmavägen), außerdem das Havsbad in Möckelö und die Uferplätze in Ramsholmen (Hammarlandsvägen) und Kungsö (Möskatan).

◎ **ANGELN**: MaPa Fishing Team, Västra Utfarten, Tel. 0457 – 078 9560, www.mapafishingteam.com. Angelausflüge, Sportfischen und Ausflugsfahrten mit Abholung.

DISCGOLF

◎ In **VESTERKALMARE** rangiert der größte Park des Archipels auf Champion-Level. 18 Körbe, zwei Layouts

(für Amateure und Profis. Super schön angelegt, dafür der einzige Platz, wo Gebühren anfallen: pro Tag 8/4 €. Vesterkalmarevägen 15/17, www.axdiscgolf.com. Mai bis November durchgehend geöffnet (außer bei Wettbewerben sowie Mi ab 17.30 Uhr), sonst nur bei schönem Wetter.

REITEN

◎ **GRANLUNDA GÅRD**, Gottby, Vestansundabyaväg 290, Tel. 040 – 5223 2514, www.granlundagard.ax.

SPORTHALLE, SKI, FITNESS

◎ **VIKINGAHALLEN**, Prästgården, Önningebyvägen 5, Tel. 0457 – 5244 271, Facebook. Meist Mo–Fr 9–16 Uhr. Heimat des Sportclubs »Jomala IK«. Mehrere Hallensportarten wie Squash und Badminton, gleich nebenan Fußballplatz, Beachvolleyballfeld und ein winziger DiscGolf-Kurs mit 6 Körben.

◎ Zugehörig ist das **SKIZENTRUM** Ålands skid- och skidskyttecentrum, Tel. 040 – 074 4352. 8,5 km Trimmpfad im Winter als Loipe, bei Bedarf Kunstschnee im Winter, Vorab-Info erbeten. Karten bei Vikingahallen, Woche 40 €, 10er Karte 90 €.

◎ **FITNESS**: Studio Träningsverket, Handelslänken 1, Facebook. – Alternativ Styreställer in Vikingahallen.

AUSFLUG IN DIE SCHÄREN

◎ **KOBBA KLINTAR** (10) gehört zur Gemeinde Jomala, wenn es auch weit im Süden Möckelös auf gleicher Höhe fast mit Järsö liegt. Die Schäre ist klein – und doch winkt das blendend weiße, dreistöckige Häuschen zu einer Attraktion. Bei der Einfahrt in den Hafen war die Lotsenstation (1862–1972) für Generationen von Seefahrern und Reisenden die erste Begegnung mit Åland. Vor Jahrhunderten nutzten Robbenjäger und Fischer die Insel als Zufluchtsort und zum Landgang zwischendurch. Die Lotsenstation steht gleich hinter dem Hauptgebäude, darin eine kleine AUSSTELLUNG mit zum Teil ORIGINALEM Interieur. Geöffnet ebenso wie CAFÉ & SJÖMANSBAR im Häuschen nebenan im Sommer (Tel. 045 – 7347 9545), etwa Ende Juni bis Mitte / Ende August Mi–So 12–17 Uhr.

Das auffällige, pyramidenförmige, weiß gestrichene Holzgebäude BÅKEN wies früher als Seezeichen den Weg in die Fahrrinne nach Mariehamn; es wird für Feiern, Veranstaltungen, Konzerte oder Ausstellungen vermietet.

◎ **SKULPTUREN**: Juha Pykäläinen schuf auf dem Balkon des Lotsenhauses einen Ausschau haltenden Lotsen mit Fernrohr und Möwe, auf der Klippe einen Maler mit Bild des Lotsenhauses auf seiner Staffelei – und einige Möwen, augenzwinkernd mit Schal oder Fliegerbrille DEKORIERT. – Überhaupt ist Herr Pykäläinen ein umtriebiger KÜNSTLER, der an vielen Stellen Spuren auf Åland hinterlassen hat: ob mit Pinsel und Farbe, Elchskulpturen aus Holz, zum Teil zu erklettern, oder Briefmarkengestaltungen für die Post. www.kobbaklintarsvanner.ax (E).

◎ **BOOTSTOUR** AB MARIEHAMN / Westhafen: regelmäßig Ende Juni bis Mitte / Ende August Mi–So um 10.30 Uhr und 13.30 Uhr; zusätzliche Termine auf Anfrage: Tel. 045 – 7342 0538 (Skipper Westberg spricht Englisch), fiskelyckan.ax. Ticket retour 25/10 € Westberg fährt auch nach Rödhamn

Eckerö

FINNLANDS VORPOSTEN

Eckerö ist Ålands westlichste Kommune sowie die WESTLICHSTE Gemeinde Finnlands. Scharen von Besuchern aus Schweden setzen im Fährhafen BERGHAMN erstmals ihren Fuß auf åländischen Boden. – Dies ist der Heimathafen der Eckerö Linjen, die mit ihren Fähren das ganze Jahr über zum schwedischen Grisslehamn pendelt, eine Strecke, die sie in knapp zwei Stunden bewältigt. Hunderttausende Passagiere sind jährlich mit der blau-gelben Flotte unterwegs.

Ab Berghamn können die Neuankömmlinge auf der Hauptstraße 1 in das rund 33 km entfernte Mariehamn durchstarten – oder aber gleich in der näheren Umgebung verweilen. Denn die Gemeinde Eckerö ist touristisch mit am besten entwickelt und hat gerade für Aktivurlauber und FAMILIEN einiges zu bieten.

Für ganz Åland sind Seefahrt, Landwirtschaft und Tourismus Standbeine der wirtschaftlichen Existenz; dies gilt in mehrfacher Hinsicht auch für Eckerö: Hier vermischen sich die Erwerbszweige, sind die Familien oft parallel auf mehreren »Baustellen« tätig. So hat manche ein Auskommen als Angestellte der Reederei, während sich der Partner als Nebenerwerbs-Landwirt betätigt und gleichzeitig Ferienhütten vermietet (für deren Belegung teilweise wieder die Reederei sorgt).

Zudem verweisen Eckerös Bewohner mit Stolz auf eine lange Tradition der Beherbergung und des Transports von Durchreisenden. Schon Mitte des 15. Jhs. errichteten sie auf der vorgelagerten Insel SIGNILSKÄR eine Herberge. Gustav Vasas »Gaststättenverordnung« besagte, dass im schwedischen Reich an wichtigen Reiserouten Verpflegungs- und Schlafstätten für Beamte und Boten zu errichten waren. Der Post- und als dessen Folge Reiseverkehr expandierte mit Eröffnung der der regulären POSTROUTE von Stockholm via Åland nach St. Petersburg.

Dienstleistungen im touristischen Gewerbe haben bei den rund 940 Bewohnern Eckerös also Tradition. Eine abwechslungsreiche Natur mit vielen Möglichkeiten, die Freizeit zu gestalten, sind heute die Ferienattraktionen im 109 km² Land- und 643 km² Wasserfläche umfassenden Gemeindegebiet: ob pittoreske Bootshäuser im Abendlicht, dümpelnde Segler, reges Treiben an den Sandstränden, selbst gefangener Fisch auf dem Grill ...

Zum Gemeindegebiet gehören die teilweise weitläufigen Dörfchen und Weiler BJÖRNHUVUD, MARBY, ÖVERBY, KYRKOBY, Storby und TORP. Während der HAUPTORT STORBY immerhin mit Supermarkt, Tankstelle, Bank, Kindergarten, Grundschule sowie Bibliothek aufwartet, residiert die Kommunalverwaltung in Överby.

INFORMATION

◎ **ECKERÖ TURISTSERVICE** im Fährhafen, Berghamn, Tel. 39462. Täglich besetzt, Kernzeit etwa 9–16.30 Uhr. – Das Terminal ist geöffnet 7–18.45 Uhr.

◂ Oben die Schärenidylle in Käringsund (siehe Seite 145), wo viele Szenen für die Folgen und Filme von »Ferien auf der Kräheninsel« alias »Ferien auf Saltkrokan« nach *Astrid Lindgren* gedreht wurden, unten am populären Strand von Degersand

◎ **BROSCHÜREN** und INFO-BLÄTTER zum Mitnehmen im Post- und Zollhaus (siehe Seite 142 f.) und im Jagd- und Fischereimuseum (siehe Seite 144 f.).

◎ Information erteilt auch **ECKERÖ KOMMUN**, Södra Överbyvägen 8, AX-22270 Eckerö, Tel. 32930, www.eckero.ax. Mo–Fr 9–15 Uhr.

TRANSPORT

◎ Die **HAUPTSTRASSE** Nr. **1** führt von Jomala aus hinein nach Hammarland und quer durch Eckerö bis zur westlichen Grenze des Archipels.

◎ Öffentlich ist Eckerö mit der **BUSLINIE** Nr. **1** ebenfalls via Hammarland mit Mariehamn verbunden.

◎ **TAXI**: Sivs Taxi, Södergatan 33, Storby, Tel. 38700. – Eckerö Taxi, Ekeborgsvägen 11, Tel. 38039.

◎ In diese Rubrik gehört selbstverständlich auch der **FÄHRHAFEN** (1) in Berghamn, für die großen Schiffe der Eckerö Linjen von und nach Schweden. Dort ist allerdings außer Anleger und Abfertigung nicht viel zu sehen.

◎ Die Gemeinde verfügt über zwei mit Vollservice ausgestattete **GÄSTEHÄFEN**: Käringsund, Tel. 38530. Mai bis September geöffnet. Mit über 70 Bootsplätzen. – Notviken, Tel. 38020. 30 Liegeplätze.

◎ **FAHRRADVERMIETUNG**: Käringsund Resort, Käringsundsvägen 194, Tel. 38000. Siehe Seite 140.

◎ **KAJAK/KANU**: Käringsund Resort (s.o.). – Nimix, Främstön, Västanholmen 14 (nördlich von Käringsund), Tel. 050 – 66716, www.nimix.ax (E). Siehe auch Seite 149.

Unterkunft

Gemäß Eckerös Stellung als eine åländische Urlauberhochburg ist das Angebot an Übernachtungsmöglichkeiten breit gefächert. Der Standard ist gut und gepflegt, jedoch »ländlich«. Viele der rund 500 Ferienhütten sind direkt über Eckerö Linjen zu buchen. Auf den Campingplätzen ist im Sommer richtig viel los.

HOTELS

◎ **ECKERÖ HOTELL** & RESTAURANG (A), Käringsundsvägen 53, Tel. 38 447, www.eckerohotell.ax. DZ ab 165/145, Familienzimmer (2+2) ab 233/213 €.

Das »Graceland« in Eckerö verfügt über 40 (Nichtraucher-)Zimmer, darunter großzügige FAMILIENZIMMER, Sauna, Terrasse, Bar und gute Küche. Im Sommer tritt KING ELVIS auf (siehe Seite 147 f.).

◎ **HAVSBANDET** (B), Sandmovägen 85, Tel. 38200, www.havsbandet.ax (E, D in Vorbereitung). DZ 140/92 €.

20 individuell und nett eingerichtete Zimmer, Restaurant mit Bar, Terrasse, Möglichkeit zum Saunieren. Ruhige Lage in Strandnähe, freundlicher Service: Gäste können sich auf eine kleine geführte Dorfrunde freuen. Die Chefinnen Beatrice Nordling und Inga Keisele bieten zudem Wellness- und Fitnesspakete an – sanfte ebenso wie schweißtreibende.

PENSIONEN / B & Bs

◎ **BJÖRNHOFVDA GÅRD** (C), Björnhuvud, Fjärdvägen 14, Tel. 38135 und 045 – 7344 7727, www.bjornhofvda.com (E). DZ ab 190/170 €.

Die Unterkünfte sind ganzjährig geöffnet, sofern nichts anderes vermerkt ist. Die Preise vor dem Schrägstrich benennen den Hochsaisontarif (zumeist Juli bis Anfang August), die Zahlen hinter dem Schrägstrich den für die Nebensaison.

ECKERÖ

Skag
Udden
Hästskär
Ekbol
Mellanön
Hummelvik
Främstön
Käringsund
Böle
Berghamn
Storby
Kyrkoby
Överby
Marby
Torp
Skeppsvik
Björnhuvud
Degersand

Information/ Sehenswertes/ Aktivitäten:

1 Fährhafen Berghamn
2 Post- & Tullhus
3 Labbas
4 Ålands Jakt & Fiskemuseum
5 Käringsund Hafen
6 Eckerö Kyrka
7 Smart Park
8 Eckerö Hallen
9 Eckerö Golf

Unterkunft:

A Eckerö Hotell
B Havsbandet
C Björnhofvda Gård
D Granbergs Gästhem
E Käringsund Resort
F Husfjärdens stugor
G Marbyfjärdens stugby
H Resort Degersand
I Eckerö Camping
J Hummelvik Camping
K Käringsunds Camping

N

0 2,5 km

GESCHMACKVOLL UMGEBAUTES Farmgebäude mit englischem Touch; dementsprechend das gesamte Interieur und die Zimmer fein aufeinander abgestimmt. Nobles Ambiente in ländlicher Lage.

◎ **GRANBERGS GÄSTHUS (D)**, Storby, Käringsundsvägen 54. Tel. 0457 – 343 5996, granbergs.ax (D). DZ 90/85 €.

Beim Wildsafari-Gelände in einem umgebauten Bauernhof. Im Angebot mehrere Häuser von klein, einfach, jedoch gemütlich (für 2 Personen) bis großräumig und luxuriös (bis 7 Personen). Je nach Kategorie und Dauer von 240/160 bis 1.800 € (2 Tage) und 890/690 bis 3.000 € (Woche). Dazu ein modernes Einsiedlerhäuschen auf einer nackten Schäreninsel.

FERIENDÖRFER/-HÜTTEN

◎ **KÄRINGSUND RESORT** & Conference **(E)**, Käringsund, Käringsundsvägen 194, Tel. 38000, www.karingsund.ax. Hütten, Häuschen, Bungalows und Strandvillen für 85–600 € pro Tag, Reduktion bei längerem Aufenthalt.

Eine für åländische Verhältnisse riesige Anlage. Die Tarife sind saisonabhängig und eher im oberen Segment, die breite INFRASTRUKTUR und der Service aber eine angemessene Gegenleistung. Famose Lage, Natur und Strände, nahebei das alte Fischerdorf. Sauna, Minigolf, Boule, Tennis, Volleyball, Kanu-, Boots- sowie Fahrradvermietung. Wellness und Massagen, Café und Restaurant.

◎ **HUSFJÄRDENS STUGOR (F)**, Husfjärdsvägen 75, Tel. 040 – 056 2798, Facebook, Buchung via book.visitaland.com. Ferienhütten 440/360 €, jedoch Minimum 2 Tage.

Geräumig, gut ausgestatt, für 6 Personen geeignet. Eigene Sauna, schönes Terrain, Seeblick, kurzer Weg zum kinderfreundlichen Ufer, Angeln.

◎ **MARBYFJÄRDENS STUGBY (G)**, Överby, Söderbyvägen 285, Telefon 38594, www.marbyfjarden.ax (E). Buchung bei Familie Eklund oder über Portale.

Komfort-Ferienhäuser (ab 6 Personen) mit Kamin, Strand, Sauna. Orientierungslauf, Jagd- und Angeltouren.

CAMPING

◎ **RESORT DEGERSAND (H)**, Degersand, Degersandsvägen 311, Tel. 38 004, degersand.ax (D). 1.5.–30.9. Zelt 12 € plus 5 € je Person, Womo (2 Personen) mit Strom 37 €. Ferienhütten, teilweise ganzjährig, bei 2 Personen je Tag 165/140 €, je Woche 1.155/980 €.

Bei Familie Lindström sind Sie gut aufgehoben – eine Empfehlung für Eckerö. Funktionales Servicegebäude, ungemein reizvolles Café-Restaurant, eine Lage ZUM TRÄUMEN mit feinem Sandstrand und Strandsauna – und ein sauberer Platz mit liebevoller Betreuung. Spielplatz, Bootsvermietung und Bootscharter.

◎ **ECKERÖ CAMPING & STUGOR (I)**, Skaguddsvägen 24, Tel. 0457 – 34 53 329, www.eckerocamping.ax (E). Mai bis September. Zelt 25/20 €/Tag, 150/120 €/Woche, Womo 35/30 €/Tag, 210/180 €/Woche, Ferienhütten (2 Personen) 118/88 €/Tag, 708/528 €/Woche.

Ruhig und schön gelegene Anlage im Inselnorden, gepflegt und sauber. Bistro-Restaurant (Pizza, Burger, Gerichte für Allergiker) und Kleinkiosk. Sauna, Grill, Adventure-Minigolfanlage und mehr.

Alle im Buch genannten Åland-Telefonnummern ohne Vorwahl betreffen das Festnetz mit der einheitlichen Vorwahl (0)18; geben wir eine Vorwahl für Kontakte vor Ort an, handelt es sich um ein Handynetz. Mehr auf Seite 42.

◎ **HUMMELVIK CAMPING** (J), Storby, Hummelvikstigen 34, Tel. 38311, via www.visitaland.com. Zelt/Womo 15/23 € je Tag. Campinghütten (3 Personen) 60 €.

Ein einfacher, aber familientauglicher Campingplatz, Servicegebäude, flacher Sandstrand, weitläufiges Gelände, Bootsvermietung.

◎ **KÄRINGSUNDS CAMPING** (K), Käringsundsvägen 147, Tel. 040 – 589 7230, karingsundscamping.se. Juni bis Mitte August. Zelt bei 2 Personen 15 €, Familie (2+2) 20 €. Wohnwagen mit Strom 38 €, Campinghütten ab 50, Ferienhäuschen ab 82 €.

Große und günstig gelegene Anlage, viele Aktivitäten im Umkreis, zwei Servicehäuser, Grillhütte, Sommercafé/Kiosk mit Bistro-Angebot. Der Platz gehört zum Käringsund Resort.

Essen und Trinken

◎ **BETTYS FAMILY RESTAURANT**, Storby, Bagargatan 3, Tel. 38058, bettys.ax. Mai bis September 10.30–20 Uhr, Vor- und Nachsaison Fr–So verkürzt. Lunch-Buffet Mo–Fr 11–17 Uhr.

Ein wunderbarer Ort, geschmackvoll und gemütlich eingerichtet, der Service freundlich und aufmerksam. Qualitative FEINE KÜCHE, Lunch- und Kuchenbuffet (für 14,90 / 12,90 €) sind zu empfehlen. Große Terrasse.

◎ **ECC CAFÉ & GRILL**, Storby, Eckerövägen 730, Tel. 045–7524 3907, Facebook. Mo–Do 9–15, Fr–So 11–18 Uhr.

Die kleine Café- und Imbisslokalität wird vom ortansässigen ECC Cruising Club betrieben: Freunden schwerer Zweirädern und alter AMi–Schlitten. Das Ess- und Trinkangebot ist Standard, aber das rot-schwarze Interieur lässt schon ein Feeling von American Diner aufkommen.

◎ **RESTAURANT & CAFÉ Q**, Degersandsvägen 311 (beim Resort Degersand), Tel. 38004. Mindestens Mitte Juni bis Mitte August.

Die MEDITERRAN inspirierte Küche setzt auf ökologische åländische Produkte und hausgemachte Backwaren. Lunch wie Abendessen schmecken in dem lichten Speiseraum wie auf der schön angelegten Terrasse. Sonntags Brunch-Buffet.

◎ **KAFÉ KALESCH**, Storby, Sandmovägen 1 (Post- & Tullhus), Tel. 040 – 040 5411, Facebook. Juni bis August Di –10–17 Uhr. Vor- und Nachsaison verkürzt.

Im ansprechend umgestalteten Ambiente einer Stallung servieren die Gastgeberinnen Selbstgebackenes und Selbstgekochtes, ökologisch produzierte und regionale Ingredienzen verwendend, teils auch vegan.

◎ **GASTROPUB BODEGAN**, Käringsund, Fiskeläget, Tel. 38530, www.bodegan.ax. Mitte Juni bis Mitte August täglich 10–23 Uhr, in der Vor- und Nachsaison verkürzt.

Früher befand sich in dem kleinen Holzhaus im alten Hafen ein Vorratsschuppen plus Salzlager. Heute sitzt man GEMÜTLICH auf der TERRASSE oder auf der verglasten Veranda bei Fischgerichten, Tapas, Burgern oder Salaten oder nur bei einem Getränk. Die Gäste können übrigens auch MIT DEM BOOT vorfahren, denn das Haus hat einen eigenen kleinen Pier.

Gepflegt Essen gehen können die Feriengäste natürlich in den Hotels und im Käringsund Resort. – Bettys betreibt zudem einen LANTHANDEL, der typisch åländische Lebensmittel und Waren führt. Mo–Fr 10 –19 Uhr, Sa 11–16 Uhr.

Sehenswertes

Außer den aufgeführten Attraktionen sind besonders die MILIEUS von Alt-Storby – sozusagen die Altstadt von Eckerös Hauptort – und des Geländes um den alten Fischereihafen in Käringsund für ausgiebige Spaziergänge zu empfehlen.

ECKERÖ POST- UND ZOLLHAUS

Die Str. 1 führt von Storby-Zentrum zum Fährhafen nach Berghamn. In der Rechtskurve, wo sich rechter Hand der See Krogarviken (früher eine Meeresbucht) erstreckt, zweigt links der Sandmovägen ab.

◎ Eindruck sollte es machen auf die gar nicht so fernen Schweden jenseits des åländischen Meeres. Hier am Rande des russischen Imperiums ließ die Verwaltung 1826–28 ein prächtiges, gelb strahlendes POST- & ZOLLHAUS errichten. Das imposante neoklassizistische **ECKERÖ POST- & TULLHUS** (2) stammt von den Architekten *Carl Ludwig Engel* und *Carlo Bassi*. Auch an anderer Stelle in Eckerö hinterließ Engel Spuren, ist seine meisterliche Handschrift im Dienste des Zaren unverkennbar, wie an der Kanzel der Kirche.

Seit Mitte der 1990er Jahre ist das Zentralgebäude mit den durch Torbögen von ihm separierten zwei langen Seitenflügeln sowie dem von diesen eingerahmten großen Innenhof in Besitz von Ålands Regierung. Sandmovägen 111, Tel. 0457 – 530 1435, www.museum.ax. Mai bis Mitte September täglich 10–18 Uhr. Eintritt frei im Hauptgebäude. Führungen nach Absprache, bei 1–9 Personen 30 €.

Hier befindet sich standesgemäß das Kontor des POSTMEISTERS in historischer Einrichtung (um 1850).

◎ WECHSELNDE **KUNSTAUSSTELLUNGEN** beleben das Hauptgebäude; vertreten sind hier vor allem zeitgenössische åländische Kunstschaffende. Gelegentlich werden Kunsthandwerk oder historische Themenausstellungen gezeigt. Die AUSSTELLUNGEN vermitteln einen Überblick über kreatives Geschehen auf Åland; auch die FILME über bestimmte Künstlerinnen und Kunsthandwerker sind sehenswert, aber in Originalsprache. EINTRITT FREI, Museumsshop.

◎ **ARTISTS IN RESIDENCE**: Im Südflügel unterhält die Regierung eine Künstlerwohnung für unbeschwertes, kreatives Schaffen.

◎ Das **KAFÉ KALESCH** lädt zu einem zu einer kleinen Pause bei Kaffee und Kuchen oder hausgemachtem Herzhaftem (siehe Seite 141).

◎ Im Westflügel betreibt der Heimatverein ein kleines Museum, das sich mit der einst beschwerlichen, riskanten Aufgabe der Briefbeförderung durch die Postbauern befasst. In Rotten aus acht Personen zusammengefasst, hatten sie bei jeder Witterung den Transport über See zu bewerkstelligen. Das ausgestellte Ruderboot im **POSTROTEMUSEUM**, ein Eisboot für die Winterüberfahrten, lässt die Strapazen erahnen. Auf Englisch können die Besucher auf Anfrage eine Audio-Führung erhalten, ergänzt durch die bewegten Bilder im Filmsaal. Gezeigt werden mitunter auch Bilderreihen über NATURTHEMEN. Tel. 0457 – 530 1300. Mitte Juni bis Mitte August täglich 10–15 Uhr.

Wie ein Stück Helsinki auf Åland: das Post- und Zollhaus aus der Feder von C.L. Engel, unten rechts aufgeschnappt bei einer hiesigen Sommerausstellung vom Verband der Künstler und Kunsthandwerker, unten links Bettys Family Restaurant (siehe Seite 141) ▶

◎ **POSTROTEMONUMENTET**: Direkt an der Felsküste, das Post- und Zollhaus (siehe oben) im Rücken, ragt das Denkmal auf, trotzt dem Seewind, zieht den Blick aufs Meer gen Schweden. Es erzählt von Männern, die stürmischer See und Eisbarrieren trotzten, es erinnert vor allem an die Beklagenswerten, die auf See verschollen waren, und es beweint die zurückgebliebenen Frauen und Kinder. 1946 wurde dieses Denkmal errichtet. Ein stumm sprechender Stein, der ebenso an einem friesischen Deich stehen könnte: »Een Boot is noch buten«. Linker Hand, ganz in der Nähe, ragt ein moderner kleiner Pier dort ins Wasser, wo einst an der POSTBRÜCKE die zum Postdienst verpflichteten Bauern ihre Boote bestiegen. – Mit seinen Bootsschuppen und malerischen Felsen und Klippen ist das Areal bei Familien und Verliebten als Picknickplatz und Treffpunkt beliebt.

IN STORBY

Zurück vom Sandmovägen zur Str. 1, führt diese als Eckerövägen rechts ins Zentrum von Storby, wo sich die Kreuzung mit der Straße nach Käringsund befindet. Hinter dem Kreisel und noch vor der Kreuzung Eckerövägen/Käringsundsvägen, steht rechter Hand:

◎ **LABBAS** Heimat- und Bankmuseum, Storby, Eckerövägen 740, öffnet nach Absprache (Tel. 0457–546 5280: Johanna vom Heimatverein). (3)

Das im Zentrum von Storby an der Hauptstraße gelegene kleine Hofensemble wurde 1810 erbaut. Auf dem Bauernhof wuchs auch der kleine *Johan Ekblom* auf, der als gestandener Seebär und Kapitän 1865 als erster Åländer mit seinem Schiff »Preciosa« den ATLANTIK ÜBERQUERTE. Damals war er gerade 24 Jahre alt – den theoretischen Unterricht an der Navigationsschule in Mariehamn absolvierte er Jahre nach den praktischen Erfahrungen. Im Hauptgebäude kann man einem imaginären vorgestrigen Bankangestellten beim Ausüben seiner Tätigkeit über die Schulter schauen.

IN KÄRINGSUND

Auf nach Käringsund: von der Hauptstraße 1 in Storby Zentrum abbiegen auf den Käringsundsvägen. Im Zielort befindet sich das (ausgeschilderte):

◎ **ÅLANDS JAKT & FISKEMUSEUM** (4), Käringsund, Fiskeläge 37, Tel. 040 – 588 6716, www.jaktfiskemuseum.ax. Mitte Mai bis Ende August Di–So 10–17 Uhr, nach Mittsommer bis Mitte August täglich 10–17 Uhr. Eintritt 8/5/0 €, Familien 21 €.

Untergebracht in einem auffälligen Holzgebäude, modern und gleichzeitig der Umgebung angepasst, erzählt das Museum die Entwicklung von Fischerei und Jagdwesen auf den Inseln. Deutlich werden die Mühsal und Gefahren, die früher den Kampf mit den Elementen prägten, wenn sich Familien und Sippen um Nahrungsgrundlagen kümmerten. Mehr als 2.500 Exponate umfasst der Museumsfundus, von Bild- und Texttafeln unterstützte, gut arrangierte Schaukästen ebenso wie präparierte Tiere, darunter Robbenmännchen Sälle und ein Elch. Eine stabile Population von ELCHEN gibt es erst seit gut einhundert Jahren auf Åland. Noch jünger ist die rapide gewachsene Population Rehwild, die in den 1960er Jahren heimisch wurde.

Sie sind auf den Inseln zahlreicher vertreten als Einwohner in Mariehamn. Abschussquoten sollen den Bestand kontrollieren. Ein weiteres Thema ist die Entwicklung des Netzfischfangs.

KINDER haben im Museum zusätzlichen Spaß: Sie können (kleiner Aufpreis) im Sand nach Schmuck und Perlen graben, sich mit Fingerfarben versuchen, an Tierquiz und Jagdprüfung teilnehmen. MUSEUMSSHOP.

Vor dem Museum startet ein 380 m langer GEO-TRAIL, der eine 200-Mio-Jahre-Zeitreise ermöglicht – Vulkane, Fossilien, Eiszeit. – Unübersehbar ein 12 m langer KUTTER: 1970 vom Stapel gelassen, kam er 1996 als Schenkung in den Besitz des Museums. Das Lachsboot »Svano« kann übrigens von Groß und Klein geentert werden.

◎ Vom Jagd- und Fischereimuseum sind es nur wenige Schritte zur **VILTSAFARI** (WILDSAFARI), Tel. 0457–346 0060, granbergs.ax/viltsafari. Mitte Juni bis Mitte August, mehrfach täglich, Tickets 16/12/8 €. Start zur vollen Stunde, Dauer 45 Minuten. Safarishop.

Zwar warten keine hungrigen Löwen und angriffslustigen Nashörner, dafür zeigen sich Wildsau, Dam- und Edelhirsch, Strauß, Lama sowie mehr Zwei- und Vierbeiner den Gästen, die in einem halboffenen SAFARIWAGEN durch Eckerös Savanne fahren. Zum weitläufigen Freigehege gehört auch ein Vogelsee mit Enten, Gänsen und als Hingucker schwarzen Schwänen.

◎ Das traditionelle FISCHERDORF **KÄRINGSUND** besteht seit dem Mittelalter. Heute fasziniert im Hafen vor allem das Bild der in die Dutzende gehenden Bootshäuser, einige datieren weit ins 19. Jh. zurück. Sie sind Beleg für die Tradition einer intensiven kommerziellen Fischerei. Mitte des 19. Jhs. begann man, auch jenseits der äußeren Schären Fischgründe zu erschließen und zum Fang Schleppnetze einzusetzen. Während der Saison wohnten die Fischer auf den Schären und kamen dann wochenlang nicht nach Hause. Für Märkte in Stockholm, Turku und Tallinn wurden auf den Schären Strömming & Co verarbeitet, ausgenommen, gesalzen. Strömming ist der kleine Ostsee-Hering. **(5)**

Näher an der Küste war in früheren Zeiten das gemeinsame Fischen mit Schlagnetzen üblich. Nach der Anlandung teilte der Älteste einer FANGGEMEINSCHAFT den Ertrag an Fisch unter den Beteiligten auf. Trockengestelle für die großen Netze waren ein gewohntes Bild in Fischerhäfen wie Käringsund.

◎ Nicht schrill vergnüglich, eher romantisch geht's bei den **BOOTSHÄUSERN** im Hafen zu. Geschützt vor den offenen Ostseewellen und -winden gruppieren sie sich entlang eines geräumigen felsigen Naturhafens. Verschieden im Alter und entsprechend teils schon leicht verwittert, verschieden in ihrer Größe und in ihrer Farbgebung von der Natur belassen hin zu diversen Schattierungen von Rot, mit Dächern aus Holz oder Wellblech, ergeben sie als Gesamtensemble einen wunderbaren Anblick. Man betrachtet sie gerne mit ihren teils offenen Mündern zum Wasser hin und auch von erhöhter Warte auf einem lang gezogenen Felsrücken stehend von ihrer Rückseite.

Heute fasziniert dieses Ensemble in Käringsund als pittoreske, romanti sche Kulisse, die in verträumten Winkeln immer wieder interessante Perspektiven eröffnet: Fotofreunde kommen auf ihre Kosten.

◎ Gleichzeitig präsentiert sich das Dorf nebenan als lebhaftes touristisches **FREIZEITZENTRUM** mit Badeinsel, schönen Strandplätzen, mehreren Campingplätzen, Hotel- und Ferienhausanlagen, nebst Fahrrad- und Bootsvermietung, Windsurfing, Tretbooten, Minigolf und anderen Angeboten. Beim BUMMEL durch den HAFEN lockt die Terrasse des Gastropub Bodegan (siehe Seite 141) direkt am Wasser und wagt man einen Blick in sporadisch aufblühende sommerliche Pop-up-Boutiquen mit Schmuck oder modischem Strick.

WEGMARKEN

◎ Ortswechsel: Bimmelt ihre kleine Glocke, dann tönt das älteste gegossene Geläut Ålands. Das trutzig-kompakt, doch schön anzuschauende Gotteshaus aus rötlichem Granitbruch ist dem Heiligen Laurentius geweiht. Die **ECKERÖ KYRKA** (6, St. Lars Kyrka) in KYRKOBY stammt wahrscheinlich aus dem späteren 13. Jh., wobei das gedrungene Langhaus am ältesten ist. Die Kirche begann ihre »Karriere« als kleine Seefahrerkapelle, wie es eine Quelle von 1325 belegt. Ganz in der Nähe der Friedhofsmauer erstreckt sich eine eisenzeitliche Grabstätte.

Mehrfach wurde der Innenraum erweitert und verändert. 1837 wurden Pfeiler entfernt, so dass bei niedriger gehängter Holzdecke Langhaus und Erdgeschoss des Turms einen Raum bilden. Die Vorhalle datiert auf das 15. Jh. Die Kanzel von 1840 und den Altar entwarf C.L. Engel. Zum Inventar: Die hölzerne MARIENSTATUE mit dem Jesuskind (14. Jh.) wurde in Gotland gefertigt, die Frisur von Madonna und Kind im 16. Jh. neu geschnitzt, der damaligen Mode entsprechend. Beachtung verdienen das hölzerne Taufbecken (um 1260), das Triumphkreuz aus dem 14. Jh. sowie das Altarbild von *B. Reinhold:* Ausgestellt in Paris, gekauft in Stockholm, wanderte das Bild per Postboot nach Eckerö. Die WANDMALEREIEN wurden 1950 entdeckt und später frei gelegt.

Seit 1877 bilden die Gläubigen auf Eckerö eine selbständige Kirchengemeinde, vorher war sie mit kurzer Unterbrechung der Gemeinde in Hammarland angegliedert. 1.5.–31.8. Mo–Sa 9–16 Uhr.

◎ In NABBERGEN, nahe Hummelvik Camping, erstreckt sich ein **STEINHÜGEL-GRÄBERFELD** (Hinweis: Rösegravfält). Auf einer Fläche von rund 200 x 300 m verteilen sich teils imposante, teils gut erhaltene runde Steinhaufen. Forscher datieren das Gräberfeld auf die Zeit von Christi Geburt. Wanderweg TRÄSKET siehe Seite 148.

◎ Rund 10 km vor dem Festland liegt auf offener See ein mal sturmumtostes, mal friedlich schlummerndes Kleinod von Eiland mit kleinen Schärchen als Satelliten. Für viele Jahrhunderte war **SIGNILSKÄR** (das zur Kommune Hammarland gehört) hoch genug, um vor Sturmwellen zu schützen, aber nur spärlich mit Sträuchern oder gar Bäumen bewachsen – ein wichtiger Trittstein jedenfalls auf dem Weg auf die Hauptinseln. 1560 öffnete das erste Gasthaus, eine künftige Servicestation auf der Postroute.

Bis 1935 war die Insel fast durchgängig bewohnt. 1728 wurde eine Lotsenstation gebaut, 1796 ein optischer Telegraf, dessen Pendants in Grisslehamn und in Storby standen; in Gebrauch war die Anlage nur 12 Jahre. Besiedelt wurde auch die Nachbarinsel Heligman, so dass 1925 auf der Signilskär-Gruppe immerhin 25 Personen lebten. Fischerei, Viehwirtschaft, Schafe sorgten für Einkommen. Heute erzählen nur noch Ruinen von den vergangenen Zeiten. Im ehemaligen Bauernhaus Elkvall ist eine Vogelwarte untergebracht. Die berühmteste RUINE ist der Rest einer Seefahrerkapelle wohl aus dem frühen 13. Jh.

◎ **BOOTSAUSFLÜGE** nach Signilskär unternimmt Käpt'n Fredrik mit seiner M/S SEFYR ab Käringsund, Fiskeläget 44, Tel. 040 – 590 9333, www.sefyr.ax. Die Überfahrt dauert ca. 20 Minuten.

◎ Mit einem Bein in Schweden, mit einem in Finnland – das geht auf dem kleinen Eiland **MÄRKET** mit seinem **LEUCHTTURM** (Märkets fyr), denn die schwedisch-finnische Grenze verläuft mitten über die Schäre, womit Märket – im hohen Norden – die kleinste Insel überhaupt mit einer Landesgrenze ist.

Das Leuchtfeuer wurde 1885 von den russischen Besatzern errichtet. Erst 1976 ging der letzte Leuchtturmwärter an Land. Die BOOTSFAHRTEN nach Märket, einem 3 ha großen, flachen, nackten und zerklüfteten Felsen, starten bei ruhiger See in Käringsund: Auch hier ist die M/S SEFYR der Wellenbrecher, siehe oben. Start am Pier beim Gastropub Bodega. Tourdauer ca. 4–5 Std, inklusive Führung, Kaffee und ROBBENAUSGUCK auf der Rückfahrt. Tickets ab etwa 80 € je Person.

Unterhaltung

◎ **SMART PARK** (7), Eckerövägen 388 (westlich Kyrkobys), Tel. 38499, www.smartpark.ax (E). Mitte Juni bis Mitte August Mo–Sa 11–18 Uhr. Eintritt Kinder (3–14) 24 €, Erwachsene 14 €. Extrakosten für einige neuere Attraktionen, wie die Laser Park Arena.

SPIELEN UND AUSPROBIEREN und dabei auch LERNEN – so das Konzept dieses Freizeitparks für Vor-Teenager. Boot- und Floßfahrten, Brummis lenken, mit Baggern im Einsatz oder die Schlacht von Bomarsund nachspielen, Abenteuergolf probieren, Karussellrunden drehen, Bauer spielen, Tiere kraulen usw. Mehrere Lokale.

◎ **LEKLANDET**, ECKERÖ HALLEN (8), Käringsundvägen 85 (zwischen Storby und Käringsund), Tel. 0457 – 344 9850, www.leklandet.ax. Mitte Juni bis Mitte August täglich 11–18 Uhr, ab Mitte Mai sowie bis Mitte September Sa+So 11–18 Uhr. Eintritt (ab 2 Jahre) 14 €, begleitende Eltern kostenlos.

Das familientaugliche Spielland ist auf 5.000 m² in altersgerechte Sektionen aufgeteilt: Aufgeblasenes Gummi und viel Bewegung sind im Spiel, von der Hüpfburg über Sumoringen bis zum riesigen Schiffswrack, 17 große und weitere kleine Spaßstationen. Im Café gibt's Snacks und Getränke.

◎ **ELVIS LEBT!** Und er residiert natürlich in Graceland, d.h. im Eckerö Hotell. Während die Fans im Restaurant ein gepflegtes Menü zu sich nehmen, bringt der King mit Gitarre, Hüftschwung und seinen Evergreens das Blut der Herren zum Kochen, die Herzen der Damen zum Schmelzen. Zwar

Die Zahlen in Blau beziehen sich auf unsere Übersichtskarte auf Seite 139.

hat unser Elvis hier inzwischen einen Schnäuzer, aber sonst ist er fast ganz der Alte ... Er tarnt sich auf Åland mit dem Decknamen *Ronald Karlsson* und tritt in der Hauptsaison an mehreren Terminen auf die Showbühne.

◎ **POSTRUDERN**: Alljährlich findet Mitte Juni in Erinnerung an die Männer der Postrotten ein Ruder- und Segelwettbewerb statt. Die zurückzulegende Strecke entspricht dem traditionellen ca. 40 km messenden Postweg zwischen Grisslehamn und Eckerö. Gestartet wird abwechselnd vom schwedischen und åländischen Ufer. Kriterien der Jury sind außer Schnelligkeit auch authentische Kleidung sowie originalgetreue Bootstypen. Zudem Tanz und ein buntes Programm.

◎ Eine Attraktion ist das Aufstellen der **MITTSOMMERSTANGEN** im Juni. An den Standorten in Storby, Överby und Torp wird gebührend gefeiert. Die Leute von Storby reklamieren für sich gar die höchste Stange der Welt: rund 28 Meter.

◎ BENTES **SOMMERTHEATER**: Aufführungen unter freiem Himmel in reizvoller Umgebung. Abends, wenn die Sommersonne den Schauplatz mit Farbtönen von Gelb bis Rot beleuchtet, treffen sich Einheimische und Gäste, die das Treiben verfolgen, ob historischer Schinken oder Pippi Langstrumpf – und das seit 1992! Överby, Norra Överbyvägen 21, Tel. 15221, www.ungdom.ax/teater.

◎ **WEIHNACHTSMARKT** im POST- & TULLHUS – lassen Sie sich an 1–2 Wochenenden im Dezember von der Advents- und weihnachtlichen Stimmung verzaubern. Viel Kunsthandwerk, und der Weihnachtsmann schaut vorbei.

Ferien aktiv

NATUR UND WANDERWEGE

◎ **TRÄSKET**: Ein markierter WANDERWEG führt in SKAG, im nördlichen Eckerö, über 3,8 Kilometer durch streckenweise felsiges, auch durchfeuchtetes Terrain. Der gut begehbare Weg startet am kleinen Parkplatz am Hummelviksstigen 79.

◎ Unberührte Natur und eine beeindruckende Pflanzen- und Tierwelt wartet im **MOORGEBIET** von Storby, Richtung Käringsund und nordöstlich vom Hummelvik Camping. Aufzuspüren sind verschiedene Beerenarten, Sonnentau, Riedgräser, Binsen; mit etwas Glück erspäht der Naturfreund Kraniche, Rehwild – oder sogar einen Elch. Beachtung verdient das Rösen-Gräberfeld (siehe Seite 146).

◎ **LASSAS-LÅNGNÄS**, Kyrkoby: ein recht neuer Wanderweg, mit 1,8 km zwar kurz, jedoch schön zu begehen. Am Ende einer Landzunge, meist direkt der Uferlinie folgend, passiert der Naturfreund Wiesen, Birken, Feuchtstellen, ein Wäldchen; ein Picknicktisch auf der vorgelagerten Klippe Antonsgrund lädt zur Rast. Namensgeber des Mini-Eilands ist Anton Eklund, der in den 1930ern in der Nähe eine Fischräucherei betrieb. Wer sich beim Gehen umschaut, erblickt eine moderne Windkraftanlage und als Kontrast Relikte eines Hafens für Wasserflugzeuge aus dem Ersten Weltkrieg.

BADEN, SCHWIMMEN

◎ Die offiziellen **BADESTRÄNDE** der Gemeinde finden sich in DEGERSAND (ein feiner und beliebter Sandstrand,

Mit dem Binden der bunten Quasten für die Mittsommerstangen wird schon im Winter begonnen – alles Handarbeit! Um einiges kleiner als in Storby fällt der »Kinder-Maibaum« in Lassas/Kyrkoby aus, doch hat auch er seinen Reiz.

flach abfallend) sowie in SANDVIKEN (ebenso wegen des seicht abfallenden Grundes gut für Kinder geeignet). Vortrefflich sind auch die Bademöglichkeiten in Käringsund. Das felsige Ufer gegenüber dem Post- und Zollhaus ist bei Einheimischem als Badeplatz beliebt. Am Schwimmstrand in Böle ist im Juli eine Schwimmschule für Kids ab 5 Jahren eingerichtet.

DISCGOLF

◎ **SKAG** DISCGOLFPARK, direkt bei Eckerö Camping, Skaguddsvägen 24 (I). Der neuere Parcours ist auch für Einsteiger geeignet. Meist flaches, felsiges Terrain mit Baumhindernissen.

◎ **KÄRINGSUND** DISCGOLFPARK, Käringsundvägen 194, beim Resort (E). Hier sind neun Bahnen auf rund 1.300 Metern zu bewältigen. Und wer nach 32 Würfen durch ist (Par), hat eine Krone verdient.

GOLF

◎ **ECKERÖ GOLF** (9), Kyrkoby, Tel. 0457 – 004 6532, www.eckerogolf.ax (E). Attraktiver 18-LOCH-PLATZ westlich von Kyrkoby. In waldiger Umgebung, mit Bunkern und Teichen können die Aktiven Parcours von 3.200 m bis 5.750 m absolvieren. Mit Servicehaus und Driving Range.

PADDELN

◎ **NIMIX** hat ein großes Sortiment an Kajaks im Angebot, verkauft und vermietet die Boote. Främstön, Västanholmen 14 (nördlich von Käringsund), Tel. 050 – 66710, www.nimix.ax (E). Freitransport innerhalb von Eckerö, sonst Aufpreis. Einer/Zweier 55/70 €/Tag sowie 190/295 €/Woche.

RAD FAHREN

Die Hauptstraße 1 begleitet ein separater Radweg, ebenso die Straße nach Käringsund. Die Geografie »erlaubt« nur wenige Rundfahrten; fast alle Abstecher gehen von der Str. 1 aus.

◎ Mit knapp 10 km die längsten Abstecher ermöglichen die Nebenstraßen nach **UDDEN/SKAG** IM NORDEN und nach **DEGERSAND** IM SÜDEN.

REITEN

◎ STALL **ROSENQVIST**, Ollasgatan 35 (am Ostrand Storbys, Abfahrt vom Eckerövägen, aus Kyrkoby kommend, rechts), Tel. 0457 – 522 1617, via Facebook. Reitschule mit Dressur- sowie Springunterricht, gemeinschaftliche Ausritte in Wald und Flur. Die Stars: Islandpferde!

SPORTZENTRUM / CURLING

◎ **ECKERÖ HALLEN** (8) am Käringsundsvägen 85 (zwischen Storby und Käringsund), Tel. 37300.

In die größte Halle auf Åland passen ein Fußballfeld in Originalgröße, Felder für Ballspiele wie Volley- oder Handball, Trainings- und Fitnessräume sowie Leklandet (siehe Seite 147) und eine Cafeteria. Hier finden zudem Messen, Tanzfeste u.a. statt.

◎ **CURLING** hat sein inselweites Zuhause in Eckerö gefunden. Ansprechpartner ist der Åland Curlingklubb, Käringsundsvägen 22, Tel. 0457 – 374 9778, www. curling.ax. Saison ist vom Herbst bis Anfang Mai.

LU11
11

Hammarland

LAND DER FELSEN lautet die Ableitung des Gemeindenamens von dem alt-schwedischen Begriff *hambr*. Der Anblick eines Haufens felsiger, buckeliger Inselgrüppchen bot sich wohl den ersten Menschen, die hier Fuß fassten. Diese frühe Besiedlung vollzog sich schon in der Bronzezeit. Eine große Anzahl von Gräbern und Funden aus jener Epoche belegen dies. Auch heute gibt es prächtige Klippen und Felsformationen zu bewundern, zusammen mit fruchtbaren Äckern und Wiesen, bewaldeten Hainen und weich rollenden Hügeln zeigt Hammarland ein harmonisches Ganzes aus 127 km² Land, von 148 km² Wasserfläche umspielt. Die sich dehnende Halbinsel ist etwa 21 km lang, maximal 8 km breit, durch schmale Sunde von Eckerö im Westen sowie Finström im Osten getrennt und die Heimat für gut 1.630 Inselbewohner. Als Vorposten hoch im Norden (und im Sommer per Ausflugsboot zu besuchen) grüßt der 30 m hohe Leuchtturm Sälskär die Skipper.

INFORMATION

◎ Einige Auskünfte über das touristisch nicht voll ins Visier genommene Hammarland erhalten Sie im Touristenbüro Mariehamn bei Visit Åland, als Auslage bei lokalen Dienstleistern und ansonsten von **HAMMARLANDS KOMMUN**, Kattby, Klockarvägen 3, AX-22240 Hammarland, Tel. 36450, www.hammarland.ax nur auf Schwedisch, zum Download das monatliche »Aktuellt«. Mo–Fr 9–15 Uhr, ab Mitte Juli 14 Tage geschlossen.

TRANSPORT

◎ Von Mariehamn aus rasch über die **STRASSE 1** Richtung Eckerö bzw. mit BUS 1 ebenfalls Richtung Eckerö.

◎ **TAXI**: Taxi Jouren, Tel. 37900. – Hammarland Taxi, Tel. 36180.

◎ In Öra Strand, Öravägen 47, auf einem Inselchen ganz im Westen der Gemeinde, liegt ein kleiner **SERVICEHAFEN** mit Tankstelle für Boote. Tel. 364528.

◎ In Skarpnåtö befindet sich der Anleger der **FAHRRADFÄHRE** »Silvana«; sie verkehrt NACH Snäckö auf GETA. Etwa 25.6.–25.8. 12.30 Uhr täglich ab Snäckö (Lolos Seaside Café), 13.00 ab Skarpnåtö; ab 1.7. geplant zusätzliche Abfahrt ab Snäckö 16 Uhr, Skarpnåtö 17 Uhr. Tel. 0400 – 229 149.

Unterkunft

◎ **PENSIONAT PARADISET**, Skarpnåtövägen 592 (Richtung Bovik), Tel. 040 – 813 6469, Facebook. Ganzjährig geöffnet. DZ 127 €.

Ein altes Hofbebäude mit großem Garten haben Eva und Björn zum Paradies gemacht, zwei Schwäne markieren den etwas versteckten Zugang an der Straße. Prächtig-gustavianisch anmutende Ausstattung, die Zimmer haben königliche Themen, wie Gustav

◀ Natur auf Hammarland in Grün und Blau, mal ohne das Rot der Felsen, hier am lang gestreckten See Långträsk (parallel zur Hauptstraße 1), unten im Feuerwehrmuseum Ålands Brandkårsmuseet (siehe Seite 154)

Vasa. Gemeinschaftsbad. Frühstücksbuffet, für Hausgäste Abendessen nach Absprache. Nette Gastgeber.

Auf dem selben Areal präsentiert sich, etwas unaufgeräumt, Evas Paradise Antique und Design.

◎ **HARNÄS STUGOR**, Ässkärsvägen/Solbackastigen, Tel. 0457 – 524 4267, www.harnasstugor.com (D). Wochentarife ab 400/300 €.

Die drei Ferienhütten (nur von Mai bis September, für 2–4 Personen) und die schöne Turmvilla (ganzjährig, für bis zu 6 Personen) werden bevorzugt wochenweise (ab samstags) vermietet. Sie liegen verteilt in Hammarland, in Bovik, Sålis, Strömma, drei davon am Wasser. Nur zur (teureren) Villa gehören Sauna und Boot dazu. Alle Domizile sind gut eingerichtet und eher komfortabel.

◎ **ÖRA STUGOR**, Öravägen 47, Tel. 37689 u. 0457 – 313 5689, Buchung über Visit Åland. Mitte April bis Anfang Oktober, Minimum 2 Nächte, in der Hauptsaison 7 Nächte. Wochentarife ab 350/280 €.

Idyllisch am Marsund auf der INSEL Öra gelegen, unprätentiöse Ausstattung, aber alles da. Strand, Spielplatz, Fischräucherei, Sauna im Servicehaus. Im Sommer Ruderboot inklusive.

◎ **BJÖRKLIDENS STUGBY**, Björkliden 25, Tel. 040 – 510 5782, Buchung über Visit Åland. Mitte Mai bis Ende September. Wochentarif ab 575 €.

Freundlicher sauberer Platz mit 12 einfachen, aber nett ausgestatteten Hütten, flachem Sandstrand mit Ufersauna, Schwimmponton im Wasser, Sonnenuntergang (!) und Ruderboot inklusive. Ferner ist ein Motorboot zu vermieten.

◎ **SANDS STUGBY**, Hellesbysandvägen 359, Tel. 36312 und 0457 – 595 8398, www.sands.ax (E). Zwei Häuser sind ganzjährig zu mieten, die anderen von Mitte April bis Mitte Oktober. Wochentarife ab 850/670 €.

Zum Feriendörfchen mit gut ausgestatteten Häuschen am Marsund gehören Boote, Grill, Fußballfeld, Tennisplatz, kleiner Kinderspielplatz und – extra zu buchen – eine holzbeheizte Sauna mit Badefass. Bootstaxi, Ausflüge auf Anfrage.

◎ **KATTNÄS CAMPING**, Kattnäsvägen 285, Telefon 0046 – 70 – 6473 393, www.kattnas.ax (D). Mitte Mai bis Mitte September. Zelt 15–20 € (2 Personen), 2 Campinghütten 60 € (ab 3 Tage, inklusive Sauna). Reservierung via info@kattnas.ax. Keine Rezeption.

Einfacher, aber schöner, guter Platz in Kattnäs am MARSUND. Gartenareal mit Outdoormöbeln, Blumen, netter Dekoration. Feiner Sandstrand, Sauna, Servicehaus, Küchenhütte, TV-Zimmer, Fußball- und Volleyballfeld.

Essen und Trinken

◎ Leider ist es **SCHWIERIG** mit der Gastronomie in Hammarland. Ein Restaurant hat sich in den letzten Jahren nicht etablieren können, weil die Feriensaison dafür einfach zu kurz sowie Hammarland einerseits zu abgelegen, andererseits wieder zu nahe etwa an Eckerö ist.

◎ **SYRENBACKENS CAFÉ**, Postad, Östergatan 139, Tel. 32291551, gardsyrenbacken.com. Bauernhof mit Ca-

Alle im Buch genannten Åland-Telefonnummern ohne Vorwahl betreffen das Festnetz mit der einheitlichen Vorwahl (0)18; geben wir eine Vorwahl für Kontakte vor Ort an, handelt es sich um ein Handynetz. Mehr auf Seite 42.

ÅLANDS NORDEN
Hammarland:
1 Ålands Brandkårs-museum
2 Hammarlands Kyrka
3 Sålis Batteriberg
4 Hembygdsgården i Skarpnåtö
5 Lugnet Keramik
Finström:
6 Ålands Idrottscenter
7 Finströms Kyrka
8 Ålands Fotografiska Museum
9 Kalle Glads Stuga
10 Aussichtsturm Höga C und Café Uffe på Berget
11 Brauerei/Pub Stallhagen
Geta:
12 Getaboden (Info-Stelle)
13 Havsvidden
14 Geta Kyrka
15 Geta Nostalgi & Motor Mus.
16 Getabergen
17 Dånö Hembygdsmuseum
Saltvik:
18 Saltviks Kyrka / Wikingermarkt
19 Borgboda
20 Orrdalsklint / Långbergen
21 Germundö Alpin
Sund:
22 Smakbyn
22 Kastelholm
22 Jan Karlsgården
23 Sunds Kyrka
24 Bomarsund Ruinen
25 Ålands Golfklubb
Vårdö:
26 Båthusviken
27 Vårdö by mit Kirche
28 Fährhafen Hummelvik
29 Grundsunda
30 Seffers Hembygdsgård
31 Hochseilgarten Flowpark
Sälskär
Saggöfjärden
Geta
Dånö
Geta ön
Boxö
Hällö
Finnö
Vestergeta
Höckböle
Petböle
Daglösa
Toböle
Silverskär
Norra fjärden
Simskäla
Simskäla fjärden
Skarpnåtö
Bastö
Tjudö
Nääs
Orrdalsklint
Bergö
Ödkarby
Långbergsöda
Tengsödavik
Haga
Saltvik
Sandö
Hjortö
Kvarnbo
Sund
Hammarland
Bovik
Sålis
Norrö
Lillbolstad
Bamböle
Svartsmara
Påls-böle
Borgboda
Sibby
Grand
Vargata
Lövö
Vårdö
Godby
Kastelholm
Frebbenby
Postad
Bjärström
Finström
Emkarby
Tosarby
Finby
Bomarsund
Prästö
Töftö
Tranvik
1
2
4
N
0
5 km

fébetrieb auf der Wiese, öffnet Fr 13–16 Uhr, nur bei gutem Wetter. Etwas Besonderes ist der Fliedersaft. Außerdem: Ziegen, Kaninchen und Hühner und ein kleines Bauernmuseum im roten Holzhaus aus dem 18. Jh.

◎ Beim Feuerwehrmuseum öffnet im Sommer eine Filiale des Lemland-Bäckers **STORASYSTERS** als CAFÉ, je nach Woche Di/Mi–Fr/Sa.

◎ Für Selbstversorger eignet sich der **DORFLADEN HUGOS** von Hugo Andersson in der Ortschaft FREBBENBY (siehe Seite 156).

Sehenswertes

◎ FEUERWEHRMUSEUM **ÅLANDS BRANDKÅRSMUSEET (1)**, Mörby, Mörbyvägen 121, Tel. 040 – 184 6696, brandkar.ax/museum. 1.6.–15.8. Di–Sa 12–16 Uhr. Eintritt 3,50/2 €.

Eine Attraktion für Groß und Klein: Auf einem alten åländischen Hofareal sind etwa 20 Original-Fahrzeuge und Löschzüge sowie weitere Utensilien aus der lokalen Feuerwehrhistorie und den verschiedenen Gemeinden auf Åland zu bestaunen; das älteste Gefährt datiert von 1926, das jüngste von 1969. Stolz prangen die Wappen der Gemeinden auf den Türen und berichten damit vom Einsatzgebiet, ergänzt durch ausführliche Beschilderung. Neben dem stattlichen Fuhrpark umfasst die Sammlung Spezialausrüstung wie lederne Löscheimer, Bekleidung und anderes Gerät. Der Löschzug draußen eröffnet (Wasser-)Spielideen für begeisterte KINDER!

Das Engagement in FREIWILLIGEN Feuerwehren stellt in ländlichen Gebieten nicht nur den Brandschutz sicher, sondern dient auch seit altersher Zusammenhalt und Gemeinschaft.

◎ Eine feste Burg ist unser Gott: Aus ROTEM ÅLÄNDISCHEN GRANIT, grobflächig weiss gefugt präsentiert sich **HAMMARLANDS KYRKA (2)**, die Sta Catharina Kyrka in Kattby. Ihr ältester Teil, das Langhaus, stammt vom Ende des 13. Jhs., der schmalere Chorraum datiert um 1400. Im Gegensatz zu den anderen Kirchen des Archipels wurde der wuchtige Kirch- und Wehrturm mit dem Pyramidendach Anfang des 14. Jhs. an die Südwest-Ecke des Sakralbaus platziert. Im Inneren fällt der Blick auf mittelalterliche Ornamentmalerei an den Gewölben (um 1450) und die Ziegelimitationen. Der Taufstein datiert um 1250.

Die mit einer schönen Steinmauer solide eingefasste Kirche nebst Friedhof steht etwas abseits der Straße, umgeben von Bäumen, zwischen denen schon mal weidende Schafe die Kirchenbesucher lebhaft blökend begrüßen. Das pittoreske Ensemble vervollständigt der alte Pfarrhof mit Pferdeställen (um 1798). PFERDESTÄLLE standen früher bei fast allen Kirchen, waren die Vierbeiner doch wichtigstes Transportmittel der verstreut wohnenden Gemeindemitglieder. Nur in Hammarland aber sind sie erhalten.

Tel. 36029. Mitte Mai bis Ende August Mo–Sa 9–16 Uhr.

◎ Auf einer Anhöhe (40 m) nördlich von Sålis sind gut sichtbar Reste von russischen Befestigungen auf **SÅLIS BATTERIBERG (3)** verblieben: 1916–18 war die Stellung Teil der Küstenar-

Anfang 2010 verübten zwei jugendlichen Frauen einen Brandanschlag auf die Kirche, der einen Sachschaden von fast 100.000 Euro und entsprechend aufwändige Restaurierungsarbeiten verursachte.

tillerie, die zehn Batterien umfasste. Damals lagen insgesamt bis zu 8.000 russische Soldaten auf Åland. In Sålis waren mehrere Geschütze und Kanonen postiert, dazu mehr als 100 Offiziere und Matrosen stationiert. Ziel war unter anderem, mögliche Anlandungsversuche deutscher Truppen zu verhindern. Von der Landstraße aus führte eine mit Kopfstein gepflasterte 7 m breite und 800 m lange Militärstraße hinauf zu Kasernen und Baracken. Diesen holprigen Weg nimmt auch heutzutage der Zivilist. – Nach Ende des Ersten Weltkrieges wurden gemäß dem Demilitarisierungsstatus Ålands 1919 die Verbindungswege und Wehranlagen aus dicken Felsbrocken gesprengt.

Vom AUSSICHTSTURM (mit Gästebuch) aus hat man einen guten Blick in die Ferne und über die Anlage, vor allem auch zur Hängebrücke hinüber, die einen Graben mit den Resten gesprengter Wälle überquert. Info-Tafeln auch mit deutschen Zusammenfassungen erläutern das Gelände.

◎ SCHÖN ist es in **BOVIK**: nicht nur des BADESTRANDES wegen, sondern auch da die Bucht Boviksjön zahlreiche rote HOLZHÄUSER zieren sowie Festplatz und Tanzpavillon zum Feiern da sind.

◎ In SKARPNÅTÖ, im hohen Norden der Kommune, lohnt der Besuch des **HEMBYGDSGÅRDEN I SKARPNÅTÖ (4)**, Skarpnåtövägen 1560, Tel. 040 – 553 8712. Ende Juni bis Mitte August Di–Sa 11–17 Uhr. Freiwillige Spende statt Eintritt, Führung 5/0 €.

Das HEIMATMUSEUM ist in einer kleinen Hofanlage aus dem frühen 17. Jh. untergebracht, eines der ältesten und dabei am besten erhaltenen Beispiele åländischer bäuerlicher Wohnkultur. Im Haupthaus berichten Gegenstände des Alltags manches über das entbehrungsreiche, doch auf seine Weise manchmal auch erfüllte Leben der Generationen, die dieses Anwesen einst bewohnten. Sicher hat es auch in früheren Zeiten Freiräume für Lachen, Spiel und Tanz gegeben. So mögen auch damals, so wie heute, im Garten bunte Streifen an der Mittsommerstange im Wind geflattert haben.

◎ Die heute beschauliche, malerisch anmutende Gegend um **FREBBENBY** war im späten 19. Jh. ein bedeutender Hafenplatz auf Åland. Er umfasste mehrere Lagerhäuser, es gab Schiffszimmerleute und einen Uferplatz für Reinigungs- und Wartungsarbeiten an Schiffen. Ein altes Salzlager und ein Steingebäude (1901) sind erhalten.

An diese Blütezeit, die gleichzeitig hohe Zeit der Bauern-Segler (siehe Seite 209 f.) war, erinnern weitere Zeugnisse: Am alten POSTVÄGEN steht ein großes, rotes Holzgebäude aus dem 19. Jh. Das Krogers beherbergte dereinst einen Dorfkrug – der trinktechnisch offenbar günstig gelegene Ort diente Schankwirten schon seit dem 17. Jh. Nicht weit entfernt ist das in Privatbesitz befindliche, stattliche Anwesen des Schiffsmaklers und Händlers *Peter Sittkoff*, erbaut 1868. Von hier aus regierte der Russe jahrzehntelang sein kleines Handelsimperium.

◎ Die alte **STEINBRÜCKE** von BJÄRSTRÖM überspannt den Vargsundsådran, der die Grenze zwischen Hammarland und Finström bildet, sie wurde 1990 saniert und ist für den motorisierten Verkehr gesperrt.

Markt und mehr

◎ Hochwertige Gebrauchskeramik fertigen und verkaufen Siv und Simon Linney: **LUGNET KERAMIK** (5), Lillbolstad, Skarpnåtövägen 356, Tel. 0457 – 374 9902, lugnetkeramik.n.nu. Juni bis August Mo–Sa 12–15 Uhr, sonst nach Absprache.

Seit 1984 formen und brennen sie Schalen, Kannen, Töpfe, die ihren Ansprüchen entsprechend klar, klassisch und funktional sein sollen (zum Namen passend, bedeutet doch *lugn* Ruhe und Gelassenheit). Bemalung von Hand und ein Brennen im speziellen, Holz befeuerten Ofen verleihen jedem Teil Individualität. Mit etwas Glück können Sie in der WERKSTATT der Entstehung auf der Töpferscheibe zusehen. Simon, gebürtiger Engländer, und Siv aus Hammarland haben beide das künstlerische Handwerk gelernt, zunächst in Mariehamn in einer Töpferei gearbeitet und dann ihr eigenes, unverwechselbares Unternehmen gegründet. Verkauf auch bei SALT in Mariehamn.

◎ *Hannele Ögård* kreiert im **ATELJÉ BLÅ FISKEN** Malerei, Textiles, Mischtechniken. Byttböle, Vargsundsvägen 12, Facebook. Ausstellungen im Archipel. Ihr nächstes Projekt: Gemälde nach Kindergedichten.

◎ **TEXTILKÜNSTLERIN** *Birgitta Häggblom* arbeitet in Hammarland. Gewebte Teppiche, gequiltete Kissen, Wandbehänge in beiden Techniken, mit Blumen, Gräsern, Jeansteilen darin: schön und FANTASIEVOLL. Immer wieder Ausstellungen. Tel. 0457 – 343 0457 oder via Facebook.

◎ **ANNELUND** bezeichnet einen originellen Garten mit Kräutern, Gewürzen, Blumen und Gemüse. Zwar ist die Oase nicht (mehr) zu besichtigen – die Gewürzsalze und Kräuter sind immerhin bei Marskogens Lamm in Finström oder gelegentlich bei Syrenbacken in Postad zu erwerben. Auch Wolle und Schaffelle. annelund.ax.

◎ **HUGOS**, Frebbenby, Tel. 37350. Hugo Andersson führt eine kompakte Versorgungseinheit u.a. mit Lebensmitteln (auch Fischprodukten), Post- und Bankdiensten. Er verkauft Angellizenzen und verwaltet MEDICINSKAP, die Mini-Apotheke. Einer der ältesten Dorfläden im Archipel! Mo–Fr 9.30–18 Uhr, Sa bis 14 (sommers bis 15) Uhr.

Ferien aktiv

NATUR UND WANDERWEGE

◎ SKARPNÅTÖ ist ein ideales Gebiet für allerlei aktive Erholung und auch zum Relaxen: Spazierwege, Badeplätze, reiche Fischgründe. Am Heimatmuseum startet der neue 63 km lange FERNWANDERWEG **SADELINLEDEN** durch Hammarland und Finström bis Höckböle in Geta. Eine Wegekarte ist für 3 € im Touristenbüro Mariehamn zu erstehen. Siehe auch Seite 54.

◎ Südlich von Skarpnatö führt ab Jomalövägen 85 ein weiß markierter, anspruchsvoller Trail zum AUSSICHTSTURM **KLINTBERGEN**: mit imposanter Aussicht und Rastplatz; statt dem identischen Pfad zurück ist auch ein Rundweg möglich.

◎ Ein kürzerer Wandersteig (1,5 km)

Links Rad fahren in Hammarlands Wäldern, rechts der Leuchtturm auf der Schäre Sälskär, fotografiert noch vor dem jüngsten Anstrich ▸

führt durchs Gelände bei **SÅLIS** Batteriberg (siehe Seite 154 f.).

BADEN, SCHWIMMEN

◎ Drei offiziell ausgewiesene **BADESTRÄNDE** gibt es: Der größte in BOVIK verfügt über Badesteg, Beachvolleyballfeld, Umkleide und Toilette, MARSUND (Sand) über Sprungturm sowie Grillplatz, während das ÖRA Klippbad reizvolle rote Felsen kennzeichnen.

RAD FAHREN

◎ ALS RADROUTE MARKIERT IST DIE Strecke von Skarpnåtö (Fahrradfähre) nach Mariehamn / Jomala. Die Etappe **AB SKARPNÅTÖ** bis Kattby via Sålis / Bovik ist dünn befahren. Südlich von Bovik führt der Berghamnsvägen ca. 8 km hinaus und via Hallbuktsvägen oder Fiskoravägen auch an die KÜSTE.

REITEN

◎ STALL **AFTONSOL**, Tellholmsvägen 262 (westlich von Torp), Tel. 040–561 0301, Facebook. Pferde und Ponys, Reitstunden, Reitlager, Yoga-Reiten, in der Reithalle und outdoor.

SCHÄRENTRIPS

◎ Ein populäres AUSFLUGSZIEL IM SOMMER ist die Insel **SÄLSKÄR** mit ihrem 30 m hohen, frisch renoviert strahlenden LEUCHTTURM; der Fährmann besitzt den Schlüssel. Die Schäre ist beeindruckend im Wechsel des Wetters – und ein VOGELPARADIES. Ende Juni bis Mitte August Mi 17 Uhr ab Anleger Skarpnåtö und 17.15 Uhr ab Snäckö (Lolos Seaside Café) mit »M/S Silvana«. Auf der Insel bleibt genug Zeit für den migebrachten Picknickkorb.

Finström

ÅLANDS GEMÜSEGARTEN

Sie seien bekannt für ihre Gastfreundschaft und ihre Offenheit, behaupten die über 2.500 Bewohner der 128 km²-Gemeinde von sich selbst – die Verfasser dieser Zeilen können nichts Gegenteiliges berichten. Finström liegt im Herzen der åländischen Welt und der HAUPTORT GODBY zählt mit rund 1.300 Köpfen immerhin Ålands zweitgrößte Wohngemeinschaft. Die Ortschaft ist ein Dienstleistungszentrum mit Läden, Tankstelle, Banken, Post, Arzt, Apotheke und kleinem Gesundheitszentrum.

Die Kommune als großen GEMÜSEGARTEN zu bezeichnen ist auch nicht verfehlt: Chinakohl, Zuckerrüben und Zwiebeln gehören zu den beliebtesten Anbauprodukten der ansässigen Landwirte; nicht zu vergessen die Gurken, die im Glas eingelegt auf manchem finnischen Küchentisch landen. Dass auch Äpfel hier gut und gern zur Reife gelangen, erfahren nicht nur diejenigen, die sie in destillierter Form zu sich nehmen.

Aber Finström läge nicht auf Åland, wenn nicht das nasse Element immer gleich um die Ecke wartete. Mehr als 160 km Küstenlinie bescheren der Gemeinde manch romantische Bögen mit grünem Schilf oder buckligem Fels. Wobei wegen der vor offener See geschützten Lage in den Sunden und an den Ufern meist ruhige Wellenschläge vorherrschen. Insgesamt präsentiert sich die Natur als eher friedlich und lieblich; helles Grün der Wiesen und Weiden wechselt mit dunklerem Grün der Wälder, mit erdigen Tönen der Felder, mit kontrastierendem Rot der Granitklippen vor dem Blau der Seen und Sunde.

Dass es in Finström nicht nur idyllisch-ländlich zugeht, dafür sorgen mehrere Dienstleister und Produktionsstätten, etwa in der Medizintechnik, die stark exportorientiert sind. Zudem kommt Åländsk hemsenap aus Finström, der gute åländische Senf.

INFORMATION

◎ Ein Info-Regal mit Broschüren ist im Sportzentrum **ÅLANDS IDROTTSCENTER** aufgestellt, bestückt eher nach dem Zufallsprinzip – zugänglich Mo–Fr 9–21.30 (Di+Fr ab 6) Uhr, Sa+So 12–18 Uhr. Godby, Bärvägen 5. (6)

◎ Ansonsten ist der Ansprechpartner **FINSTRÖMS KOMMUN**, Skolvägen 2, AX–22410 Godby, Tel. 43150, www.finstrom.ax. Mo–Do 9–15 Uhr.

TRANSPORT

◎ Finström durchquert die Hauptstraße 2, von der hinter der Färjsundbrücke der »Highway« 4 in Richtung Geta abzweigt. Von Mariehamn aus erreichen Sie Finström per **BUS** mit den Linien 2 (Godby-Geta), 3 (Godby-Saltvik) und 4 (Godby-Sund-Vårdö).

◎ In GODBY am Färjsund, nahe der Brücke, ist ein **SERVICEHAFEN** (ohne Tanke) angelegt. Hamnvägen.

◎ **TAXI**: Ämnäs Taxi, Godby, Bronas 3, Tel. 0400 – 430 198. – Godby Taxi, von Knorrlngsvägen 224, Tel. 41130.

◀ Oben der Blick vom Aussichtsturm Höga C über den Färjsund hinüber nach Sund, unten der fotogene Olle Strömberg, Gründer von Ålands Fotografiska Museum

Unterkunft

◎ **BASTÖ HOTELL & KONFERENS**, Bastövägen 531 (ab Palsböle in Richtung Vandö / Bastö), Tel. 0457 – 347 9090, bastohotell.com. Ganzjährig geöffnet. Dynamische Preise nach Buchungsstand, DZ etwa 179/89 €. Dazu komfortable 4–Bett-Hütte in schöner Umgebung (Preis erfragen) und Camping: Zelt 10 € (bei 2 Personen).

Hotel mit 20 gut ausgestatteten Zimmern. Zum Komplex gehören ferner ein beliebtes RESTAURANT, eine Strandsauna sowie Parcours für Boule und Krocket. Boote und Kajaks werden vermietet sowie Angeltrips und Kletter-/Boulder-Abenteuer vermittelt.

◎ **GRELSBY STRAND**, Stornäsvägen 40, Tel. 0457 – 0049 722, grelsby.ax. DZ ab 130/110 €.

HOTEL mit 16 DZ und einer Suite in einem ehemaligen Krankenhaus-Gebäude aus den 1930ern, geschmackvoll und individuell nach ökologisch-nachhaltigen Gesichtspunkten renoviert. Alle Zimmer barrierefrei zugänglich. Der Personalspeisesaal von damals ist nun Restaurant und Bankettsaal, beherbergt Empfang und Frühstücksservice. Das alles mit Garten in schöner Ufernähe. (Ansprechpartner ist auch Johannas Hembakta, Bäckerei/Café, am gleichen Platz.)

◎ Als Jugend- und Familienherberge fungiert das durchaus einladende **GODBY VANDRARHEM** beim Sportzentrum. Bärvägen 5, Telefon 41 555, www.idrottscenter.com (Vandrarhem). Von Einzelzimmer bis Schlafsaal. DZ 69 €, Mehrbett- bzw. Familienzimmer ab 75 €, Bett im Schlafsaal 25 €. Frühstück gegen Aufpreis. Bad zur gemeinschaftlichen Nutzung auf dem Flur.

Einfache, aber freundliche, ordentliche und saubere Unterkunft, Hostel-Standard. Möglichkeit, Wäsche zu waschen. Fahrradvermietung.

◎ **SÖDERÖ STUGBY**, Emkarby, Skabbövägen 114, www.sodero.ax. Ferienhütten für 4–5 Personen, 728/583 € je Woche, 2 Tage 250 €.

Die 15 Hütten liegen auf einem weitläufigen Gelände mit viel Grün, Felsen und flachem Sandstrand. Die Häuschen (35–45 qm) sind gut ausgestattet und haben zwei Schlafzimmer sowie einen Kamin. Sauna, Grillhütte am Wasser, Zugang zu Booten, Spielgeräte für Kinder, Felder für Badminton/Beachvolleyball. Fazit: FAMILIENTAUGLICH.

Essen und Trinken

◎ **BASTÖ BYKROG**, beim Bastö Hotell (siehe oben). Juni bis August täglich 13–20 Uhr.

Der »Dorfkrug« ist symbiotisch mit dem Bastö Hotell verbunden. Neben Standards wie Hamburger und Pizza stehen auch åländische Spezialitäten sowie spanische Gerichte auf der Menükarte. Das geräumige, rustikal mit Westernflair eingerichtete Familienlokal wird auch für Feste und Ereignisse genutzt, so an einigen Sommerwochenenden für Live-Musik.

◎ **UFFE PÅ BERGET (10)**, Sundsvägen, Tel. 040 – 173 4448, Facebook. Mai und August etwa 12–18 Uhr, Juni und Juli 10–20 Uhr.

Die Unterkünfte sind ganzjährig geöffnet, sofern nichts anderes vermerkt ist. Die Preise vor dem Schrägstrich benennen den Hochsaisontarif (zumeist Juli bis Anfang August), die Zahlen hinter dem Schrägstrich den für die Nebensaison.

Aussichtslokal an der FÄRJSUND-BRÜCKE. Sehr zu empfehlen wegen der freundlichen Bedienung, der Lage und dem Pannkaka. Siehe Seite 164 f.

◎ **JOHANNAS HEMBAKTA**, Godby, Stornäsvägen 40, Tel. 0457 – 345 3230, johannashembakta.ax. Mitte Juni bis Mitte August täglich 11–16 Uhr.

Rund um das alte Psychiatrie-Krankenhaus entsteht peu à peu eine Art »Lifestyle-Zentrum«: mit Hotel, Frisör, Massage, Wellness, Outdoor aktiv. Als kleines, aber feines Modul hat sich die fleißige Bäckerin Johanna platziert: Ihr Sortiment umfasst Brote, Sandwiches, Torten und andere Leckerchen. Stilvolles Interieur. – Sie können den fleißigen Hand-Werkern zuschauen.

◎ Die Klein-Rösterei **ROSTERIVERKET** liegt direkt bei Johanna um die Ecke: Godby, Stornäsvägen 40, Telefon (nur abends und Sa/So) 040 – 740 6231, rosteriverket.com.

Daniel und Mathias betreiben ihre Leidenschaft für die Kreation besonderen Kaffees im Nebenerwerb, sind deshalb eher abends und Sa/So vor Ort anzutreffen. Ihre Kreationen gibt es im Webshop, in ausgesuchten Läden und natürlich bei Johanna.

◎ **SOLLKULLA GÅRD**, Emkarby, Emkarbyvägen 487, Tel. 050 – 342 1087, Facebook. Im Sommer Kernzeiten Di bis Sa 11–17 Uhr, So 11–16 Uhr, in Vor- und Nachsaison verkürzt.

Das geräumige, gemütliche BISTRO ist teilweise plüschig und im Retrostil eingerichtet; zum Charme kommt gutes Essen. Handgemachtes ist angesagt, ob diverse Kuchen, Quiche-Varianten oder spezielle Pizzen. Draußen lockt ein großer Garten mit Terrasse. Die Betonfiguren & Co. sind zu kaufen.

◎ **GRANNAS BISTRO**, Västanträsk in Tjudö, Getavägen 1390, Tel. 0457 – 7342 4539 (Info und Reservierungen), www.grannas.ax (E). Im Sommer Mo–Sa 11–19.30 Uhr, Vor- und Nachsaison verkürzt.

Da wo dereinst Gurken verarbeitet und eingelegt wurden, ist heute ein ansprechendes, gemütliches BISTRO-RESTAURANT eingezogen, mit leckeren Gerichten und Getränken. Äpfel spielen hier eine große Rolle, schließlich sind Sie umringt von Plantagen mit Apfelbäumen und ist Grannas ein wichtiger Apfelhof im Archipel. Prima geeignet für Lunch, warme Speisen und kurze Kaffee-/Apfelsaftpausen.

◎ **CHARLIE RESTAURANG & PIZZA**, Godby, Långkallesgränd 4, Tel. 41080 und 0457 – 344 9643, charliesfood.fi.

Gehobener Imbiss in ansehnlichem Holzgebäude. Serviert werden Pizza und Pasta, Hamburger & Co, Kebab, aber auch Salate.

◎ Event-freudiger **BRAUEREI-PUB STALLHAGEN**: siehe Seite 166 f.

Sehenswertes

◎ Das ZENTRUM VON **GODBY** liegt aus Mariehamn kommend direkt links der Hauptstraße. Bedeutung hat es wegen seiner breiten EINKAUFS- und Dienstleistungspalette, kaum wegen architektonischer Attraktivität: Funktionale Kastenbauten, bevorzugt aus Beton, verdrängten die traditionellen Holz- und Steinbauten. Nur etwas abseits der Hauptstraße sind Reste des »alten Godby« geblieben.

Auch Gretas Butik & Café (siehe Seite 166 unter »Markt und mehr«) eignet sich für eine Kaffeepause, Kennzeichen: Vintage-Interieur. Im Sommer meist Do–So 12–17 Uhr.

Der Ort beherbergte schon 1835 eine Apotheke, und 1845 wurde gar das erste ländliche Provinz-Krankenhaus ganz Finnlands in Godby errichtet. Ein damaliger Schwerpunkt unter den Behandlungen war das Kurieren von Geschlechtskrankheiten; es war nämlich eine regelrechte kleine Epidemie im Umlauf, deren Ursprung in den Baracken der russischen Soldaten in Bomarsund vermutet wurde.

Es geht die Legende, der **RIESE FINN** sei bei dem Versuch, den Kirchenbau in Finström einzureißen, gestolpert und habe sich mit dem Kopf im Gebälk verfangen. Die Maske des Riesen als Teil eines Kiefernholzbalkens – angefertigt vermutlich um 1150 – blicke die Kirchenbesucher noch heute an, fest im Mauerwerk gefangen.

IM KIRCHDORF PÅLSBÖLE

◎ **FINSTRÖMS KYRKA** (7, MICHAELSKIRCHE) in Pålsböle gehört wegen der Innenausstattung zu den sehenswertesten auf Åland und angeblich zu den am besten erhaltenen mittelalterlichen Kirchen Finnlands. Das Gotteshaus stammt wohl aus dem 13. Jh., vermutlich errichtet auf dem Grund einer Stabkirche. Das Langhaus aus Feldsteinen entstand Anfang des 15. Jhs., der Westturm mit vier kleinen Eckspitzen an dessen Ende.

Reich in ihrer SYMBOLKRAFT ist die gut erhaltene Ausmalung der Innenräume, des Gewölbes und der Pfeiler (um 1480). Das Entstehungsjahr des Triumphkreuzes liegt um 1375, zwei Altarschreine sowie mehrere Holzfiguren stammen aus der 2. Hälfte des 15. Jhs. Eine Skulptur des Namenspatrons wird auf etwa 1250 datiert.

Das großzügig angelegte Kirchenareal mit dem gepflegten Friedhof liegt herrlich in eine sanft geschwungene Natur eingebettet. Ein SCHIFFS-ANKER weist darauf hin, dass auch hier viele Seeleute ihren letzten Ankerplatz fanden. Ein Gedenkstein, gesetzt 1958, erinnert an den Volksaufstand vom Mai 1808 gegen die damals russischen Machthaber. St Mikaels Kyrka, 5.5.–15.9. Mo–Fr 10–16 Uhr.

◎ Vor der Kirche erinnert eine bronzene **SKULPTUR** von Håkan Bonds an Frans Petter von Knorring (1792–1875), Gottesmann aus Finström und Vater des åländischen Schul- und Bildungswesens. Probst, Philosoph, Geologe, Sprachforscher – von Knorring war fürwahr ein gelehrter Mann mit Einfluss und Wirkmacht.

◎ In mehrfacher Hinsicht wäre von Knorring wohl sehr zufrieden mit dem Wirken der **ÅLANDS FOLKHÖGSKOLA**, Folkhögskolvägen 41, Tel. 43240, www.folkis.ax. Die Volkshochschule ist eine moderne und internationale Bildungseinrichtung mit Internat, Sommerkursen und breitem Angebot an Musischem und Geistigem für jedermann. Das Institut wurde 1895 in Jomala gegründet, zog aber bereits drei Jahre später nach Finström um. Ihren Platz in der Inselgeschichte sicherte ihr ein GEHEIMTREFFEN von Vertretern der åländischen Gemeinden am 20.8.1917. Offiziell (zur Begründung für die russischen Besatzungsbehörde) ging es um eine Besprechung zur Gründung einer neuen Feuerwehr, beschlossen wurde jedoch ein Antrag

Die Zahlen in Blau beziehen sich auf unsere Übersichtskarte auf Seite 153. – Für Lars Sonck soll der Westturm der Finströms Kyrka (in seiner Heimatgemeinde) Pate gestanden haben, als er den Dom in Tampere entwarf.

zur Wiederangliederung Ålands an das Schwedische Reich.

◎ **ÅLANDS FOTOGRAFISKA MUSEUM** (8), Pålsböle, Pålsbölevägen 7, Tel. 040 – 623 7971, www.cameramuseum.com. Juni bis August Di– Sa 11–18 Uhr, September Sa/So 11–16 Uhr, sonst nach Absprache. Eintritt 8 €.

Nach Jahrzehnten des Sammelns, Ordnens und Präsentierens hat *Olle Strömberg,* stets unterstützt von seiner Frau Benita, sein Lebenswerk in jüngere Hände gelegt: *Rasmus Olin* ist jetzt Kurator der einzigartigen, international beachteten Sammlung von Kameras und Zubehör en masse, die Hersteller und das Alter so verschieden, wie man es sich nur denken kann. Dazu allerlei Geräte für die Filmentwicklung und Arbeit in der Dunkelkammer – nicht zu vergessen ein vollständig eingerichteter HISTORISCHER FOTOLADEN. Was gibt es da zu erzählen, ob über Spionagekameras oder Hasselblad oder Leica oder … Ein Höhepunkt der Sammlung: *Fridtjof Nansens* Kamera von dessen Nordpolfahrt 1893.

Musuemsgründer Strömberg war jahrelang in seiner aktiven Berufszeit Kameramann beim finnischen Fernsehsender YLE. Aber er hat noch eine zweite Leidenschaft neben Film und Foto: Als JOLLE, DER CLOWN zaubert er auf Veranstaltungen mit seinen Späßen und Kunststücken selbst auf traurige Gesichter wieder ein Lächeln.

◎ **KALLE GLADS STUGA** (9), Pålsböle, Korshaga/Bastövägen, Tel. 12361 (Sören), 1.6.–31.8. geöffnet nach Vereinbarung. Eintritt freiwillig.

Kalle Glad war in den ersten Jahrzehnten des 20. Jhs. über die Gemeindegrenzen hinaus als UNIKUM bekannt. Seine bescheidene Wohnhütte ist heute zur Erinnerung als kleines MUSEUM zu besichtigen. In der freien Natur, unter dem Dach des Himmels, baute Glad eine kleine FREILUFTKAPELLE mit Altar und Sitzbänken: Vor allem Kinder und Jugendliche waren seine (mehr oder weniger) andächtigen Zuhörer, wenn er sonntags nachmittags die vorherige Predigt des Dorfpastors wiederholte. Zu sehen ist davon nicht mehr viel, das Andenken bei den Dörflern aber durchaus noch lebendig.

◎ In BARTSGÅRDA, nordöstlich von Pålsböle gelegen, gönnte sich der spätere Architekten-Star Lars Sonck 1895 ein Sommerhäuschen zur privaten Nutzung. Diese **VILLA LASSEBO** zeigte für ihn typische nordische wie karelische und schweizerische Stilelemente. Auch für seine Verwandten in Finström plante er drei Holzvillen, erreichtet in der Nachbarschaft.

AM FÄJRSUND

◎ Sie ist nicht zu verfehlen, die **FÄJRSUNDSBRON,** Brücke über den Färjsund. Hinter Godby geht's zunächst durch steile Felswände und einen kleinen Tunnel; dann führt die Brücke die Autofahrer bequem und schnell über eine Schlucht zur Weiterfahrt nach Sund oder Geta. Die Stelle war schon immer ein Knotenpunkt, und sei es nur als verkehrstechnisches Nadelöhr und Hindernis.

Schroff fallen an beiden Seiten die Ufer zum Wasser hin ab. Serpentinenwege wanden sich noch im 20. Jh. die Abhänge hinab. Zuvor hatten Ruderboote einen Pendeldienst versehen,

1761 gefolgt von einer ersten ZIEHFÄHRE an der Station Haraldsby und schließlich 1922 einer Motorfähre. Die entscheidende Erleichterung für den Personen- und Güterverkehr kam erst 1937 mit Eröffnung der 202 m langen und knapp 12 m breiten Brücke.

◎ Eine schöne, Respekt einflößende Sicht auf das technische Bauwerk und den Sund hat der Betrachter, wenn er vor der Brücke den Weg zu **UFFE PÅ BERGET** einschlägt. Das EINLADENDE Café mit gutem Kaffee, Snacks sowie Pannkaka liegt erhöht auf einem Felsbuckel direkt über der »vertunnelten« Straße.

◎ Bevor sich die Reisenden zu einer Pause niederlassen, sollte das Hohe C erklommen werden. Der AUSSICHTSTURM **HÖGA C** (10) ist stabil, solide, 30 m hoch und steht mit seiner Plattform, die einen faszinierenden Blick erlaubt, 40 Meter über dem Wasserspiegel. Bei guter Sicht sollen fünf Gemeinden im Blickfeld liegen – darum lohnt diese kurze Kletterpartie und rechtfertigt eine Kalorienaufnahme im Café. Geöffnet wie das Café (siehe oben). Zutritt kostenfrei.

Am Parkplatz startet der Weg zu einem kleinen ARBORETUM (siehe Seite 168 f.).

◎ In Brückennähe steht ein kleines **DENKMAL** in Erinnerung an die hier 1918 umgekommenen Rotgardisten, als bürgerkriegsähnliche Unruhen in ganz Finnland herrschten. Sie waren von ihren Gegnern auf brüchiges Eis hinaus getrieben worden und starben jämmerlich im eisigen Wasser. Das Denkmal ließ die åländische Arbeitervereinigung 1968 errichten.

Unterhaltung

◎ Dass die Leute in Finström viel von lokalem Brauchtum und Festen halten, darauf mag die Vielzahl schmucker **MITTSOMMERSTANGEN** hinweisen. Diese hoch in den Himmel ragenden, bunt bekränzten Masten stehen traditionell in Bjärström, Bergö, Svartsmara, Pålsböle, Godby und Ämnäs. Da mag sich ein munterer Wettstreit ergeben über die Schönste im Lande, und natürlich darüber, wer am besten zu feiern versteht – womöglich die Dörfler von Bjärström, die ihren Baum gemeinsam schmücken, ihn im Festzug mit Fidelbegleitung zum Standort geleiten und beim Aufrichten die inoffizielle Nationalhymne ÅLANNINGENS SANG anstimmen. Es wird getanzt, gespielt und gefeiert.

◎ Zum herbstlichen **ERNTEFEST** im September beteiligen sich auch in Finström einige Höfe und Firmen am Programm: Marskogens Lamm, Stallhagen, Johannas Hembakta und weitere Beteiligte sorgen fürs leibliche Wohl und für Unterhaltung bei Führungen, Handwerksschau und Kinderfest. skordefest.ax.

Markt und mehr

SENF, PUB, LAMM & BEEREN

◎ In Godby produziert Lasse Lindén den köstlichen SENF **ÅLANDS SENAP** in Geschmacksvarianten von scharf über süß bis aromatisiert, dazu Ketchup und pikante Saucen, Dressings,

Oben Aussichtsturm Höga C und Ausflugslokal Uffe på Berget (Uffe auf dem Berg), das aus dieser Perspektive ein wenig verdeckt, dass der Turm 30 m hoch aufragt ▶

Marinaden. Godbyvägen 1361, Tel. 41287 und 0457–595 7694, www.alandssenap.ax. Vor Ort erhältlich in gut sortierten Läden und Supermärkten.

◎ Gewiss ein latent feucht-fröhlicher Ort, den die Insel-Besucher ansteuern sollten, ist die Flaggschiff-Privatbrauerei auf dem Archipel: **STALLHAGEN** (11) in Godby, Getavägen 196, Tel. 48500, www.stallhagen.com (E). Mo–Do 10.30–20 Uhr, Fr 10.30–23, Sa 12–23, So 12–20 Uhr, verkürzt in Vor- und Nachsaison, ganzjährig geöffnet.

Im SCHANKRAUM mit 60 Plätzen kann man in gemütlicher Kneipenatmo einen VERGLEICHSTEST vornehmen: Welches Bier schmeckt mir besser? Dark? Pale? Lager? Weizen? Honigbier? Dazu kommen saisonale und spezielle Biere.

Seit 2008 ist Matte Ekholm als Braumeister für die Produktentwicklung verantwortlich und damit für den Geschmack der Gerstensäfte. Da braucht es ein gutes Gespür, handwerkliches Geschick, gute Zutaten und mehr. Der Erfolg beim Bier trinkenden Volk scheint Mattes Weg zu bestätigen: Inzwischen ist der Gerstensaft nicht nur überall auf Åland, sondern auch in immer mehr Gastrobetrieben sowie Verkaufsstellen in Schweden und in Finnland zu haben. Und teilweise auch im hauseigenen FARMSHOP, der außer Stallhagen-Merchandise weitere åländische Produkte im Sortiment hat.

Anfragen für BRAUEREIFÜHRUNGEN: Tel. 0457–344 8500. Es gibt mehrere Tour-Pakete (die sich überwiegend an Gruppen richten). Je nach Dauer und Art der anschließenden Beköstigung sind je Person zwischen 20 und 79 € zu berappen.

Der freundliche PUB STALLHAGEN serviert zum Bier passende, BODENSTÄNDIG-AMBITIONIERTE GERICHTE, wobei die Küche durchaus Wert auf neue Geschmacks-Kombis setzt. Klar besteht die Möglichkeit einer Bierverkostung. Neben der Schänke gibt es eine große Terrasse – und des Öfteren Live-Musik. Bühne frei im AMPHITHEATER mit imposanter KUPPEL und bis zu 1.000 Sitzplätzen für Theater, Musik und Events.

◎ **GRETAS BUTIK & CAFÉ**, Godby, Strömsängsvägen 110, Tel. 040–050 6969, www.gretas.ax. Im Sommer zumeist Do– Mo 12–17 Uhr.

Laden mit Shabby Chic & Nostalgie, Altem & Neuem, ausgesuchten Deko-Artikeln und Geschenken. Selbstgebackenes im CAFÉ. Die im Archipel bekannten Akkordeon-Spieler Greta Sundblöm und Birger Karlsson möchten mit ihrer engagiert geführten Butik einen Ort der Gemeinschaft, der Kultur und des Wohlfühlens schaffen.

◎ Ihr Werkstoff ist bevorzugt Metall: *Ann Sundberg* formt und treibt Schalen und Behältnisse aus Messing und Kupfer und Serviettenringe aus Zinn, sie gestaltet Schmuck und bedruckt Leder. In der Butik des HOFES **MARSKOGENS LAMM** in SVARTSMARA können Sie außer verwirklichten kreativen Ideen auch Fleisch, Wolle sowie Schaffelle erwerben. Landströmsgatan 21, Tel. 0457–342 0784, Facebook.

◎ **BEERENSTARK**: Selbst gepflückte ERDBEEREN schmecken besonders lecker. Auf SÖDERBERGS ÄMNÄS' Feldern sind des Weiteren Himbeeren, Schwarze Johannisbeeren und Stachelbeeren zu ernten. Gibbölevägen 349 (ganz im Süden, ab Godbyvägen),

Vielversprechender Werbebotschafter von Stallhagen ▶

KURZE BRAUEREITRADITION: Sieht man von »heimischen Brauversuchen« für den Eigenbedarf ab, gründete die erste kommerzielle Brauerei auf Åland ein Kapitän *L. F. Lignell* 1865. Doch 1938 versiegte die Quelle. Erst seit 2004 wird das flüssige Nahrungsmittel wieder auf den Inseln hergestellt. Seitdem findet Stallhagen ständig mehr Liebhaber. Untergebracht ist die Brauerei im Stallhagen, einem roten, langen Holzgebäude aus dem 19. Jahrhundert, das zum bäuerlichen Königshof von Grelsby gehörte – daher stammt der Name. KÖNIGLICHEN Besuch gab es tatsächlich: 1556 logierte Gutav Vasa hier für ein paar Tage mit seinem Tross von über 300 Personen; und 1808 verbrachte Gustav IV. Adolf hier sechs Wochen im Frühjahr – kurz bevor Finnland mit Åland an das Zarenreich fiel. Im Ersten Weltkrieg waren in einem der Gebäude, das ursprünglich auf der Insel Boxö stand, russische Soldaten der nahen Küstenbatterien kaserniert.

Als 2010 vor Ålands Küste der älteste Champagner der Welt in einem Schiffswrack gefunden wurde, kam auch belgisches Bier aus den 1840er Jahren zu Tage, war jedoch ungenießbar geworden. So machte sich die Mikrobrauerei daran, dieses alte Gesöff nachzubrauen. Stallhagen **HISTORIC BEER** (1843) in besonderer Flasche mit Korkenverschluss (Champagner-like) ist ein traditionelles Ale, lecker und sicher eins der ausgefallensten SOUVENIRS, die man vom Archipel mitbringen kann!

Tel. 41850, Facebook. – Ein Äpfel- und Birnenparadies (plus Erdbeeren) verwaltet KARL-ERS FRUKT seit 13 Generationen in Tjudö, Tjudövägen, Tel. 0457 – 342 8541, www.karl-ersfrukt.ax. Über 100.000 Apfelbäume und rund 13.000 Birnbäume stehen auf den Hofländereien. – Saft von GRANNAS ÄPPEL ist im Archipel weit verbreitet. Eine der größten Apfelplantagen liefert bis nach Schweden und Finnland aus. Västanträsk /Tjudö, Getavägen 1390, Tel. 0457 – 313 5777, www.grannas.ax.

◎ Dick im Apfelprodukt-Geschäft ist auch Jan Alm, zusammen mit seiner Frau Anna Kopf des Obsthofes **ÖFVERGÅRDS**, Tjudö, Vesterbacken 76, Tel. 0457 – 342 1267, ofvergards.ax. Juli Di–So 12–16 Uhr, Juni/August Do –So 12–16, sonst Sa+So 12–16 Uhr.

Öfvergårds möchte neue Wege gehen bei der Herstellung und Vermarktung seiner Produkte, in Kombination auch mit sanftem Tourismus. Zudem fördern sie den genossenschaftlichen Gedanken, die Zusammenarbeit mit anderen kleinen Unternehmern im Bereich Lebensmittel und deren Verarbeitung. Im HOFLADEN können Sie Saft und Most verkosten, ganz ähnlich einer Weinprobe.

◎ **ÄLVDALENS TRÄDGÅRD**: Blumen zum Selbstpflücken und Workshops. Palsböle, Berglidsvägen 6, Tel. 0400 – 235 786, alvdalenstradgard.ax.

◎ **EINKÄUFE**: Godby und Pålsböle sind die beiden Zentren für Einkauf und Dienstleistungen; beide verfügen über größere Lebensmittelmärkte (gut sortiert ist Erik Mattsson in Godby) sowie Poststellen. Eine Bankfiliale gibt's nur in Godby, ebenso wie eine der raren Apotheken Ålands.

Ferien aktiv

NATUR UND WANDERWEGE

◎ Ein schöner, auch für Kinder gut zu bewältigender WANDERWEG ist die **KALLE GLAD-RUNDE** (Pålsböle). Sie führt von seiner Hütte auch am früheren Standort der Freiluftkapelle und einem Aussichtsturm vorbei. Der Weg ist gut markiert. Je nach Lust und Laune können Sie 1,7 km oder 4,3 km zurücklegen. Siehe Seite 163. **(9)**

◎ Jener **AUSSICHTSTURM** auf dem STORBERGET in Pålsböle wurde 2001 vom örtlichen Heimatverein errichtet. Der Blick schweift über Ålands Weiten: Bei klarer Sicht erblickt ein scharfes Auge Windkrafträder in Lemland und Masten auf dem Leuchtturm von Sälskär; für einen erfrischenden Blick auf Felder, Wälder und geschwungene Meeresbuchten reicht es immer. Die Kirche, Häuser, vereinzelten Höfe vermitteln die friedliche Idylle einer harmonischen SPIELZEUGLANDSCHAFT.

Schon zu Anfang des 20. Jhs. stand auf dem Storberget ein Beobachtungsturm (zu militärischen Zwecken). Ein weiterer Aussichtsturm steht auf der Insel BERGÖ, im Nordwesten der Gemeinde.

◎ Nahe der Kirche erstreckt sich das **PRÄSTGÅRDSNÄSET** NATURRESERVAT mit Wanderpfad und Info-Tafeln. Der schöne Pfad führt zwischen Haselnusssträuchern hindurch und ist mit 2,3 km Länge leicht zu meistern.

◎ Ein rund 1,7 km langer Pfad führt durch das **GODBY ARBORETUM**, ein kleines Schutzgebiet mit typisch einheimischen Bäumen und Sträuchern; jedoch auch Baumarten aus fremden

Ländern wachsen hier. Start und Ziel am Parkplatz von Höga C (10).

◎ **GODBY-RUNDAN**: Ein wenig anspruchsvoller ist dieser 8 km messende Weg, der beim Idrottscenter, dem Sportzentrum, beginnt. Die abwechslungsreiche Strecke führt über felsiges Terrain, durch saftige Wiesen, begleitet von einem vielstimmigem Vogelgesang; es geht via Lindvallsberget, Uffe på berget und Godby Arboretum. Info-Tafeln unterwegs.

◎ Der 63 km lange, markierte sowie ausgeschilderte FERNWANDERWEG **SADELINLEDEN** zwischen Hammarland (ab Heimatmuseum Skarpnåtö) und Geta (Höckböle Naturschutzgebiet) führt auch durch Finström.

◎ Den **ULMENWALD** bei Almskogen, Mangelbo, kennzeichnen sein reicher Bestand an den schönen Großgewächsen sowie steile, schroffe Felsformationen. Verständlicherweise ist das Areal als Naturschutzgebiet ausgewiesen und Teil des europäischen Natura 2000-Netzwerks.

BADEN, SCHWIMMEN

◎ Offizielle **BADEPLÄTZE** gibt es in Godby (an der FÄRJSUND-BUCHT mit Beachvolleyballfeld und Grill), TJUDÖ und BAMBÖLE (mit Sprungturm).

Das Hallenbad Godby Simhall gehört zum Ålands Idrottscenter (siehe unten).

RAD FAHREN

Die Radfahrer werden von der Hauptstraße 2 möglichst fern gehalten, entweder durch separate Routen auf Nebenstraßen (Beispiel Postvägen) oder bei Godby streckenweise durch separate, begleitende Radwege.

◎ Auf markierten Radrouten ist folgende **RUNDFAHRT** möglich: Godby nordwärts bis Pålsböle, südwestwärts über Svartsmara nach Bjärström und auf dem Postvägen zurück. Gut 25 km.

◎ Abgelegen führt der **BERGÖVÄGEN** von Bamböle über eine Landzunge zur Insel Bergö. Etwa 20 km retour.

◎ Wer die **LANDSTRASSE** von Tjudö durch Stålsby und Pettböle nach Daglösa und Toböle in Saltvik nimmt, bewegt sich auf einer reizvollen Strecke; via Ödkarby besteht die Möglichkeit, auf einem (fast durchweg markierten) Rundkurs zum Start zurückzukehren. Abhängig von der Routenwahl etwa 15–25 km, flexible Teilstrecken.

Besonders der Abstecher nach TOBÖLE nahe der tief eingeschnittenen Buchten VERKVIKEN und KARVIKEN ist landschaftlich eindrucksvoll.

SPORTZENTRUM

◎ **ÅLANDS IDROTTSCENTER** (6) in Godby, Bärvägen 5, Tel. 41555, www.idrottscenter.com. Mo–Fr 9–21.30, Sa +So je nach Saison 10–16 oder 12–18 Uhr, im Sommer zeitweise verkürzt. Di und Fr um 6–9 Uhr Morgenschwimmen.

Die modernste Sportanlage Ålands umfasst Ballspielfelder, Tenniscourts, Badminton u.a. in der Mehrzweckhalle GODBYHALLEN sowie als Highlight die großzügige Schwimmhalle GODBY SIMHALL. Dass auch Fitnessräume, Saunas und eine kleine Gastronomie vor Ort sind, ist schon selbstverständlich. In der Godbyhallen finden neben Freizeitaktivitäten auch Messen, Ausstellungen und Konzerte statt.

Geta

BIZARRE KLIPPEN, AROMATISCHE ÄPFEL

Der Norden Ålands hat seinen eigenen, etwas RAUEREN Reiz. Und Geta ist Ålands NÖRDLICHSTE Festlandgemeinde. Hier prägen spannende Küstenlinien und Felsformationen Landschaft und Menschen. Geta ist von allen Seiten zumindest in Teilen von Wasser umgeben, kennt die weite, ruhige See im sommerlichen Sonnenlicht ebenso wie die wilden, bleigrauen Wogen in den Herbst- und Winterstürmen. Als sich vor 6.000 Jahren die ersten SIEDLER niederließen auf den wenigen kleinen Schären, die sich erst im Rahmen der Landhebung vergrößern sollten, da ragten GETABERGEN und DÅNÖ schon vorwitzig aus dem Meer: Geta stellte damals gemeinsam mit dem heutigen Saltvik den größten Teil der Landfläche.

Geta umfasst 187,9 km^2 Fläche, der größte Teil davon – fast 100 km^2 – ist Wasser. Mit gut 500 Einwohnern ist die Gemeinde recht dünn besiedelt. Deshalb erweist sich manches »Dorf« auf der Karte nur als Gehöft oder eine Ansammlung von wenigen Häusern.

Trotz der relativ nördlichen Lage ist das Klima aber gerade recht, um Geta eine blühende Landwirtschaft sowie herrliche LAUBWÄLDER zu bescheren – und den Ruf der Gemeinde als Apfelplantage Ålands. Obstbaumfelder gehören darum ebenso zum Bild wie die Felsen und Anhöhen. Der Anbau hat Tradition: Um 500 Tonnen Äpfel werden Jahr für Jahr in der kleinen Gemeinde geerntet; das macht immerhin etwa eine Tonne pro Kopf der Bevölkerung aus! Im Frühsommer ist der Anblick BEZAUBERND, wenn die APFELBLÜTE Geta mit ihrem rosaweißen Teppich überzieht.

Geta ist ein wenig anders als zum Beispiel das touristisch zielstrebiger vermarktete Eckerö und das zentrale Mariehamn. Hier im Norden gibt es viel Ruhe, Ursprünglichkeit und auch unberührte Natur – und dazu passend Kunsthandwerkerinnen, die diese Naturimpressionen in ihren Arbeiten umsetzen. Nicht ohne Grund ist Geta in früheren Jahren bereits Sommeridylle für viele Maler und andere KÜNSTLER gewesen.

INFORMATION

◎ Es gibt kein Touristenbüro. Im Sommer sind Auskünfte in der Servicestation **GETABODEN** (12) in VESTERGETA, Butikstorget, zu haben: gleichzeitig Lebensmittelladen, Poststelle, Tankstation, Mini-Apotheke und Umschlagplatz für Neuigkeiten im Dorf. Mo–Fr 9–18 Uhr, Sa 10–14 Uhr, im Juli zudem So 11–14 Uhr. Tel. 49507. Ansonsten bleibt nur die Info-Tafel.

◎ **GETA KOMMUN**, Vestergeta, Getavägen 2115, AX-22340 Geta, Tel. 49300, www.geta.ax (nur auf Schwedisch). Mo–Do 9–11 sowie 12–15 Uhr, im Juli 3 Wochen geschlossen. Allgemeiner Prospekt sowie Quartals-Info Getabladet (mit informativer Sommerausgabe!) zum Download.

Die Zahlen in Blau beziehen sich auf unsere Übersichtskarte auf Seite 153.

TRANSPORT

◎ Von Finström kommend führt die **HAUPTSTRASSE** Nr. **4** aus Südosten im Bogen über das Gemeindegebiet. Ebenso besteht von Saltvik aus eine durchgehende Verbindung.

BUS Nr. 2 verbindet Geta an Werktagen via Godby mit Mariehamn.

◎ **TAXI**: Droskan Taxi, Södravägen 145, Tel. 34400.

◎ Zwischen Snäckö im Westen Getas und Skarpnåtö in Hammarland südlich Getas verkehrt die populäre und autofreie **FAHRRADFÄHRE** Cykelfärjan »Silvana«. Etwa 25.6.–31.7. täglich 12.30 ab Snäckö / Lolos Seaside Café, 13 Uhr ab Skarpnåtö; ab 1.7. geplant auch 16 Uhr ab Snäckö sowie 17 Uhr ab Skarpnåtö. Tel. 0400 – 229 149. Pro Person und Rad 17/8 €, Anhänger 8 €.

◎ In Havsvidden ist (beim gleichnamigen Hotel) ein schöner **GÄSTEHAFEN** mit Servicehaus, Bootstankstelle, Sauna und Pool angelegt. Havsviddsvägen 90, Tel. 49408, www.havsvidden.com (E). – Einen kleinen SERVICEHAFEN (ohne Tanksäule) gibt es auf Hällö und einen weiteren Anleger in Djupviken, 3 km nördlich des Restaurants Soltuna.

Unterkunft

in Sachen Ferienhütten / Feriendörfer ist Geta ein eher TEURES PFLASTER. Hier finden sich mit die luxuriösesten Villen. – Günstigeres, wie zum Beispiel NYBACKS STUGOR in Vestergeta, liegt nicht unbedingt am Wasser (aber in diesem Fall trotzdem nett im Dorf).

◎ **HOTELL HAVSVIDDEN (13)**, Geta (Nordspitze), Havsviddsvägen 90, Tel. 49408, www.havsvidden.com (E). DZ ab 180 €, plus Suiten und Ferienvillen.

EXKLUSIVE APARTMENT-Hotelanlage mit tollem Felsstrand, mehreren Saunas, Pool, Wellnessangeboten sowie EXQUISITEM Restaurant, und das in aller Ruhe und Abgeschiedenheit, entsprechend hochpreisig. Die eigene Marina unterstreicht den gehobenen Anspruch.

◎ **WESTBERGA**, Långövägen (Långö), Tel. 0457 – 342 0538, fiskelyckan.ax (z.T. E). Ferienhütte ganzjährig zu mieten, im Sommer nur wochenweise (ab montags), Wochentarif 540–900 €.

Gastgeber ist die Familie Westberg, die ferner Bootsausflüge und Angeltouren arrangiert. Gut eingerichtete Hütte mit Bad, Sauna im Bootshaus, draußen Grill und Ofen zum Fischräuchern; ein Ruderboot ist inklusive.

◎ **RÖRVIK STUGOR**, Rörvikvägen, Tel. 0400 – 445 669, www.rorvik.fi (E), 1.5.–31.10. Ferienhütten (2–4 Personen) ab 1.350/1.000 € pro Woche.

Tolle Lage am Strand, Terrasse mit Grill, Fahrrad und Ruderboot inklusive, teilweise eigene Sauna; SUP-Vermietung, Angellizenzen.

◎ **SOLTUNA**, Getabergen (Vestergeta), Tel. 49530, soltuna.ax. Etwa 20.4.–15.9. Campinghütten je nach Personenzahl (2/4) ab 45 und ab 60 €. Zelt 10 €, Womo 28 € mit Strom.

Schlichte, kleine Hütten mit Etagenbetten, relativ dicht stehend. Separates Servicegebäude und Saunahaus. Richtig schön gelegen in der Nähe des Aussichtsturms. Anbei Aussichtsrestaurant sowie gutes Kletter- und Wanderterrain.

Geta bedeutet übrigens Ziege, und die Gemeinde führt den Bock im Wappen.

Essen und Trinken

◎ **LOLOS SEASIDE CAFÉ**, Snäckövägen 102 (bei Snäckö Frukt), Tel. 040 – 547 7999, www.snackofrukt.ax. Mai bis September, in der Hochsaison täglich 11–20 Uhr, in der Vor-/Nachsaison verkürzt oder nur am Wochenende.

Trumpf sind Hamburger, auch vegetarische, Fischburger, Frühlingsrollen, Kuchen und mehr. Grace und Conny Sahlin betreiben dieses Lokal mit kleinem Handwerksverkauf. Grace hat thailändische Wurzeln, was dem sommerlichen LUNCHBUFFET einen leckeren Kick gibt. Schöne Terrasse mit Blick aufs SAUNAFLOSS. Conny betreibt den APFELHOF Snäckö Frukt – und macht MUSIK mit seiner Band Conny Hendrix. So gibt es öfter Klangvolles, Tanz und Theater – ein netter Platz. Wenn der Sommer vorbei ist, unterhalten die beiden einen Food truck im Sjökvarteret in Mariehamn.

◎ **SOLTUNA** RESTAURANG & CAFÉ, Getabergsvägen (Vestergeta), soltuna.ax. Juni bis August Mo–Fr 11–20, Sa/So 12–20 Uhr; etwa Mai und September Restaurant nur am Wochenende 14–20 Uhr, Café aber z.T. bereits ab Ostern offen.

Ålands HÖCHSTGELEGENES Restaurant ist ein angenehmer Ort nahe des Aussichtsturms GETABERGEN. Die bodenständige Küche des Hauses hat einen GUTEN RUF, auf der Restaurantkarte stehen u.a. Grillgerichte und im SOMMER Mo–Fr LUNCH (um 15 €). Donnerstags ist Fischbufett angesagt (33 €). Das Café serviert kleine Speisen und Kuchen. Soltuna nimmt auch an den Restauranttagen im Archipel teil.

Bei Schönwetter platzieren sich die Gäste sehr gern auf der großen SONNENTERRASSE mit herrlicher Aussicht auf Meer und Klippen, und es dürfen die auf Åland so beliebten Minigolfbahn und Discgolfpark nicht fehlen.

◎ Das EXQUISITE Restaurant des Hotels **HAVSVIDDEN** wurde im WHITE GUIDE NORDIC ausgezeichnet. Havsviddsvägen 90, Tel. 49408, www.havsvidden.com. 1.6.–31.8. täglich 12.30–22 Uhr, ab etwa 15.3. und bis 31.10. plus Weihnachtszeit nur Fr+Sa. **(13)**

Neben Hauptgerichten wie Kräuterhühnchen und Ente gibt es auch Steak tartare und echten Kaviar. Fisch, Rind, Lamm und Wild stehen saisonabhängig auf der Karte. Mo–Fr auch Lunch, nachmittags erfreut das Kuchenbuffet. Speisen vor fantastischer Kulisse!

Sehenswertes

◎ Mitten IM HERZEN Getas, im Örtchen Vestergeta, liegt die mittelalterliche **GETA KYRKA (14)**. Ihr Schutzpatron und Namensgeber ist St Göran, auf Deutsch der heilige Georg.

Das separate Hauptschiff des Gotteshauses stammt aus den 1460er Jahren, der frei stehende Glockenturm ist dem 16. Jahrhundert zuzurechnen. Die ebenfalls mittelalterlichen Wandmalereien wurden erst 1965 wieder frei gelegt und restauriert; sie waren überkalkt worden. 1.5.–30.9. Mo–Sa 9 bis 16 Uhr.

◎ Ebenfalls in Vestergeta ist die Gemeindehalle **FURULUND** mit Festwiese beheimatet. Hier findet nicht

Typisch Geta: oben auf der 107 m hohen Anhöhe Getabergen (siehe Seite 174), unten »nur« Wasser und Getas vielerorts rötliche Felsen alias Schönheit der Natur ▶

nur eine der beiden Mittsommerfeiern Getas statt, sondern auch andere Veranstaltungen wie Sommertheater und Events für die Dorfjugend. Södravägen 80.

◎ **GETA NOSTALGI & MOTOR MUSEUM (15)**, Utgårdsbackan 20 (östlich von Vestergata, zweigt von der Str. 4 ab), Tel. 0400 – 791 534, www.motormuseum.ax, Geöffnet nur nach Vereinbarung und zu Events. Weitere Telefonnummern auf der Website.

Für Motor stehen Oldtimer, auch auf zwei Rädern, für Nostalgie Werkstätten und Wohnungseinrichtungen.

◎ Südlich Vestergetas ist **KULTURARVSSTUGAN** beheimatet, die KULTURERBESTUBE, Olofsnäs, Södravägen, Tel. 040 – 355 5802. Die leicht zu übersehende KATE – dem Original aus dem 19. Jahrhundert mit authentischen Methoden und Materialien nachgebaut – ist im Juli Sa 12–15 Uhr Schauplatz für Kaffeetafel, Information und Handwerkskunst; an Sonntagen zum Teil Gottesdienst. Die aktive Gruppe »Geta Sockensällskap« unterhält das Häuschen und hat eine gute, aktuelle Facebookseite.

◎ Und dann geht es in Getas Norden – hier schließt sich zunächst **GETABERGEN (16)** an. Dieser Höhenzug bringt es auf 107 m ü.d.M., das ist viel für åländische Verhältnisse. Überblick aufs Terrain verschafft der 15 m hohe AUSSICHTSTURM, der ochsenblutrot in der Landschaft aufleuchtet. Windgeschützt und bequem gelangt man in die Höhe, oben geben die Klappfenster einen famosen Rundblick zum Bottnischen Meerbusen sowie über einen großen Teil von Festland-Åland frei. Der Turm ist frei zugänglich.

In der Nähe verlaufen einige Wanderwege. Wer sich reduziert sportlich betätigen will, kann eine Rast im Restaurant Soltuna einlegen und sich der populären Minigolfbahn widmen.

◎ Weiter geht es auf schmaler Straße nach Nordosten Richtung HEIMATMUSEUM **DÅNÖ HEMBYGDSMUSEUM (17)**, Dånövägen, Tel. 040 – 501 9727 u. 040 – 768 5782. Etwa 15.6.–20.8. Do–Di 13–16 Uhr, Mi 16–19 Uhr. Eintritt 5/0 €.

DIE LAGE NAHE EINER Fjord-ähnlichen BUCHT ist ausgesprochen malerisch. Das Leben in einem Fischer- und Lotsenhäuschen in der Zeit vor 100 – 150 Jahren wird in der Sammlung der Einrichtung und Gebrauchsgegenstände deutlich. Einige Kostbarkeiten (wie eine GALIONSFIGUR) stammen aus der ersten Zeit als Lotsenhaus im 18. Jh. Bis 1927 war das Haus kontinuierlich bewohnt, zuletzt von *Amanda Nordblom*. Die neuen Eigner vereinbarten, das Gebäude als Museum miteinander einzurichten und zu erhalten. So wurde es 40 Jahre lang privat geleitet, bis sich 1968 der Dånö Museumsverein gründete und das Anwesen übernahm.

Unterhaltung

◎ HEXENZEIT **AUF GETABERGEN**: Die Walpurgisnacht zum 1. Mai wird mit loderndem Feuer sowie Picknick beim Nostalgi & Motor Museum **(15,** siehe oben) begangen.

◎ **MITTSOMMER** findet zweimal in Geta statt: Mittags wird beim Gemeindehaus FURULUND der Baum aufgerichtet, am Abend machen die Sonnenanbeter beim Heimatmuseum mit der zweiten Stange und dem zugehörigen »Richtfest« weiter.

◎ Ein Höhepunkt ist Ende Juni / Anfang Juli für drei Tage in der Kirche, bei Lolos Café, in Dånö sowie auf grüner Wiese das Festival **GETA POESI OCH VISA** (Poesie und Lieder). SOMMERKONZERTE, SINGEN und LESUNGEN in freier Natur – vor allem mit nordischen Autoren und Interpreten. geta poesiochvisa.ax.

◎ Jeweils am 3. Samstag im Juli ist **GETADAGEN** (der Getatag) mit Markt, Ausstellungen, buntem Programm.

◎ Zum **ERNTEFEST** im SEPTEMBER sind meist das Restaurant Soltuna mit Erntebuffet sowie der Rinderhof Bolstaholms Gård, Bolstaholmsvägen 22 (Verkauf ab Hof, Bolstaholmburger sowie Traktorrallye für Kinder und Familien) für Publikum geöffnet.

◎ **GETADRAGET** an einem Samstag im September ist einer der vielen Angel-Wettbewerbe und -events im Archipel. In Hällö, Knutnäs und Lisström wird gestartet, Preisverleihung ist bei Soltuna. www.getadraget.ax.

◎ Am ersten Adventswochenende findet **GETABOCKEN**/Bo(c)ksläppet statt, ein Kulturtag für die ganze Familie, mit Lesungen und Musik.

Markt und mehr

◎ **LINASTUGANS HANTVERK**, Finnö, Hällövägen 6, Tel. 040 – 730 1499. Geöffnet nur nach Vereinbarung.

Die Weberin *Inga Snellman* arbeitet bevorzugt an eigenen kreativen Entwürfen und weniger mit traditionellen Mustern in Tisch- und Heimtextilien, greift jedoch alte Webtechniken auf. Die Kissen und Tischläufer mit weißen Segeln am blau-grünen Horizont strahlen eine wunderbare Ruhe aus und wecken doch Sehnsucht.

◎ **BERGMANS** Fisch- und Bauernladen, Bonäs, Bergmansvägen 9, Tel. 0457 – 344 9720 und 0457 – 354 9720.

Im Juli gibt es hier frischen, geräucherten und eingelegten Fisch sowie leckeres, selbst gebackenes Schwarzbrot. Mittwochs nach Vereinbarung.

◎ Rindfleisch und Wurst sollte man von **BOLSTAHOLMS GÅRD** beziehen. Der zertifizierte Hof mit Charolais-Rindern beliefert Restaurants auf Åland sowie auf Vorbestellung auch private Kunden. Bolstaholmsvägen 22, Tel. 49479, www.bolstaholm.ax. Siehe auch nebenan (zum Erntefest).

Am 1. Mai ist Tag der offenen Tür: Dann darf das Vieh erstmals im Jahr hinaus, und Hunderte schauen zu.

Bei Getaboden (siehe unten) und in Supermärkten in Godby und Mariehamn gibt es die Erzeugnisse ebenso. Bei Festen sind die Burger vom Grillwagen der Renner. Und auf der Webseite findet man Informationen zum Fleisch sowie Rezepte.

◎ Loppis, den typischen Flohmarktverkauf, gibt es im Sommer immer wieder bei **MIAS BODLOPPIS**, Vestergeta, Adeles kröken – Termine auf der Facebookseite.

◎ **GETABODEN**: Lebensmittel, Post, Mini-Apotheke u.a. (siehe Seite 170).

Bergmans Fisk beliefert auch Adressen in Mariehamn, darunter die Mariebar (siehe Seite 90).

Ferien aktiv

NATUR UND WANDERWEGE

◎ In HÖCKBÖLE startet der 63 km lange FERNWANDERWEG **SADELINLEDEN** nach Hammarland über Finström. Mehr Info auf Seite 54.

◎ Kommt man von Osten aus Saltvik nach Geta, ist es, noch vor Östergeta, zunächst Höckböle, das einen ersten Halt verdient. Rechter Hand zweigt hier die Straße Richtung Getaön, Husklint und **HAVSVIDDEN** ab, ganz im Nordosten der Gemeinde. Vom Anblick der zerklüfteten Nordküstenlinie aus Granit in der unbeschreiblichen rötlichen Farbe kann man sich kaum losreißen. Hier, mitten im Nichts, hat sich das gleichnamige Tagungshotel niedergelassen.

Der Wanderweg (zum Teil über die roten Felsen – schön: eine Rastbank mitten auf dem Fels –) ist 2,5 km lang, blau markiert und mittelschwer.

◎ Genau gegenüber dem Abzweig in Höckböle führt der schmalere Weg gen Süden zum wunderschönen NATURRESERVAT **HÖCKBÖLE HOLMARNA**, westlich des kleinen Sees Mörtträsk und der Anhöhe Klevberget. Der Fußweg von der Parkmöglichkeit am Hinweisschild aus wird durch ein Paradies von Schlüsselblumen und Lilienarten belohnt.

◎ Am Parkplatz der Kirche in Vestergeta startet der MITTELALTERPFAD **MEDELTIDSTIGEN** mit Informationstafeln zur Kulturgeschichte Getas. Der Rundweg führt unter anderem an den Gräberfeldern von OLOFSNÄS vorbei und ist insgesamt 2,5 km lang.

◎ Am Restaurant Soltuna beginnen zwei Wanderwege: Für Kinder und Familien eignet sich **TROLLSTIGEN**, der TROLLPFAD, an dessen Verlauf Info-Tafeln Trollgeschichten und Märchen erzählen, dabei die Strukturen der Felsen, Wurzeln und Bäume einbeziehen. Die können wie verwitterte Gesichter netter und kauziger Gesellen oder Bösewichter aus der SAGENWELT aussehen, wie Drachen oder anderes Getier. Der Pfad führt über ca. 1 km munter bergauf und bergab und ist für Kinder ab 5–10 Jahren ausgewiesen, eine realistische Angabe, die mit der Bewegungs- und Entdeckerfreude und -gewohnheit der Kleinen abzugleichen ist. Nebenbei können sich die Erwachsenen in die eigene Zeit magischen Denkens und in mythische Welten ihrer Kindheit zurückversetzen.

◎ Auch der zweite Pfad ab Soltuna ist gut markiert (weiß sowie mit Steinmännchen), aber eher Erwachsenen anzuraten. 5,5 km misst **GROTTSTIGEN**, der HÖHLENPFAD; in der Tat treffen die Wanderer auf eine Vielzahl kleiner Höhlen und imposanter Felsüberhänge, lernen eine wild romantische Landschaft kennen. Der Rundweg führt auf den Höhenrücken und dann hinunter zur Meeresbucht Djupviken. HÖHEPUNKTE unterwegs sind die Geta-Höhle oder Djupviks-Höhle sowie die sagenträchtige Kluft »Signhilds Krippe«. Die Info-Tafeln berichten (auf Schwedisch) über Geologie und Entstehung der Formationen.

BADEN, SCHWIMMEN

◎ **BADESTRÄNDE** finden Wasserratten in HÄLLÖ sowie bei Knutnäs am KALVFJÄRDEN, dort mit 3 m hohem Sprungturm und Umkleide.

DISCGOLF UND MINIGOLF

◎ Beides bietet Abwechslung beim Restaurant **SOLTUNA**. 18 Körbe verteilen sich in dem abwechslungsreichen, felsigen Terrain, und die Scheiben fliegen zwischen den Bäumen ...

KLETTERN

◎ Geta ist mit seinen »Höhen« angesagt zum BOULDERN, besonders das Terrain bei **DJUPVIKEN**.

RAD FAHREN

Das dünn besiedelte Geta ermöglicht viele Abstecher bei wenig Verkehr.

◎ Markiert ist die Route nach Godby ab Fahrradfähre **HÄLLÖ**. 26 km.

◎ Eine RUNDFAHRT führt ab Vestergeta auf dem **SÖDRAVÄGEN** via Bolstaholm nach Östergeta und zurück.

SCHÄRENTRIPS

◎ Geta gilt als wahres **KAJAK**- und Paddlerparadies. Die Fast-Insel lässt sich aufgrund ihrer günstigen Lage fast komplett mit dem Boot umrunden. Günstige Plätze, um in See zu stechen, sind HÄLLÖ (Servicehafen nahe Fahrradfähre im Südwesten) mit Kanurampe und auch HAVSVIDDEN, das eine anspruchsvolle 25-km-Route mit Hamnsundet in Saltvik verbindet, vorbei an Geta ön, Ryssö ön und Flatö.

Ferner verfügen Hüttenvermieter und andere Unterkünfte über Bootsanleger, teilweise auch -vermietung.

◎ AUSFLÜGE mit dem BOOT, ob zum **ANGELN** oder als Schären-Sightseeing, organisiert Bo-Erik Westberg mit Fiskelyckan, Tel. 0457 – 342 0538. – Angellizenzen verkauft u.a. Getaboden (siehe Seite 170).

Saltvik

DIE WIEGE ÅLANDS

Die knapp 1.800 Einwohner zählende Gemeinde Saltvik nennt sich stolz die Wiege Ålands – ließen sich doch hier die ersten Inselbewohner nieder. Es waren zunächst Robbenjäger, damals vor rund 6.000 Jahren; die Besiedlung erfolgte vom schwedischen Uppland aus. Und so finden sich in Saltvik auch die meisten Spuren der späten Stein- und der Bronzezeit. Im heutigen Geta, vor allem aber in Saltvik gab es damals die größten Inselflächen, die über dem Meeresspiegel lagen, da die Landhebung vor 3.500 Jahren bereits weite Teile Saltviks ans Licht gebracht hatte. Dass die mit 129 m ü.d.M. höchste Erhebung Ålands, der ORRDALSKLINT, auf Saltvik liegt, ist also nicht weiter verwunderlich. Die Landfläche der Gemeinde misst nebenbei 152 km^2.

Außer den prähistorischen Funden sind auch Zeugen aus der Wikingerzeit, Gräberfelder und Befestigungsanlagen, über Saltvik verstreut. In der Wikingerzeit (Höhepunkt 800 – 1000) war das heutige KVARNBO, das zentrale Kirchdorf Saltviks, der wichtigste Hafen Ålands, gefolgt von Borgboda. Saltvik war ein wichtiger HANDELSPLATZ, vor allem für den Umschlag von Salz, daher der Name Saltvik: Salzbucht. Die meisten Sehenswürdigkeiten befinden sich in Ost-Saltvik. Heute ist der Hauptort ÖDKARBY.

Neben den Reminiszenzen an die Frühzeit der Menschen hat Saltvik heute vor allem landwirtschaftliche Bedeutung, dies dann mehr in West-Saltvik. Die Gegend um HAGA insbesondere wird gern als KORNKAMMER des Landes bezeichnet, alles natürlich in verhältnismäßig kleinem Maßstab. Doch die sanften Getreidefelder haben ihre Kontrapunkte: die Schärenküste mit für Ålands Verhältnisse STEILEN KLIPPEN und zerklüfteten Uferlinien. Inland und Küste ergeben ein abwechslungsreiches Saltvik.

Nicht immer folgen die Gemeindegrenzen geografischen Gegebenheiten: Zwischen Geta und Saltvik, geografisch eigentlich benachbart, schiebt sich ein Zipfel der Gemeinde Finström hoch.

Die Feste und Veranstaltungen in Saltvik knüpfen an Geschichte sowie Traditionen an. Hierher gehört das Wikingerfest, eine Haupt-Attraktion des åländischen Schärenreichs.

INFORMATION

◎ **SALTVIKS KOMMUN**, Lillängs 14, Nääs, AX–22320 Ödkarby, Tel. 48900, www.saltvik.ax (D). Mo–Fr 9–15 Uhr. Monatliches Saltvik-Info zum Download. – Västra Saltvik auf Facebook hat gut aktualisierte Informationen.

TRANSPORT

◎ Erreicht wird Saltvik von Finström oder Sund aus via Abzweigungen von den **HAUPTSTRASSEN** Nr. **2** oder **4**. Bus Nr. 3 kommt aus/fährt nach Mariehamn, teilweise auch 2 und 4.

◎ Hamnsundet ist ein **SERVICEHAFEN** für Privatboote im Norden Saltviks, am Boxö-Sund mit Blick zur ge

◀ Wikingermarkt in Kvarnbo: Nicht nur halb bis ganz Åland ist auf den Beinen, Besucher und Aussteller von nah bis fern treffen Gleichgesinnte der Wikinger- und Mittelalterszene, haben Freude an traditionellem Handwerk und einem Fest in stilechter Atmosphäre

genüber liegenden Naturschutz-Insel Boxö. Kajakvermietung, Tankstelle sowie Kiosk. Auf der Veranda geht's mal trubelig, mal beschaulich zu. Auf jeden Fall gibt es ein Lächeln zu Kaffee, Kuchen oder Paninis. Hamnsundsvägen 904, Tel. 040 – 723 1184, marinahamnsundet.ax. Mitte Juni bis Mitte August täglich 13–20 Uhr. – Einen weiteren kleinen Ort zum Vertäuen finden Freizeitkapitäne in LÄNSMANSGRUND vor.

◎ **TAXI**: Susses Taxi, Tel. 43413.

Unterkunft

◎ **KVARNBO PENSIONAT**, Kvarnbo-Kyrkvägen 48 (60 m östlich der Kirche), Tel. 44015 und 0457 – 530 1477, kvarnbopensionat.ax (E). DZ mit Bad 145 €.

Der Übernachtungstipp in Saltvik – und in Åland überhaupt: Ella Grüssner Cromwell-Morgan und Martin Cromwell-Morgan begrüßen ihre Gäste in einem traditionsreichen Haus, sie erzählen Ihnen gerne davon. Sorgfältig und geschmackvoll restauriert, mit individuell und stilvoll eingerichteten Zimmern. Tolles FRÜHSTÜCKSBUFFET in relaxter, freundlicher Umgebung.

Die Köchin und diplomierte Sommelière Ella arrangiert (für Gruppen) Wein-, Bier- und Whiskyproben – und sie war die einheimische Sachkundige, die den »ältesten Champagner der Welt« verkostete. Auf dem Hofgelände befindet sich auch eine alte Werkstatt aus den 1930er Jahren mit funktionstüchtigen Maschinen (zurück bis 1895), Schmiede und alten Motorrädern, für die Ella & Martin schwärmen.

Außerdem sind CAFÉ VINSMEDJAN und GALLERI SKARPANS auf dem Areal vertreten, was den Besuch umso attraktiver macht.

◎ **SALTVIK B & B**, Kvarnbovägen 350 (an der Str. 50 südlich von Kvarnbo), Tel. 040 – 124 7480, www.saltvikbb.com, DZ (ohne Bad) 102 €.

Auf dem Gelände der alten Hauswirtschaftsschule von 1922 führt die quirlige Tina D. Landell das sanfte Regiment über ihr B & B mit 2 EZ + 10 DZ, einfach, jedoch hübsch, sauber, frisch herausgeputzt. Kinder haben viel Auslauf und einen Spielplatz. Das Hofensemble umfasst auch das Sommercafé GLASSBODEN mitsamt Verkauf von Kunsthandwerk (siehe Seite 181). Das ganze Jahr über arbeitet das LUNCH-Restaurant. Als Mittelalter-Fan ist Tina in Kvarnbo mit dem Wikingermarkt gut aufgehoben.

◎ **BORGDALA STUGOR**, Nääs/Ödkarby, Toböleträskvägen 84, , Tel. 040 – 571 6705. Ferienhütten für 2–4 Personen 100 – 110 €.

Fein eingerichtete Räume, Garten mit Grillmöglichkeit, Strand mit Ruderboot – ideal für FAMILIEN.

◎ **HJORTÖ STUGOR** & STOCKHUS, Nygårdsvägen 220 (südlich Hjortös), Tel. 040 – 833 9236, www.hjorto.com (D). Ferienhütten (4 Personen) ganzjährig ab 680/640 €/Woche.

Großes Gelände mit BADESTRAND, Boots- und Badesteg, Ruder- und Paddelbooten, Sauna, Spielplatz, Flächen für Ballsport. Einige der Hütten verfügen über eine eigene Sauna.

Ella Grüssner Cromwell-Morgan ist auch Musikerin – ihre Schwester *Johanna Grüssner* ist sogar eine mehrfach ausgezeichnete, in Europa und in den USA anerkannte Jazzsängerin; sie arbeitet aktuell in Schweden.

Essen und Trinken

◎ **VINSMEDJAN**, Kvarnbo-Kyrkvägen 48, Tel. 44015 und 0457–5301477, vinsmedjan.ax. Juli Mi–Sa 13–20 Uhr, sonst bei Festen und Weinproben.

Die Weinschmiede ist das Café und Bistro der Familie Grüssner Cromwell-Morgan in Kvarnbo: Leckere Pannkaka, Suppen und kleine Gerichte kommen in stimmig-uriger Atmosphäre auf den Tisch. Die erwähnten WEINPROBEN sind das Metier von Ella.

◎ **GLASSBODEN** und LUNCHRESTAURANT bei Saltvik B & B, Kvarnbovägen 350, Tel. 040 – 124 7480 (siehe auch Seite 180 nebenan).

Sommer-Lunch Mo–Fr 10.30–13.30 Uhr, Glassboden Café im Juli Mo–Sa 14–21 Uhr mit Eis (glass), Snacks und Kunsthandwerk im roten Holzhaus.

◎ **HAMNSUNDET** Kiosk-Café beim Gästehafen (siehe Seite 180). Mitte Juni bis Mitte August täglich 13–20 Uhr.

◎ **SILVERSKÄR** ist mehr als nur bestes Essen. Wer hier als Gruppe bucht, hat die schöne Insel vor Saltviks Nordküste ganz für sich – ein hochpreisiges, exklusives Vergnügen, bei Bedarf mit Unterkunft, Konferenz, Jagen und Angeln beim traditionellen und modern eingerichteten Schärenhof; auch ein Ausflug zum 1978 verlassenen Inselchen Björkskär ist im Angebot. Tel. 525565 und 525562, www.silverskar.ax (E).

Auf den Nachbarinseln SVISKÄR und KLOBBEN können Sie in exklusiven Hütten wohnen – oder spartanisch in der Eremitenhütte: ohne Elektrizität, mit Selberbrutzeln oder Catering-Service. Und dann gibt es noch Champagne-Island: Angeregt durch den Fund des »ältesten Champagners der Welt« vor Ålands Küste im Jahr 2010, hat das Silverskär-Team begonnen, Champagner in Unterwasserdepots in 50 m Tiefe bei konstanten 4 Grad zu lagern. Das Projekt CELLAR IN THE SEA ist auf 40 Jahre angelegt, in Kooperation mit Veuve Cliquot. Eine Flasche des edlen Gesöffs gehört übrigens zum »Paket« auf Champagne Island.

Sehenswertes

WIKINGER UND CHRISTENTUM

◎ Ältester Teil der mittelalterlichen **SALTVIKS KYRKA** (18, Sta Maria Kyrka) in Kvarnbo, Kyrkvägen 61, ist das rechteckige Langhaus von etwa 1280, das jedoch nicht mehr in seinem ursprünglichen Zustand besteht, sondern mit Betonunterstützung in den 1950er Jahren in Annäherung an die einstige Form wieder aufgerichtet wurde. Ein Vorteil der umfangreichen Umbauarbeiten: Neben und unter der Kirche wurden aufschlussreiche SIEDLUNGSRESTE aus der Wikingerzeit gefunden. Der Turm wurde als Wehrturm um 1300 hinzugefügt und hat noch mehr Originales.

Im Inneren ist der Taufstein in Form eines vierblättrigen Klees erwähnenswert, eine Gestaltung, die sonst zu der Zeit (wohl Mitte 13. Jh.) nur für größere Kathedralen üblich war. Quellen erwähnen, dass Saltviks Kirche einst KATHEDRALE genannt worden sei was so gedeutet wird, dass auf Åland eine autonome Diözese geplant gewesen

sein könnte. Mitte Juni bis Anfang August Mo–Fr 10–16 Uhr.

◎ Im Süden der Kirche lag der **TINGPLATS**, heute erinnert das moderne Denkmal aus schwarzem Granit daran. Er war zur Wikingerzeit und im Mittelalter Ort der Zusammenkünfte des Landsting, diente der Gerichtsbarkeit ebenso wie dem Handel.

◎ Einen Besuch sehr wert ist **GALLERI SKARPANS**, früher in Mariehamn, heute im Ensemble rund um Kvarnbo Pensionat in schönem roten Holzhaus angesiedelt. *Leila Cromwell-Morgan Lönnroth,* quirlige und kunstverständige Besitzerin und Managerin der Galerie, hat ein Händchen dafür, interessante zeitgenössische Künstler und Künstlerinnen in ihr Portfolio zu ziehen, wie *Kenneth Bamberg* mit seinen majestätischen Porträts von Hähnen aus aller Welt. Ihr ist es gelungen, auf dem Land einen wirklichen KUNSTPUNKT zu schaffen. (Kunst, das Lokal Vinsmedjan und die Übernachtung im Kvarnbo Pensionat – alles vor Ort.)

Kvarnbo-Kyrkvägen 48, Tel. 0457 – 570 0017, galleriskarpans.ax. Im Sommer Mi–So 12–17 Uhr, sonst Fr+Sa 12–17 Uhr als Richtzeit.

◎ **ARCHÄOLOGIE** IN SALTVIK: 2017 zeigten Luftaufnahmen Anhaltspunkte für ein großes Langhaus aus der späten Eisenzeit (mit immerhin 45 Meter Länge!). Die Wissenschaftlerin Dr. *Kristin Ilves* beschreibt KVARNBO HALL in ihren Veröffentlichungen – ein weiterer Beleg für die Bedeutung Saltviks in früherer Zeit.

◎ **BORGBODA (19)**, östlich Kvarnbos gelegen, war neben dem Hauptort der zweite wichtige Hafen Saltviks zur Wikingerzeit und entsprechend besiedelt. Die Burganlage auf dem Berg Borge diente der Verteidigung und dem Schutz der stetig durch Zuwanderung anwachsenden Bevölkerung und ist die größte jener sechs åländischen Burganlagen (Fornborgar). Bis ins frühe Mittelalter war sie voraussichtlich in Gebrauch, dann verlor sie durch Landhebung und Verlandung der Schiffspassage an Bedeutung. Übrig ist nur noch ein Teilstück des mächtigen Mauerrings oben am Hügel.

◎ Gegenüber dem Parkplatz beginnt ein gut 700 Meter langer PFAD durch Busch und Wiese den Hügel hinauf zum **BORGBERGET**. Als WEGMARKEN fungieren WIKINGER, die in eindruksvoller Weise aus dicken Holzstämmen gehauen und geschnitzt sind, mal mit

▲ Das Thingstätte-Denkmal bei Saltviks Kyrka in Kvarnbo

Schild und Helm, mal ohne, grimmig und Respekt einflößend drein- und übers Land schauend. Einer sitzt am Eingang zur Fornborg auf einer Bank zum Rasten.

◎ **IDAS STUGA**, Borgboda, Tel. 25 426. Eintritt frei. IDAS HÜTTE verlangt schon einen Zeitsprung: Das harte Leben einer Köchin und Magd wird in dem winzigen »Museum« – der original belassenen Hütte – LEBENSECHT dokumentiert: 1966 erst hat *Ida Emilia Jansson* (geb. 1885) das Häuschen verlassen. Man kann sich etwas in das harte, entbehrungsreiche Leben dieser tapferen Frau hinein versetzen, die fünf uneheliche Kinder hatte, davon einen behinderten Sohn, den sie jahrzehntelang in der Hütte umsorgte.

Anrührend: Ein kleines Wiedergabegerät lässt sich einschalten, und man hört Ida Lieder und Volksweisen singen. In der Hütte finden sich auch Informationen über die frühere Burg und vorzeitliche GRÄBERFELDER.

ZURÜCK IN DIE STEINZEIT

◎ Das Dorf **LÅNGBERGSÖDA** steht für eins der Gebiete mit bedeutsamen Steinzeitfunden in Åland. Unweit des höchsten Bergs **ORRDALSKLINT** (20) mit 129 Metern (!) liegt der immerhin noch 90 m hoch »aufragende« LÅNGBERGEN, und zwischen diesen beiden Erhebungen verläuft ein 4 km langes Tal, das teils aus trockenem sandigem Wald- und teils aus Moorgebiet besteht. In der Talschlucht wurden allein fünfzehn stein- und bronzezeitliche Fundstätten aus Siedlungsperioden zwischen 4.000 und 500 v. Chr. aufgespürt, meist entlang den damaligen, sich in Folge der Landhebung verschiebenden Strandlinien. Im oberen, nördlicheren Teil des Tals befanden sich die ÄLTESTEN WOHNSTÄTTEN, die jüngeren tiefer und im südlichen Part. Die ältesten Wohnplätze liegen heute 55 m über dem Meeresspiegel! Hütten, Feuerstellen, Waffen, Keramik und Tonscherben aus dem kammkeramischen wie dem muldenkeramischen Kulturkreis, an Waffen Steinäxte, Pfeilspitzen und Messer konnten zusammengefügt und rekonstruiert werden. Die Funde belegen es: Schon damals trafen hier zwei Kulturen, die östliche und die westliche, auf Åland zusammen. Die Siedlungen der Bronzezeit liegen im unteren Teil des Tals.

◎ Am Kallsvedsvägen-Parkplatz beginnen übrigens drei **WANDERWEGE**

▲ Hölzerne Wikinger als markante Wegmarken hinauf zum Borgberget (siehe Seite 186 f.), die zum Teil Steinzeit-Relikte streifen.

VON NORD NACH WEST

◎ Reizvoll ist hoch im Norden das Eiland **BOXÖ**: ein Naturschutzgebiet mit schönen Küstenlinien und ebenso kulturhistorisch interessant wegen der Reste russischer Festungsanlagen, 1890 errichtet und im Ersten Weltkrieg mit schweren Kanonen bestückt. Sogar eine eigene Eisenbahnlinie gab es. Selbst die Ruinen hinterlassen einen gewissen Eindruck.

Mit der Röverkulan (Räuberkuhle) ist auf Boxö Ålands GRÖSSTE HÖHLE zu finden. Etwa 350 Meter nordöstlich der Festung in 15 Metern Höhe an einer Felssteilwand gähnt sie 8 m weit sowie 4 m hoch in der Landschaft. Ihr Rachen reicht immerhin 12 Meter tief in den Berg hinein.

Boxö liegt nördlich vom Gästehafen HAMNSUNDET (siehe Seite 179 f.); aktuelle Informationen zu möglichen Überfahrten erhalten Sie dort.

◎ In West-Saltvik ist **HAGA KUNGSGÅRD** in Haga einer von drei früheren KÖNIGLICHEN HÖFEN auf Åland. Hier jagte König Karl im 17. Jh. Elche und anderes Wild; das wäre nicht weiter erwähnenswert, hätten nicht die Hofherren in Stockholm gleichzeitig eine Verschwörung angezettelt, um Karl zu stürzen. Sogar Finnlands erste Oper, »König Karls Jagd« (1852 von *Fredrik Pacius,* von Hause aus Deutscher), hat diese Zeit und Ereignisse zum Thema gemacht. Heute sind die Jungbauern Kristoffer und Jenny am Ödkarbyvägen zu Hause.

Unterhaltung

◎ Auf der grünen Wiese bei der Kirche findet am letzten Juliwochende über drei Tage der WIKINGERMARKT **VIKINGAMARKNAD I SALTVIK** (18) statt (siehe Seite 185 nebenan).

◎ **DORFLEBEN**: In der BIBLIOTHEK in Rangsby werden Sommerausstellungen arrangiert. – In Sunnanby finden Bingo-Nachmittage und Kreativtreffen statt, Tel. 0457 – 365 0011.

◎ **MITTSOMMERSTANGEN** werden in Ödkarby / Solbacka, Bertbyvik, Högtomt und Tengsöda errichtet.

◎ Am åländischen **ERNTEFEST** im September nimmt Cederbergs teil, Ödkarby/Ovanåker, Saltviksvägen 212, Tel. 0400 – 450 004. Dort können Sie Hoferzeugnisse und Kunsthandwerk kaufen, Apfelkuchen probieren und eine funktionierende Windmühle aus dem Jahr 1801 besichtigen.

◎ Hier ist ebenso das authentische **BOMÄRKET-MUSEUM** beheimatet, von Göran Dahl liebevoll aufgebaut: Ålands größte Sammlung an Hauszeichen, die an RUNEN erinnern, samt ihrer Historie und Bedeutung. Außerhalb des Erntefests Besuch nach Vereinbarung. Eintritt freiwillig.

Markt und mehr

◎ Auf Saltvik gedeihen Getreide, jedoch auch Kartoffeln prächtig. Eine passende Idee hatten also die Gründer Mattsson & Mattsson und Böckelmann, als sie sich entschlossen, in der

WIKINGERMARKT IN SALTVIK

Rund 10.000 Menschen besuchen jedes Jahr das Spektakel, einer der größten Märkte seiner Art in Nordeuropa. Handwerker demonstrieren alte Gewerke, Händler bieten ihre Produkte feil, Künstler und Musiker sorgen für Stimmung. Pfeile und Bogen, Feuersteine, Schwerter, Schmied, Schnitzen, Spinnen und Filzen, Lederwaren, Schmuck und Kleider, authentisches Zeltlager, offene Feuerstellen, Gaukler und Spielleute, Schaukämpfe, ein von Hand betriebenes Korbkarussell, Ponyreiten, Wahrsagen sowie Wikinger-Wellness (!) lassen den Tag wie im Flug vergehen. Aussteller und Veranstalter treten in zeitgerechten KOSTÜMEN auf UND PASSEN sogar ihre SPRACHE AN. So viele Menschen kommen auf Åland sonst selten zusammen; es geht gesellig zu, weder überfüllt noch hektisch. Staunendes Zuschauen, jedoch auch aktives Mitmachen, beides ist möglich. Ma(n)n muss ja nicht gleich selbst handgreiflich werden, wenn die Kämpen der »hauseigenen« Truppe HOLMGERS HIRD ihre Schaukämpfe inszenieren. Beeindruckend ist auch die abendliche Feuershow freitags um etwa 23 Uhr.
Die Verpflegung versehen das rustikale CAFÉ KNARREN und im Langhaus eine Bar mit Bistro. Gestärkt sollten Sie einen Abstecher zum kleinen Hafen in Saltvik machen, wo ein Wikinger-Schiff vertäut ist.

◎ Veranstalter des alljährlich am letzten Juliwochenende, von Donnerstag bis Samstag stattfindenden **VIKINGAMARKNAD I SALTVIK** (18) ist der Verein Fornföreningen Fibula mit Sitz direkt vor Ort in Kvarnbo, Tel. 0457 – 342 7500, fibula.ax (E). Eintritt 10/5 €, Familienticket (2+2) 25 €.

HOF-FESTE UND KULINARISCHES HANDWERK

Åland entwickelt seine Identität als Paradies für Leckeres vom Lande, für qualitativ hochwertiges Lebensmittel-Handwerk. Höhepunkt im Jahr: das Familienevent **ERNTEFEST** (SKÖRDEFEST) am dritten Septemberwochenende in den Landgemeinden mit Märkten, Hofbesichtigungen, Handwerk, Musik und Tanz, Pop-up-Cafés und Verkostungen von Sanddorn bis Rotaugenbällchen, Ponyreiten und Rodeo, historischen Traktoren und Landmaschinen, offenen Gärten und Restaurants mit speziellen Menüs, Natur- und Kochschule. Williams Buss (siehe Seite 28) bietet Tages-RUNDTOUREN an. skordefest.ax (E) mit Programm. Fr–Sa 10 –19 Uhr, So bis mindestens 17 Uhr.

◎ Zum zweitägigen FRÜHLINGSFEST **ÅLAND GRÖNSKAR** im Mai gehören Primelomelett, Vogelwanderung, Bootstour, Nygårds Waldschweinchen und die neue Wildwest-Ranch Koski, beide in Sund. alandgronskar.ax.

◎ Zu **ÅLAND GLIMRAR** an den Wochenenden im ADVENT besucht der Weihnachtsmann verschiedene Höfe und Märkte. Kunsthandwerk spielt eine große Rolle. alandglimrar.ax. Organisation der Feste: Skördefestens Vänner, Ålands Landsbygdscentrum in Jomala, landsbygd.ax.

◎ **MATHANTVERK ÅLAND** vereint die LEBENSMITTEL-Handwerker, deren Produkte bei teilnehmenden Shops, bei Stallhagen (in Finström), Viktors Café (in Mariehamn), Smakbyn (in Sund) und im eigenen Pop-up-Store zu finden sind – Zusammenarbeit statt Konkurrenz: mathantverkare.ax (E).

CHIPSFABRIK TAFFEL den ebenso leckeren wie kalorienreichen Snack herzustellen. Die Produktion startete 1969 und bescherte Finnland eine kulinarische Neuheit. Inzwischen gehört die Firma TAFFEL AB zum norwegischen Mischkonzern Orkla, ebenso wie der finnische Süßwarenhersteller Panda. Die Chips gibt es natürlich von klassisch bis Zwiebel-Sauerrahm. Taffel unterhält einen meistens gut besuchten FACTORY SHOP mit besonderen Angeboten. Fabrikführungen – nur für Gruppen – auf Anfrage.

Sundsvägen 420 (an der Hauptstr. 2), Saltvik, Haraldsby (postalisch Godby), Tel. 020 – 791 8711, sv.taffel.fi. Im Sommer Mo–Fr 11–18 Uhr, Sa+So 11–17 Uhr, sonst Mi–Sa 11–17 Uhr.

◎ Bildhauer *Krister Fagerholm* arbeitet bevorzugt mit Alabaster, Speckstein und Glas. Sein **ATELIER** hat er in Saltvik, Bergöraudden 18, Tel. 0457 – 331 4854. Er ist Teilnehmer an Konstrundan mit offenem Atelier.

◎ **HÖFE UND MÜHLEN**: GERMUNDÖ GÅRD, Ödkarby, Lavövägen 115, Facebook. Ökologische Getreidefarm mit Hofladen (geöffnet in der Regel 2 x im Monat donnerstags) und Weihnachtsmarkt. – ÖVERÄNGS KVARN, Överängen 58, Facebook. Die Mühle mahlt etwa 130 Tonnen Mehl im Jahr mit echter Steinmühle! Mehl, Hafergrütze und Vollkornsnacks gibt's u.a. bei Mattssons Laden in Jomala (siehe Seite 168).

◎ Der früher so gut sortierte Lebensmittelladen Matkroken hat mittlerweile endgültig geschlossen; was bleibt: der Erbsenverkauf an der Straße in Afvanåker – oder auf nach Jomala zum SUPERMARKT IN GODBY.

Ferien aktiv

NATUR UND WANDERWEGE

◎ Bei **LÅNGBERGEN** starten drei Routen bis zu 6,5 km. Ausgangspunkt ist der Parkplatz am Källsvedsvägen.

Der kürzeste Weg (2 km) führt um das Areal eines touristischen Steinzeitdorfs, das früher im Sommer bewohnt war, wovon zuletzt jedoch nur noch einige Einbäume und mit Moos und Erde bedeckte Hüttenreste zeugten; die Siedlung befand sich auf halber Strecke den Hügel hinauf.

Die 6-km-Route über LÅNGBERGEN führt zum großen Teil über nackten Fels und ist im Anfang/Ende mit dem kürzesten Pfad identisch. Dieser längste und auch der dritte Pfad führen durch herrliches Gelände mit Fels und Heidelandschaft und bewältigen einige Höhenunterschiede. Es gibt ein Info-Blatt zu dem als mittelschwer eingestuften Weg (E) und eine Übersichtskarte zum Download: www.fastighetsverket.ax (dort Naturreservat und Vandringsstigar).

Der Långbergen-Pfad ist wie auch der kurze Weg gut markiert, letzterer ist als Relikt der aufgegeben Siedlung mit Info-Tafeln (auf Schwedisch und Finnisch) versehen und führt auch an Östra Jansmyra vorbei, wo man versucht, vorzeitliches Laubwaldmilieu zu rekultivieren; in Rödmyra wird veranschaulicht, wie solche bruchstückhaften Funde aussehen, aus denen sich Archäologen ihr Wissen zusammenbasteln und ableiten müssen.

Der dritte Pfad misst 5 km und erklimmt den ORRDALSKLINT (**20**, siehe Seite 183). Die Route ist eher spärlich markiert und führt vom Parkplatz zuerst auf einen Privatweg, um schließlich links abzuzweigen.

◎ Mit 116 Metern Höhe liegt mit dem **KASBERGET** bei Åsgårda auch noch die zweithöchste Erhebung Ålands innerhalb der Grenzen von Saltvik. Als Lohn für das Erklimmen, immer dem Pfad mit den weiß markierten Steinen folgend, winken ein WEITER BLICK auf die nördliche Schärenlandschaft, kultiviertes Bauernland und ein Steinfeld. Start: von der Straße nach Hamnsundet links beim Schild Kasberget abbiegen. Kasbergsvägen.

◎ Der **WANDERWEG** bei Borgboda ist 2 km lang und leicht zu begehen, nimmt IDAS STUGA (siehe Seite 183) und ein TYPISCH SKANDINAVISCHES bronzezeitliches STEINHÜGELGRAB (Bronsålders Röse) mit und führt zum Hügel Borge und zur Fornborg.

BADEN, SCHWIMMEN & MEER

◎ **SCHWIMMSTRÄNDE** finden Wasserratten in HARALDSBY/Västerviken, KVARNBOVIKEN (südlich der Kirche) und in KROKLUND/NOTPLAN (alle mit Sprungturm, Umkleide, Sandstrand; in Haraldsby und Kroklund auch mit Beachvolleyball). Für kleine Kinder ist der seichte Strand von LÖTÖ geeignet, Anfahrt via Nääs und Haga.

◎ **WAKEBOARD** oder Wasserski mit Larssons Vattensport, Norra Tjenan 26 /südlich von Kroklund), Tel. 0457 – 524 4072, www.larssonsvattensport.com. Ausrüster / Vermieter für WASSERSKI, Slalomski für Germundö Alpin. Betreibt eine Strandbar in Degersand (Eckerö) und organisiert ab und zu Aktivitäten wie Angeltrips, Paintball, Wasserski oder Wakeboarding.

RAD FAHREN

◎ Ab **TOBÖLE** und/oder **DAGLÖSA** in Nähe der Buchten VERKVIKEN und KARVIKEN: siehe Seite 169. Größtenteils markiert, abhängig von der Routenwahl als Rundfahrt um 15–25 km.

◎ Abgelegen verläuft auch die markierte Route von Kvarnbo in Richtung Nordosten AN DIE KÜSTE BEI **TENGSÖDAVIK**, wo früher sogar eine Fahrradfähre nach Vårdö ablegte. Die einfache Strecke misst knapp 10 km.

SCHÄRENTRIPS

◎ **PADDELN**: Als günstige Start- und Zielorte gelten besonders KVARNBO, KARVIKEN und TENGSÖDAVIK.

◎ **RANNÖARNA** ist der nördlichste Außenposten Ålands. Karg und rau, verlieren sich hier Reste eines einst bedeutenden Fischerdorfs; die aufgegebenen Fischerhütten dienten einst als Basisstation und Vorposten.

◎ **LÄNSMANSGRUND** ist ein Naturreservat und ein Paradies für Vögel. In der Hafenbucht steht eine Kate, in der »Gestrandete« nächtigen können.

SKIZENTRUM

◎ **GERMUNDÖ ALPIN** (21), Lavövägen, Tel. 0457 – 342 0830, www.alpin.ax. Ca. Mitte Dezember bis März/April, Di–Do 18–20.30 Uhr, Sa 11–16 Uhr, So 12–16 Uhr. Liftkarten 21 €, tagsüber ebenso wie abends.

Das hügelige Terrain verfügt über Abfahrtpiste, Slalomstangen, Loipen und sogar einen kleinen Lift, dazu ein Servicehäuschen mit Kiosk zum Aufwärmen und eine Skischule. – Zur Not kommt auch auf Åland Kunstschnee zum Einsatz.

Sund

PRÄDIKAT FINNISCHE NATIONALLANDSCHAFT

Sund, Saltviks Nachbargemeinde im Südosten, ist das Gebiet auf Åland mit den meisten Spuren aus mittlerer und neuerer Geschichte, Kriege sowie andere Gewaltaktionen eingeschlossen. Hier liegt eine der bekanntesten Sehenswürdigkeiten des Inselreiches, Schloss KASTELHOLM; imposant wirken auch die Festungsruinen Bomarsund. Außerdem führt der historische Postvägen über große Teile des Gemeindeareals, dessen Landfläche insgesamt 112 km² misst. Die ungefähr 1.000 Einwohner leben von der Landwirtschaft und vom Tourismus, vor allem im Umfeld von Schloss, Smakbyn (s.u.) und Golfanlage.

EINZIGARTIG in Åland: Sund wurde 1993 zu einer (von 27) Nationallandschaft(en) Finnlands gekürt. Das besondere landschaftliche Merkmal der Gemeinde sind – der Name deutet es an – einige tief ins Land eingeschnittene Sunde und zudem aufregende Küstenplätze.

Schöne Landschaft, lebendige Gemeinde kennzeichnen die friedliche Gegenwart in der Gemeinde Sund – das mittlerweile sogar zum KULINARISCHEN Botschafter Ålands avanciert, was Star-Koch Michael Björklund und seiner SMAKBYN (siehe Seite 191) zu verdanken ist.

INFORMATION

◎ **SUNDS KOMMUN**, Norra Sundsvägen 361, Björby, AX–22520 Kastelholm, Tel. 43270, www.sund.ax. Mo–Do 9–15 Uhr, Fr 9–11 und 12–15 Uhr, ab Mitte Juli 3 Wochen geschlossen.

TRANSPORT

◎ Sund ist via **HAUPTSTRASSE** Nr. **2** mit Saltvik (und Finström) sowie übers Wasser mit dem zu Schären-Åland gehörenden Vårdö verbunden. Die BUSLINIE Nr. 4 verknüpft Sund mit Godby und Mariehamn sowie Vårdö.

◎ Die **FÄHRE** zwischen PRÄSTÖ und TÖFTÖ pendelt rund um die Uhr nach Bedarf (für Personen-/Autoverkehr), Dauer 5 Minuten für 440 Meter.

◎ **SERVICEHÄFEN**: Kastelholms Gästhamn (nahe Golfplatz), Björkvägen 2, Tel. 43 733, Facebook. Juni bis Mitte August. 100 Bootsplätze, Treibstoff. Cafeteria mit Terrasse und Lädchen. Etwa 10 –21 Uhr. – Alternativ bei Puttes Camping (siehe Seite 190).

Unterkunft

◎ **B & B KASTELHOLMS GÄSTHEM**, Tosarby, Tosarbyvägen 47, Tel. 040 – 674 2318, Facebook. Mai bis Oktober. 6 DZ ab 120 €, 2 Ferienhütten mit Sauna (bis zu 6 Personen) ab 180 €.

Sehr gute Ausstattung, reichhaltiges Frühstück, freundliches Personal. Es gibt Zimmer für 2 und mehr Personen mit eigenem oder Gemeinschaftsbad. Frühstück ebenso wie Küche für Selbstversorger, schöner Garten und Grillplätze.

◀ Ålands größte klassische Touristenattraktion: das restaurierte mittelalterliche Schloss Kastelholm (siehe Seite 193); unten Jenny und Michael Björklund, die treibenden Kräfte hinter dem Gastronomie-Dorf Smakbyn (siehe Seite 191)

◎ **EDENS STUGOR**, Högbolstad 2 (südlich von Tosarby, ab Vånäsvägen), Tel. 0457–052 9151, www.eden.ax (D). Mindestaufenthalt 2 Tage, Juli bis Mitte August nur Wochentarife. Haustyp Eden A (April bis Dezember/51 m²) 830/760 €/Woche, Eden B (April bis Oktober/46 m²) 730/690 €/Woche.

Ganz im Süden Sunds liegt das Feriendorf mit 18 IM GRÜNEN verteilten Häuschen zum Teil im Blockhaus-Stil (2–4 Personen), modern und komfortabel. Ein Wiesenweg führt ans Wasser; Boot und Sauna gegen Aufpreis.

◎ **PUTTES CAMPING**, Bomarsund, Bryggvägen 2, Tel. 0457–313 4177, und 44040, puttescamping.ax. Mitte Mai bis Anfang September. Zelt 3 €, Wohnmobil 5 €, Campinghütten (für 2 Personen) 34 €.

Etwas betagte und schlichte, aber preisgünstige Anlage, mitten im HISTORISCHEN UMFELD von Bomarsund gelegen, weitläufig dank großzügiger Aufteilung. Mit Café/Restaurant Furulundsgården samt Terrasse, Minigolf, Kiosk. Badestrand mit Sauna und Grillplatz. Bootshafen mit 30 Liegeplätzen, Fahrrad- und Bootsvermietung.

Essen und Trinken

◎ Für eine angesehene Küche steht KASTELHOLMS **GOLFRESTAURANG** am Golfplatz, Kastelholmsnäs 22, Tel. 431130, www.golfrestaurangen.ax. Mai bis September 9–21/20 Uhr (Küche 11–20/19 Uhr).

Lunch, à la carte, Pizza, Bistro – ein reichhaltiges Angebot an Fisch- und Fleischgerichten, ebenso wie an Vegetarischem. Kaffee und Süßes gibt es selbstverständlich zudem.

◎ **FURULUNDSGÅRDEN** bei Puttes Camping (siehe oben), Bryggvägen 1, Tel. 44025 und 040–553 2631 www.furulundsgarden.ax. Geöffnet Mai bis August 9–21 Uhr sowie zum Erntefest.

Das Lokal gefällt durch seine Lage, das neuere Gebäude im alten Stil, die große GARTENTERRASSE, die bodenständige Küche: CROSSOVER nennen die Betreiber Tom und Pa Eriksson ihre Speisenauswahl, die von Burgern über Hausmannskost bis zu thailändischen Speisen reicht; des Öfteren ergänzt durch frische Wildgerichte, hat man doch ein eigenes Jagdrevier. Im Juni wird vor reichlich Publikum eine Mittsommerstange aufgerichtet. Das Lokal ist stark in Sunds Gemeindeleben eingebunden.

◎ **ÅLAND DISTILLERY** MIT RESTAURANT, Slottsvägen 133, Tel. 0457–345 8249 (Brennerei) und Tel. 43730 (Restaurant), alanddistillery.com. Juli Mo–Do 10–21.30 Uhr, Fr+Sa 10–0 Uhr, So 10–18 Uhr, Mai/Juni sowie August/September täglich 10–17 Uhr. **(22)**

Das schöne HOLZHAUS mit großer Terrasse, direkt neben dem Eingang zum Heimat- und Freilichtmuseum, beherbergt Restaurant, Bar und Café: Sie haben die Auswahl, ob Cocktail oder Kaffee, ob Kuchen oder Herzhaftes. Ein SHOP mit Kulinarischem und mehr komplettiert das Angebot.

Betreiber sind Micke Björklund (siehe nebenan, Smakbyn) und zwei Partner. Die Brennerei produziert fruchtige Liköre ebenso wie harten Stoff, als Beispiele Apfelbrand und Gin-Varianten, und kann besichtigt werden.

Die Unterkünfte sind ganzjährig geöffnet, sofern nichts anderes vermerkt ist. Die Preise vor dem Schrägstrich benennen den Hochsaisontarif (zumeist Juli bis Anfang August), die Zahlen hinter dem Schrägstrich den für die Nebensaison.

SMAKBYN – EIN »DORF« DES GUTEN GESCHMACKS

Das Gastronomen-Ehepaar Jenny und Micke Björklund hat in Sund schon einiges verwirklicht – und dennoch Großes vor. Ein ganzes »Dorf« des (guten) Geschmacks soll in Sund rund um Slottsvägen 134 entstehen – bzw. weiter wachsen. Bisher residieren hier bereits ein schönes Restaurant mit Außenterrasse, eine Brennerei (samt Gastronomie, siehe Seite 190 nebenan), ein Süßwarenproduzent sowie ein Shop mit Delikatessen anderer lokaler Produzenten und von Smakbyn selbst: Marmelade, Lammwurst, Senf, hausgemachtes Brot und dazu die Kochbücher des mehrfach ausgezeichneten Björklund. Die Philosophie des Maestros lautet: exzellente Frische sowie regionale und saisonale Küche zu realistischen Preisen. Er ist nicht nur auf Åland bekannt, sondern im ganzen europäischen Norden. Einst kochte er im ÅSS Paviljongen in Mariehamn, einige Jahre auch in Göteborg. Er hob in Mariehamn Pub Niska aus der Taufe, war Küchenchef des Jahres in Finnland und Schweden, hatte Kochshows im TV sowie Erfolge bei Wettbewerben, wie etwa dem BOCUSE D'OR.

◎ RESTAURANT **SMAKBYNS KROG ÅLAND**, Slottsvägen 134, Tel. 43666, smakbyn.ax (E). Im Juli Mo–Sa 11.30–15.30 und 16.30–21 Uhr (jeweils letzte Tischreservierung zur zweitgenannten Uhrzeit), Juni und August Mo–Fr 11–19 Uhr, Sa 13–20 Uhr, Mai und September Fr–Sa 13–19 Uhr. **(22)**

◎ Ein wichtiger Smakbyn-Baustein ist die Brennerei **ÅLAND DISTILLERY**, die in der Nachfolge des umtriebigen, vor Jahren verstorbenen Peter »Bongo« Eriksson und seines damaligen Apfelweinguts Tjudö Vingård gesehen werden darf und die nicht nur Apfelwein und und den Kräuterlikör Ål-Meister Bongo, sondern auch verschiedene Gin-Spezialitäten von Hand herstellt. Unter dem Dach der Brennerei findet sich inzwischen auch ein Restaurant mit Bar und Café (siehe Seite 190 nebenan).

◎ Smakbyn bietet regelmäßig **VERKOSTUNGEN** in der Brennerei an und lädt zu kleinen exklusiven **KOCHKURSEN** mit Micke sowie »Küchenschlachten« zwischen den Chefs der Küche ein, bei denen das (zahlende) Publikum mehr oder weniger tatkräftig einbezogen ist. Das Smakbyn-Team jedenfalls ist erfinderisch im Hinblick auf wechselnde Angebote und Attraktionen. Und: Auf auf Teamgeist wird Wert gelegt.

◎ **ÅLANDS KARAMELLERIET** ist Smakbyns jüngste »Neuerwerbung«, wo Sie den Akteuren bei der Herstellung der Zuckerwaren zuschauen können, zum Beispiel wenn Bonbons in Åland-Farben gezaubert werden. Im Juli Mo–Sa 11–17 Uhr, Juni und August Di–Fr 11–17 Uhr, Sa 13–17 Uhr, Mai und September Fr 11–15 Uhr, Sa 13–17 Uhr. Mehr auf Seite 202.

◎ Im selben Gebäudekomplex wie Smakbyn dreht sich *Mia Englunds* **TÖPFER**-Scheibe. Die Keramikwerkstatt umfasst einen Shop und an bestimmten Tagen die Möglichkeit für die Besucher, das eigene Talent auszuprobieren. Im Sommer Mo–Sa Richtzeit 11–15 Uhr. Mehr auf Seite 202.

◎ **KNALLENS CAFÉ & MINILIVS**, Svensböle, Sundsvägen 1087 (Str. 2). Täglich 10 –22/20 Uhr, Facebook. Für einen Kaffee, Fast-Food-Imbiss oder Klein-Einkauf. Preiswerte, wechselnde warme Tagesgerichte.

◎ **KASTELHOLMS GÄSTHAMN** wartet mit einem kleinen CAFÉ auf: mit großer Terrasse in schöner Lage. Björkvägen 2, Tel. 43733, Facebook. In der Hauptsaison Richtzeit 11–21 Uhr, in Vor- und Nachsaison verkürzt. Es stehen zur Wahl: Kaffee und Gerstensaft, Hefeteilchen, Salat, kleine Bistrogerichte und schöne Aussichten.

Sehenswertes

KASTELHOLM

◎ **KASTELHOLMS SLOTT (22)**, Kungsgårdsallén 5, Tel. 432 150, www.museum.ax. Mai bis September täglich 10–17 (im Juli bis 18) Uhr. Eintritt 8/6/0 €, Familien 20 € (inklusive Vita Björn), alternativ Sommerticket für 5 Attraktionen 15 €, siehe ganz unten. Ende Juni bis Anfang August inklusive Führung auf Finnisch oder Schwedisch; ferner können Audioguides auf Englisch ausgeliehen werden.

Karten (auch für das Gefängnismuseum) sind am Eingang erhältlich. Zu Schloss, Gefängnismuseum (und Freilichtmuseum) gibt es Faltblätter oder Pläne auf Englisch und käufliche Broschüren mit vertiefenden Informationen. Kinder können sich auf Schatzsuche begeben, sich als Ritter, Prinzessin oder Prinzen verkleiden oder bei Mal- und Theateraktionen vergnügen.

◎ Zum Gesamtkomplex gehört – einem richtigen Schloss angemessen – das kleine GEFÄNGNISMUSEUM **FÄNGELSEMUSEET VITA BJÖRN** (Weißer Bär). Eintritt 2/1 €, Familien- und Sommerticket siehe unter Kastelholm. 2.5. bis etwa 20.9. täglich 10–17 Uhr.

Das von außen harmlos wirkende weiße Gebäude mit rotem Zaun und Schuppen wurde 1784 als Königliches /Staatliches Gefängnis in Gebrauch genommen, bis 1975 genutzt sowie 1985 als erstes öffentliches Gefängnismuseum Finnlands vorgestellt.

Untergebracht waren ursprünglich drei, später fünf Zellen für Gefangene; in der anderen Haushälfte wohnten die Wärter und ihre Familien unter demselben Dach. Diese Wohneinheit der Vollzugsbeamten zeigt Mobiliar und Einrichtung vom späten 19. Jh. bis in die 1930er Jahre, die Zellen hat man verschieden bereitet: Sie sind jeweils wie zur Zeit zwischen etwa 1800 und 1950 im Abstand von mehreren Jahrzehnten ausgestattet, STILECHT können die Besucher durch Gitter in die Zellen hineinsehen. Größe, Einrichtung und Belegung der Zellen sagen etwas über die gesellschaftliche Haltung gegenüber Verbrechen und Gefangenen aus. Fotos und Dokumente ergänzen die Ausstellung, mit leichtem GRUSELN sieht man in Zellen und Gang eine Auswahl Fesseln, Eisenketten mit Kugeln, Pranger und weitere (halbe) Folterinstrumente.

◎ Auf der anderen (westlichen) Seite des Slottssundet liegen auf einem Hügel die Überreste der königlichen **DOMÄNE** von Kastelholm, eines für damalige Verhältnisse großen landwirtschaftlichen Betriebes mit beina-

Das Sommerticket (Sommarbiljett) umfasst den Eintritt in Kastelholms Slott, Vita Björn, Bomarsunds Besökscentrum sowie in Mariehamn Ålands Kulturhistorisches und Ålands Kunstmuseum. Erwachsene 15 €, Senioren/Student. 10 €.

SCHLOSS KASTELHOLM

Das vorbildlich restaurierte MITTELALTERLICHE Schloss (das einzige auf den Inseln) ist Ålands größte und bekannteste touristische Attraktion. Trotzdem: Überfüllt ist es auch hier nicht, so dass man genug Gelegenheit hat, Schloss und Gelände in Ruhe zu erkunden. Von der Str. 2 biegt die Zufahrt, aus Finström kommend, kurz hinter der Gemeindegrenze ab.

◎ Das genaue Gründungsdatum ist unbekannt; erste Erwähnung findet es als »Haus Kastelholm« **1388**. In seiner heutigen Architektur weist das Schloss Bauspuren aus verschiedenen Perioden zwischen dem 14. und 17. Jahrhundert auf. Ursprünglich war es ein richtiges **WASSERSCHLOSS** auf einer kleinen Insel, rundum vom Meer umgeben; inzwischen ist reichlich Hinterland aus dem Meer gestiegen, jedoch sorgt der SLOTTSSUNDET auf der Nordwestseite nach wie vor für eine malerische Lage am Wasser.

◎ Große Veränderungen betrafen Kastelholm, als Åland Ende des 14. Jhs. unabhängige Verwaltungsregion wurde. Das Schloss wurde vor allem nach Norden hin erweitert und ausgebaut und zum **VERWALTUNGSZENTRUM** des Statthalters, der der schwedischen Krone unterstand. Unter den Regenten war auch *Erik Johansson*, der Vater des Schwedenkönigs Gustav Vasa. Kastelholm unterlag einer wechselvollen Geschichte. Hier wurden manche POLITISCHEN RÄNKE geschmiedet, das Schloss spielte eine Rolle unter anderem bei der dänischen Invasion 1507, die zur partiellen Zerstörung der Anlage führte. König Gustav Vasa lagen Åland und das Schloss am Herzen, er ließ es wieder aufbauen, erweitern und vereinnahmte die umgebenden Ländereien für die Krone.

◎ Auch die **KÖNIGLICHE FAMILIE** war von Intrigen und Auseinandersetzungen nicht frei. Bei Führungen wird gern auf den Raum im Burgturm verwiesen, in dem Johan III., der Sohn Gustav Vasas, 1571 seinen eigenen Bruder Erik (als König Erik XIV. wegen angeblicher Geisteskrankheit 1568 abgesetzt) gefangen setzte (was Erik vorher in Turku mit seinem Bruder genau so gemacht hatte – Gute Zeiten, Schlechte Zeiten auch bei Adels ...).

◎ 1599 fand der letzte große Kampf um das Schloss statt. Ab 1634 mit der Neuordnung der Administration im Schwedischen Reich verlor Kastelholm seine politische Bedeutung, Åland wurde von Turku aus verwaltet. Kastelholm verfiel langsam, ein Großbrand 1745 ließ eine **RUINE** zurück. Der Nordflügel blieb einigermaßen unversehrt und diente als Getreidespeicher.

◎ Vorsichtige Restaurierungsarbeiten begannen erst in den 1890er Jahren, in den 1930ern wurde im Nordflügel ein kleines **MUSEUM** eingerichtet. Anfang der 1980er Jahre begann die umfassende und systematische, das Gesamtareal einbeziehende Restaurierung. Wer heute an einer der interessanten **FÜHRUNGEN** teilnimmt, kann sich wieder wie im 16. Jahrhundert fühlen, zumal die BurgführerInnen historisch gewandet sind.

◎ Im Sommer finden gelegentlich **KONZERTE** in den geschichtsträchtigen Mauern statt. Oft lagern und weiden SCHAFE rund um Kastelholm, vermutlich vom Ulfsby-Hof, der größten Schaffarm des Archipels.

he dörflichen Ausmaßen: Rund 40 Gebäude und Stallungen gehörten zur Anlage. Ursprünglich lag die Domäne beim Schloss, wurde aber nach einer Brandkatastrophe 1772 auf die andere Sundseite verlegt. Erhalten sind ein steinerner Kuhstall (1780er Jahre) sowie mehrere Gebäude aus dem 19. Jh., wie ein Farmhaus und eine kleine KÄSEREI. Die Erträge der Domäne dienten nicht zuletzt der Ernährung der Schlossbesatzung. Auch dieses Gebiet wird traditionell durch Mahd und Beweiden bewirtschaftet und ist Teil der »nationalen Kulturlandschaft«. Zu finden ist die Domäne an der Straße Richtung Skutviken und Golfklub, gegenüber der heutigen kleinen Marina.

Die Ländereien um Kastelholm waren zu jener Zeit ausgesprochen wildreich. Darum hatte schon Gustav Vasa sie als exklusives KÖNIGLICHES JAGDREVIER ausgewiesen. Damit hatten die Schlossbewohner nicht nur Brei, sondern auch ihren Braten gesichert.

◎ FREILICHTMUSEUM **JAN KARLSGÅRDEN (22)**, Slottsvägen 120 (Parkplatz),Tel. 432 150. 2.5. bis etwa 20.9. täglich 10–17 Uhr. Eintritt frei.

Das Freilichtmuseum ist für das von der Einwohnerzahl her kleine Åland ein erstaunlich großes Event. Die Lage am SCHLOSS-SUND ist TRAUMHAFT, das baumbestandene, hügelige und stellenweise felsige Gelände fällt zum Wasser hin sanft ab, und die zentral platzierte Mittsommerstange belegt, dass die Ankunft der sonnigen Jahreszeit gebührend gefeiert wird.

GESCHICHTE: Pläne, ein Freilichtmuseum für Åland (nach dem Vorbild von Skansen in Stockholm) zu errichten, gab es schon in den 1920er Jahren. Ziel war die Darstellung bäuerlich-ländlicher Wohn- und Lebensformen auf Åland, der Schwerpunkt sollte auf dem 19. Jh. liegen. Anfang der 1930er Jahre konnte das Projekt nach Plänen des Architekten *Einar Rudskog* realisiert werden; zwei MÜHLEN waren die ersten Gebäude auf dem auserkorenen Areal. 1934 folgte der Hof von *Jan Karls* aus Bamböle in Finström, der Namensgeber des Museums wurde. Inzwischen sind mehr als 30 Wohn- und Nebengebäude aus allen Gegenden Ålands zusammen getragen worden: Bauernhof und Fischerhütte, Schmiede und Rauchsauna, Wind- und Wassermühle, Ställe und Tenne, Ziehbrunnen und Bootsschuppen. Die Anlage ist in der Ausdehnung weit über die ursprüngliche Planung hinaus gewachsen, auch sind Gebäude aus dem 18. Jh. hinzugekommen. Das umgebende Gelände wird, passend zur Tradition, in extensiver Weide- und Heuwirtschaft genutzt.

So braucht es seine Zeit, bis man das ganze Ensemble erkundet hat, ein schöner Ausflug auch für die ganze Familie – zumal der Eintritt frei ist. Gelegentliche VERANSTALTUNGEN wie eben die Mittsommerfeier, der Weihnachtsmarkt oder traditionelle Feste runden das Erlebnis ab. Dann spielen Musikanten mit volkstümlichen Weisen zum Tanz auf, und beschwingte Paare drehen sich auf dem Tanzboden beim Pavillon ...

◎ Es ist immer etwas los im Museum! Mittwochs im Juli von 11–16 Uhr werden bei den **HANDWERKERTAGEN** alte (kunst-)handwerkliche Techniken gezeigt – es wird Brot gebacken, gefärbt und gesponnen, es werden Taue

Ålands eindrucksvollstes Freilichtmuseum ist Jan Karlsgården in Sund, hier als Hauptmotiv die dortige Mittsommerstange ▶

gedreht sowie Schindeln hergestellt. Regelmäßig steigen auch **AKTIVITÄTEN** FÜR **KINDER**: Basteln oder eigenes Hefegebäck *(bulle)* backen.

◎ Das gesamte Gelände mit Schloss und Freilichtmuseum wirkt als harmonische Einheit. Eine idyllische Verbindung schafft ein Stück Originalweg des **POSTVÄGEN**, der, über eine Holzbrücke den SLOTTSSUNDET querend, sich an Kastelholm vorbei den Hügel zum Freilichtmuseum hinauf windet, vorüber an den TRADITIONELLEN, markanten GEBUNDENEN HOLZZÄUNEN, roten Schotter zu Füßen.

◎ Danach haben wir uns eine Pause verdient und stehen in diesem Fall vor der Entscheidung: Entweder Essen oder Kaffeezeit im SMAKBYN – oder Sie gehen ein Stück weiter, den Weg vom Hauptparkplatz aus bis zum beschaulichen **BOOTSHAFEN** mit Kiosk und einem CAFÉ, wo Sie im Sommer von der Holzterrasse bei Kaffee oder Bier, Kuchen oder Snack aufs Wasser und die Boote schauen können. Björkvägen 2.

◎ Am westlichen Ufer des VÄSTRA KYRKSUNDET, der sich nördlich dem Slottssundet anschließt, führt die Straße zum Kirchdorf. In Sund steht, ihrer historischen Bedeutung gemäß, die größte Kirche des Archipels, zudem in schöner Lage: Der Patron von **SUNDS KYRKA** (23) ist Johannes der Täufer, weswegen das Gotteshaus aus dem 13. Jahrhundert auch JOHANNES DÖPARENS KYRKA heißt. Das Langhaus ist älter als der Turm, der um 1300 hinzugekommen ist. Die einheimischen roten GRANITSTEINE bilden einen reizvollen Kontrast zu den breiten weißen Fugen und den Rosen oder anderen Blüten, die ans Gemäuer heran wachsen. Die Kirche steht, wie auf Åland nicht unüblich, im Anschluss an ein frühzeitliches, hier eisenzeitliches GRÄBERFELD.

Im Inneren sind FRAGMENTE von WANDMALEREIEN erhalten. Erwähnenswert sind gleich mehrere Holzskulpturen aus dem 14. und 15. Jh. im gotischen Stil. Der ostpreußische Marienschrein (15. Jh.) ist ein Nachfolgemodell – ein früherer Schrein aus der Entstehungszeit der Kirche fand seine

HEXENWAHN

Nicht nur in vorchristlicher Zeit herrschte heidnische Finsternis. Auch die christliche Kirche hat ihre schwarzen Flecken und Verfehlungen: Im Namen Gottes und im vermeintlichen Kampf gegen den Aberglauben fanden auf Åland die ersten Hexenprozesse im schwedischen Königreich statt. 1666 wurde die aus Finström stammende *Karin Persdotter* als Hexe verurteilt, enthauptet und auf dem Scheiterhaufen verbrannt. Unter der Folter hatte sie die Namen 16 weiterer Frauen genannt; sechs von ihnen wurden ebenfalls hingerichtet. *Bryniel Kjellinus* war Pastor in Sund und der eifrigste unter den Hexenjägern, mitschuldig an einem allgemeinen Klima der Furcht vor Denunziation. Auf sein Konto gehen mehrere Anklagen, Folterverhöre und Verbrennungen in seiner Gemeinde. Literaturtipp zum Thema: *Leena Landers* Roman »Der Schatten des Richters«.

neue Heimat in der Kirche von Kumlinge. Die ERSTE ORGEL Ålands ließ in Sund ihre Register klingen – heute jedoch ertönt ein moderneres Instrument (1973) aus der Orgelfabrik Kangasala. Juni bis Mitte August Mo–Sa 9–16 Uhr, So 12–16 Uhr.

◎ Die Straße, die vor Kastelholm von der Straße 2 zur Kirche abzweigt, ist im weiteren Verlauf bis zum Dörfchen SIBBY eine der **ÄLTESTEN ROUTEN** Ålands durch abwechslungsreiches Gelände mit schönen Ausblicken. Eine herrliche Fahrradstrecke! Am Weg liegen SVELANDSBERGET, eine eisenzeitliche Festungsanlage, und der steile Hügel SKÅLBERG. Von SIBBY kann man über einen Abschnitt des Postvägen weiter nach Finby und über die Runde zurück via SMEDSBÖLE nach Tosarby gelangen.

Folgt man an der Strecke dem Wanderstieg Richtung FORNBORG, wird man mit eigenwilliger Landschaft, steiniger Historie und tollem Ausblick belohnt, vor allem auf die beeindruckenden FELSIGEN STEILWÄNDE am Kyrksundet.

RUSSISCHE SPUREN

◎ Ein weiteres Muss in Sund sind, nun im südöstlichen Teil vor der Überfahrt nach Prästö, die Festungsruinen **BOMARSUND** (24). Unter russischer Herrschaft sollte hier eine riesige Festung entstehen, die nie ganz fertig wurde; aber auf Karten und Info-Blättern werden die geplanten Ausmaße simuliert, und die weit über die Landschaft verstreuten Mauerreste lassen das Vorhaben erahnen. Man hat das subjektive Gefühl, halb Sund wäre unter der Anlage verschwunden, es wirkt MONUMENTAL, überdimensional, unermesslich und schrecklich zugleich.

◎ Als Reste der Sprengungen ragen heute noch verstreut bizarre, gezähnte Mauerreste mit den typischen bienenwabenförmigen Granitsteinen in die Luft. Im Schatten der Mauern lagern Fahrradfahrer, machen Familien Picknick, unter blauem Himmel mit netten weißen Schäfchenwolken. Unweit lädt ein schöner, flacher **BADESTRAND** zum Schwimmen und Plantschen ein. Das ist unwirklich einerseits und VERSÖHNT wiederum ein wenig die Landschaft mit der Geschichte, die Menschen von damals und heute.

◎ **BOMARSUNDS BESÖKSCENTER**: Bevor man sich auf Entdeckungstour ins freie Gelände aufmacht, ist ein Besuch im Besucherzentrum angesagt. Sundsvägen/Bodiscovägen 1, Tel. 0457 – 3500 0596, www.museum.ax. Mai bis September täglich 10–17 Uhr, Eintritt 8/5/0 €. Sommerticket s.u.

Das 2022 eröffnete Infozentrum ist ein echter Hingucker, weil ein gelungenes Beispiel für moderne Holzarchitektur, mit viel Glas, großzügiger Terrasse und Bepflanzung drumherum. Besucher werden mit ALLEN SINNEN erreicht, und in didaktisch ansprechender Form werden Steine und historische Fakten lebendig, indem sie in Geschichten und Interviews verpackt und damit anschaulich werden. Durch Exponate und Modelle, Volksmusik, Kanonendonner, Karten, Filme zieht sich ein durchgehender Erzählstrang. Für KINDER ist vieles altersgerecht aufgearbeitet.

◎ Die Besucher fahren auf schnurgerader Straße mitten hinein in das Zentrum der am Wasser gelegenen Reste

Das Sommerticket (Sommarbiljett) umfasst den Eintritt in Kastelholms Slott, Vita Björn, Bomarsunds Besökscentrum sowie in Mariehamn Ålands Kulturhistorisches und Ålands Kunstmuseum. Erwachsene 15 €, Senioren/Student 10 €.

der Hauptfestung. Halten Sie bei dem Café/Restaurant Furulundsgården mit großer Gartenterrasse und **ERKUNDEN** SIE DAS GELÄNDE **ZU FUSS**.

Kurze Pfade und längere Wanderwege führen zu verschiedenen Aussichtspunkten und Festungsruinen.

◎ Der höchste Punkt der Region Bomarsund ist der 62 m hohe **DJÄVULSBERGET** (TEUFELSBERG), der eine gute Aussicht über die Festungstürme und das ganze Ausmaß der Anlage ermöglicht. Was der Teufel hier suchte? In Bomarsund soll er 1842 bei einem Tanzvergnügen eine junge Pfarrersfrau gezwungen haben, sich beinahe zu Tode zu tanzen ...

◎ Lohnend ist vor allem der Gang zu den WEHRTÜRMEN: **BRÄNNKLINTSTORNET**, nordöstlich der Hauptfestung, spielte während der Gefechte im Krimkrieg eine entscheidende Rolle; er stand von Anfang an und am meisten unter Beschuss der von der Landseite angreifenden Truppen und wurde dabei so sehr in Mitleidenschaft gezogen, dass er der kompletten Sprengung nach der Kapitulation entging – darum sind heute »besser erhaltene Reste« zu sehen als beim Prästöturm. Der erst kurz vor dem Angriff fertig gestellte Turm war mit 140 Mann sowie 10 Kanonen besetzt.

◎ Direkt nach Norden von der Festung aus geht es zu **NOTVIKSTORNET**, 1845–48 gebaut für 180 Mann und 18 Kanonen. Die Ruine wurde teilrestauriert, der Turm aus dem Schutt frei gelegt, die dabei gefundenen Kanonen wurden vor dem Turm aufgereiht oder wieder darin installiert. Beeindruckend die großen HALBRUNDBÖGEN, die an römische Kulissen erinnern. Die Landschaft rundherum gewährt tolle Ausblicke in Richtung Vargatafjärden mit den eingestreuten Inselchen, zwischen denen friedlich Segler kreuzen, ein Kontrastprogramm der besonderen Art. Durch die Rundbögen öffnen sich (Fenstern gleich) Aussichten auf Wald, Fels und Wasser, mahnend ragt eine Kanone ins Bild ...

◎ Mit den Festungsanlagen geht es ebenfalls jenseits der schmalen, markant wirkenden Brücke, auf PRÄSTÖ, weiter. Man biegt nach links ab Richtung **PRÄSTÖTORNET** und steht vor einem Haufen Trümmer, den sich die Natur beharrlich zurückerobert. Bei der Kapitulation war der Turm so gut wie unbeschädigt – gekämpft wurde auf der anderen Seite der Meerenge. Nach der Kapitulation sprengte man den Turm mit 6.000 kg Schießpulver, Steine aus der Festung wurden an anderer Stelle NEU VERBAUT und damit auch gereinigt und neu bewertet, unter anderem sogar für die orthodoxe Uspenski-Kathedrale in Helsinki! Das hilft doch gegen das Grauen, das die Vorstellungen von Krieg und Übermacht hinterlassen – wie auch noch etwas anderes: Schnell kann man wieder auf Wandersmann oder -frau umschalten. Ein netter Weg am Wasser entlang lädt zum Spazieren ein.

◎ Bereits vor der Fahrt über die Brückenach Prästö fällt auf einem hohen Fels das weiß getünchte ehemalige Lotsenhaus mit dem weithin sichtbaren Schriftzug **BOMARSUND** und mit Flaggenmast auf.

◎ Auf Prästö folgt die Straße 2 weiter den Postvägen entlang gen Töftö. Die **TELEGRAFENSTATION** von 1906 ist das einzige erhaltene Gebäude aus

ZEUGNIS DER ENTWAFFNUNG – FESTUNGSRUINE BOMARSUND

Nach dem schwedisch-russischen Krieg 1808/09 fiel Åland als Teil Finnlands an Russland – und wurde der westlichste und damit strategisch wichtiger, aber auch exponierter AUSSENPOSTEN des russischen Reiches. Dementsprechend plante Russland durch den Bau einer mächtigen Verteidigungsanlage an strategisch günstiger Stelle, seine Position nach Westen zu sichern.

◎ Ursprünglich befand sich das Dörfchen **SKARPANS** an dieser Stelle; es wurde schon vor dem Festungsbau in eine russische GARNISONSSTADT mit Handwerk und Handel umgestaltet, in Richtung Festung verlegt und erweitert. Auf Karten und Info-Blättern zu Bomarsund weisen die Bezeichnungen Alt-Skarpans und Neu-Skarpans darauf hin. Neu-Skarpans lag dabei innerhalb des geplanten Verteidigungsrings.

◎ Gut 2.000 Arbeiter, meist Zwangsrekrutierte und Kriegsgefangene, leisteten ab 1829 **SCHWERSTARBEIT** – und kamen oft genug dabei um. Die gigantisch geplante Hauptfestung für 2.500 Mann und über 100 Kanonen wurde im Wesentlichen fertig gestellt, ein mächtiges zweistöckiges Halbrund aus Backsteinen, außen durch Verkleidungen aus Granitblöcken gesichert. Gleiches galt für die drei runden WEHRTÜRME an wichtigen »Eckpunkten«: Brännklintstornet, Notvikstornet und Prästötornet. Das beabsichtigte zusammenhängende System von Türmen und Befestigungswällen blieb unvollendet.

◎ Im **KRIMKRIEG** (1853–56) Russlands gegen die Türkei – eigentlich ja weit weg – verbündeten sich Franzosen und Engländer mit Konstantinopel und griffen im August 1854 Bomarsund an. Der Übermacht von 12.000 französischen Soldaten und 40 englischen Kriegsschiffen konnten die zahlenmäßig weit unterlegenen russischen Streitkräfte nicht stand halten. Nach heftigen Kämpfen und dem Fall des Brännklintstornet sah der russische Kommandant Bodisko keine Möglichkeit mehr, sich dauerhaft erfolgreich zu verteidigen – obwohl die Mauern der Hauptfestung dem Beschuss der feindlichen Kanonen bis dahin durchaus stand gehalten hatten. Nach nur dreitägiger Belagerung KAPITULIERTEN die Russen am 16. August 1854.

◎ Die heute zu sehende weitgehende Zerstörung der Anlagen ist nicht auf die Kampfhandlungen zurückzuführen, sondern auf die Sprengung durch die Alliierten im September 1854. Ein Wiederaufbau hat nie stattgefunden – im Pariser Frieden von 1856 wurde die **DEMILITARISIERUNG** Ålands erstmals festgeschrieben, die bis heute Gültigkeit hat. Die Allierten boten übrigens Schweden nach ihrem Sieg die »Übernahme« der Åland-Inseln an – Schweden lehnte aufgrund seiner Neutralität im Konflikt ab. So kam es, dass zwar keine zaristischen Soldaten, aber russische Beamte schnell wieder vor Ort waren ...

◎ **INFORMATION**: www.museum.ax unter »Museer & sevärdheter« mit automatisierter Übersetzung. Unter dem Eintrag sind ferner das Besucherzentrum Bomarsunds Besökscenter (siehe Seite 197) sowie Wanderpfade in der Umgebung aufzurufen.

der russischen Ära. Auf Prästö stand in russischer Zeit auch das MILITÄRKRANKENHAUS der Garnison. Es blieben nur Fundamente des einst großen Holzkomplexes, den die Russen 1854 selbst niederbrannten. Prästö war auch die Begräbnisinsel während der russischen Besatzung. Davon zeugen die **FRIEDHÖFE** – der internationalen Großmacht des Zarenreiches gemäß und den verschiedenen Religionen seiner Untertanen Rechnung tragend gab es deren fünf auf der Insel. Das Areal erreicht man vom Weg zum Prästötornet abzweigend oder hinter dem Krankenhausareal von der Straße abbiegend. Der Weg durch das Gelände ist blau markiert und mit Info-Tafeln bestückt (siehe auch zum Prästö Kulturstig), führt durch schöne Kulturlandschaft, mitunter ans Wasser, durch Zäune, über Weiden und an im Wasser stehenden Kühen vorbei.

Der alte GRIECHISCH-ORTHODOXE Friedhof wurde ab 1920 angelegt und bis 1946 belegt. Wegen der vielen Epidemien der damaligen Zeit wurde er auch Cholerafriedhof genannt. Zu sehen sind noch ca. 20 Grabsteine und Stelen. In einiger Entfernung finden sich nebeneinander mohammedanischer und jüdischer Friedhof. Die hier begrabenen Muslime waren wohl Gefangene aus den neu eroberten islamischen Gebieten des Zarenreiches oder der Türkei. Grabmonumente gibt es hier nicht; auf dem jüdischen Friedhof sind sechs Grabsteine erhalten.

1846 wurde ein NEUES AREAL als Begräbnisfeld eröffnet, und zwar im Osten Prästös kurz vor dem Übergang nach Töftö, nahe der heutigen Hauptstraße. Hier fanden auch Protestanten und Katholiken auf je eigenen Feldern ihre letzte Ruhestätte. Der lutherische Friedhof wird unverändert genutzt.

Unterhaltung

◎ DREI FESTE TERMINE beinhaltet Jahreskalender im Freilichtmuseum **JAN KARLSGÅRDEN**: Zu MITTSOMMER wohnen Einheimische wie Gäste dem Aufrichten der Mittsommerstange bei und feiern den längsten Tag des Jahres gebührend mit Tanz und Gesang . Traditionelle Trachten sowie Weisen auf der Fidel grüßen die Sonne. – Mittwochs im Juli beleben die Handwerkertage das Gelände. – Der Samstag vor dem ersten Advent ist der Termin für WEIHNACHTSMARKT in festlicher Stimmung. Der Veranstalter von Mittsommerfeier und Weihnachtsmarkt ist sundkultur.ax. **(22)**

◎ Hin und wieder ist Schloss Kastelholm Bühne für **KONZERTE** und andere Kunstevents. Solche Sommerabende leben nicht nur vom Klang der Instrumente und Stimmen, sondern auch von der besonderen Umgebung in historischen Gemäuern.

◎ Die Festungsruinen spielen Kulisse für den **BOMARSUND TRAIL RUN** im Mai oder August. Zur Wahl standen zuletzt folgende Distanzen: 1 km, 4,5 km, 12 km und 28 km. Beim Trailrunning geht es nicht um Bestleistungen, sondern um das angenehme Gefühl, dass Laufen im eigenen Tempo Freude und Befriedigung bringt; und angemessen zu feiern gehört auch dazu. bomarsundtrailrun.ax.

Oben Turm Notvikstornet in der Festungsruine Bomarsund (siehe Seite 198), unten Mia Englunds Keramikwerkstatt in Smakbyn (siehe Seiten 202 und 191) ▶

Markt und mehr

◎ **MIA ENGLUND KERAMIK**, Smakbyn, Kastelholm, Slottsvägen 134, Tel. 0457 – 342 1357, miaenglund.wordpress.com. Im Sommer Mo–Sa meist 11–15 Uhr. **(22)**

Mia Englund betreibt in Smakbyn ihre Keramikwerkstatt mit Shop. Ihr Finish erhalten die Vasen, Becher und Schalen mit klassischer Glasur- oder Rakutechnik. Die quirlige Künstlerin versteht sich aber auch auf Glasarbeiten und Stoffdruck. Für Mia bewegen sich ihre Objekte zwischen reinen Gebrauchsgegenständen und Skulpturalem, am besten geht beides eine Verbindung ein. Sie gibt Töpferkurse und führt in die Kunst des Raku-Brands ein.

◎ **AQUARELLMALERIN** *Anette Gustafsson* hat ihr ATELIER in Hellestorp, Solhemsvägen 21, und nimmt unter anderem an Konstrundan teil. anettegustafsson.com (E).

◎ **ÅLANDS KARAMELLERIET**, Smakbyn, Kastelholm, Slottsvägen 134, Tel. 0457 – 345 7895, Facebook. Juli Mo–Sa 11–17 Uhr, Juni und August Di–Fr 11–17, Sa 13–17 Uhr, Mai und September Fr 11–15, Sa 13–17 Uhr. **(22)**

Johanna und Tobias Marquard legen in ihrer BONBONMANUFAKTUR Wert auf traditionelle Herstellung. Die Geschmacksrichtungen reichen von fruchtig bis scharf-lakritzig. Naschkatzen können zuschauen, fragen, probieren und im Sommer bei Workshops ihre eigenen Lollipops herstellen.

◎ **BAKA**! Bäckerei, Konditorei und Café, Kastelholm, Tosarbyvägen 5, Tel. 0457 – 344 6200, www.baka.ax. Wechselnde Öffnungszeiten je nach Saison, als Richtzeit Mo–Fr 10 –16 Uhr, mitunter Mi bis 20 Uhr, Sa 10 –14 Uhr.

Verführerisch das frisch gebackene Brot, köstlich allein vom Anblick die Cupcakes, Kuchen, Tortenstücke und Sandwiches. Lokale und Bio-Zutaten gehören zur Philosophie. Kaffee und Tee gibt es natürlich im zugehörigen Mini-Café.

◎ **MATTAS GÅRDSMEJERI** in Finby, Norra Finbyvägen 8, Tel. 0457 – 342 5844, mattas.ax. Hofladen ganzjährig geöffnet, Gartencafé von Juni bis Mitte August täglich 11–17 Uhr.

Der Hof mit BIOMILCH-Produktion und eigener kleiner Molkerei wird von Jennifer Sundman und Lars-Johan Mattsson betrieben. Im Hofladen gibt es u. a. Joghurt und verschiedene Käsesorten aus eigener Produktion. Besucher sind willkommen und im Sommer öffnet das einladende Gartencafé im schönen Hofensemble, wo es außer Getränken und Kuchen LECKERE hausgemachte EISCREME gibt!

◎ **BOSSES ANTIK & KURIOSA**, Hulta, Österudden 70, Telefon 0457 – 343 1445. www.bossebark.se. Mitte Juni bis Mitte August Mi 15–19 Uhr, So 11–18 Uhr.

Bosse Bark führt exakt das, was sein Name verspricht: Glas, Geschirr, Gemälde, Nautica, Postkarten, Werkzeuge und mehr, Edles wie Trödel, gern schwedischer Herkunft, dazu einen Kaffee. Und das seit über 30 Jahren!

◎ **ABENDMARKT**: Im JULI Di 18–21 Uhr geben sich die Einheimischen ein Stelldichein in Kastelholm/Österåker. Geselligkeit bei Kaffee, Trödel, alten Traktoren und mehr.

Die Zahlen in Blau beziehen sich auf unsere Übersichtskarte auf Seite 153.

Ferien aktiv

NATUR UND WANDERWEGE

◎ Im Gebiet **STORNÄSET** sind zwei kürzere Rundwanderungen möglich: SKOGSTIGEN ist etwa 2,5 km lang, gut begehbar und durchquert hauptsächlich abwechslungsreiche Waldareale. – Der etwa doppelt so lange STRANDSTIGEN ist in einigen Abschnitten etwas anspruchsvoller. Wie der Name andeutet, verläuft er über weite Strecken ufernah – und eröffnet dementsprechend schöne Ausblicke. Startort ist Störnäset 88, gut 3 km südlich des Golfplatzes **(25)**.

◎ Der 4,2 km lange, rot-blau markierte **BOMARSUNDSLEDEN** startet am Restaurant Furulundsgården (siehe Seite 190). Der abwechslungsreiche Pfad führt zum Notvikstornet und an etlichen alten Kanonen sowie einem schönen Rastplatz vorbei. Unterwegs sind einige Höhenmeter zu bewältigen: eine Anstrengung, die sich lohnt.

BADEN, SCHWIMMEN

◎ Reizvolle **BADESTRÄNDE** finden sich in BOMARSUND (kurz vor der Brücke nach Prästö, rechter Hand) und auf PRÄSTÖ (unweit der Hauptstraße, rechter Hand).

DISCGOLF

◎ **DISGOLFPARK KASTELHOLM**, Tosarbyvägen. Der Parcours ist findig platziert und, leger ausgedrückt, nur einen guten Frisbee-Wurf von Schloss Kastelholm, Smakbyn und pittoresker Windmühle entfernt. Die 9-Loch-Anlage misst 690 Meter. 27 Würfe benötigen die besten Spieler für ein Par.

GOLF

◎ **ÅLANDS GOLFKLUBB** (**25**, ÅGK), Kastelholmsnäsvägen 22, Tel. 41500, www.agk.ax (E), siehe auch unter »Ferien aktiv« auf Seite 49.

Sund ist vor allem auch ein Paradies für Golfer. Mit Stolz rühmt sich diese Anlage – dem Schloss gerade gegenüber, von hier aus hat man deswegen auch einen besonders schönen Blick auf Kastelholm – eine der besten und SCHÖNSTEN in Skandinavien zu sein, in jedem Fall ein herrliches Areal.

Gleich zwei 18-Loch-Plätze mit den Namen Slottsbanan/Schlossbahn sowie Kungsbanan/Königsbahn stehen zur Verfügung, außerdem die 6-Loch-Anlage Prinsessan/Prinzessin, natürlich Clubhaus, Restaurant und Shop.

RAD FAHREN

◎ Durchgehend auf markierten Radrouten verläuft die UMRUNDUNG DES **KYRKSUNDET**. Ab Kastelholm geht's aus Mariehamn kommend links in den Norra Sundsvägen und bei spektakulären Aussichten Richtung Björby und Sibby. Vorbei am östlichen Ausläufer des Sunds, mündet die Straße in den Mångstektavägen, der nach rechts die Rückfahrt einleitet; hier befindet man sich fortan auf dem POSTVÄGEN. Die letzte Teilstrecke führt über den Radweg der Hauptstr. 2. Distanz ca. 21 km, plus mögliche Abstecher zu Schloss, Freilichtmuseum und Smakbyn.

◎ Durch die Nähe zu Saltvik ist auch der ABSTECHER nach **TENGSÖDAVIK** rasch erreicht (siehe Seite 187).

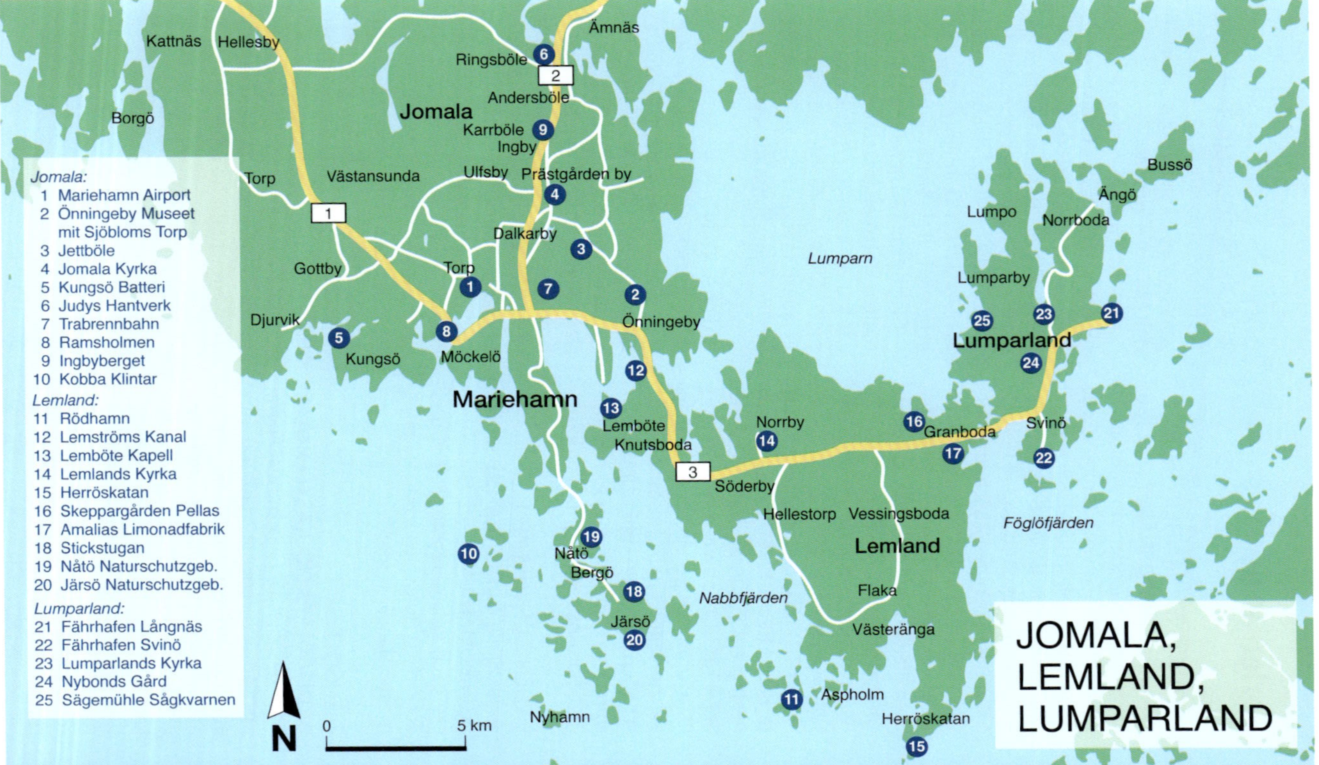
JOMALA,
LEMLAND,
LUMPARLAND
Jomala:
1 Mariehamn Airport
2 Önningeby Museet mit Sjöbloms Torp
3 Jettböle
4 Jomala Kyrka
5 Kungsö Batteri
6 Judys Hantverk
7 Trabrennbahn
8 Ramsholmen
9 Ingbyberget
10 Kobba Klintar
Lemland:
11 Rödhamn
12 Lemströms Kanal
13 Lemböte Kapell
14 Lemlands Kyrka
15 Herröskatan
16 Skeppargården Pellas
17 Amalias Limonadfabrik
18 Stickstugan
19 Nåtö Naturschutzgeb.
20 Järsö Naturschutzgeb.
Lumparland:
21 Fährhafen Långnäs
22 Fährhafen Svinö
23 Lumparlands Kyrka
24 Nybonds Gård
25 Sägemühle Sågkvarnen
Kattnäs
Hellesby
Borgö
Torp
Västansunda
Gottby
Djurvik
Kungsö
Möckelö
Jomala
Ringsböle
Ämnäs
Andersböle
Karrböle
Ingby
Ulfsby
Prästgården by
Dalkarby
Torp
Önningeby
Mariehamn
Lemböte
Knutsboda
Nåtö
Bergö
Järsö
Nyhamn
Norrby
Söderby
Hellestorp
Vessingsboda
Lemland
Flaka
Västeränga
Aspholm
Herröskatan
Nabbfjärden
Lumparn
Granboda
Svinö
Föglöfjärden
Lumpo
Norrboda
Ängö
Bussö
Lumparby
Lumparland
N
0
5 km

Lemland

NATUR UND SEEFAHRT

Lemland bildet den Süden von »Festland-Åland« in Nachbarschaft zu Mariehamn und Jomala im Westen sowie Lumparland im Osten. Das Kirchdorf NORRBY und das benachbarte Dienstleistungs- und Verwaltungszentrum SÖDERBY sind die größten Siedlungen. Im Südwesten der Gemeinde erstreckt sich ein schöner Schärengarten, der u.a. die Inseln NÅTÖ, BERGÖ und JÄRSÖ umfasst, herrliche Natur- und Ausflugsgebiete nahe bei Mariehamn (und von Festland-Lemland aus ohne eigenes Boot gar nicht einfach zu erreichen). Natur und Naturschutzgebiete tragen viel zum Reiz in Lemland bei – HERRÖ im Süden und die Insel RÖDHAMN sind weitere Juwele.

Lemland gilt als BEDEUTENDSTE Seefahrergemeinde Ålands, wo einst auf mehreren Werften Boote und Segler gebaut wurden. Hier lebten Generationen åländischer DYNASTIEN von Seekapitänen sowie Schiffsoffizieren, so wie die legendären Eriksons (siehe Seite 209 f.). Bezug zur Schifffahrt stellen auch die Windräder in der hügeligen Gegend von Knutsboda her: Benannt nach Segelschiffen, die in Lemland gebaut wurden, heißen sie etwa Freija, Fortuna, Fredrika und Frans.

Sonst prägen bäuerliche, landwirtschaftliche Strukturen die Gemeinde – Lemland hat eine relativ feste, umschlossene Landfläche und ist doch eine Insel für sich, ganz vom Wasser umgeben.

Lemland hat knapp 2.130 Einwohner. Die 112,3 km² große Gemeinde gilt als ein attraktives Wohngebiet für junge Familien, die täglich (zur Arbeit) nach Mariehamn pendeln.

INFORMATION

◎ **LEMLANDS KOMMUN**, Söderby, Kommunrundan 7, AX–22610 Lemland, Tel. 34940, www.lemland.ax nur auf Schwedisch, mit automatisierter Übersetzung auch D; monatliche Info »Lemlands nytt« zum Download. Mo–Fr 9–15 Uhr.

TRANSPORT

◎ Die **HAUPTSTRASSE** Nr. **3** führt von Jomala im Westen nach Lemland hinein und quer durch die Gemeinde hindurch weiter östlich nach Lumparland, wo sie endet. Radfahrer werden sich freuen: Längst nicht alle (Haupt-) Straßen sind mit Radwegen ausgestattet – die 3 ist es in weiten Teilen.

◎ Der öffentliche Transport bedient Lemland mit **BUS** Nr. 5.

◎ Ein kleiner **SERVICEHAFEN** befindet sich in den schönen Schären von RÖDHAMN (**11**, siehe Seite 216). Tel. 54028, www.segel.ax (D, im Menü unter »Gasthäfen« aufgeführt). 1.6.–31.8. Vor Ort 80 Bootsplätze. Der Hafen gilt als einer der geruhsamsten und empfehlenswertesten im Archipel – zum Wohlgefühl trägt das reizende CAFÉ im roten Holzhaus bei.

◎ **TAXI**: Lemlands Taxi, Tel. 34369. – Ålands Taxi, Fiskartorpsvägen, Telefon 32000.

Alle im Buch genannten Åland-Telefonnummern ohne Vorwahl betreffen das Festnetz mit der einheitlichen Vorwahl (0)18; geben wir eine Vorwahl für Kontakte vor Ort an, handelt es sich um ein Handynetz. Mehr auf Seite 42.

Unterkunft

◎ B&B **AMALIA (17)**, Granboda, Lemlandsvägen 1865, Tel. 0457 – 003 4000, www.amalias.net. Ganzjährig geöffnet. DZ ab 89 €, Familienzimmer (4 Personen) 150 €.

Die hübschen, geräumigen Gästezimmer im LANDHAUSSTIL sind teilweise nach alten Schonern benannt: Leo, Linnea und Co. Das Anwesen mit Garten umfasst auch ein Sommercafé – und eine kleine LIMONADENFABRIK (siehe Seite 213). Gemeinschaftsraum und -bäder, Sauna, Fahrradvermietung. Auf Anfrage können Angeltouren sowie im Herbst Jagdausflüge organisiert werden. Praktisch: Vor der Haustür befindet sich eine Bushaltestelle.

◎ **VILLA VALENTINA**, Södra Söderbyvägen 43 (im Hauptort nach Süden abzweigen), Tel. 040 – 545 5831, Buchung über Portale. DZ (mit Toilette) 110/85 €.

Ein freundlich eingerichtetes B & B, gutes Frühstück, Gemeinschaftsbad, Garten sowie Terrasse mit Grill. Gäste können Darts und Tischtennis spielen, die Unterkunft bietet ferner Fasssauna und Wellnesspakete an.

◎ **SOLBERGA STUGOR**, Flaka (im Inselsüden), Bocknäsvägen 194, Tel. 0457 – 344 3991, www.solbergastugor.com. Mitte Mai bis Ende September. Zwei eher einfache Ferienhütten (für 4 Personen), Wochentarif 590/430 €.

FRÖHLICH bunt eingerichtete Ferienhütten. Am 400 m entfernten Ufer: Badestrand, Steg, Sauna, Ruderboote, Kajaks, Spielplatz sowie Räucherofen für den Fischfang.

◎ **HERRÖ STUGOR**, Smultronören, Telefon 040 – 535 6619, herro.ax (D). Ende April bis Mitte Oktober. Ferienhütten zu 679/385 € je Woche.

Renovierte Blockhütten mit Kaminofen am Wasser mit eigener Sauna, Grill und Ruderboot inklusive.

Essen und Trinken

◎ **MORMORS GRÖNA HUS**, Norrby, Sjögrensgatan, Tel. 0457–345 0323, mormors.ax und Facebook. Im Sommer Mi–Sa 17–22 Uhr, sonst nur an Wochenenden und zu Festen.

Familie Olsson hat die grüne Holzvilla des Hofes Syskonhem aus dem 19. Jh. stilvoll in ein gemütliches und gutes Restaurant umgewandelt. Die anspruchsvolle Speisekarte wartet mit gratiniertem Hühnchen, Bouillabaisse und Steak mit Zitronendressing auf.

◎ **HUMLAN CAFÉ ÅLAND**, Norrby, Sjögrensgatan (gleiches Areal wie das Restaurant Mormors), Tel. 0457 – 345 0323, humlan.ax. Mittsommer bis Anfang August täglich 11–16 Uhr.

Ein niedlicher, blumengeschmückter Sommerplatz: Humlan, die Hummel als Lokal im Verbund mit Garten und Gewächshaus. Leckerer Kuchen, Kunsthandwerk-Shop, Flohmarkt.

◎ **STICKSTUGAN** HANTVERK & CAFÉ **(18)**, Järsö, Norråkersvägen 20, Tel. 0457 – 371 5369, Facebook. Mittsommer bis Anfang August Mi–So 11–16 Uhr. Siehe auch Seite 213.

Ob in der netten Stube, im WINTERGARTEN, im Gewächshaus am Waldrand oder direkt IM GRÜNEN: Kuchen

Oben ein nostalgischer Salon im Pellas Café (siehe Seiten 208 und 212), unten bei Amalia, mit Café und hausgemachter Limonade (siehe Seiten 208 und 213) ▶

und Kleingebäck sind hausgemacht, dazu gibt's Kaffee oder Bio-Limonade. Gartenrundgang, gestricktes und getöpfertes Design sowie handgefärbte Wolle von Lotta Gustafsson. Ein Lieblingsplatz!

◎ **PELLAS CAFÉ (16)**, Skepparvägen 30 (bei Granboda ab Str. 3). Mitte Juni bis Ende August Di–So 11–16 Uhr.

Das Café Im REEDERHOF Pellas serviert in historischen Räumen ganz traditionell Kaffee, Kuchen und Tagessuppen. Ein umhäkeltes Taschentuch deckt stilvoll das bemalte Zuckerdöschen ab – authentisches Ambiente.

◎ **AMALIAS CAFÉ**, Lemlandsvägen 1865 (beim B & B, siehe Seite 206). Mitte Juni bis Mitte August 13.30–19.30 Uhr, Di Abendmenü bis 20 Uhr.

Nicht nur für Schlafgäste – leckere Kleinig- und Süßigkeiten im Grünen bei hausgemachter LIMONADE.

◎ **SONST**: Eis am NÅTÖ KIOSK, Järsövägen 450, Facebook. Juli 11–19 Uhr, Frühling bis Herbst Richtzeit 11–16 Uhr, geschlossen bei Schlechtwetter. Anbei Mini-Shop. – Asiatische Küche, auch als Take away, bei LILLA BANGKOK, Söderbyvägen 3, Tel. 040 – 879 5271. Di–Fr 11–19, Sa+So 12–18 Uhr. – Auf Rödhamn das HAFENCAFÉ (siehe Seite 205).

Sehenswertes

◎ Den Übergang zur Gemeinde von Jomala aus markiert der knapp 400 m lange **LEMSTRÖMS KANAL (12)**, ein befestigter Schifffahrtsweg zwischen Lemland und Lumparland, der die Meeresbuchten LUMPARN im Osten und SLEMMERN im Westen verbindet. Ein Weg führt am Kanal entlang, von dem aus der Bootsverkehr in Ruhe zu beobachten ist. Wenn im Sommer die DREHBRÜCKE (1983) zur vollen Stunde beiseite schwingt, können auch Segler die Enge passieren, ohne den Mast legen zu müssen.

Die Durchfahrt wurde 1882 von Kriegsgefangenen in mühevoller Spatenarbeit gegraben; später wurde sie erweitert, als Kanal angelegt und mit Steinen befestigt. BÄNKE am Ufer laden zur Rast, während die Eisbude vor der Brücke im Sommer Erfrischung verspricht.

◎ Die Nachbarschaft zu Jomala dokumentiert das beim Kanal platzierte **DENKMAL** für den Maler und Gründer der Önningeby-Künstlerkolonie Victor Westerholm (siehe Seite 127 f.), geschaffen 1960 von *Wäinö Aaltonen* – Westerholm hatte am Kanal seine Sommerresidenz Tomtebo, die zwar erhalten, aber nicht zu besichtigen ist.

◎ Die SEEFAHRERKAPELLE **LEMBÖTE KAPELL (13)** ganz im Westen Lemlands wurde aus Feldsteinen perfekt wieder aufgebaut und restauriert; sie stammt aus der Mitte des 13. Jhs. Der rechtwinklige Grundriss misst nur ca. 7 x 9,5 Meter. Kapellstigen.

Die Kapelle barg einen wertvollen Schatz: 270 alte SILBERMÜNZEN wurden im 19. Jh. frei gelegt und sind zum Teil in Ålands Museum zu begutachten. Am Västrahamn liegt das Modell einer mittelalterlichen KOGGE.

Die Gegend um die Kapelle ist GESCHICHTSTRÄCHTIG: So lehnt ganz in nördlicher Nähe eine Steinsetzung in Labyrinthform mit 5 m Durchmesser

Einst von Kriegsgefangenen ausgehoben: Lemströms Kanal ▶

BAUERN-SEGLER, REEDER, VOLKSAKTIONÄRE

Bauer und Fischer, das ist auf Åland seit alters her keine ungewöhnliche Kombination. Wie sollte es auch anders sein an den fischreichen Küsten. Die Schiffe der Bauern mit Kurs auf Stockholm, beladen mit Brennholz, Fisch, Agrarprodukten, wurden größer, seetüchtiger. Nach dem Krimkrieg erlebte die Seefahrt einen regelrechten Boom. Die åländischen Schiffswerften kamen mit dem Zimmern von Frachtseglern kaum nach. Der Aktionsradius war nicht mehr auf die Ostsee beschränkt. Um Risiken zu minimieren und um genug Kapital für Kauf und Unterhalt der Schiffe zu erlangen, wurden SCHIFFSANTEILE und Aktien an den neu sich etablierenden Reedereien breit gestreut. Wohl kaum eine Familie auf dem Archipel, die nicht Mitbesitzer zumindest eines Schiffes wurde. Neben dem Bau neuer Schiffe betätigten sich die Reeder eifrig im Aufkauf von »Secondhand-Schiffen« im europäischen Ausland. Der Erste Weltkrieg brachte allerdings eine Zäsur, die åländische Frachtflotte schmolz erheblich zusammen. Nach dem Krieg schien die Ära der Segelschiffe abgelaufen: Dampfschiffe verdrängten die stolzen Windjammer.
An dieser Stelle kommt nun Lemland ganz konkret mit der Reederfamilie Erikson ins Spiel.

FORTSETZUNG siehe nächste Seite

FORTSETZUNG: **BAUERN-SEGLER, REEDER, VOLKSAKTIONÄRE**

◎ Die Stunde von **GUSTAF ERIKSON** war gekommen. Geboren als Gustaf Adolf Mauritz Eriksson (später internationalisierte er seinen Namen etwas) 1872 in Lemland, verschlug es ihn schon mit zehn Jahren als Kajütenjunge auf die schwankenden Planken. Erikson, der den Seemannsjob von der Pike auf erlernte, war gleichzeitig ein Geschäftsmann mit Spürsinn. Als er 1906 Kapitän auf der Fregatte »Albina« wurde, nannte er das erste Zehntel eines Schiffes sein eigen. Nach der Heirat mit Hilda Bergman aus Finström schleppte er 1913 seine Seemannskiste von Bord und wurde ausgebuffter Reeder. Erwirtschaftete Gewinne reinvestierte er sofort. Erikson kaufte auf dem internationalen Markt zu SPOTTPREISEN die nicht mehr gefragten Großsegler auf, setzte sie in Stand und schickte sie auf große Fahrt. Innerhalb weniger Jahre wurde er zum »König der Segelschiffe«: Mehr als drei Dutzend Segler kreuzten unter seiner Flagge, darunter berühmte Namen wie »Passat«, »Pamir«, »Pommern« und »Herzogin Cecilie«. Eriksons Drei- und Viermaster segelten hauptsächlich auf der Route nach Chile, tauschten Holz gegen Salpeter, und nach Australien, wo Weizen geladen wurde. Gelöscht wurde vorwiegend in England. Ein profitables Geschäft: Da seine Investitions- und Betriebskosten gering waren, konnte Erikson lange mit der dampfenden Konkurrenz Schritt halten. Legendär wurden die sog. GETREIDERENNEN, die auch rund um Kap Hoorn führten, bei denen die Segler sich gegenseitig an Geschwindigkeit zu überbieten und an Dauer der Törns zu unterbieten suchten.

Der Zweite Weltkrieg brachte Rückschläge, auch persönliche. Mehrere Schiffe wurden versenkt, auf der torpedierten »Argo« starb Eriksons Sohn Gustaf-Adolf. Inzwischen war auch für den König der Segelschiffe eine Zeit der Modernisierung der Flotte unumgänglich. Gustaf Erikson starb im August 1947, sein Sohn Edgar führte die Reederei weiter. Ålands goldene Ära endete mit der Anlandung einer letzten Getreidefracht von »Pamir« und »Passat« 1949. Nicht vorbei war die Zeit der Reeder. Und an der großen Zahl einfacher Åländer, die Anteilseigner an Schiffen waren, hat sich auch wenig geändert. Selbst wenn sich die Strukturen im Seefahrtgeschäft entscheidend veränderten und heute das Fährgeschäft dominiert – die Åländer sind ein Völkchen von KLEINAKTIONÄREN. Das schafft Identifizierung mit den Reedereien mit Sitz auf Åland und für die Reedereien – hoffentlich – ebenso eine Verpflichtung. Schließlich sind ja auch viele Åländer direkt bei den Reedereien angestellt. Ob Viking Line oder Eckerö Linjen – für die Åländer sind es *unsere* Fährlinien. Wenn der Bauer in Finström oder Lemland also sein Feld pflügt, durchpflügt ein schmuckes Fährschiff mit erwartungsfrohen Passagieren wohl auch für ihn und seine Dividende die Ostseewellen.

an Sonnen- oder Mondverehrungen an, insgesamt finden sich neun solche Steinzeichen auf Åland, wobei ihr Alter ungewiss ist. Am nördlichen Hafen liegt ein Gräberfeld mit Steinresten, eines der größten auf Åland.

◎ MICRO-BRAUEREI **OPEN WATER BREWERY**, Knutsboda, Knutsbodavägen 15, Tel. 040 – 742 0766, www.openwaterbrewery.com. Im Sommer So–Do 10 –16, Fr+Sa 10 –17, Frühjahr/Herbst Di–Fr 11–15, Sa 10 –15 Uhr.

Jonas, Tommy und Christoffer, der Braumeister, sind die Männer hinter dem Label. IPA, Pale Ale, Apfel- und Birnencider und mehr sind im Shop zu erwerben, ebenso weitere åländische Produkte, wie Rosebo KRÄUTERGURKEN oder Tabasco von Chilibolaget.

Zur 100-jährigen Selbstverwaltung Ålands wurde natürlich ein Jubiläumsbier gebraut! Ausgeschenkt wird das Gebräu auf der Terrasse und im Indigo (in Mariehamn), verkauft wird es hier und bei Alko. Tastings auf Anfrage.

◎ **LEMLANDS KYRKA** (14, STA BIRGITTA KYRKA) erhebt sich in dem Dorf Norrby. Sie gehört zu den ältesten Ålands, ursprünglich ein Langhaus ohne Turm, der erst zwischen 1300 und 1550 in mehreren Bauabschnitten hinzukam. Das Gotteshaus hatte einen Vorgänger aus Holz, der den heiligen Nikolaus als Schutzpatron kannte, den Heiligen der Handelsschifffahrt. Das steinerne Hauptschiff wurde um den Holzbau herum errichtet und anschließend erst die alte Kirche abgerissen. Das Innere zeigt KALKMALEREIEN aus den 1280er Jahren sowie einige mittelalterliche Holzskulpturen, besonders apart eine Marienskulptur aus dem 14. Jh. Zudem schmücken gleich zwei VOTIVSCHIFFE aus dem 17. und 19. Jh. die Kirche. Norrbyvägen 75. Mitte Juni bis Mitte August Mo–Sa 10–16 Uhr. Auf dem Kirchhof ist Joel Pettersson begraben, ein berühmter heimischer Maler, oft als »van Gogh Ålands« bezeichnet.

◎ Die **BIBLIOTHEK** in Söderby führt tausende Bücher sowie Zeitschriften und arrangiert Sommerausstellungen. Wie üblich, gilt freier Computerzugang. Skolvägen 3, Tel. 34595.

SONNIGER SÜDEN

◎ **SENSES**, Sjögård 20, Tel. 040 – 194 9228, www.senses-aland.com. 15.5.–30.9. nach Voranmeldung. 15/7,50 €,

Der PRIVATE GARTEN ist in stetiger Entwicklung und blüht von Frühling bis Herbst, zeigt Rosen, Lilien, Stauden am Wasser. Ergänzt wird das Ensemble durch das Sommercafé Senses. Birgitta und Marcus sind jedenfalls mit Elan und dem Herzen dabei!

◎ **VÄSTERRO**, Herrövägen 217, Tel. 040 – 564 2308, vasterro.ax. U.a. Kostproben aus der FISCHRÄUCHEREI, auf dem Hof der Familie Westerberg.

◎ Besonders schön ist der südlichste Punkt Lemlands – in **HERRÖSKATAN** (15) kann man einen ganzen Tag verbringen! Wunderbare Buchten, rote Felsen – eine LANDSCHAFT, die aussieht wie Dünen, nur nicht aus Sand, sondern AUS GRANIT, mit geschützten, durch die Felsen geformten Rast- und Sonnenplätzen und einem Naturpfad. Ideal zum Baden, Sonnen, Picknicken, Kraxeln und Versteck spielen.

◎ Den atemberaubenden Aus- und Überblick gibt der stabile, hohe und luftige **AUSSICHTSTURM** – wer zum Schwindel neigt, sollte achtsam sein.

Die Zahlen in Blau beziehen sich auf unsere Übersichtskarte auf Seite 204.

Die großen Schiffe ziehen auf ihrer PASSAGE von Finnland nach Mariehamn in respektvollem Abstand am Ufer vorbei; von oben, von hoher Warte aus betrachtet, zeigt sich die Umgebung wie eine Spielzeugwelt – die Felsen, Büsche, Bäume vor dem blauen Wasser und dem Himmel als NATURSCHAUSPIEL.

Auch Herrö wurde, wie so viele Orte an Ålands Ufern, in den Weltkriegen umkämpft und verteidigt – davon zeugen noch letzte Spuren, die aber zunehmend im Leben und Wachsen der Natur verschwinden.

◎ Auf dem Weg zurück zur Hauptstraße Nr. 3 – das nächste Ziel ist die **KARTBAHN** auf Lemland. Die Einfahrt ist ausgeschildert, geht aber spitz in den Wald hinein und ist leicht zu verpassen. Die 605 m lange, kurvenreiche Bahn entspricht internationalen Standards (auch für ENDURO und MOTOCROSS) – ein Vergnügen für alle, die ihre Geschicklichkeit testen möchten!

ÅMK KARTING, Vessingsboda, Mönbackavägen, Tel. 0400 – 529 176, karting.ax. Im Juli täglich ab 12 Uhr, ab 15.6. und bis 31.8. eher nur an den Wochenenden. 16/14 € für je 10 Minuten.

HERREN DER MEERE

◎ Die bewegte Seefahrtgeschichte Lemlands wurde einleitend ausführlich vorgestellt. Vor Ort begegnet man ihr bei den Kapitänsvillen in den Dörfern – und vor allem in Granboda im Nordosten Lemlands am KAPITÄNSHOF **SKEPPARGÅRDEN PELLAS** (16) – ursprünglich 1884 – einstiger Wohnsitz jener angesehenen Familie Erikson. Das Anwesen war bis 1992 in Familienbesitz, als es zunächst dem Seefahrtmuseum in Mariehamn gestiftet wurde; inzwischen hat es die Kommune Lemland übernommen.

Am Weihnachtsabend 2005 wurden Westflügel und Dachboden des stattlichen Haupthauses nebst allem Interieur durch einen Brand zerstört. Durch jahrelanges tatkräftiges Engagement ist der prachtvolle Reederhof heute im Stil seiner Zeit wieder aufgebaut und eingerichtet – und dies fast

DES KÄPT'NS FRAU ERZÄHLT

Eine anrührende und bewegte Geschichte ist mit Pellas und seinen Seefahrern verbunden, nachzulesen in Pellas' Café unter anderem in dem englischsprachigen historischen Buch der Journalistin und späteren Ehefrau von Kapitän *Sven Eriksson,* der dritten Generation einer alten Seefahrer-Dynastie. Die MUTIGE Frau fuhr zur Zeit der Weizentransporte zunächst als Gast auf dem Schoner »Herzogin Cecilie« mit – auf großer Tour, für die damalige Zeit eine Leistung, unter recht harten und abenteuerlichen Bedingungen. Sie kam dem Kapitän näher, gab ihre Heimat England auf, zog zu ihm nach Pellas auf Lemland und begleitete ihn als seine Frau – eine Ausnahmegenehmigung machte es möglich – weiter auf den gefährlichen Routen. Sie beschreibt das Leben auf dem FRACHTSEGLER – bis zum Untergang der »Herzogin Cecilie«; auch heute eine packende Schilderung, der wir gern weiter folgen würden, doch der Kaffee wird kalt und es gibt ja noch mehr zu entdecken.

Die Zahlen in Blau beziehen sich auf unsere Übersichtskarte auf Seite 204.

AUTHENTISCHER als je zuvor, was Anstrich und von Nachfahren zur Verfügung gestelltes Interieur betrifft, seien es die geschnitzten Stühle im Salon, die Gobelins und Bilder. Manch älterer Wandbelag trat bei der Restaurierung zu Tage. Die (Kunst-)Ausstellungen passen gut ins Ambiente.

Zu besichtigen sind ferner die Stall- und Speichergebäude, die für Feste etc. genutzt und privat gemietet werden können. Im Speicher sind die alten Gerätschaften für die Feldarbeit versammelt, die BACKSTUBE mit dem großen Ofen ist INTAKT und kann bei Bedarf 60 Brote auf einmal (bei bis zu 300°C) backen.

Granboda, Skepparvägen 30, Tel. 34420 u. 0457 – 313 4012, skeppargardenpellas.ax (E). Mitte Juni bis Ende August Di–So 11–16 Uhr. Eintritt 5/0 €.

◎ In PELLAS' **KAFFEESTUBE** lässt es sich plaudern und in Büchern schmökern (siehe Seiten 212 und 206).

◎ **AMALIAS LIMONADFABRIK (17)**, Lemlandsvägen 1865, Tel. 040 – 721 5888, limonad.ax. Juni bis August täglich 10–16 Uhr, sonst nach Absprache.

Eine eigene Limonadenfabrik im Archipel! Blaubeere, Himbeere, Zitrone, Johannisbeere – in den hübschen Flaschen mit Bügelverschluss sprudelt das auf ganz Åland beliebte süße Getränk. Auch Beeren-, Apfel- und Birnensaft wird gepresst. In der stilvoll eingerichteten PROBIERSTUBE logiert auch ein Shop. Amalias Limo mundet mittlerweile bis Hanko und Helsinki! Die Fabrik (samt Sommercafé) heißt nach Reedersgattin Amalia Erikson.

Unter dem Label ANTONS werden inzwischen auch Tonic und alkoholische Getränke gebraut: Cidre, Gin Tonic, Longdrinks mit Rhabarber/Minze oder Blaubeere/Rosmarin etwa.

◎ Bald ist die MEERENGE VOR **LUMPARLAND** erreicht; vor der Überfahrt gibt es tolle Ausblicke, schöner noch als am Rastplatz gegenüber auf Lumparlands Seite. Das aus dem Wasser ragende »Gerippe« gehört zum Wrack des einst stolzen Schoners »Leo«. Weiter auf Seite 217.

Markt und mehr

◎ **STICKSTUGAN** HANTVERK **(18)**, Järsö, Norråkersvägen 20. Siehe auch Seite 206.

Unter den Händen *Lotta Gustafssons* entstehen gestrickte Schals, Pullover, Mützen, Pulswärmer und andere textile Schönheiten, sind PRÄCHTIG gefärbte Wolle und Garn zu erstehen. In Planung sind Töpferware und -kurse.

◎ **MERCEDES CHOCOLATERIE**, Granboda, Lemlandsvägen 1865, Tel. 040 – 518 3214, chocolaterie.ax.

Mehrfach preisgekrönte, handgemachte PRALINEN, Schokoladen und Salzkaramell. Zu erwerben online, bei Amalia wie auch in Mariehamn.

◎ **DONERIET**, Norrby, Brovägen 5, www.doneriet.ax.

Netter Laden für Inneneinrichtung, Dekoration – und eine spezielle Kreidefarbe zur Aufarbeitung alter Möbel.

◎ Maritime Herzen schlagen höher in Anbetracht der **SCHIFFSMODELLE** von *Håkan Lindberg*. Nach Voranmeldung empfängt er gern Besuch und führt auch Auftragsarbeiten aus: vom Dampfer über historische Großsegler

Ein Führung in Amalias Limonadenfabrik gibt es für Gruppen oder auf Anfrage. Der Shop verkauft übrigens auch die Köstlichkeiten aus Mercedes Chocolaterie.

bis zu Leuchttürmen reicht sein Repertoire. Nåtö, Lastklubbsvägen 23, Tel. 0400–529 620. www.hakanlindberg.ax (E).

◎ Für LEBENSMITTEL ist **SÖDERBY LIVS & CAFÉ** zuständig, ein gut sortierter Markt. Im Sommer täglich 10–21 Uhr, sonst etwa Mo–Fr 12–21, Sa 15.30–21 Uhr. Södra Söderbyvägen 3. – POSTSTELLE: Norrbyvägen 20.

Ferien aktiv

NATUR UND WANDERWEGE

◎ Den Ausflug zu den Inseln **NÅTÖ** (19) sowie **JÄRSÖ** (20) unternimmt man am besten von Mariehamn aus, denn beide liegen direkt südlich der Hauptstadt und sind von dort aus auf dem Landweg zu erreichen. Oder man fährt von Lemlands Küste aus mit dem eigenen oder gemieteten Boot auf der Route durch JÄRSÖFJÄRDEN oder NABBFJÄRDEN.

Bei Nåtös Biologischer Station (Järsövägen 375) und der Mühle beginnt (schräg gegenüber, Båthusgränd 7) der weiß markierte Naturpfad (Info-Blatt bei Visit Åland und mitunter vor Ort in Schwedisch). Da schwelgen die Naturfreunde in Taxus, Geranien, Oregano, durchqueren auf Holzbohlen sumpfiges Terrain und dürfen auf Vipern achten. Besonders stimmungsvoll geben sich die lichten Laubwaldwiesen mit den gestutzten Eschen.

Weiter südlich kommt man über einen Damm mit Aussichten zu beiden Seiten und nachbarschaftlicher Nähe zu WASSERVÖGELN nach Järsö. Den Landschaftspark im Inselosten durchziehen Spazierwege, es gibt gute Plätze zum Rasten, für ein Picknick, zum Grillen und Schwimmen. Ein kleines Paradies – gerade recht, um hier Mittsommer zu feiern. Start des weiß markierten Rundwanderwegs: Lillbörkövägen 105. Blau und rot sind kürzere Abzweige vom Hauptweg markiert.

◎ Bei Hellestorp (ab Str. 3 über Flakavägen) biegt – dem grünen Kreuz für Sehenswürdigkeiten in der Natur folgen – der Weg zum 60 m hohen **KASBERGET** ab. Der Hügel gibt eine schöne Aussicht auf das Umland frei.

◎ **HERRÖSKATAN**: Ein leichter, weiß markierter 2-km-Rundweg durchquert eine Fels- und Kulturlandschaft mit reicher Flora und Traumaussichten, Abstecher zu Vogelturm und Ufer inbegriffen. Mit Glück entdecken Sie Seeadler und ORCHIDEEN. Zur Infrastruktur gehören Rast- und Grillplätze sowie Telefonnummern an den Gattern zur Viehbeweidung, falls Kuh und Rind Probleme bereiten. Start: Herrövägen 612. Siehe auch Seite 211.

◎ Über 25 km quer durch Lemland führt der WANDERWEG **LEMLANDSLEDEN**. Vom Lumparsund im Osten geht diese Route über Granboda, Bistorpsberget im Norden, die Ortschaften Norrby und Söderby, die Anhöhen Kasberget und Kopnäsberget sowie Knutsboda bis nach Lemböte und zu Lemströms Kanal.

Gerade der letzte Abschnitt folgt dabei der Straße, ebenso wie das Teilstück zwischen Söder- und Norrby. Ansonsten locken Feld- und Höhenwege mit weißen Markierungen an Baum und Stein sowie 11 Info-Tafeln über Natur und Geschichte. Bistorps-

Wandernd unterwegs in Lemland: oben die Granitfelsen von Herröskatan, unten an einem sonnigen Tag auf dem Lemlandsleden: Links im Wasser sind hölzerne Reste des untergegangenen Schoners »Leo« zu erkennen (siehe Seite 219) ▶

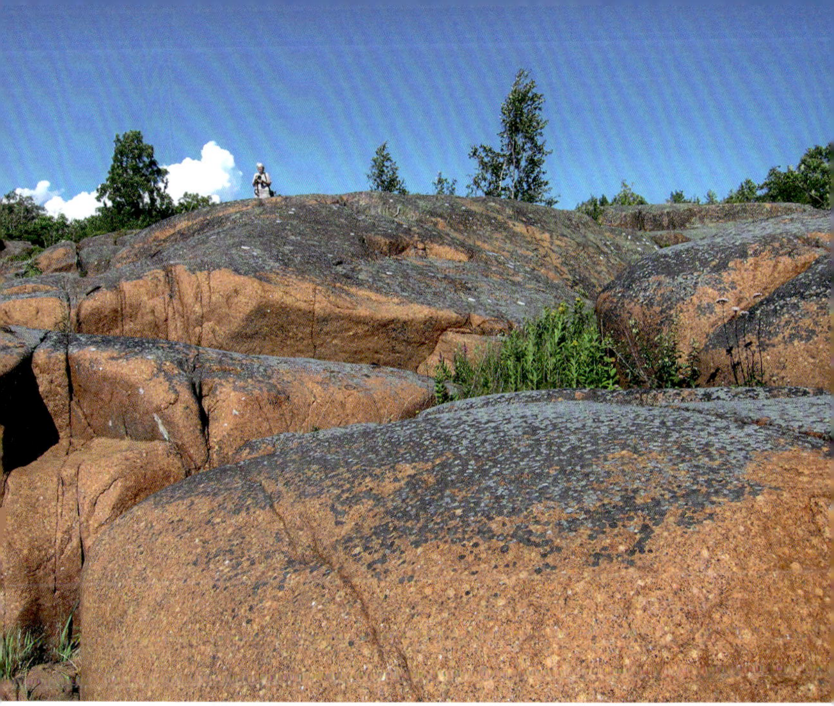

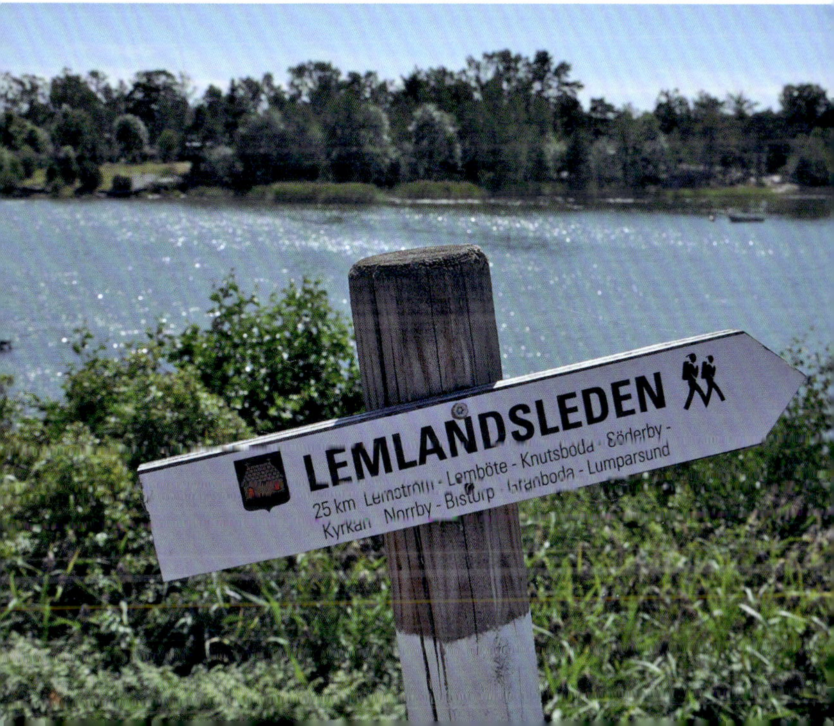

LEMLANDSLEDEN
Lemböte - Knutsboda - Söderby -
Lumparsund
Kyrkan

berget ist dabei der höchste Punkt mit 77 m ü.d.M., schönem Blick über den Lumparn und eiszeitliche Steinfelder, während Knutsboda mit schattigem Wald und im FRÜHLING BLÜHENDEM ANEMONENTEPPICH punktet.

Bei Visit Åland, der Gemeinde und Lemlands Bibliothek gibt es eine Faltkarte (3 €), auf der Webseite der Kommune eine Übersicht zum Download.

BADEN, SCHWIMMEN

◎ **BADESTRÄNDE**: HELLESTORP an geschützter Bucht des Nabbfjärden, NORRBY BRYGGA sowie der seichte Strand KLOCKARHOLMEN nordwestlich von Norrby am Önningebyfjärden verfügen über Umkleiden. KOPNÄS liegt südlich von Söderby, BOCKHOLM mit Klippen und Sandstrand westlich von Västeränga. Nicht zu vergessen HERRÖSKATAN (siehe Seite 211).

RAD FAHREN

Von Söderby sind es via Hauptstr. 3 jeweils 14 km bis Mariehamn und Långnäs, dem Fährhafen auf Lumparland.

◎ Die schönste Tour führt ab Söderby via Flakavägen südwärts und über längere Passagen NAHE AM WASSER NACH **HERRÖSKATAN**. 16 km. Zurück bilden Mönbackavägen und Str. 3 mit Radweg eine Alternativroute, östlich von Flaka und über Vessingsboda.

SCHÄRENTRIPS

◎ **BOOTSAUSFLÜGE** ab Mariehamn mit FISKELYCKAN, Tel. 0457 – 342 0538, fiskelyckan.ax (E). Bei genug Interessenten wird Rödhamn sommers täglich angesteuert. Ticket 35/15 €. Skipper Westberg spricht Englisch. Im Programm ist auch Lågskär (s.u.).

◎ **LÄGERELDEN**, Arensgränd 6, Tel. 0457 – 522 1605, www.lagerelden.ax (E). Angel- und Jagdausflüge, weitere Aktivitäten in Kooperation.

◎ Die Inselgruppe **RÖDHAMN (11)** war früher ein wichtiger Ankerplatz für Boote, die unter den Klippen Schutz vor Sturm und Unwetter suchten. In den Fels geschriebene Namen und Wappen zeugen davon, die ältesten aus dem 17. Jh. Im 18. Jh. betrieb ein Seemann auf Rödhamn eine Kneipe, deren Keller und Grundmauern erhalten sind. Später wohnten nur die Lotsen auf den Inseln – Rödhamn war seit 1818 LOTSENSTATION. Heute verfügt die Insel über einen populären Gasthafen, der vom Segelclub ÅSS aus Mariehamn liebevoll unterhalten und verwaltet wird. Das CAFÉ führt frisch gebackenes Brot sowie geräucherten Fisch. Beim früheren Funkfeuer zeigt der Maschinenraum als Mini-Museum die ursprüngliche Einrichtung aus den 1930er Jahren, Fotografien ergänzen das Interieur: Radiofyrmuseum, Hafen und Café-Tel. 54028.

◎ Die kleine Schäre **NYHAMN**, südlich von Järsö sowie ein gutes Stück westlich von Rödhamn, verfügt über einen schönem Naturhafen. Hauptattraktion ist jedoch eine beachtlich dimensionierte Steinformation – JUNGFRUDANSER (Jungfrauentänze) werden solche Gebilde genannt, wie man sie mancherorts in der Nähe alter Hafenplätze in den Schären fand.

◎ **LÅGSKÄR** ist eine dem Meer ausgesetzte Schäre, die Anfahrt muss auf zahlreiche Untiefen achten. Der rote, eckige Leuchtturm stammt von 1920. Lågskär ist ein Ziel der Vogelforscher.

Lumparland

Mit ihren rund 360 Einwohnern und 36,3 km^2 Landareal plus 50,8 km^2 Wasserfläche bildet Lumparland im Vergleich der Landgemeinden von Fest-land-Åland in diesen Kategorien das Schlusslicht. Auch im Ausbau der touristischen Infrastruktur steht es sicher nicht an vorderster Front. Gleichwohl braucht sich dieses Fleckchen Åland nicht zu verstecken. Es hat genau so seine Reize, seine lieblichen wie auch rauen Plätze, besonders für NATURFREUNDE; diese Orte warten auf Entdeckung.

Für viele Åland-Besucher ist das Gemeindegebiet leider nur eine Durchfahrt wert auf dem Weg zu Lumparlands beiden FÄHRHÄFEN, von denen aus der Linienverkehr zu verschiedenen Schärengemeinden ablegt.

Wer auf Schusters Rappen oder auf dem Drahtesel den Elementen nah ist, hört das Klatschen der Wellen beim Auftreffen auf FELSIGE UFER, horcht nach den beschwingten Bewohnern der ausgedehnten WALDFLÄCHEN, vernimmt womöglich ein vielstimmiges Mäh und Muh, passiert er/sie die Weideplätze der Wiederkäuer, während die Äcker dann doch eher friedlich und verschwiegen daliegen. Eine Reihe an möglichen Aktivitäten passen zu diesem Landschaftstyp, allen voran das Angeln und die Jagd.

Immerhin sieben Siedlungen verteilen sich auf Lumparland: LUMPARBY, NORRBODA, LUMPO, KROGSTAD, SVINÖ, SKAG und der Hauptort KLEMETSBY, stellenweise ausgesprochen idyllische DORFMILIEUS. Hier zu wohnen hat seinen Reiz und wirkt offenbar inspirierend: Der weit über Ålands Grenzen hinaus geschätzte Maler Guy Frisk hatte bis zu seinem Tod 2022 in KROGSTAD sein Atelier. Und Schriftsteller *Leo Löthman*, mit internationalen Buchpreisen ausgezeichnet, verfasst von seinem Heim in NORRBODA aus Krimis und Romane.

INFORMATION

◎ **LUMPARLAND KOMMUN**, Kyrkvägen 26, AX–22630 Lumparland, Tel. 35900, www.lumparland.ax. Einzelne Flyer gibt's bei Visit Åland, im Touristenbüro in Mariehamn.

TRANSPORT

◎ Die **HAUPTSTRASSE** Nr. **3** bringt die Reisenden schnell über Lemland nach Lumparland, wo die Straße am Fährhafen Långnäs ihr natürliches Ende hat.

◎ Auch der **BUS** auf der Linie 5 folgt dieser Spur von Mariehamn aus.

◎ **TAXI**: Willes Taxi, Tel. 35685.

◎ Gleich zwei **FÄHRHÄFEN** sind Umschlagplatz für Güter und den Personenverkehr hinaus in die Schären: größer und verkehrsreicher ist LÅNGNÄS HAMN **(21)**, etwas kleiner SVINÖ **(22)**. Die Autofähren verkehren nach festem Fahrplan, bedienen von Långnäs aus die »Södra Linjen« nach Sottunga, Kökar und Galtby im Schärengürtel vor Turku, ferner die Querlinie nach Snäckö in der Gemeinde Kumlinge. Von Svinö aus kann man mit der »Föglölinjen« Degerby auf Föglö ansteuern. Die Reedereien Tallink Silja (Tel. 34900) und Viking Line (35800) sind zu den Ankunfts- und Abfahrtzeiten der Schiffe im TERMINALGEBÄUDE Långnäs zu erreichen. Kontakttel. Finnlines: 050 – 565 5660.

◎ Kleiner und dafür dauerhaft im Einsatz ist die **KABELFÄHRE** von Norrboda über den ÄNGÖSUND zum gleich benachbarten Ängö, das dann schon zu Vårdö gehört.

◎ Långnäs verfügt neben dem großen Fährhafen, durch eine Landzunge getrennt, über einen **SERVICEHAFEN** für Privatboote, mit einer Tankstelle, Tel. 35557.

Unterkunft

Die Auswahl an Übernachtungsmöglichkeiten ist sehr begrenzt: Das erstgenannte Bungalowdorf war jahrelang der einzige Anbieter; hinzukam eine eher kostspielige Adresse.

◎ **SVINÖ STUGBY**, Svinö (im Süden von Lumparland), Stugbyvägen 26, Tel. 0457 – 595 7652, www.svinostugby.com (E). Die Villen sind ganzjährig, die Hütten in der Regel von April bis Oktober zu beziehen. Strandvillen ab 195/145 €/Tag (4 Personen) bis 325/195 €/Tag (6 Personen). Campinghütten 45–85 €/Tag (2 oder 4 Personen). Zelt 25–35 €/Tag.

Schön gelegene und gepflegte Anlage mit Fahrrad- und Bootsvermietung, Sauna, Grillhütte, Badespaß. Auf Wunsch GUIDE-SERVICE für ANGELTOUREN, Jagdexkursionen und mehr. In einigem Abstand zu den Hütten finden sich unter einem Dach Rezeption, ein kleiner Kiosk sowie ein CAFÉ mit Bistro-Angebot plus großer Terrasse (siehe unten).

Die Rezeption ist von Mitte Juni bis August besetzt; außerhalb der Hochsaison sollten unangemeldete Gäste sich besser im Voraus erkundigen.

◎ **VILLA KOMMODOR**, Lumpovägen 288, Tel. 050 – 406 1976 (Kontakt S. Eklund in Espoo/Finnland), www.villakommodor.fi (D). Tagestarif 470/380, Wochenpreis 2.590/1.750 €.

Luxuriöses Anwesen mit Haupthaus (120 m^2) plus zwei Gästehütten, geeignet für bis zu 10 Personen. Sauna, eigener Sandstrand, Bootsschuppen mit Boot, Grillplatz und mehr.

Essen und Trinken

◎ Im Sommer die einzige Anlaufstelle an allen Tagen ist das **CAFÉ** von SVINÖ STUGBY. Mitte Juni bis Mitte/Ende August. Siehe oben.

◎ **CAFÉ** NYBONDS GÅRD: siehe Seite 220. Sommers Di und mitunter Sa.

◎ SELBSTVERSORGER decken sich bei **MATBODEN I LUMPARLAND** mit dem Nötigsten ein. Der kleine Supermarkt ist Servicezentrum, erledigt bestimmte Postdienste, hat den Medizinschrank in seiner Obhut und eine Selbst-Tanke vor der Tür. Lumpovägen 22 (ab der Str. 3 Richtung Kirche, zunächst auf den Stickvägen abzweigen). Mo–Fr 9.30 –18 Uhr, Sa 9.30 –14 Uhr. Online bei Facebook.

Alle im Buch genannten Åland-Telefonnummern ohne Vorwahl betreffen das Festnetz mit der einheitlichen Vorwahl (0)18; geben wir eine Vorwahl für Kontakte vor Ort an, handelt es sich um ein Handynetz. Mehr auf Seite 42.

Sehenswertes

◎ Aus Lemland kommend, ist der **LUMPARSUND** zu queren, der sich an dieser Stelle bis auf wenige Meter verengt. Kurz hinter der Brücke mit schönem Blick lohnt ein Halt am kleinen Rastplatz, auch wenn er direkt an der Straße liegt. Ganz in der Nähe lief 1898 der SCHONER LEO auf Grund, dessen Plankengerippe, mit seinen Spitzen teilweise noch aus dem Wasser ragt. Die Lumparländer hatten regen Anteil an der Blüte des Bauernsegelns in der Zeit ab Mitte des 19. Jhs. bis zum Ersten Weltkrieg. Zu jener Zeit liefen viele Schiffsneubauten in Lumparland vom Stapel – WERFTEN arbeiteten an der Bucht Kapellviken und in Svinö.

◎ Lumparlands hauptsächliche klassische Sehenswürdigkeit, abgesehen von der Natur, ist die sog. Kapellenkirche, **LUMPARLANDS KYRKA** (23), auch ST. ANDREAS KYRKA, adrett auf einem Hügel unter Bäumen gelegen. Das strahlend weiß gestrichene Gotteshaus ist die älteste HOLZKIRCHE auf Åland; sie wurde 1728 fertig gestellt. Am selben Ort standen jedoch schon einige Vorgängerkirchen: Die erste Erwähnung einer Kapelle beinhaltet ein Dokument von 1544. In der Folgezeit kam es mehrfach zu Baustopps, Verfall und zu Brandschatzungen, etwa während des sog. Großen Unfriedens (1714–21).

An KIRCHENSCHÄTZEN im Inneren zählen das von Victor Westerholm geschaffene Altargemälde von 1887, das ältere Altarbild an der Nordwand von *A. A. Ekberg* (1736) sowie ein Messgewand von 1665. Verkündet wird das Wort Gottes von einer Kanzel aus dem Jahre 1842, und Licht ins Dunkel können die Kronleuchter aus dem 17. Jh. bringen. Selbstverständlich darf ein Votivschiff nicht fehlen: Das Segelschiffmodell ist eine Schenkung des Händlers und Reeders *C.-G. Löthman* (1836). Mitte Juni bis Mitte August Mo–Sa 10–16 Uhr. Kyrkvägen 30, rechts vom Lumpovägen abbiegen.

LUMPARN – METEORIT UND METROPOLIS

Mit der Westflanke grenzt Lumparland an die große, fast inselfreie Bucht Lumparn zwischen Sund, Jomala, Lemland und eben Lumparland – ein Phänomen. In den späten 1970er Jahren kamen zwar Hypothesen um einen außerirdisch bedingten Ursprung des Gewässers auf; jedoch erst 1993 ließ sich wissenschaftlich nachweisen, dass der Lumparn mit seinen gut 9 km Durchmesser vor etwa 1.000 Mio. Jahren durch einen METEORITENEINSCHLAG entstanden sowie ein mit Wasser gefüllter Krater ist.

Bereits in den 1950er Jahren hatte der (versponnene) Ingenieur und Erfinder *Nils Olof Bergqvist* den Plan entworfen, den Lumparn trockenzulegen, um Ackerland zu gewinnen und eine florierende neue Stadt zu gründen: LUMPARSTAD. Der Besucher wird feststellen: Jener Plan wurde zwar nicht verwirklicht, lieferte jedoch guten Stoff für das 2010 uraufgeführte, skurril-beschwingte Sommertheaterstück namens LUMPARPUMPARN!

◎ Lumparland kann noch einige intakte **LÄNDLICHE MILIEUS** vorweisen, in denen verträumte Weiler und bäuerliche Anwesen inmitten ihrer bestellten Felder und gesunden Viehweiden, unterbrochen von kleineren Gehölzen oder Wäldchen, sich zu einem für das Auge harmonischen und friedlichen Gesamtbild fügen. Eine Landschaft, die man am besten mit dem Fahrrad oder zu Fuß durchstreift.

Besondere Erwähnung verdienen hier Långvikshagen und Klemetsby. Schöne alte Höfe und Häuser lassen sich ferner in Lumpo und Lumparby aufspüren.

◎ An der Wegkreuzung der Straßen nach Lumparby und Klemetsby steht eine alte **WINDMÜHLE** aus der Zeit des Kirchenbaus, auch wenn sie nicht mehr in Betrieb ist.

In früheren Zeiten waren auch Sägemühlen ein häufiger Anblick; mehr dazu folgt in der nächsten Spalte unter »Sågkvarnen«.

◎ **NYBONDS GÅRD** **(24)** entwickelt sich zum zentralen Platz der Gemeinde für kulturelle und gesellige Aktivitäten. In Krogstad, Gamla Krogstadvägen 192, Tel. 0457 – 570 8180, Facebook. Etwa Mitte Juni bis Ende Juli Di 18–21 Uhr (mit Café), zeitweise auch Sa 12–17 (Mitte/Ende Juni 11–16) Uhr.

Das Hofgelände, im Kern aus dem 18. Jh.stammend, war noch bis in die 1980er Jahre durchgehend bewohnt, ohne Strom und fließend Wasser; heute kümmert sich eine Schar Freiwilliger um das Ensemble. Inzwischen finden das ganze Jahr über kleinere wie größere VERANSTALTUNGEN statt: Flohmärkte, Kunsthandwerk, Ausstellungen, Tanzabende und mehr.

Ein MUSEUM entführt in VERGANGENES LÄNDLICHES LEBEN, während das CAFÉ Getränke und Selbstgebackenes anbietet. Beim LUMPARLAND-TAG als Volksfest Mitte August wird hier gefeiert, getanzt, genossen.

◎ Die SÄGEMÜHLE **SÅGKVARNEN** **(25)** in Lumparby ist ein Kleinod für alle, die Holzspäne und alte Landmaschinen schätzen. Lerviksvägen 5, Tel. 0457 – 361 385, Facebook.

Unzählige alte Traktoren und landwirtschaftliche Geräte haben hier einen Ort gefunden, an dem sie gewürdigt werden: Freiwillige und Enthusiasten sorgen dafür, dass Motoren laufen und die Mühle ihre Bäume sägen kann. – In früheren Zeiten waren Sägemühlen in Lumparland verbreitet, war die Inselgemeinde doch ausgesprochen waldreich, und es bestand ja Bedarf für den Schiffbau.

Bei Events gibt es handwerkliche Vorführungen, an Kaffee und Essbarem mangelt es dann ebenfalls nicht, ab und zu wird aufgespielt. Es ist also stets etwas los, wenn sich die Heimatverbundenen (und Gäste) treffen, zumeist Di 18–21 Uhr.

◎ **UTGÅRD** HAVTORN & HANDVERK, Lumpovägen 103, Tel. 35679 und 045 – 738 23083, agnetaw.wordpress.com. Juni bis Mitte August Di 18 – 21 Uhr.

Agneta und Tage Wilhelms stehen für allerlei SANDDORN-Produkte und Kunsthandwerkliches. Die vitaminreichen Früchte bauen sie selbst an und verarbeiten sie auf ihrem Hof. In ihrem Laden gibt es zudem Kunsthandwerk aus Textil, Holz und Metall. Ihre Produkte sind auf verschiedenen Märkten und auch im Handel erhältlich.

Unterwegs in Lumparland: oben die St. Andreas Kyrka, die älteste Holzkirche im Archipel (siehe Seite 219), unten eine Idylle am Lumparsund, von Lemland aus gesehen ▶

Ferien aktiv

NATUR UND WANDERWEGE

◎ Der **LUMPOKASEN** (71 m) ist die höchste Erhebung Lumparlands; er gestattet eine fabelhafte »Fast-Rundumsicht«, sofern nicht ein paar hoch aufragende Bäume den Blick versperren. Bei klarer Sicht sollen (ohne Bäume im Blickfeld) die Kirchtürme von sieben Åland-Gemeinden auszumachen sein. Anfahrt: durch Klemetsby auf Lumpovägen in nördlicher Richtung gen Lumpo fahren, rechter Hand abbiegen auf Lumpouddvägen.

BADEN, SCHWIMMEN

◎ Ins kühle Nass stürzen können sich Nixen und Seebären in KLEMETSBY, Kyrkvägen, gleich neben der Kirche. **KAPELLVIKEN** verkündet ein Schild, gemeint ist die gleichnamige Bucht. Gepflegtes Areal mit Umkleide, WC, großer Wiese, Holzbänken, Beachvolleyballfeld und Steg.

ANGELN

◎ Als **ANGELGUIDES** mit Boot und Gespür für Fisch empfehlen sich Vidar Häggblom, Tel. 040 – 528 1828, und Per Sidbäck, Tel. 040 – 679 5840.

◎ Ebenso ist das Team von **SVINÖ STUGBY** hinsichtlich Tourenplanung und Ausrüstung behilflich.

DISCGOLF

◎ **SVINÖ DISCGOLF PARK**, Svinö, Stugbyvägen (direkt bei Svinö Stugby). Respektabler, rund 970 m langer 9-Körbe-Parcours. Das Idealergebnis, also Par, liegt bei 29 Wurf.

JAGD

◎ Die Betreiber von **SVINÖ STUGBY** offerieren außer ihrer Unterkunft Jagd-Arrangements. Zielobjekte sind hauptsächlich REHE, die die Inselgruppe wirklich zahlreich bevölkern, weshalb jedes Jahr eine relativ hohe Abschussquote festgelegt wird. Jagd auch mit Pfeil und Bogen. Info-Telefon 0457 – 595 7652.

RAD FAHREN

In der kleinen Landgemeinde existiert abseits der Hauptstraße 3 kein nennenswertes Verkehrsaufkommen.

◎ Mögliche ZIELE sind intakte Dorfmilieus und Kulturlandschaften, etwa **LUMPARBY** (via Lumpovägen) sowie von **KLEMETSBY** bis **NORRBODA** (via Ängösundsvägen).

◎ Gleich mehrere NEBENSTRASSEN führen AB LUMPARBY AN DIE **KÜSTE**, nicht zu vergessen der Abstecher mit der KABELFÄHRE über den Ängösund **NACH ÄNGO**, das zu Vårdö gehört.

◎ **FAHRRADVERMIETUNG**: Unterkunft Svinö Stugby, Stugbyvägen 26, Tel. 0457 – 595 7652. 10 € pro Tag und 50 € je Woche.

Ablegen von Föglö: am Fähranleger Överö ▶

Schären-Åland

In den Schären ist das Gefühl eher gegenteilig zum Festland-Åland – mitunter ist es schwierig, in den Weiten des Wassers die Landmarken auszumachen. Bei den Schärengemeinden steigt im Verhältnis Land zu Meer der Wasseranteil noch einmal beträchtlich. Sechs Kommunen sind es insgesamt; fast alle umfassen sie mehrere Hauptinseln und unzählige Inselchen und Schären, von denen auch nur ein Bruchteil permanent bewohnt ist. Insgesamt leben in den Weiten der Schären gerade einmal 2.045 Menschen – in der Tendenz leicht abnehmend. Eine angemessene Infrastruktur aufrechtzuerhalten wird dadurch zunehmend schwieriger und teurer. VÅRDÖ kommt dabei die Stellung des BRÜCKENKOPFS zu, der Vermittlerin zwischen dem Festland und den Schären, liegt diese Gemeinde doch recht nahe zu Sund, andererseits ein Stück draußen, und weist sie doch zu den abgesprengten, verteilten Felsen mitten in rauer See hin.

Erstaunlich ist es, wie die Schärenbewohner nicht nur ihren Alltag locker gestalten, sondern in aller Entfernung zu festen Wegen, zur zentralen Verwaltung ein reges kulturelles Leben auf die Beine stellen. Es ist eine zweite Welt auf Åland – die Menschen in den Schären würden sagen: die eigentliche, die womöglich noch spannendere und interessantere ...

FRIEDENSKONFERENZ 1718

Auf Baum-bestandenem Wiesengrund bei LÖVÖ, links der Straße, wo bisweilen ein paar Schafe das Grün kurz halten und die friedliche Idylle nichts Spannendes herzugeben scheint, schoss 1718 eine Holzbarackensiedlung aus dem Boden: Bis zu 1.200 Menschen kamen hier AUF VÅRDÖ zusammen, das entsprach damals einer mittelgroßen schwedischen Stadt. Heerscharen von Unterhändlern palaverten und diskutierten in Lövö über einen Frieden im Nordischen Krieg, der schon seit 1700 zwischen Schweden und Russen wütete. Sogar König *Karl XII.* und Zar Peter der Große sollen hier – mitten im Nichts – zusammengetroffen sein. Ein neutraler Streifen mit dem Konferenzgebäude trennte die beiden Lager voneinander. Dass das Leben für die Delegationen nicht nur arbeits- und entbehrungsreich war, darauf lassen Funde im Erdreich schließen: Scherben von französischen Weinflaschen und Austernschalen legen nahe, dass der Kongress zuweilen auch tanzte.

Nach fast einem Jahr trennten sich die Unterhändler – ohne Ergebnis. Der Krieg ging weiter und sollte erst 1721 mit dem Frieden von Uusikaupunki enden.

In Lövö erinnert ein profanes Holztor mit Schaufenstern am Wegesrand an 1718: Puppen in den Uniformen der Kontrahenten sitzen sich beargwöhnend unter ihrer jeweiligen Flagge gegenüber.

Vårdö

REEDER UND DICHTER

Als »Wächter-Insel« lässt sich Vårdö übersetzen. Das Wappen dieser Inselgemeinde zeigt einen aufgeschichteten, sich verjüngenden Holzstapel, aus dem Flammen lodern. Vårdö liegt, historisch gesehen, an einer strategischen Verbindungsstelle: Das Eiland bzw. die Inselgruppe liegt dem festen Åland am nächsten, über sie führt der alte Postvägen, schlängelte sich für Jahrhunderte der zentrale Kommunikationsstrang von und nach Finnland.

Und die Namen gebende Wächterfunktion wurde von den Einwohnern auch tatsächlich wahrgenommen. In Zeiten der Bedrängnis und Bedrohung von außen, so während der Zeit des Großen Unfriedens (1714–21), entzündeten die Bewohner auf Anhöhen Signalfeuer, um die Menschen auf der Hauptinsel vor heranrückenden feindlichen Truppen zu warnen.

Noch heute sehen die rund 450 Bewohner Vårdös ihre Kommune gern in Verbindung mit der Tradition alter Reederfamilien – und als Heimat bekannter åländischer LITERATEN. Zum rund 102 km^2 großen Vårdö zählen die Weiler und Gehöfte BERGÖ, BUSSÖ, GRUNDSUNDA, LEDSÖRA, LISTERSBY, LÖVÖ, MICKELSÖ, SANDÖ, SIMSKÄLA, TÖFTÖ, VARGATA, VÅRDÖ BY und ÄNGÖ. Etwa 3.000 ha Wald bedecken die Inselgruppe.

Als Zeit des Großen Unfriedens gelten die Jahre 1714–21, als die Russen den Archipel besetzt hielten, Dörfer zerstörten und Inselbewohner deportierten.

Die Besucher zeigen sich zumeist fasziniert von der Bandbreite des landschaftlichen BILDERREIGENS, der sich bei einer kleinen Rundreise vor ihren Augen entfaltet. Durch stille Wälder geht die Fahrt, in großen Bögen über schmale Dämme, mal duftende Wiesen und Weiden querend, über des Archipels längste Brücke, bis an kleine Weltenenden, reich an Klippen sowie von Wellen umspült – wären da nicht doch die Fähren oder zumindest Boote, die ein Jenseits versprechen.

INFORMATION

◎ Vårdö hat kein eigenes Touristenbüro. Am Fähranleger gibt eine **INFOTAFEL** Auskunft: gut, wer Schwedisch kann. Zusätzliche Informationen darf man sich bei Museen, in Unterkünften und Lokalen erhoffen.

◎ **VÅRDÖ KOMMUN**, Vårdö byvag 11, AX–22550 Vårdö, Tel. 47900, www.vardo.ax (E). Mo–Do 9-15 Uhr. Auf der Website findet sich ein monatliches »Wårdö-Info« zum Download.

TRANSPORT

◎ Die **HAUPTSTRASSE 2** führt nach Vårdö – mit Unterbrechung:

◎ Mit der **KABELFÄHRE** (»Töftölinjen«,fast rund um die Uhr nach Bedarf im Dienst) beginnt die Entdeckungsreise, die den einheimischen Bauern wie die radelnde Urlauberfamilie von der zu Sund gehörenden Insel Prästö in wenigen Minuten nach Töftö übersetzt. – Eine weitere Fährverbindung rund um die Uhr schafft »Simskälalinjen« von Sandö nach Östra Simskäla.

Die »Ängösundslinjen« von den zu Vårdö gehörenden bewohnten, zwar schönen, aber touristisch weniger relevanten Inseln Ängö und Bussö nach Ängösund in Lumparland pausiert zwischen 22 und 6 Uhr, Nachtfahrten sind auf Vorbestellung möglich.

◎ Vårdö ist ebenso an das Netz der großen **AUTOFÄHREN** angebunden, die nach festem Fahrplan verkehren. Von Hummelvik im Osten der Hauptinsel Vårdös verkehrt »M/S Alfågeln« auf der »Norra Linjen« über Kumlinge nach Brändö. Bergö, die etwas größere Schäre im Südosten der Gemeinde, wird nach Vorbestellung von der Linie »Tvärgående Linjen« zwischen Långnäs/Lumparland und Snäckö auf Kumlinge nur sonntags (1–2 Fahrten) angesteuert.

◎ **GÄSTEHAFEN**: Liegeplätze für 10–15 Boote bietet der kleine Gästehafen VARGATA BESÖKSBRYGGA in Vargata, Båthusviken. Es gibt ein Servicehaus mit Sanitäranlage, ferner Shop, Café, Fahrradvermietung und einen Badestrand in der Nähe.

◎ **BUS**: LINIE 4 verkehrt von / nach Mariehamn über Sund; teilweise sind ergänzende Zubringertaxis vorab zu bestellen: Tel. 47742 oder (Simskäla) 0400 – 605 831.

◎ **TAXI**: Vårdö Skärgårdstaxi, Tel. 040 – 741 5672. – Vårdö Taxi, Tel. 47742. – Simskälä Taxi, Tel. 0400 – 605 831.

Unterkunft

◎ **SANDÖSUNDS RESORT & CAMPING**, Trollvägen 40 (nordöstlich von Lövö am Sund), Tel. 47750, sandosund.com (E). Mitte April bis Mitte Oktober, Zimmer dennoch ganzjährig. DZ

130/100 € in zwei großzügigen Holzhäusern, Ferien- und Campinghütten ab 50/42 € (2 Personen) und 60/50 € (4 Personen). Camping: Zelt 3 €, Womo 5 €, Personentarif 5 €. Ferner ist eine »Eremitenhütte« auf der eigenen Insel Gyllenklobb zu mieten.

Ansprechende, serviceorientierte und saubere Anlage mit schönen Uferund Strandpartien, zwei schwimmenden Saunas sowie Angeltouren, Fahrrad- und Kajakvermietung, Minigolf; zudem betreibt Sandösund den Hochseilgarten FLOWPARK. Auf dem Gelände verteilen sich mehrere Servicestellen, darunter gepflegte kleine Restaurant TAVERNA (s.u.).

Essen und Trinken

◎ **KALLAS** GÅRDSRESTAURANG & TRÄDGÅRDSKAFÉ, Sandö, Sandövägen 81, Tel. 0457 – 345 1554, www.kallas.ax. Di–Sa 12–21 Uhr, außerhalb der Feriensaison auf Anfrage.

Eine BILDERBUCH-Location in herrlichem Garten mit Pavillon, Gewächshaus, Teich, Außengrill. Im Angebot frischer Fisch, Gemüse vom Nachbarhof, Pilze und Beeren aus eigener Ernte, Fleisch und Veganes. Moules frites für 18 €, Barsch 25 €, Entrecote 36 €.

◎ **TAVERNA**, Sandösunds Camping (siehe oben). Juni bis September täglich 12 –18 Uhr.

Die Küche bietet ihren Gästen lokale Spezialitäten, SELBST GERÄUCHERTEN FISCH und Fleisch vom Grill, dazu Bier und Wein. In der Hochsaison wöchentlich wechselnde Karte.

◎ **HAMNMAGASINET**, Båthusviken, Vargata, Tel. 528600, Facebook. Ende Juni bis Mitte August Mo–Do 11 –21 Uhr, Fr+Sa 11–22 Uhr.

Café und Bistro in schönem HAFENAMBIENTE. Wochenends ab 15 Uhr ist Burger-Time! Und donnerstags Ende Juli/Anfang August gibt es Musik und Unterhaltung. Ein Gewinn für Vårdö!

◎ Ja, und dann ist da noch **STORMSKÄRS WÄRDSHUS**: eine feste, aber unsichere Größe auf Östra Simskäla (Kabelfähre ab Sandö) in historischem Schärenhof, Kinderstube der Schriftstellerin *Anni Blomqvist,* authentisch restauriert und ein herrlicher Platz zum Speisen, Sitzen auf felsiger Außenterrasse – aber: Die Wirtsleute entscheiden von Saison zu Saison, ob und wann sie öffnen, ob sie Zimmer, Bewirtung, Ausflüge anbieten. Västerövägen 176, Tel. 0400 – 783 086, Facebook.

Sehenswertes

VON TÖFTÖ NACH HUMMELVIK

◎ Auf dem Weg von Töftö zur Hauptinsel überqueren die Inselbesucher Ålands längste **BRÜCKE**, 1980 dem Verkehr übergeben. Die sich eher flach über das Wasser spannende Konstruktion bringt es auf stattliche 312 Meter.

Doch zuvor ist da ein einladender Rastplatz mit Gedenkstein.

◎ Vor Vargata von der Hauptstraße links abbiegend nach Vargata Brygga empfiehlt sich der kurze ABSTECHER zum verträumten Hafenort **BÅTHUSVIKEN**. Vor gut 100 Jahren herrschte hier reges Treiben und hatten gestan-

Oben der Bilderbuch-Garten von Kallas auf Sandö, unten eine zentrale Briefkastenanlage in Båthusviken ▶

BÅTHUSVIKEN

dene Seebären das Sagen. Zum einen machten hier an einem EIGENEN PIER, in Bomarsund mit Fracht und Passagieren gestartet, die POSTBOOTE fest. Gleichzeitig diente der Hafen als Winterquartier für so manches Segelschiff in der Hochzeit der BAUERN-REEDEREI. Viele der Reeder hatten auf Vårdö ihre Häuser und Höfe, und im Frühjahr wurden die Schiffe in Båthusviken wieder flott gemacht. **(26)**

Heute bestimmen kleine Yachten, Segler und das nette Bistro Hamnmagasinet das maritime Bild. Damit den Freizeitkapitänen der Proviant nicht ausgeht, können sie sich zum Einkauf im einzigen Kaufladen Vårdös in Vargata kostenlos DRAHTESEL (nebst Anhänger) leihen, die vor einer rot gestrichenen Holzwand abgestellt sind.

Die kleine Wegstrecke zurück zur asphaltierten Straße folgt dem alten Postweg und passiert den kleinen Anleger INGMARINA, geschützt und beinahe versteckt im Schilf. Nach wenigen hundert Metern geht es links zum Zentrum von Vargata; im Halbbogen führt der Weg dann wieder zur Hauptstraße.

◎ **VARGATA** vermittelt mit seinen zum Teil großen und prächtigen Holzgebäuden und Gärten einen lebhaften Eindruck vom relativen Reichtum der bäuerlichen Reeder mit ihrer Tätigkeit zwischen Scholle und Welle. Und hier war Ålands international bekannteste SCHRIFTSTELLERIN zu Hause. Nedergård heißt das 1850 erbaute Anwesen, in dem Sally Salminen ihre Kindheit verbrachte. Ihr 1936 erschienenes Buch »Katrina« war ein internationaler Bestseller (siehe nebenan).

Unübersehbar die großzügige Hof-

KATRINAS WEG

Sally Saminen (1906–1976) kam auf Vårdö zur Welt, hier verbrachte sie ihre Kindheit. Schon immer wollte sie schreiben, allein – sie arbeitete als Verkäuferin, Dienstmädchen, im Haushalt. Sie belegte Schreibkurse, las, schrieb. Sie zog nach Stockholm, sie zog nach New York. Bis Sally von Amerika aus an einem finnisch-schwedischen Literaturwettbewerb teilnahm und ihn GEWANN. Ihr Beitrag mit dem Titel *Katrina* wurde gedruckt, ein internationaler Erfolg und in gut 20 Sprachen übersetzt. Er beschreibt den steinigen Weg einer Frau aus Finnland, die falschen Versprechungen ihres Mannes glaubend nach Åland zieht. Salminen zeichnet das Bild einer starken Frau, die sich in einer ihr feindlich zeigenden Umwelt behauptet. Neben Lob gab es auch heimatliche Stimmen, die sie Nestbeschmutzerin nannten oder ihr den Stempel einer Roten verpassten. Salminen ging unbeirrt ihren Weg: intelligent, ambitioniert, für die Sache der Frauen.

Nach Ausbruch des Zweiten Weltkriegs zog sie mit ihrem Mann ins besetzte Dänemark, unterstützte den Widerstand. Sie schrieb und veröffentlichte eine große Anzahl von Büchern, viele von der Öffentlichkeit kaum wahr genommen.

»Prins Efflam« und »Vid havet« stießen wieder auf positive Resonanz. Ethische Fragen und moralische Prüfungen blieben ihr Thema. Salminen starb 1976 in Dänemark.

anlage VÄSTERGÅRD, die seit dem 17. Jh. im Besitz einer Familie ist. Das heutige Haupthaus stammt von 1905, ebenso angenehm auffallend das gelbe Wohngebäude aus Holz im EMPIRESTIL aus den 1870ern. Den schönen Vorgarten mit seinen Ahornbäumen zieren ein Schiffsanker und eine kleine Bordkanone.

◎ Im Zentrum Vargatas, neben dem Landhandel, steht – bitte nicht übersehen – das wohl KLEINSTE MUSEUM VON ÅLAND: das **TELEMUSEUM**, eine Telefonzelle mit Münzfernsprecher, die sich allerdings im Verfall befindet.

Wer der Stimme im Hörer sein Ohr leiht, lauscht Informationen über die Entwicklung der Telefonie auf Åland in schwedischer, finnischer und englischer Sprache – kostenfrei rund um die Uhr. Wenn mehr als zwei Personen die Zelle besuchen, wird es kuschelig.

◎ Hier prangt auch ein neuer Wegweiser im Stil der alten **WEGZEICHEN**, wie sie Zar *Nikolaj I.* seinerzeit entlang der Postroute aufzustellen befahl. So kann man erfahren, dass es vom Wargata-Zeichen 770 1/3 Werst bis nach St. Petersburg sind.

◎ Links der Hauptstraße hinter dem kleinen See Träsket steht das **BÖNEHUS**, 1915 von einem Reeder der evangelischen Jugendbewegung geschenkt sowie als KAPELLE und Versammlungsort genutzt. Das 1989 ansehnlich restaurierte Gebäude ist ein idealer Ort für gelegentliche Ausstellungen und Dorffeste.

◎ Ihr genaues Alter ist unbekannt, aber die dem Apostel St Mathias geweihte **VÅRDÖ KYRKA** (27) dürfte im 14. Jahrhundert gebaut worden sein. Ihren schmalen Turm, der 1804 an der Stelle seines hölzernen »Vorgängers« errichtet wurde, ziert ein mächtiges HAUBENDACH. – Zwar störte sich die Gemeinde an dem recht unproportionierten Ergebnis, aber es fehlte das Kleingeld für Korrekturen. Im Innenraum fällt ein schöner Wandteppich aus dem Jahr 1854 von *A. G. Olofsdotter* aus Listersby auf. Obligatorisch ist das Votivschiff, gestiftet 1917 von Kapitän Lundqvist aus Vargata. Mai bis September Tel. 42330.

Beim Gang über den Friedhof lassen sich auf einigen Grabsteinen bekannte Namen entdecken, der der Autorin Anni Blomqvist ebenso wie die von wohlhabenden Reederfamilien; einen davon hat der renommierte finnische Bildhauer Emil Cedercreutz gestaltet.

◎ Bei der Kirche teilt sich der Weg. Biegt man rechts ab, um gen Süden der Hauptstraße zu folgen, gelangt man zum **FÄHRHAFEN HUMMELVIK** (28). Hier bedient Norra Linjen mit »M/S Alfågeln« die Route Enklinge - Kumlinge - Lappo - Torsholma/Brändö u. retour.

◎ Vorher biegt von der Str. 2 die Straße nach **GRUNDSUNDA** (29) ab. Hier können Sie das winzige Seefahrtmuseum LASSES FARTYGMUSEUM besuchen, Lasse Erikssons Privatsammlung an Schiffsmodellen, Seefahrtliteratur und maritimem Krimskrams. Grundsundavägen 271, Tel. 47626 und 0457 – 382 8459. Juli bis August Mi 13–21 Uhr, sonst nach Absprache.

◎ **WENNSTRÖMS LANTHANDELSMUSEUM**, ebenso Grundsunda (29), Skolvägen 32, Tel. 47777 (bei Vænerberg) und 0400 – 714 866. Juli bis August Mi 13–21 Uhr, sonst nach Vereinbarung. Eintritt freiwillig (Tipp: 2 €).

Selbstständig wurde die Kirchengemeinde Vårdö erst 1866. Bis dato erfolgte die seelsorgerische Betreuung durch die Pfarrei in Sund. Inzwischen geht es wieder zusammen – im Gemeindeverbund Norra Åland, nördliches Åland.

Ein beschaulicher historischer Krämerladen (1877) mit allem, was die bescheidenen Dörfler einst so brauchten: Die Gummistiefel baumeln von der Decke, Mehl und Bonbons liegen in Schütte und Glas bereit, die Kernseife stapelt sich im Regal …

VÅRDÖ BY UND LÖVÖ

Zurück zu Vårdös Kyrka. Die Straße nach Norden folgt wieder dem Postweg und streift gleich links das Pfarrhaus von 1877; errichtet wurde es aus behauenen Trümmersteinen von der Festungsanlage in Bomarsund! – Die Kirchengemeinde kaufte 80.000 Steine des Notvikstornet (siehe Seite 198).

Gute Idee: In der BIBLIOTHEK, Lövövägen 25, wird ein Hobbycafé ins Leben gerufen, in dem sich Interessierte treffen, ihr Hobby vorstellen und andere dafür gewinnen können – aber natürlich auf Schwedisch ...

◎ Am Wegweiser rechts in Richtung Vårdö by geht der Postvägen weiter nach **HULLVIK**, wobei der Weg ziemlich genau der alten Route folgt. Von 1638 bis 1910 war diese Fernverbindung Stockholm-Turku offiziell in Betrieb.

◎ In Vårdö by selbst liegt das kleine private HOFMUSEUM **ERKAS HEMBYGDSGÅRD**, zu besuchen nur nach Vereinbarung. In Juli und August findet hier am ersten Mittwoch ein Trödelmarkt statt. Dazu wird neben Ess- und Trinkbarem des Öfteren musikalische Unterhaltung geboten.

◎ Erkas nette Nachbarn: Im Privatgarten bei Rosas sind witzige **STEINMÄNNCHEN** (UND -FRAUCHEN) mit Tuch, Sonnenbrille und weiteren Dekorationsideen zu entdecken.

◎ In HOLMSKLINT ist die **MITTSOMMERSTANGE** der Inselgemeinschaft zu bewundern. Die letzten ein, zwei Kilometer bis Hullvik sind besonders reizvoll. Der Postweg schlängelt sich wie in alten Zeiten entlang Feldern und Wiesen, zwischen kleinen Felsformationen hindurch, hinunter zum Anleger. Mit ein wenig Fantasie sieht man die Reiter und Frachtkarren vor sich über den Weg galoppieren und klappern. Von Hullvik wurde die Post per Boot weiter nach Kumlinge gerudert und gesegelt. Ein **GEDENKSTEIN** erinnert daran.

◎ Folgt man, statt dem Postvägen nachzubiegen, weiter der Straße nach Norden Richtung Simskäla, erscheint links in Strömsby **ÅLANDS SKOLMUSEUM**. Hier unterrichtete Dorflehrer *Victor Jansson;* er ließ das rote Schulhaus nebst Wohnung 1888 errichten. Bis zu seinem Tod 1895 brachte er seinen Schülern das ABC und mathematische Formeln bei. Der Pauker dozierte, die Pennäler mucksmäuschenstill hinter ihren Holzbänken – wie es halt üblich war. Davon erzählt das SCHULMUSEUM. Das Inventar stammt aus ganz Åland, während in der Lehrerwohnung Originalmöbel verblieben.

Strömsby, Abzweig Viktorsgränd, Tel. 432 134. Ende Juni bis Anfang August Mo–Fr 10–16 Uhr, sonst nach Absprache. Eintritt 2/1 €.

◎ **LÖVÖ** am Wegesrand, gleich neben den (auf Seite 224 im Kasten) beschriebenen Puppen-Kontrahenten:

◎ **SEFFERS HEMBYGDSGÅRD** in Lövö beherbergt das Heimatmuseum der Gemeinde Vårdö. Der Landwirtschafts- und Frauenverein der Kommune erhielt den ehemaligen Hof der

Auf Vårdö: Waten auf der Suche nach dem besten Halm, unten der Krämerladen Wennströms Lanthandelsmuseum ▶

KALAS KAFFE
FAZER
HANGÖ KEX
KEX
HANGÖ KEX
Pure Coffee
INSTANT POSTUM
CACAO
COFFEE
BOSCO COFFEE
MAXWELL
LAKRITSIA
SHELL PETROLEUM
SÄLJES HÄR

Familie Seffers von *Prof. Otto Andersson* als Geschenk, um darin lokale Geschichte und Traditionen zu dokumentieren. Das Hauptgebäude mit dem eigentlichen Museum scheint im Kern noch aus dem 18. Jahrhundert zu stammen. Auf dem Hofareal finden sich auch eine Scheune, eine Mühle und ein Tanz- und Theaterboden. Dieser wird auch zu bestimmten Anlässen für Schwof und Volkstheateraufführungen genutzt. Eine Mittsommerstange komplettiert das Ensemble.

Lövövägen 230 (**30**, Hauptstraße), Telefon 0400 – 777 328 (bei Christenbrunn). Ende Juni bis Anfang August Mo–Fr 12–17 Uhr. Eintritt freiwillig. Gelegentlich auch Kaffeestube!

Geht man rechts hinter Seffers den Hügel hinauf, trifft man auf INFO-TAFELN zum Friedenskongress, die das Lövö-Ensemble mit etwas mehr historischem Hintergrund ergänzen.

HINÜBER NACH SIMSKÄLA

Kurz vor dem Damm, der hinüber zur Insel Sandö führt, geht es rechts zum Campingplatz Sandösund. An der Spitze Sandös wartet vielleicht schon die Fähre, die Sie hinüber bringt nach SIMSKÄLA; ansonsten wird sie sicher bald kommen ...

◎ Das nördlichere, abgeschiedenere **SIMSKÄLA** scheint klimatisch und landschaftlich schon etwas herber zu sein als die Hauptinsel Vårdös – wenn auch genau so freundlich und keineswegs ohne Charme.

◎ Über eine kleine Brücke mit malerischem Ausblick geht es nach Västra Simskäla. **ANNI BLOMQVISTS HEM**, das Zuhause der Bäuerin und Schriftstellerin Anni Blomqvist, ist mittlerweile ein kleines Museum und im Besitz der åländischen Kulturstiftung. Und es dient Stipendiaten als Schreiberklause. Blomqvist gelangte durch ihre Romane um die Heldin STORMSKÄRS MAJA auch international zu Ansehen und Ruhm (siehe Seite 233).

1.5.–31.8. nur nach Vereinbarung, Führung inbegriffen. Västerövägen 9, Tel. 0457 – 344 5383 und 0457 – 345 4007 (Führung). Eintritt freiwillig (als Tipp: 2 €).

◎ Fahren Sie die Straße ganz bis zum Ende, gelangen Sie an ein Ensemble **PITTORESKER BOOTSHÄUSER**.

Wassersportler nutzen die Anlegemöglichkeit und das feine Plätzchen mit glatten Felsen und grüner Wiese gern für ein Päuschen.

Markt und mehr

◎ Kaufladen, Landhandel und Post – auch das moderne Vårdö hat sich einen zentralen Servicepunkt geschaffen: den Tante-Emma-Laden **VÅRDÖ NÄRBUTIK** in Vargata. Mo–Fr 9 –18 Uhr, Sa 9-14 Uhr.

Zur Sicherheit nicht doch schnell eine Schachtel Kekse oder eine Dose Erbsensuppe für die Vorratskiste? Ohnehin ist der Besuch von Dorfläden eine spannende Sache, falls Sie den eingesessenen Insulanern näher kommen wollen.

◎ Schräg gegenüber, auf dem kleinen Platz, findet im Sommer jeden Samstag der **WOCHENMARKT** statt, in den netten Verkaufsbüdchen werden frische Waren feilgeboten.

STORMSKÄRS MAJA

Wiederum eine starke Frauengestalt ist Anni Blomqvist (1909–1990), die mit ihrem stark autobiografischen Werk »Maja von Stormskär« nachhaltige Wirkung erzielte. Blomqvist wuchs in kleinen Verhältnissen als eines von zehn Geschwistern auf. Auf der nördlichen Insel Simskäla unterhielten die Eltern einen kleinen Hof, die Kinder mussten früh mit Verantwortung tragen. Mit 26 heiratete Anni den Seemann Valter, der sich schließlich mit ihr auf Simskäla niederließ. Zwei Kinder wurden geboren, der Lebensunterhalt mit Landwirtschaft und Fischfang bestritten. Ein bescheidenes Leben. Anni war immer ENGAGIERT in ihrer Gemeinde, ob es um Kampagnen für Kinderimpfung ging oder um die Elektrifizierung ihrer Insel. Daneben schrieb sie für das lokale Nachrichtenblatt.

1961 kamen ihr Mann und der älteste Sohn nicht vom Fischen zurück. Mit ihrem Jüngsten verrichtete sie die Hofarbeit nun allein. Sie begann zu schreiben, über ihr Leben, von fünf bis sieben Uhr morgens, vor der Tagesarbeit. 1966 wurde das Resultat mit einigem Erfolg veröffentlicht. Als sie schwer an Asthma erkrankte, begann sie professionell zu schreiben. Sie veröffentlichte ein fünfteiliges Werk über Stormskär-Maja, eine zupackende, bodenständige, doch sensible und glaubensstarke Frau. Der ganz große DURCHBRUCH kam, als die Vorlage in den 1970ern verfilmt wurde. Ein auch internationaler Erfolg. Anni Blomqvist verließ nie ihre Heimat, also mussten Interessierte zu ihr kommen, darunter die finnischen Präsidenten Kekkonen und Koivisto. Sie starb im Juni 1990. Ihren Hof vermachte sie der Åländischen Kulturstiftung, heute Museum und Autorenwohnheim für (junge) Stipendiaten.

2023 wurde der Stoff neu verfilmt und natürlich auf Åland gedreht – Regie bei »Stormskerry Maja« führt *Tiina Lymi*. Es ist mit 4,2 Mio. Budget die teuerste Filmproduktion, die jemals in Finnland auf Schwedisch gedreht wurde. Einige Veränderungen zum Original: Maja bekommt hier feministische Ambitionen und begegnet dem Krieg ...

Und auch die Kultur hat hier ihren Platz: Im BOKBODEN, einem umfunktionierten Büdchen, kann sich ein Bücherfreund setzen, um in Ruhe das bescheidene Bücherregal zu durchforsten. Eine Idee der lokalen »Wårdö Kulturstiftelse«.

◎ Bildhauerin *Louise Nordström* betreibt **LOLLOS VERKSTAD** und öffnet ihr Atelier unter anderem jährlich bei KONSTRUNDAN. Tierfiguren sind einer ihrer Schwerpunkte. Auf Sandö, Skaget 60, Facebook.

◎ Mia und Marcus Påvals und Susanne Nordberg betreiben in einer kleinen Bäckerei IN TÖFTÖ ein Geschäft mit herzhaftem Brot und süßen, gebackenen Versuchungen. Zu ihrem **MAMMA MIA'S** Godsaker gehört ein HOFLÄDCHEN. Bruksvägen 15 (ab der Hauptstraße Vårdövägen in Richtung Norden links ab), Tel. 0400–846 706.

Ferien aktiv

NATUR UND WANDERWEGE

◎ Der 5 km lange und leicht zu begehende **LÖVÖ**-Wanderweg beginnt wahlweise beim Seffers Heimatmuseum (siehe Seite 230 f.) oder bei Sandösunds Camping (siehe Seite 225 f.). Die Route ist weiß markiert. Eine Rast empfiehlt sich bei Sikören am Vogelturm.

◎ **HORSHOLM - MICKELSÖ**: Dieser 8 km lange, mittelschwere Wander- und Naturpfad beginnt beim Fähranleger TÖFTÖ und führt durch den südlichen Teil der Inselgemeinde, vorüber an Solhults Vereinsheim in Horsholm sowie Vårdberg in Mickelsö mit Steinfeld. Ein landschaftlicher Höhepunkt unterwegs ist die famose Aussicht auf die Bucht BUSSÖFJÄRDEN. Höhepunkte auf der blau markierten Strecke sind bizzarre Klippen und der feine Sandstrand Sandviken.

FUNSPORT, DISCGOLF, BOULE

◎ HOCHSEILGARTEN **FLOWPARK (31)**, Trollvägen 40 (bei Sandösunds Camping), Tel. 0457 – 345 7301, www.flowpark.fi (E). Juli bis Mitte August täglich 12– 20 Uhr, ab Juni sowie bis etwa 20.8. 12–18 Uhr.

Der Zugang zum Gelände ist frei, für das KLETTERN niedrig, mittel oder höher in den Bäumen werden Ausrüstung und Anleitung gestellt. Die Parcours haben (wie üblich) verschiedene Anforderungsgrade, sind teilweise knifflig, insgesamt abwechsungsreich und ein Spaß für die ganze Familie. Für die mittleren Trails gelten Körperlänge ab 120 cm und Mindestalter 7, für die hohen 150 cm, Tageskarte 26 €, Familienkarte 80 €. Die Anfängerstrecken haben kein Größenlimit, Tageskarte 20 €.

◎ **SONST**: gibt's noch in Sandösund einen DISCGOLF-PARCOURS und in Strömsby ein BOULEFELD.

RAD FAHREN

Die lang gestreckte Form der Hauptinsel erlaubt so gut wie keine Rundfahrten. Abseits der Hauptstraße hält sich das Verkehrsaufkommen sehr in Grenzen. Die Abstecher ab Töftö nach Mickelsö oder nach Grundsunda sind freilich zu kurz geraten; interessanter wird es in Richtung Norden:

◎ Populär bei Rad- (und Motorrad-) fahrern ist die Strecke HINAUF **NACH SIMSKÄLA**. Die MARKIERTE Radroute führt ab Vårdö by via Lövövägen und Sandövägen, imposant der SCHMALE DAMM ÜBER DEN **SANDÖSUND** nah an rauer Natur. Danach quert die KABELFÄHRE der »Simskälalinjen« den Sund zwischen Sandö und Simskäla. Österö- und Västerövägen führen zu dem schönen Kleinhafen mit Bootshäusern und pittoresker Aussicht in NORRGÅRD auf Västra Simskäla.

SCHÄRENTRIPS (AUCH AUF EIS)

◎ Die Insel **VÄDERSKÄR**, auf der jener erste Film »Stormskärs Maja« (siehe Vorseite) gedreht wurde, lässt sich mit einem Boot aufsuchen. Ausflüge bietet an: Havsgården Kursgård, Kyrkogårdsö, www.havsgarden.com. – Zumindest nachfragen lohnt auch bei Stormskärs Wärdshus (siehe Seite 226) und bei Anbietern in Mariehamn, die den ganzen Archipel bespielen.

Entdeckt in einem Hafen der Gemeinde Kumlinge: Hinweis auf 1-Euro-Grundstücke ▶

MIT 1-EURO-GRUNDSTÜCKEN GEGEN SCHÄREN-FLUCHT?

Der Trend ist nicht neu, scheint sich allerdings in gewissen Gegenden zu verstärken. Was können betroffene Gemeinden auf Åland ausrichten gegen die Landflucht, hier ganz besonders die Inselflucht? Schöne Natur in Ruhe und Abgeschiedenheit hat es als Argument schwer bei jungen Einheimischen und Familien, wenn diese an ihre beruflichen Chancen denken müssen, an die Schulbildung ihrer Kinder, an ärztliche Versorgung, Einkaufsmöglichkeiten und die allgemeine Teilhabe am gesellschaftlichen Leben.

Was können oder müssen die ländlichen Kommunen bieten, um der Abwanderung hin zu attraktiven Zentralorten etwas entgegenzusetzen? Die Infrastruktur aufrecht zu erhalten, die Anbindung an »draußen« ist kostspielig. Die Ausgaben für Soziales steigen überproportional bei alternder Bevölkerung und gleichzeitig weniger kommunalem Steueraufkommen. Pfiffige wie tragbare Lösungen sind gefragt.

Kumlinge bietet, neben funktionierender Digitalisierung sowie den üblichen Hilfen für Neu-Ansiedler und bei Geschäftsgründungen unter bestimmten Bedingungen, die Abgabe von Grundstücken für 1 Euro an. Natürlich soll die entstehende Behausung auf dem Grundstück als Hauptwohnsitz dienen, also Inselbindung schaffen, und das längerfristig. Unter gewissen Voraussetzungen gilt das Angebot sogar für Ausländer. Sicher handelt es sich bei dieser Aktion zunächst um ein Lockmittel, auch weil nur wenige Grundstücke für diese Aktion zur Verfügung stehen. Aber: Hier gehen Marketing und Nutzen womöglich eine gute Verbindung ein. Win-win bedeutete das dann wohl.

Föglö

SOMMERLICHE BLUMENINSELN

Die zwei Schärengemeinden Ålands, die dem Festland-Åland am nächsten liegen, sind Vårdö und eben Föglö. Gleich zwei Fährverbindungen von Lumparland aus führen zur Schärengemeinde. Zehn einzelne Inseln werden durch Föglös Straßennetz miteinander verbunden, das lokale Zentrum bildet dabei die Insel DEGERÖ mit dem Hauptort DEGERBY. Föglö ist irgendwie eine Blumeninsel – kaum in einer anderen Gemeinde fallen so viele prall bepflanzte Gärten, Kübel, Töpfe an und um die Häuser und Höfe auf wie auf Degerö, eine wahre Pracht in der Sommersonne. Das gibt freundliches und auch SÜDLICHES FLAIR und macht doppelt Lust, die Inseln und Schären zu erforschen.

Heute zählt Föglö bei einer Landausdehnung von 132 km² um 500 Einwohner und ist damit trotz rückläufiger Zahlen immer noch die bevölkerungsstärkste Kommune von »Schären-Åland«; jedoch kaum vorstellbar, dass UM 1920 IN FÖGLÖ MEHR MENSCHEN LEBTEN ALS IN MARIEHAMN! Die früheren Bewohner Degerbys waren vor allem Zöllner, Lotsen, Kauf- und Seeleute; das gab dem Dorf immer schon ein besonderes (und auch ein wenig wohlhabenderes) Gepräge. Der Name soll einst *Fyghelde* gewesen sein, genauer gemeint: Platz der vielen Vögel, und auf deutsche HANSEKAUFLEUTE zurückgehen. – Schwingen ausbreitende Vögel zieren passenderweise das Gemeindewappen.

INFORMATION

◎ TOURISTISCHE **INFORMATIONEN** gibt es im Gebäude der Bibliothek in Degerby, Föglövägen, Tel. 0457 – 342 7274. Mitte Juni bis Mitte August täglich 9.45–18.45 Uhr. In Vor- und Nachsaison ist die Kommunkansli in Degerby zuständig (siehe unten). **(1)**

Im früheren Domizil des Zollinspektors residiert vor allem die Bibliothek (Kommunbibliotek) mit Ausstellungen und freiem Internet. Die Info-Stelle verfügt u.a. über Faltblätter sowie Souvenirs, vom Buch bis zum Föglö-Wimpel. Gegenüber erhebt sich eine große hölzerne Elch-Skulptur.

◎ **FÖGLÖ KOMMUNKANSLI** in Degerby, Tingsvägen 3, AX–2710 Föglö, Tel. 50322, www.foglo.ax: unter »Turistinfo« Broschüren und grobe Karten zum Download. Mo–Fr 10 –15 Uhr. An der Hauptstraße in Degerby.

◎ AUF DEN FÄHREN zu den Schären, manchmal in Museen und an anderen öffentlichen Plätzen liegen informative DIN-A4-**ORDNER** aus: mit Bildern, Anzeigen, Neuigkeiten zu den jeweils angesteuerten Gemeinden. Sofern der faszinierte Blick von Deck oder aus dem Fenster Zeit lässt, lohnt es sich, mal hineinzusehen.

TRANSPORT

◎ **AUTOFÄHREN**: 1. Zwischen Svinö im Südosten Lumparlands und Degerby in Föglös Südwesten verkehrt die »Föglö Linjen« mit »M/S Skarven«, regelmäßig etwa 7–24 Uhr nachts, Fahr-

Alle im Buch genannten Åland-Telefonnummern ohne Vorwahl betreffen das Festnetz mit der einheitlichen Vorwahl (0)18; geben wir eine Vorwahl für Kontakte vor Ort an, handelt es sich um ein Handynetz. Mehr auf Seite 42.

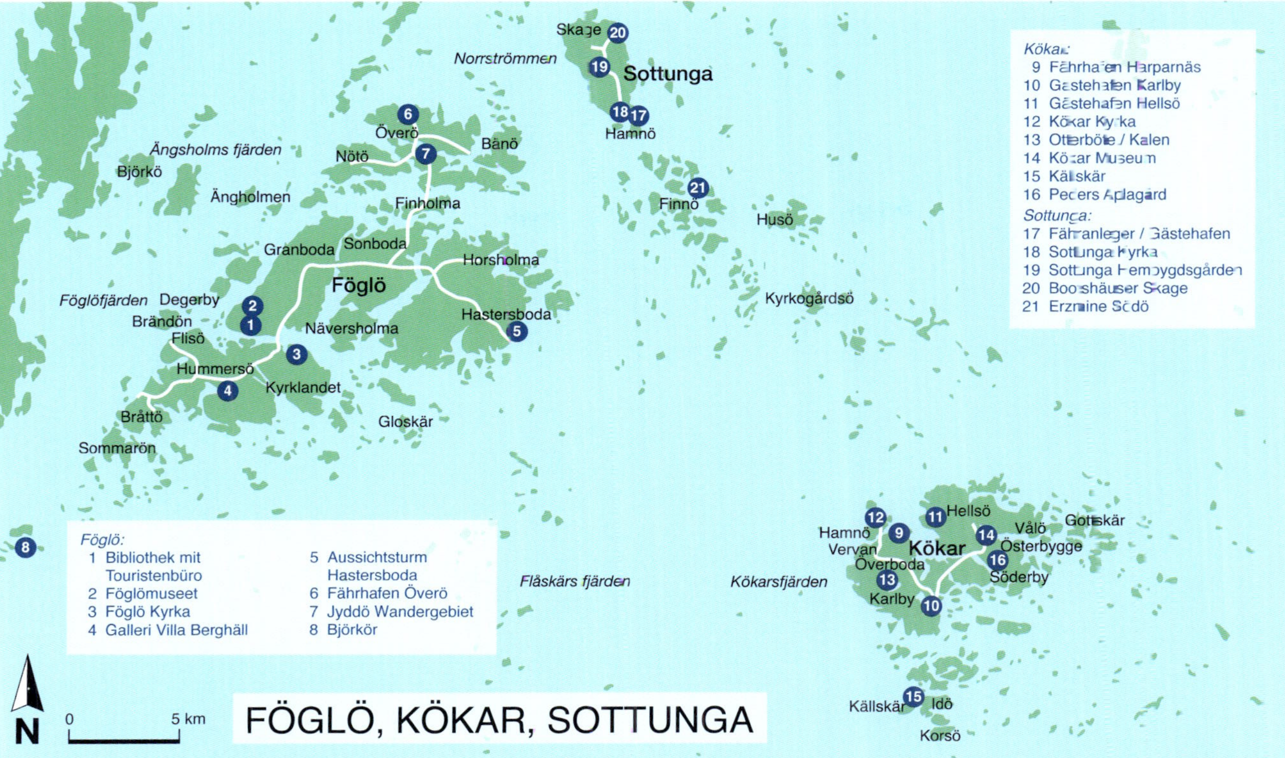
FÖGLÖ, KÖKAR, SOTTUNGA
N
0
5 km
Föglö:
1 Bibliothek mit Touristenbüro
2 Föglömuseet
3 Föglö Kyrka
4 Galleri Villa Berghäll
5 Aussichtsturm Hastersboda
6 Fährhafen Överö
7 Jyddö Wandergebiet
8 Björkör
Kökar:
9 Fährhafen Harparnäs
10 Gästehafen Karlby
11 Gästehafen Hellsö
12 Kökar Kyrka
13 Otterböte / Kalen
14 Kökar Museum
15 Källskär
16 Peders Aplagård
Sottunga:
17 Fähranleger / Gästehafen
18 Sottunga Kyrka
19 Sottunga Hembygdsgården
20 Boothäuser Skage
21 Erzmine Södö
Föglö
Kökar
Sottunga
Skage
Norrströmmen
Hamnö
Överö
Bänö
Nötö
Ängsholms fjärden
Björkö
Ängholmen
Finholma
Finnö
Husö
Granboda
Sonboda
Horsholma
Föglöfjärden
Degerby
Brändön
Flisö
Nävershölma
Hastersboda
Kyrkogårdsö
Hummersö
Kyrklandet
Bråttö
Gloskär
Sommarön
Flåskärs fjärden
Kökarsfjärden
Hellsö
Vervan
Överboda
Karlby
Vålö
Österbygge
Söderby
Gottskär
Källskär
Idö
Korsö

ten nach 23 Uhr mit Vorbestellung, Überfahrt 30 Minuten, keine Reservierung möglich. – 2. Auf »Tvärgående Linjen« von Långnäs nach Kumlinge und »Södra Linjen« von Långnäs über Kökar nach Galtby/Korpo ist Överö im Norden Föglös ein Halt auf Verlangen (Anruf bei der Fähre oder Ålandstrafiken). – Tel. Ålandstrafiken 25600, Tel. »M/S Odin« 040 – 484 0352 und Tel. »M/S Skarven« 040 – 173 3600.

◎ Innerhalb der **GEMEINDE** steht die Kabelfähre Finholma - Jyddö, Richtung Överö (»Embarsundslinjen«) rund um die Uhr zur Verfügung. Ein Bus hält den Anschluss zu und von den Autofähren und fährt Degerby, Sonboda und Hastersboda an, wechselnd auch Bråttö und Överö, teilweise nur nach Vorbestellung (Kollektivtrafiken, kostenfrei). Tel. 50218 sowie 0400 – 825 216.

◎ Föglö verfügt mit dem **DEGERBY GÄSTHAMN** über einen attraktiven und idyllisch im Dorf gelegenen GÄSTEHAFEN, Tingsvägen 6, Tel. 50073 und 040 – 503 2265, www.degerbygasthamn.ax. 40 Liegeplätze stehen bereit. Im Servicegebäude können Skipper und Crew Körper und Kleidung reinigen und in der Sauna Geist und Seele. Tanke, Müll- und Abwasserentsorgung komplettieren das Angebot. – Mit **LOTSUDDEN** steht eine zweite Marina auch für Gäste in der Nähe des Restaurants Seagram zur Verfügung. Lotsuddsvägen, Tel. 50072 und Facebook.

◎ **TAXI**, beide Chaffeure hören auf den Nachnamen Eriksson: Dans Taxi, Tel. 040 – 082 5216. – Leifs Taxi, Tel. 0457 – 082 1884.

Unterkunft

◎ **CARLSRO BADHOTELL** in Degerby, Lumparlutsvägen12, Tel. 040 – 839 8111, www.carlsro.com. Ca. 20.6. bis Anfang August, sonst nur bei größerer, angemeldeter Belegung.

Geschmackvoll eingerichtetes Hotel mit nur 5 Zimmern, das als Green Key zertifiziertes Unternehmen ökologisch und nachhaltig zu agieren versucht. Das sorgfältig renovierte Haus des Schiffseigners Carl Helin (1910) punktet mit dem vom berühmten Architekten Lars Sonck 1928 entworfenen Westgiebel. – Wer das STRANDHAUS am Sandstrand (stundenweise auch als Tagesgast) bucht, darf eine komfortable Infrastruktur zum Baden und Saunieren erwarten.

◎ **ENIGHETEN**, Degerby, Tingsvägen (nördlich des Ortszentrums), Tel. 50310, www.enigheten.ax (E). Mai bis Ende August. 12 Zimmer und 3 Campinghütten. DZ 120 €. Dusche und WC in separatem Gebäude.

Wohnen im ältesten original erhaltenen Hof Degerbys, in behutsam renovierten Räumen (zum Beispiel dem Advokatenzimmer) in HISTORISCHEM AMBIENTE. Eigener Bootsanleger.

◎ **GUSTAVSSONS STUGOR**, Hastersboda, Tel. 040 – 708 0942, www.gustavssons.ax (E). 1.5.–30.9. Hütten (bis zu 4 Personen) zum Wochentarif ab 700/500 €.

Gemütliche, freundlich eingerichtete Hütten mit Terrasse und SEEBLICK, aber eigener Außentoilette. Kostenlos: Ruderboot und Angelmöglichkeit. Gemeinsam sind Badesteg und Strandsauna.

Die Unterkünfte sind ganzjährig geöffnet, sofern nichts anderes vermerkt ist. Die Preise vor dem Schrägstrich benennen den Hochsaisontarif (zumeist Juli bis Anfang August), die Zahlen hinter dem Schrägstrich den für die Nebensaison.

◎ **ISAKSSONS STUGBY**, Hüttenvermietung/Feriendorf in Hastersboda, Hamnkläpp 2, Tel. 51490, isakssons.ax (D). 15.4. bis 15.10. Ferienhäuschen am Wasser, ab 620/390 €/Woche; im Dorf einfachere Campinghütten.

GEPFLEGTE, unprätentiöse Anlage, guter Service, ein BOOT jeweils inbegriffen. SCHÖNER STRAND, Bootsvermietung. Otto Hojar offeriert Ausflüge und Wildnisabenteuer, speziell Paketarrangements für Angler.

◎ In Degerby-Zentrum befindet sich ein Gute-Nacht-Platz für **WOHNMOBILE**, Lotsuddenvägen 5, Tel. 50322 und 0457 – 342 7274. Für 30 € je Tag gibt's Strom, Wasser, Zugang zu Entsorgungsstation, Service- und Waschhaus. Kontakt: Gemeindeverwaltung (siehe Seite 236).

Essen und Trinken

◎ RESTAURANG **SEAGRAM**, Degerby, Lotsuddsvägen, Tel. 51092, seagram.ax. Mai bis August Mo–Fr 12–22 Uhr, Sa 13–22 Uhr, So 14–21 Uhr; zur Weihnachtszeit Buffet JULBORD.

Die erste Adresse am Platz vor allem wegen der FISCHSPEZIALITÄTEN. Direkt am Meer, nahe Gästehafen und Fähranleger, mit AUSSENTERRASSE. Gehobenes Preisniveau. POPULÄR ist das Fischbuffet.

◎ Das **CARLSRO** BADHOTELL (siehe Seite 238) beherbergt auch ein kleines **RESTAURANT**. Entsprechend dem Konzept des Hauses legt die Küche Wert auf regionale und saisonale Produkte. Das Menü-Angebot steht unter dänisch-åländischen Vorzeichen. Eher gehobenes Preisniveau, eine Reservierung wird empfohlen.

◎ **ENIGHETEN**, RESTAURANT in der wunderschönen Atmosphäre eines alten Hofensembles (siehe Seiten 238 und 240): Plätze im Garten oder im originalen Interieur vor liebevoll ausgekleideten Schlafbutzen. Ambitionierte, skandinavisch-internationale Küche – und Fisch aus Föglö.

◎ Gartencafé **SOLKLART**, Sonboda, Näversholmavägen 106, Tel. 0457 – 343 4033, Facebook (mit Termininfo). Im Juli Mo–Fr 12–16 Uhr.

Das Hofcafé bietet im Sommer diverse süße und herzhafte Leckereien und dazu passende Getränke. Großgeschrieben wird Bioqualität; vegane Speisen gibt es auch.

Sehenswertes

DEGERBY

◎ **FÖGLÖMUSEET** (2), Föglövägen, Telefon 0457 – 342 7274. Mitte Juni bis Mitte August täglich 9.45–18.45 Uhr, erste Juni- und zweite Augusthälfte täglich 10–15 Uhr, sonst auf Anfrage: Kommunkansli, Tel. 50322.

Nur ein paar Schritte vom Anleger im Fährhafen Degerby sind es zum Föglö Museum, das mit kunstvoll geschmiedetem Schild auf seine Existenz verweist. In den beiden Ausstellungsgebäuden, früherem Zoll- und Packhaus, wird das Leben und Schaffen auf Föglö lebendig, ob Schiffbautradition auf den Inseln oder Alltagsleben einst und heute.

◎ Vom Museum nur einen Steinwurf entfernt steht das Lotsenhäuschen und **SEEZEICHEN**, das stolz den Namen Degerbys auf den Planken trägt, weithin sichtbares weißes Wahrzeichen der Gemeinde und ein sich nahezu aufdrängendes Fotomotiv. Das Lotsenhäuschen **LOTSSTUGAN** präsentiert eine kleine Ausstellung eben aus der Zeit, als Föglö Lotsenstation war. Das Holzhaus stammt von 1850, das Türmchen erhielt es 1888. Lotsuddsvägen. Öffnungszeiten wie Föglömuseum.

◎ Weiter geht es in den Ort hinein, die Straße Tingsvägen hoch an netten Gärten und Häusern entlang. Der ein oder andere Grundstückseigner am Meeresufer hat eine eigene Mini-Insel vor der Haustür, die neugierig durch die Büsche und Zäune lugt – ein besonderes Stück Wohnqualität. Insgesamt hat Degerby ein wunderschönes **DORFMILIEU** mit vielen beispielhaft gepflegten Holzhäusern, schlicht eine AUGENWEIDE.

◎ Die Tingsvägen führt zu dem Hof **ENIGHETEN**, dem früheren Seefahrergasthaus und Thingstätte: Dort wurde über 200 Jahre lang, noch bis 1944 GERICHT gehalten, zitterte mancher Missetäter vor dem Urteil. Alles Mögliche vom Nachbarschaftsstreit über Vaterschaftsfragen bis zu Raub und Mord lag zur Verhandlung an. Heute geht es beschaulicher zu im Gasthof und Restaurant. Es ist der älteste Hof Föglös, er datiert zurück ins 16. Jh., wenn auch Krieg und Brände den Hof mehrmals schwer beschädigten und das heutige Gebäude aus den 1800er Jahren stammt. Der erste Wirt trat bereits 1625 in Erscheinung. Und heute ist der Platz zum Sitzen ideal: Blumenkübel zieren die große Wiese mit den hölzernen Gartenmöbeln, am Rand hocken ein paar Kaninchen mümmelnd im Stall, die Hofgebäude sind mitsamt Windmühle großzügig über den Platz verteilt. Drinnen sind die Räume im alten Stil liebevoll restauriert.

◎ **KUNST, KREMPEL & BÜCHER-FLOHMARKT** – allerlei zum Stöbern findet sich auch in Degerby: In dem kleinen roten Holzhaus am Fähranleger, im ehemaligen VÄNTRUM (Warteraum), liegen frühere Design-Träume und Kitsch bunt gemischt. – Neugier weckend aufbereitet ist hinter dem Museum die Secondhand-Bücherwelt von BOKSTALLET, der »Bücherstall«. Sogar Deutschsprachiges findet sich.

UNTERWEGS AUF FÖGLÖ

◎ Doch nun geht es erst mal in den südlichen Teil dieser Schärengruppe. Rechts von der Hauptstraße abzweigend, kommen Sie nach KYRKLANDET (auch Prästlandet genannt) und damit zur **FÖGLÖ KYRKA** (3), die nicht im heutigen Hauptort Degerby ihren Platz gefunden hat, sondern nahe der alten Segelschifffahrtroute. Schon auf dem Weg zur Kirche gibt es herrliche Meerblicke vor allem an der Brücke über den Kyrksundet, der Degerö von Kyrklandet trennt. Auch die Kirche ist einfach schön gelegen – und einen Besuch wert (siehe auch Seite 242). 15.6.–15.8. Mo–Sa 11–16 Uhr.

◎ Über den nächsten Sund geht es südwestlich nach HUMMERSÖ und BRÅTTÖ. Die **GALLERI BERGHÄLL** (4) in Hummersö, erhöht am Wasser gelegen, ist Ausstellungsraum des Ma-

Oben die Kirche von Föglö, gebaut aus mächtigen Feldsteinen, unten links bei Enigheten im ältesten Hof der Gemeinde (s.o.), unten rechts das Lotsenhäuschen nahe beim Föglömuseet ▶

DEGERBY

FÖGLÖS BERÜHMTE SÖHNE

Die kleinen Kirchen in den Schären haben ihren eigenen Reiz, werden liebevoll gepflegt und erhalten. So auch die Kirche Maria Magdalena auf Föglö, die ihren Namen erst seit 1967 trägt. Bei Renovierungsarbeiten wurde im Altargrund ein silbernes Kruzifix mit einem Gebeinsplitter und einem Pergamentstreifen mit dem Namen der Heiligen gefunden – das war das Zeichen. Das Gotteshaus stammt aus dem 14. Jh. Der Turm soll einst auch als Wehrturm fungiert haben. Größere Umbauten fanden im 19. Jh. statt, zu dieser Zeit gehörten noch Kökar und Sottunga zum Kirchspiel Föglö, und die Kirche war zu klein für die wachsende Gemeinde geworden. So wurde aus dem ursprünglichen einfachen Langhaus eine Kreuzkirche.

In früheren Zeiten, als es noch keine Straßenverbindungen und Autofähren gab, war es Sitte, sonntags mit dem großen Kirchboot zur Predigt zu rudern. Im Eingang des Turms ist das große Ruder des Kirchboots von Sonboda als letzte Erinnerung aufbewahrt. Der Innenraum präsentiert sich in eher asketischem Design mit Altar (darauf das Reliquienkreuz), Lesekanzel und Altarkranz von *Erik Kråkström,* 1968.

Auf zwei BESONDERHEITEN sei hingewiesen: Aus Föglö stammt der Modellschiffbauer und ehemalige Steuermann Viktor Andersson, der in seiner Werkstatt in Hummersö unter vielen anderen auch rund 40 Schiffsmodelle für das Seefahrtmuseum in Mariehamn gefertigt hat – selbstverständlich stammt das VOTIVSCHIFF in der Kirche seiner Heimatgemeinde aus seiner Hand. Ein anderer Sohn Föglös hat es zu noch mehr Ruhm gebracht: Der Künstler und Emigrant Warner Sällman (in den USA wurde Sallman daraus) hat ein CHRISTUSPORTRÄT gemalt, das um die ganze Welt gegangen ist; es soll das am weitesten verbreitete überhaupt sein, und sicher haben Sie es schon mal irgendwo gesehen. Seine Familie im fernen Amerika hat der Kommune Föglö eine Kopie geschenkt, die heute die Kirche ziert.

lers Kjell Ekström, der im Kapitel über »Jomala« schon eine Rolle als künstlerischer Leiter des Önningeby Museet spielt – so schließen sich die Kreise. Im Sommer fungiert das Künstlerhaus ab und zu als GALERIE für gemeinschaftliche Ausstellungen anderer Künstlerkollegen. Hummersövägen 498, Tel. 040 – 553 3804. Aktuelle Öffnungszeiten via Facebook (Villa Berghäll) oder Touristeninformation.

◎ In unmittelbarer Nachbarschaft: **MATSMÅRS MUSEIGÅRD**, Bråttövägen 11, Tel. 040 – 562 0452. Anfang Juli bis erste Augustwoche Di–Sa 12–15 Uhr. Eintritt frei.

Ein kleines, aktives Heimatmuseum mit Musik, Flohmarkt, Auktion, Kunstausstellungen. Haus und Grundstück vermitteln dank Inventar und Gestaltung Einblicke in Moden und Stile des 20. Jahrhunderts.

◎ In Bråttö kommt man zum Wasser und erblickt Fischzuchtanlage und **FISCHEREIHAFEN**. Fischzucht gibt es auch auf Flisö . Immer noch verdienen kleinere Familienbetriebe und Unternehmen ihr Auskommen mit Fischerei oder Fischzucht – wenn auch die Fischerzunft in Åland in eine nur bedingt gesicherte Zukunft blickt.

◎ **FLISÖ** liegt nördlich Hummersös, Kulisse kriegerischer SEEGEFECHTE zwischen Russland und Schweden im 18. Jh., aber auch anderer Flottenmanöver. Manche Spuren aus der Vergangenheit verstecken sich im Wald und auf den Inselchen vor Flisö, unter anderem ein Steinlabyrinth und Felszeichnungen. (Kopien von Steinsetzungen und Felszeichnungen finden sich beim Hafen in Degerby; denn wer als Traditionsort an Schifffahrtsstraßen auf sich hält, hat solche Zeichen; als Vorlage dienten Funde auf Bråttö.)

◎ Zurück zur Hauptstraße und landeinwärts: Hinter Sonboda, wo sie gen Norden abbiegt, führt die Nebenstraße nach Hastersboda gen Osten und ÜBERQUERT den SUND **BOFJÄRDEN**: Die Landschaft zu beiden Seiten der Brücke ist traumhaft schön.

◎ Der **AUSSICHTSTURM** (5) in HASTERSBODA, ganz im Südosten Föglös über den Wanderweg dort zu erreichen (siehe Seite 242), verspricht bei schönem Wetter einen Blick hinüber nach Kökar, wo die Kirche als weißer Punkt auszumachen ist.

◎ **NEDERGÅRDS GÅRDSMUSEUM**, Brändö by, Högbergsstigen, Tel. 0457 – 361 3538. Sporadisch geöffnet an einigen Tagen im Juni/Juli, 12–16 Uhr. Eintritt freiwillig.

Das kleine private Hofmuseum der Familie Gustafsson zeichnet traditionelles Leben in den Schären nach, mit Objekten und Modellen in meist maritimem Kontext. Werfen Sie auch einen Blick in die GALLERI LILLSTUGAN.

◎ Hinter der pendelnden Kabelfähre über den Embarsund ist Föglös Norden zu erkunden: JYDDÖ und ÖVERÖ. Hier wird es ruhiger, die traditionellen BOCKWINDMÜHLEN setzen hier Marken im Landschaftsbild. Ansonsten ist in dieser Kante eine reiche Flora und Vogelwelt beheimatet.

Am **FÄHRHAFEN ÖVERÖ** (6) mit felsigem Ufer und beeindruckendem FINDLING endet die Straße – und wenige Schären später auch Föglös Gemeindegebiet. Beachten Sie auch das Foto auf Seite 223.

Unterhaltung

◎ Bei ÅLANDS **DANSBANDSFESTIVAL** in der ersten Julihälfte spielen TANZKAPELLEN auf, auch aus Schweden. Bevorzugter Ort zum Schnippen, Wippen und Tanzbein-Schwingen ist das Restaurant SEAGRAM in Degerby (siehe Seite 239).

◎ **FÖGLÖDAGEN** – ein Markttag am ersten Julisamstag, der Groß und Klein nach Degerby lockt: Musik, Programm und Aktivitäten für die ganze Familie. Kurz danach geht es weiter mit:

◎ **FÖGLÖVECKAN** füllt eine Woche mit Events, verteilt über die ganze Insel: Vorwiegend Musik, Theater, Führungen, Tage der offenen Tür & mehr bereiten Insulanern wie Gästen Spaß und Vergnügen.

◎ **MITTSOMMER** in den Schären ist ein Erlebnis, so in Degerby (beim Feuerwehrhaus), in Vargskär (Vargskärsgården) sowie in Östersocken (Sommarö Högholm). Mit Stolz und Hingabe werden die bunten Stangen geschmückt und gebührend umfeiert. Dazu hier ein Sommertanz, dort eine Segelregatta …

◎ **SOMMERTHEATER** ist (ebenso wie in Schweden und Finnland) auch auf Föglö ein gern besuchtes Event und seit 2017 mit Eigenproduktionen vertreten. Oft geht es vergnüglich auf den Spielflächen und Zuschauerrängen der Freilichtbühnen zu. Die Aufführungen finden in der Regel Mitte bis Ende Juli statt. Tickets und Information: Tel. 0457 – 343 2676.

Markt und mehr

◎ **SOMMERMARKT** in DEGERBY: Ende Juni bis Anfang August ist buntes abendliches Markttreiben angesagt, oft mit kleinem, kulturellem Rahmenprogramm. Als Kernzeit ist 19 –21 Uhr einzuplanen.

◎ **LASSES FISK** in Horsholma ist einer der größten Fischverarbeiter in den Schären. Lasse Sundbloms Stolz sind gesalzene sowie geräucherte Regenbogenforellen. Tel. 50053.

◎ Fisch von Lasses Fisk, aber auch Fleischwaren vom eigenen Hof **SOMMERÖGÅRD** bietet im Sommer mit Kernzeit 11–16 Uhr der VERKAUFSSTAND für Fisch und Fleisch auf dem Markt in Degerby. Tel. 0400 – 947 502, Facebook (Kött- och Fiskboden).

◎ Lebensmittel und weiteres für den täglichen Bedarf, inklusive Benzin für Boot und Auto, hat **FÖGLÖBUTIKEN**, der gut sortierte DORFLADEN in Degerby. – An der Wand haben SCHULKINDER ein Relief aus Silhouetten gestaltet; der sympathische Titel lautet: »Kinder sind unsere Zukunft – Barnen är vår framtid«. Tingsvägen 6, Telefon 50057. Im Sommer Mo–Sa 9–19, So 13 –19, sonst Mo–Fr 9–18, Sa 9–13 Uhr.

◎ In den Räumlichkeiten von Föglöbutiken sind auch **POSTSTELLE** und MINI-**APOTHEKE** untergebracht.

Ferien aktiv

NATUR UND WANDERWEGE

◎ Der 5 km lange Rundwanderweg **JYDDÖLEDEN** in Jyddö (7) zweigt im Norden Föglös gleich von der Straße (Rundfunkmast, 2 km von der Embarsundfähre) ab. Der Pfad ist nicht allzu schwierig, aber auch kein Spazierweg. Als Marke an der kurzweiligen Strecke dient ein 10 m hoher Vogelbeobachtungsturm mit Rastplatz. Tafeln erläutern Vogelleben, Pflanzen- und Baumbestand. Das Landschaftsbild ist abwechslungsreich: Es geht durch lichte Wälder, über felsige Anhöhen oder an fruchtbaren Wiesen entlang – schöne Ausblicke garantiert.

◎ Der Wanderweg in **HASTERSBODA** (Kulturvandringsled) beginnt bei Isakssons Stugby, ist knapp 4 km lang und passiert einen 10 m hohen AUSSICHTSTURM mit Picknickplatz. Anbei Info-Tafeln über lokale Historie und Landschaft, Faltblatt und Gäste-

buch. Profil: lichter Wald, felsige Ufer, schöne Aussichten und Abwechslung.

BADEN, SCHWIMMEN

◎ Öffentliche **BADESTRÄNDE** mit Umkleidehäuschen gibt es am südlichen Dorfende von DEGERBY (Sinting, mit Sprungturm) und in HASTERSBODA bei den Bootshäusern am Ende der Straße.

BÄLLE UND SCHEIBEN

◎ **DISCGOLF**: Der Parcours befindet sich in Hastersboda, neben dem Wanderweg und Isakssons Hüttendorf; er liegt reizvoll und ist mit seinen 9 Bahnen gut für Einsteiger geeignet.

◎ Einen ausgewachsenen Golfplatz hat Föglö nicht vorzuweisen – wohl aber eine **MINIGOLF**-Anlage zentral in Degerby, gleich daneben ein Groß-SCHACHSPIEL.

◎ **TENNIS**: Ein Court kann bei der Grundschule gemietet werden, 500 m vom Fähranleger entfernt. Juni bis Mitte August 10 €/Std. Ansprechpartner ist die Touristeninformation.

RAD FAHREN

◎ Föglö gilt als **RADLERPARADIES**: Hier sind die in Schären-Åland (außer auf Brändö) längsten Touren möglich, wenn auch keine Rundfahrten. Motorisierter Straßenverkehr ist am ehesten zwischen den Fähranlegern Degerby und Överö zu erwarten.

◎ **FAHRRADVERMIETUNG**: Föglöbutiken und Carlsro Badhotell, beide in Degerby.

SCHÄRENTRIPS

◎ **ANGELTOUREN** und zugehörige Paketangebote: SOMMARÖGÅRD in Hastersboda, Föglövägen 1262, Tel. 0400 – 947 502, www.sommarogard.ax. Im Angebot sind Ausrüstung und begleitete Touren wie Robben(foto-)safaris, zudem Hüttenvermietung.

◎ **KAJAK**: Günstige Startpunkte sind Degerby, Hastersboda, Överö sowie Bråttö. Die Föglö Paddelkarta bekommen Sie im Touristenbüro ebenso wie als Download via www.foglo.ax (siehe unter »Turistinfo«, »Karter över Föglö« und »Paddla på Föglö«).

◎ Mit dem Boot lassen sich Föglös Schärenreichtum und Vogelwelt gut erkunden. Vor allem **BJÖRKÖR (8)** gilt als ein attraktives Ziel. Diese Insel mit altem Schärenhof liegt ganz im Südwesten bei Föglös äußeren Schären in einem größeren NATURRESERVAT. Ein Wanderpfad beginnt beim Bootsanleger im Süden.

Im Sommer ist samstags 12–16 Uhr ein GUIDE vor Ort, der eine Inselführung mit vielen Geschichten im Korb hat. Ein vorheriger Anruf ist sinnvoll: Kaj Porko, Tel. 0457 – 350 0553.

◎ Weitere **INSELCHEN**: GLOSKÄR im südlichen Schärengarten war im 17. Jh. Leprakolonie, SÄLTINGSKÄR einst ein historischer Fischerort. ALGERSÖ dagegen kennzeichnen kastige Felsformationen.

Kökar

FÄHRROUTE IN RAUER KULISSE

Kökar bildet den südöstlichsten Zipfel Ålands und ist zudem FINNLANDS SÜDLICHSTE GEMEINDE. Neben der zerklüfteten Hauptinsel gehören zahllose kleine Inseln und Schären zu dem Gemeindegebiet – wie zum Beispiel KYRKOGÅRDSÖ, zwischen Kökar und Sottunga gelegen, oder das wegen seiner fantastischen Felsformationen bekannte KÄLLSKÄR.

Kökar zählt lediglich 225 Einwohner und ist die zweitkleinste Kommune Ålands, wobei auf 63,5 km² Land- 2.037 km² Wasserfläche kommen! Die Hauptdörfchen sind FINNÖ, HAMNÖ, HELLSÖ, KARLBY, Kyrkogårdsö (s.o.), ÖSTERBYGGE und ÖVERBODA.

Bereits im späten Mittelalter besaß Kökar Bedeutung, als es eine wichtige Station auf der Schiffsroute zwischen Schweden, Turku und Tallinn darstellte. Die Überfahrt vom Festland-Åland dauert immerhin 2,5 Stunden durch die herrliche Schärenlandschaft. Man merkt, dass die Gemeinde recht weit draußen im Meer liegt, nicht nur an der Reisezeit, sondern auch an Kökars rauerer, granitener Schönheit, an der Zunahme unbewachsener, aus Fels modellierter Schären, an dem Gespür, Wind und Wellen mehr ausgesetzt zu sein. Es ist eine der FASZINIERENDSTEN Fährrouten im Schärenreich, die nach Kökar führt, ein Erlebnis schon, bevor man diese Inselgemeinde erreicht hat. Und dann taucht man ein in diese kaum bewaldete Schönheit, in die reine, vom Meer gewaschene, vom Wind gefurchte und geglättete Felsenwelt Kökars.

INFORMATION

◎ **KÖKAR KOMMUN**, Karlby, AX–22730 Kökar, Tel. 55724, www.kokar.ax (E). Mo–Fr 10–11.30 und 12–14 Uhr (im Juli für eine Woche geschlossen). Monatliches Kökar-Info online. Gutes Material gibt's im praktischen Ordner auf der Fähre.

TRANSPORT

◎ **FÄHRVERBINDUNGEN** bestehen mit Lumparland über Föglö (auf der »Södra Linjen« mit den M/S »Skiftet«, »Gudingen« und »Viggen«) von Långnäs bzw. Övero (Voranmeldung) in 2,5 bzw. 2 Stunden zum FÄHRANLEGER HARPARNÄS **(9)**. Haltestationen sind zuvor Sottunga, auf Vorbestellung Husö (Gemeinde Sottunga) und Kyrkogårdsö. Im Schnitt drei Abfahrten täglich ab Långnäs. –

Eine Verbindung zu den finnischen Schären vor Turku stellt die Linie nach Galtby / Korppo (etwa 2 Std. ab Kökar) her.

◎ Gleich drei **GÄSTEHÄFEN** konkurrieren mit vollem Service um Segler. In allen Häfen sind Fahrräder, SUPs, Kajaks und Ruderboote zu mieten: KARLBY GÄSTHAMN mit Sauna, Whirlpool, Servicehaus, Grillplatz und Restaurant Brudhäll **(10)**, Tel. 55955. Mai bis September. 60 Plätze am Steg und vor Anker. – HELLSÖ GÄSTHAMN mit Restaurant Havspaviljongen **(11)**, Tel. 0457 – 555 5800. Mai bis August. 60

Alle im Buch genannten Åland-Telefonnummern ohne Vorwahl betreffen das Festnetz mit der einheitlichen Vorwahl (0)18; geben wir eine Vorwahl für Kontakte vor Ort an, handelt es sich um ein Handynetz. Mehr auf Seite 42.

Plätze. – SANDVIK GÄSTHAMN, Munkvervan, Tel. 0457 – 342 9242. April bis Oktober. 50 Liegeplätze. Strand, Sauna, Spielplatz, Café und Kiosk.

◎ **TAXI**: Anschluss an einige Fähren von und nach Harparnäs über Hellsö, Vålö, Österbygge und Karlby sichert auf Vorbestellung ein SAMMELTAXI-Dienst: Kökar Taxi, Tel. 0400 – 721 207 oder Facebook (Taxin på Kökar). Auch sonstige Taxifahrten.

◎ Taxi- und **AUSFLUGSBOOT**: Kökar Båttransport, Tel. 55955.

Unterkunft

Wohnen auf Kökar ist wunderschön! Selten: Alle folgenden Websites haben eine englischsprachige Version.

◎ **HOTELL BRUDHÄLL**, Karlby **(10)**, Tel. 55955, www.brudhall.com (E). Ganzjährig geöffnet. DZ ab 140/90 €, auch Familienzimmer.

Im komfortablen Hafenensemble lässt es sich bequem bis LUXURIÖS residieren. Anbei ein Gästehafen sowie ein anspruchsvolles Restaurant.

◎ **KLOBBARS** GÄSTHEM & STUGOR, Hellsö, Tel. 0457 – 345 5444, klobbars.ax (E). 1.5.–30.9. DZ 80/70 €, Campinghütten mit zwei Schlafzimmern (bis 5 Personen) 100/80 €, günstigere Wochenpreise.

Herrliche, ruhige Lage in Ufernähe, Strandsauna, Servicehaus. Boots- und Fahrradvermietung.

◎ **ANTONS** GÄSTHEM, Munkvervan, Tel. 040 – 735 2858, antons.ax (E). Das ganze Jahr über geöffnet. DZ ab 110/80 €, auch Apartments.

Der Schärenhof liegt nicht direkt am Wasser, sondern im DORFMILIEU. Einfache, aber große Räume. Antons bietet SEGELTOUREN mit »Tjutt-Tjutt« hinaus in die Schären an.

◎ **HAVSPAVILJONGEN** Hellsö **(11)**, Hafen, Västra Sundet, Tel. 0457 – 555 5800, havspaviljongen.ax (E). Mai bis September. Schlichte Campinghütten (2 Personen) ab 70 €.

Herrliche Lage mit rasantem BLICK. Fahrrad-, Kajak- und Motorbootvermietung, Minigolf, Sauna und auf Bestellung am Vortag Frühstück (9,50 €).

◎ **SANDVIK** GÄSTHEM & **CAMPING**, Munkvervan, Tel. 0457 – 342 9242. www.sandvik.ax (E). 1.4. bis 31.10. Zelt 10 €, Wohnmobil 25,50 €, Campinghütten (2 Personen) 90/60 €.

Areal in SCHÖNER NATUR, zugehörig der Bootshafen Sandvik und ein feiner Badeplatz an eindrucksvollen Felsenflächen. Kinderfreundliches Terrain mit Spielplatz und Piratenschiff, Sauna, Grillhütte, Boots- und Fahrradvermietung, Gemeinschaftsküche sowie Servicehaus. Sjöbjörns Bistro und ein Mini-Laden (im Sommer) ergänzen das Ensemble.

Essen und Trinken

◎ **HAFENRESTAURANTS**: Auf Hellsö imponiert HAVSPAVILJONGEN mit der Aussichtsterrasse und serviert leckere Fischgerichte. Tel. 55800. Etwa 15.6.–15.8. Mo–Fr 16–21 Uhr, im Juli Sa+So 12–21 Uhr. Lunch Mo–Fr 12–15 Uhr. – Ambitioniert ist ebenso das BRUDHÄLL RESTAURANG des gleich-

Die Unterkünfte sind ganzjährig geöffnet, sofern nichts anderes vermerkt ist. Die Preise vor dem Schrägstrich benennen den Hochsaisontarif (zumeist Juli bis Anfang August), die Zahlen hinter dem Schrägstrich den für die Nebensaison.

namigen Hotels in Karlby, mit Hafenflair und großer Terrasse, Tel. 0400 – 535 332. 55955. Juni bis August täglich 8–21 Uhr, Bistro ab 12 Uhr, Mai/ September täglich ab 17 Uhr, April sowie Oktober nur an den Wochenenden abends, täglich jedoch für Hotelgäste. Im Sommer Frühstücksbuffet, Lunch, Outdoor-Bar, Pizza-Bistro und Abendmenü.

◎ **PEDERS APLAGÅRD**, Österbygge (2 km ab Hauptstraße, ausgeschildert), Tel. 040 – 736 2498, aplagarden.ax. 1.6. –31.8. täglich 10–18 Uhr. Lunch 12–15 Uhr. **(16)**

Hier DREHT SICH ALLES UM ÄPFEL! Im Aplaboden servieren Siv und Peder Blomsterlund mit Familie hauseigenen frischen APFELSAFT, Pannkaka, Kaffee und heiße Waffeln – natürlich mit Apfelkompott. Angenehmes Ambiente mit URIGER Holzterrasse. Freundliche Gastgeber – sozusagen ein Muss auf Kökar. Ausstellungen und Shop mit eigenen Produkten.

◎ **KARLBY CAFÉ** Karlby (200 m vom Hafen), Tel. 040 – 539 5317, Facebook mit aktuellen Termininformationen. Im Sommer täglich 10–18 Uhr, sonst Di–Sa 11–16 Uhr.

Im netten Bistro mit Blumentapete gleich neben dem Kaufladen der Insel wird nicht nur Frühstück und Lunch genossen oder eine Kaffeepause eingelegt, sondern es gibt auch Senf und das leckere traditionelle SCHÄREN-SCHWARZBROT, ein leicht gesüßtes Roggenbrot, zu kaufen.

Haben Sie Glück, treffen Sie Bäcker Olle Dahl persönlich an. Der umtriebige Food Experte ist mit seiner Marke Klosterprodukter från Kökar auch im Senfgeschäft (siehe Seite 254).

Sehenswertes

◎ Die weiße **KÖKAR KYRKA (12)** mit rotem Dach leuchtet weithin – und ist umgeben von herrlicher Natur, für uns einer der schönsten Plätze auf Åland: die grauen und roten Felsklippen mit niedrigem Bewuchs in diversen Grüntönen, der Blick weit über das Meer, die kreuzenden Boote – das Bild ist schlicht GRANDIOS. Die Kirche mit separatem Glockenturm und kleinem Friedhof fügt sich nahtlos ein.

Mit der Geschichte der Kirche hat es auf Kökar seine eigene Bewandtnis. Die ersten Gottesmänner auf Kökar waren Franziskanermönche, die um 1400 hierher kamen und etwa an der Stelle ein Kloster errichteten, wo heute die Kirche steht – das einzige Kloster in ganz Åland. Gustav Vasa machte den protestantischen Glauben zur Hauptreligion und ließ das Kloster zerstören, nachdem die Franziskaner Kökar aufgegeben hatten. Es wurde eine hölzerne lutherische Kirche gebaut, diese später von russischen Soldaten zerstört. Die heutige Kirche, Sta Anna gewidmet, wurde 1784–85 errichtet. Der kleinen Gemeinde fehlte es aber an Geld: Erst dank einer KOLLEKTE IN GANZ SCHWEDEN konnte der begonnene Bau fertig gestellt werden. Juni bis August Mo–Sa 11–16 Uhr, Telefon 50010.

Rund um die Kirche hat sich einiges getan: Am Ufer gibt es eine große hölzerne VOGELBEOBACHTUNGS-Plattform mit Holzsteg dorthin, zum Teil auch Handicap-gerecht. Und ein MEDITATIONSPFAD wurde eingerichtet

und ausgeschildert, der für entsprechende Angebote der Gemeinde genutzt wird.

◎ Neben der Kirche ist der Grundriss des **FRANZISKANERKLOSTERS** nun deutlich markiert, und ein Klosterkeller, der der Zerstörung der Reformationszeit und der russischen Besetzung entging, restauriert; er erinnert unter einem schützenden Dach aus Holz an die ersten Gebete, an die katholische Zeit. Im Inneren ist eine kleine Ausstellung arrangiert, und eine Altargestaltung entsprechend einer katholischen Kapelle. So ist der Konfessionskrieg hier ganz nah und lebendig aufgelöst. Zum Lebendigen trägt bei, dass im Keller SCHWALBEN nisten – wegen der Ein- und Ausflugschneise soll die Tür nicht geschlossen werden.

Zu Kirche und Kloster kommt man, wenn man die Straße vom Fähranleger zunächst gerade weiterfährt und dann rechts abbiegt. HAMNÖ heißt das Inselchen am Karskärs Sund, das die heiligen Plätze trägt. Es liegt dem Fähranleger gerade gegenüber auf der anderen Sundseite.

April bis Oktober. Info-Tel. 0457 – 343 0611; die Vereinigung Franciskus på Kökar veranstaltet die Franziskustage und Retreats.

◎ Obwohl das Mittelalter wichtige Spuren auf Kökar hinterlassen hat – es sind nicht die ältesten Spuren. Einer der wichtigsten und interessantesten Wohnplätze der BRONZEZEIT Ålands, ja sogar ganz Skandinaviens liegt im Westen Kökars: **OTTERBÖTE** BRONSÅLDERSBOPLATS **(13)** im Natur- und Wandergebiet Kalen (südwestlich der Kirche) stammt aus der Zeit um 900 v.Chr. Die ROBBENJAGD war damals das einträgliche und zum Überleben wichtige Geschäft in den Schären. Bei den Überresten in Otterböte handelt es sich folgerichtig um eine Robbenjägersiedlung mit neun runden Hüttenfundamenten, Kochstellen, Brunnen und Abfallplätzen. In mehreren Hütten fand man Spuren von Öfen und aufrechten Mittelpfosten, die für eine Koten-förmige Bauweise der Behausungen sprechen. Mitte des 20. Jhs. wurden die Kleinfunde näher analysiert, vor allem Tonscherben und Tierknochen von Robben, auch Schafen und Schweinen. Die typische bronzezeitliche Otterböte-Keramik, in den südlichen Ostseegebieten verbreitet und auch in anderen Teilen Ålands gefunden, kennzeichnen Verzierungen mit gewellten Fingerfurchen.

Vom Hügel VAKTANBÖTE in unmittelbarer östlicher Nachbarschaft hat man einen herrlichen Blick. (Hier gab es wohl eine mittelalterliche Verteidigungsanlage, von der jedoch nichts mehr zu erkennen ist.) Mehr zu sehen ist von russischen und finnischen Befestigungsanlagen im Wandergebiet, die Demilitarisierung hat doch noch einige Mauerreste und Teile der Militärstraße mit dickem Kopfsteinpflaster übrig gelassen.

◎ Folgt man, statt zu Kirche oder Bronzezeit abzubiegen, der Straße ab Fähranleger weiter, stößt man unweigerlich auf den quirligsten Platz auf Kökar: **KARLBY (10)**. Hier liegt der größte der YACHTHÄFEN der Inselgemeinde. Eine nett in Rot gehaltene Anlage aus Servicehäusern, Hotel und Restaurant rahmt den Hafen ein – wirkt aber, gerade wenn die Hauptsaison zu Ende geht, doch ein bisschen

Oben Sonnenhungrige im Bootshafen Sandvik, unten Landschaftsgemälde auf Finnö, Estholmsvägen ▶

überdimensioniert. Gut essen immerhin kann man im BRUDHÄLL allemal, und im Juli finden sich Alt und Jung zum Tanz auf dem Kai ein. Außerdem gibt es in Karlby Bank, Lebensmittelgeschäft, Bibliothek, Post und kleinen Apothekenverkauf. Die Straße weiter entlang gelangt man über Finnö nach Hellsö. Auf dem Weg wartet ein Stopp beim Heimatmuseum der Insel.

AUF HELLSÖ

◎ HEIMATMUSEUM **KÖKAR MUSEUM (14)**, Österbygge, Tel. 0457 – 524 4077, www.kokar.ax/hembygdsmuseum (mit Lageplan). 15.6.–15.8. täglich 11–16 Uhr. Eintritt 2/0 €.

Das Museum ist bei dem früheren Schulhaus (1913) beheimatet; es dokumentiert die Geschichte Kökars und der Schären in einer recht umfangreichen Sammlung. Die Zeit vom 19. Jh. bis zum Ende des Zweiten Weltkriegs steht im Fokus, wird mit historischen Fotos, Kleidung, Einrichtungsgegenständen illustriert. Zum Ensemble des Heimatmuseums gehören mehrere Gebäude: ein Wohn- und ein Bootshaus, Schmiede, Scheune sowie eine KÜNSTLERWERKSTATT, wo im Sommer zeitweise Kreative aus Kunst und Kunsthandwerk arbeiten und ausstellen, von Keramik über Glas- und Textilgestaltung bis zu Schmiedearbeiten; sie kommen aus aus Åland, Finnland und Schweden.

◎ Ins Veranstaltungshaus **VIKINGALUND** auf Hellsö hat HANTVERKSBODEN Einzug gehalten: Kunsthandwerk, Kitsch, Trödel, Nützliches sowie Leckeres wechseln in der geräumigen Halle IM SOMMER täglich 13–16.30 Uhr die Besitzer.

◎ Nehmen Sie kurz Kökars Windrad (das den Namen MIKA trägt und 50 % des jährlichen Stromverbrauchs von Kökar deckt) zur Kenntnis und fahren weiter zum **GÄSTEHAFEN HELLSÖ (11)**. Er gilt als einer der am schönsten gelegenen Häfen der Schären, der Blick aufs Wasser hinaus mit der felsigen Küstenlinie ist, so scheint es uns, unvergesslich.

◎ Noch nicht sehenswert, aber eine **AMBITIONIERTE PLANUNG** ist Kökars Konstmuseum, ein Kunsttempel im Archipel. Es gibt einen Entwurf im Stil des Parthenon, jedoch nordisch stilecht in Holzarchitektur. Sponsoren werden gesucht, neben den Paf-Glücksspieleinnahmen, über die der Heimatverein dafür verfügen möchte.

AUSFLUG IN DIE SCHÄREN

◎ Ein Ausflug mit dem Boot führt zu der KLIPPE **KÄLLSKÄR (15)**. Kannan (Krug) heißen die FELSFORMATIONEN, die durch die Rotation von Schmelzwasserwirbeln in der Eiszeit entstanden sind. Oben verdickt, in der Mitte dünner, sehen die aufragenden Felsen nicht nur wie umgekehrte Flaschen oder Krüge aus, sondern fast ein bisschen wie stilisierte menschliche Figuren. Der exzentrische und homosexuelle schwedische Freiherr *Göran Åkerhjelm* (auf Kökar »der Graf« genannt) kaufte 1958 einen Großteil Källskärs und ließ hier mehrere Gebäude, einen Hafen und einen Botanischen Garten errichten und anlegen. Ihm schwebte ein mediterranes Paradies mit Reminiszenzen ans alte Griechenland vor – das erklärt die HERMESSTATUE, die ebenfalls zu begutachten ist. Die Idee mit dem BOTANISCHEN GARTEN war

Die Zahlen in Blau beziehen sich auf unsere Übersichtskarte auf Seite 237.

natürlich so eine Sache auf dem kargen Felseiland, und so ließ Åkerhjelm von Helfern aus Kökar Erde ankarren für seine Pflanzung.

Zentrum dieses Ensembles ist das Lusthäuschen GREVENSHUS, für das kein Geringerer als der finnische Architekt *Reima Pietilä* verantwortlich zeichnet, der in Tampere auch Stadtbibliothek sowie Kaleva-Kirche schuf. Das Grevenshus wird im Volksmund gerne MUMINHAUS genannt – die Mutter der Mumins, der bei allen finnischen Kindern (und Erwachsenen) bekannten und beliebten breitmäuligen Trollfiguren, *Tove Jansson*, gehörte zu Åkerhjelms Freundeskreis und weilte und zeichnete oft auf Källskär. Ein Glück für Besucher, ein Pech für Åkerhjelms Verwandtschaft: Er überwarf sich mit seiner Familie und vermachte der Landesverwaltung Åland die Inseln.

Buchen kann man den Ausflug bei den Boottransport-Anbietern oder am Hafen in Karlby. Vielleicht in Verbindung mit einer Tour zum Naturreservat IDÖ (schöne Badebucht und im Mai ORCHIDEEN) oder nach Brunnskär. Natürlich geht es auch mit dem eigenen Boot – und auch zu anderen Zielen, wie zu den alten Fischerhäuschen auf Mörskär …

◎ **BOOTSAUSFLUG**: Kökar Båttransport fährt mit »Lady Helena« Ende Juni bis Mitte August täglich um 13 Uhr nach Källskär, Rückkehr um 16.30 Uhr. Tel. 55955. Start vom Anleger Hotell Brudhäll – Auf Anfrage arrangiert auch Havspaviljongen Bootstrips.

Ulla-Lena **LUNDBERG** ist eine der bekanntesten Töchter Kökars. Die Schriftstellerin wurde unter anderem für ihr Buch »Is« (auch in deutscher Übersetzung als »Eis« erhältlich) mit dem Finlandia-Preis ausgezeichnet. »Is« war die Vorlage für die 2019 uraufgeführte Oper »Jää« von *Jaakko Kuusisto*.
Aus Lundbergs Feder fließen Romane (auch Reiseromane), Gedichte und Portraits ihrer Heimatgemeinde. Die 1947 geborene Autorin lebt (wieder) im Archipel.

Unterhaltung

◎ **FRANZISCUSFESTEN**: Das Kloster ist ein willkommener Anlass für Feier- und Gedenktage, allen voran die jährlichen Franziscustage am ersten Juliwochenende, ein ökumenisches Happening mit Gottesdiensten und Musik.

◎ **KÖKARVECKAN**, die KÖKAR-WOCHE Anfang August, wartet mit einem prall gefüllten Kalender auf: Konzerte, Gesangsabende, Traktorcruising, Ausstellungen, Ausflüge in die äußeren Schären, Kinderprogramm, Flohmarkt, Tanzworkshops, Vogelwanderungen, abendliches astronomisches Sternegucken in Österbygge und mehr. Facebook: kokarveckan.

Konzerte, Märkte und Tanzveranstaltungen finden häufig im Jugendzentrum HÖGLID statt – so auch die Eröffnung der Kökar-Woche.

◎ **MITTSOMMER** wird auf Kökar in Karlby, Österbygge und Hellsö gefei-

Weitere Schärentrips (u.a. für Paddler) folgen auf Seite 256.

ert. Die BINDETECHNIK der Mittsommerstangen unterschiedet sich von der im restlichen Archipel – die Stangen mit regelmäßigem Rautenmustern aus grünem Gezweig sehen in der Tat besonders aus.

Markt und mehr

◎ Allemal einen Seitensprung wert ist **APLABODEN**, der HOFLADEN MIT LOKAL von PEDERS APLAGÅRD (siehe Seite 249 und das Foto nebenan). **(16)**

Delikatessen, Kräuterprodukte und Kunsthandwerk locken zum Kauf – vor allem aber fantasievolle Produkte auf Apfelbasis von Ålands (wie Finnlands) südlichster Apfelplantage. Gelee, Säfte, Marmeladen, Dips und Salsas eignen sich, ansprechend und liebevoll verpackt, auch sehr gut als individuelle Souvenirs.

◎ **KLOSTERPRODUKTER** från Kökar lassen sich in den Verkaufsstellen der Insel, aber auch in Mariehamn erwerben. Olle Dahl und seine Mitstreiter sind stolz: 2021 begannen sie mit der SENF-Produktion, und nur zwei Jahre später heimste ihr Kökar Senap bei den internationalen Meisterschaften in Wisconsin in der Kategorie süßscharfer Senf die GOLDMEDAILLE ein! Es gibt noch Grillsenf, Jubiläumssenf – und Schwarzbrot. www.klosterprodukter.ax (E). (Siehe auch Karlby Café auf Seite 249.)

◎ Im Süden des Dorfes Vålö am Västerfjärden, im Osten Kökars, sind die Bienen der IMKEREI **TRÅNGSUND** zu Hause. Sie können Dan Holmströms Sommer- oder Heidehonig in den Läden auf Kökar erwerben – oder auch Anteilseigner an einem Bienenstock werden. Österbygge 2, trangsund.ax.

◎ **SONST**: Erste Adresse für Lebensmittel ist in Karlby die KÖKAR SKÄRGÅRDSBUTIK: von Frischfisch, Grünzeug bis Bootszubehör und Benzin, geöffnet in der Hochsaison Mo–Sa 10 –18 Uhr, So 12–16 Uhr, sonst Mo–Fr 10 –17 Uhr, Sa 10 –14 Uhr. – In Karlby gibt's zudem Postkontor (mit Bankschalter von Ålandsbanken) und Mini-Apotheke. Kleinere Einkaufsläden sind SANDVIKS MINILIVS und HAVSPAVILJONGENS MINILIVS (Hellsö).

Ferien aktiv

NATUR UND WANDERWEGE

◎ Die größte Herausforderung für Wanderer ist das **GEBIET KALEN (13)**; eine kleine Übersichtskarte ist auf der Fähre erhältlich (oder auf www.kokar.ax zum Download, siehe »Kultur & aktiviteter«, »Vandra och njut!«).

Vom Fähranleger Harparnäs kommend, geht es mit Kurs Richtung Hamnö zum Wanderparkplatz (Schild »Otterböte«). Hier befindet sich der beste Startpunkt des Wegs zu den bronzezeitlichen Robbenjäger-Plätzen von OTTERBÖTE (siehe Seite 250) oder den Festungsresten bei der früheren Küstenwache. Abwechslungsreiche Natur, Felsen, Marschland und spektakuläre Meerblicke belohnen die streckenweise schwierigere Tour über 7 km (von anderen Startpunkten aus länger) mit weißer Markierung.

Oben Olle Dahl, Schwarzbrotbäcker und prämierter Senf-Experte, unten die Familien-Crew von Peders Aplagård im Aplaboden ▶

SVARTBRÖD
Salsa

◎ Ebenfalls hier liegt das MOORGEBIET **TELLMOSSEN** mit SPEZIELLER Flora und Fauna. Die Steinhaufen am Ende des Tellmossen-Geländes stammen von Robbenjägern, die hier Tran auf den heißen Steinen ausgelassen haben. Mit 36 m ist der Tellmossberget die HÖCHSTE Erhebung der Inseln. Die Sicht über die typisch åländischen glatten Felsplatten hinweg ist einfach nur als grandios zu bezeichnen.

Auf der nordöstlichen Flanke findet sich ein STEINLABYRINTH aus unbestimmter Zeit; es wurde rekonstruiert, nachdem die Russen es im Ersten Weltkrieg zerstört hatten. 200 m östlich des Labyrinths ist der russische Stern zu sehen, ein Blumenbeet markiert die Stelle, wo der russische Telegrafist Trifon bei seiner Radiostation angelegt haben soll.

◎ Der **KULTURWEG HAMNÖ**, 2 km lang, startet bei der Kirche und durchzieht eine famose Landschaft.

◎ Bei Klobbars Gästhem, nördlich von Hellsö, startet ein **WANDERWEG** über 2 km. Hoch am steil abfallenden Ufer thront ein roter PAVILLON auf der Klippe, der sich vor struppig wachsenden Büschen, Felsen und Meer malerisch ausmacht. Bis hinein nach Vålö zieht sich ein schönes Naturareal.

DISCGOLF UND MINIGOLF

◎ **KÖKAR DISGOLF-PARK**: In der Nachbarschaft von Peders Apfelhof (siehe Seiten 254, 255 und 249) sind 12 Körbe zu spielen, teilweise zwischen Apfelplantagen …

◎ **MINIGOLF** gibt es übrigens bei Havspaviljongen (siehe Seite 248).

RAD FAHREN

◎ Das abseits gelegene Kökar eignet sich als vorzügliches Radlerterrain mit zahlreichen kurzen Abstechern an die **KÜSTE**; allein die drei Gästehäfen sind lohnenswerte Ziele mit viel Sommerflair. Vom westlichsten zum östlichsten Punkt des Straßennetzes sind es freilich nicht mal 15 Kilometer.

SCHÄRENTRIPS

◎ Auch für FREIZEITSKIPPER hält Kökar manches bereit. In Grönvik finden Sie einen hübschen **NATURHAFEN**.

◎ **KAJAK**: Als gute Ausgangspunkte gelten Sandviks Camping und Karlby. Für Fortgeschrittene ist Källskär ein mögliches Ziel, oder die Umrundung von Flåttö oder Finnö. Kajaks und Kanus gibt es u.a. bei Havspaviljongen.

◎ **AUSFLÜGE** per Boot bietet Havsgården Kursgård an – die gute Unterkunft ist allerdings etwas abgelegen in Kyrkogårdsö beheimatet, www.havsgarden.com.

◎ Nicht zu vergessen der Bootsausflug nach **KÄLLSKÄR** (siehe Seite 252).

VOGELBEOBACHTUNG

◎ Kökar ist Teil des **BALTIC WINGS** Projekts: Ziel ist die Entwicklung des Ostseeraums als Natur- und Vogelbeobachtungs-Region. Schweden, Estland, Lettland und eben Finnland mit Åland sind beteiligt. Mit der »M/S Palsa« werden Vogeltouren ab Riga oder Stockholm angeboten. – Kökar steht für eine Fülle von Vogelarten, als Protagonist die Eiderente. Es gibt Checklisten zum Eintragen für Flugverrückte … balticwings.org.

Die Franciscus-Gesellschaft hat mit sieben Partnern den ersten internationalen Pilgerweg über Wasser ins Leben gerufen: St Olav Waterway, von Turku nach Trondheim, mit Pass, Stempeln und Zertifikat.

Sottunga

EIN GUTER ORT ZUM RELAXEN

Wer in åländischen Gewässern mit seinem Segelboot Kurs nimmt auf 60° 06,6´Breite und 20° 41,2´Länge, sollte irgendwann im Hafen der Insel Sottunga festmachen können. Wer stattdessen die Fähre von Långnäs nimmt, gelangt ans gleiche Ziel.

Die kleinste Gemeinde Ålands und ganz Finnlands präsentiert sich mit ihren nur 110 Bürgern als strukturierte und GUT VERSORGTE GEMEINSCHAFT. Es gibt einen Kindergarten und eine Grundschule, eine Gesundheitsstation, Post und Bank ebenso wie die im lese- und kommunikationsfreudigen Norden übliche Gemeindebibliothek und eine eigene Kirche. Die Einkommensgrundlagen bilden vor allem die Land- und Viehwirtschaft, ein wenig Fischerei und bisher nur in geringem Maß der Tourismus. Zu Sottunga zählen neben der Hauptinsel die – ebenfalls bewohnten – kleineren Eilande Husö, Hästö und Finnö sowie Mosshaga und Södö.

Mit 26,8 km² Landfläche ist Sottunga der richtige Platz für Erholung Suchende, die auf Rummel und kommerzielles Nachtleben verzichten wollen, ein Ort zum Entspannen, gerade auch für Familien. NATUR PUR ... Die Gäste können an einer dörflichen Gemeinschaft durchaus teilhaben, in der Tagesrhythmus und Zeitmaßstab womöglich noch mehr als anderswo auf Åland der natürlichen Umgebung angepasst sind. Und stolz knattert das Gemeindewappen im Wind: ein goldenes Boot, rot beflaggt, vor kornblauem Hintergrund.

INFORMATION

◎ **SOTTUNGA KOMMUN**, AX-22720 Sottunga, Tel. 55125, www.sottunga.ax. Kontor im Dorfzentrum, Mo–Fr 8–16 Uhr, im Juli geschlossen. Der Lebensmittelladen im Dorf hält eine TURISTKARTA bereit.

TRANSPORT

◎ Die **FÄHRLINIE** »Södra Linjen« von Långnäs nach Kökar und Galtby (Korppo, Finnland) stoppt regelmäßig mit ihren M/S »Skiftet«, »Gudingen« und »Viggen« in Sottunga.

◎ **SOTTUNGA GÄSTHAMN** (17), Tel. Telefon 040 – 500 8015, sottungagasthamn.fi. Juni bis September. 40 Liegeplätze sind es in der Bucht Kyrkviken, Vertäuung an Steg, Boje oder vor Anker. Als Service: Sauna und Dusche, Waschmaschine, natürlich Treibstoff sowie ein nettes Café-Restaurant vor Ort. Fahrräder können kostenlos benutzt werden.

Unterkunft

◎ B & B **LYCKLIGA LOTTAS KAFÉ**, Sottunga by (Dorfzentrum), Tel. 040 – 513 5529. DZ 50 €. Ganzjährig.

Die Übernachtung im schönen, traditionellen Holzhaus mit großem Garten schließt die Nutzung der SAUNA

Alle im Buch genannten Åland-Telefonnummern ohne Vorwahl betreffen das Festnetz mit der einheitlichen Vorwahl (0)18; geben wir eine Vorwahl für Kontakte vor Ort an, handelt es sich um ein Handynetz. Mehr auf Seite 42.

ein. Tolles Frühstück mit Eiern von eigener Hühnerschar.

Essen und Trinken

◎ RESTAURANG & CAFÉ **SALTERIET**, Marina Sottunga Gästhamn **(17)**, Tel. 040 – 500 8015, Facebook. Im Sommer täglich 12–22 Uhr.

In Victorias reizvollem Lokal in einer früheren FISCHSALZEREI (daher der Name) gibt es frischen Kaffee und Kuchen, auch Wiener Schnitzel, Burger sowie Fisch- und verlockende vergane Gerichte, dazu gerne Bier und Wein. Das BROT ist SELBST GEBACKEN.

Sehenswertes

◎ Schon bei der Einfahrt in den Hafen zeigt sich die Hauptsehenswürdigkeit, die kleine, dafür geschichtsträchtige HOLZKIRCHE **SOTTUNGA KYRKA (18)**. Ihr separater Glockenturm von 1770 steht etwas abseits auf der anderen Straßenseite. 15.6.–15.8. Di–Fr 11–16 Uhr.

Eine kleine Kapelle wurde urkundlich schon 1544 erwähnt. Die jetzige Kirche (1728) ist Maria Magdalena geweiht. An gleicher Stelle stand bereits 1661 ein respektables Gotteshaus, das aber während des Großen Nordischen Krieges (1700 –21) ein Raub der Flammen wurde. Wie fast alle Bewohner Ålands flohen auch die Einwohner Sottungas nach Schweden. Nach der Rückkehr stellten sie erleichtert fest, dass zwar die Kirche gebrandschatzt war, die Frevler jedoch die KIRCHENKASSE nicht entdeckt hatten. Somit konnte der Wiederaufbau recht rasch erfolgen. Das Altargemälde stammt von *P. Berggren* (Stockholm, 1845), das Votivschiff (18. Jh.) von einem Seemann aus Kökar, der aus Dankbarkeit für die Rettung aus der Hand von Seeräubern vor Nordafrika ein Stiftungsgelübde abgelegt hatte.

Geflohen sind viele Familien mit ihrem Vieh ein zweites Mal: nach Föglö, während des schwedisch-russischen Krieges 1808/09. Die Geschichte Sottungas kennt viele schwere Stunden. Mancher Inselbewohner sah sich um die Wende zum 20. Jh. gezwungen, aus wirtschaftlichen Gründen nach Nordamerika zu EMIGRIEREN. Während des sog. Winterkriegs 1939/40 wurde die Insel mehrfach bombardiert. Gegen Ende des Zweiten Weltkriegs waren einige Männer aus Sottunga als Angehörige der finnischen Marine in Deutschland interniert. In den 1950er Jahren wanderten wiederum Bewohner nach Schweden aus.

◎ Im ZENTRUM in **SÖDERBY** ballt sich rund um die Abbiege nach Norrby das öffentliche Leben mit Service und Dienstleistung. Neben dem ANDELSHANDEL (siehe Seite 261) und der Bibliothek (Tel. 0457 – 345 6747) zählt gewiss das POSTKONTOR von Leena Lundgren und Siv Törnroos dazu: Denn hier gibt es keineswegs nur Briefmarken & Co – hier finden sich außerdem die Mini-Apotheke sowie der Souvenir- und Krimskrams-Laden Sottunga SMÅTT & GOTT mit Kunsthandwerklichem bis Nippes.

Oben Bootshaus in Skage, unten Sottunga Gästhamn mit Restaurang & Café Salteriet ▶

Die SCHULE umfasst die Klassenstufen 1–9; ein Kindergarten ist angegliedert. Hielten vor dem 20. Jh. umherziehende Lehrer nur zeitweilig Unterricht ab, konnte Sottungas Nachwuchs ab 1903 in einem festen Haus zunächst mit dem Pastor als pädagogischer Kraft das ABC erlernen. Die jetzige Schule wurde 1957 errichtet.

◎ Mit viel Eigenleistung hat der Heimatverein in der früheren Schule den **SOTTUNGA HEMBYGDSGÅRDEN** **(19)** eingerichtet. Tel. 55266 oder 040 – 848 1940 (Märta Grunér). Im Sommer Di+So 19–21 Uhr sowie nach Vereinbarung. Eintritt frei.

In dem HEIMATMUSEUM ist das frühere Klassenzimmer mit Bänken und Pult und Lehrmaterial zu bestaunen; es weckt Bilder an Kinder vor Schiefertafeln und gestrenge Pädagogen. Auch in die kleine Lehrerwohnung ist ein Blick zu werfen. Darüber hinaus umfasst das Museum allerlei Gerätschaften aus Haushalt und Landwirtschaft. Beachtenswert ist die Sammlung von PUPPEN aus aller Welt. Gezeigt (und teilweise verkauft) werden Gemälde, Textilien, Kunsthandwerk.

◎ In SKAGE, im Nordosten der Insel, endet die Straße, und es gibt eine Reihe schön gelegener **BOOTSHÄUSER** **(20)** am Felsenstrand, ein fotogenes Ensemble (als bestes Beispiel das Foto auf Seite 259).

◎ HOCH HINAUS: Sottunga hat weithin sichtbare LANDMARKEN. Zum einen sind es die zwei schlanken 90 m aufragenden Funkmasten zum Übertragen von TV-Programmen und Mobilfunk. Des Weiteren wurde 1992 auf der Insel das erste **WINDKRAFTWERK** in Åland errichtet.

◎ 1835 wurde auf der Insel **SÖDÖ** **(21)** Eisenerz gefunden. Nach einem Probeabbau entschloss man sich zur kommerziellen Ausbeutung. Ab 1843 wurde in insgesamt vier Gruben nach dem Erz gegraben. Das Unternehmen scheiterte kläglich, nur 1700 Tonnen wurden gefördert. Die kleine Truppe von »Bergleuten« bestand teilweise aus Bauern, die lieber nach Hause eilten, um Heu und Ernte einzufahren. Die anderen, so der Dorfchronist, verfielen der TRUNKENHEIT. Die Alternative, Gefangene zur Arbeit einzusetzen, scheiterte ebenfalls. Die Gruben wurden aufgegeben. Der Pulverkeller für die Sprengmunition steht noch.

◎ Sottunga lag immer an den Fahrrinnen zwischen Schweden und Finnland, auch wenn sich deren Streckenführung wegen der Landhebung im Laufe der Jahrhunderte mehrfach änderte. Der Betrieb von **LOTSENSTATIONEN** war deshalb notwendig. Besondere Bedeutung hatte das Lotsenhaus auf SÄLSÖ (1857).

Bis 1968 war der Lotsendienst in Betrieb. Mit der Verlegung der Aufgabenstellung auf das feste Åland endeten rund 300 Jahre Lotsentätigkeit auf Sottunga, denn bereits ab 1675 hatten die Inselbewohner die Schiffe durch ihr Schärengebiet geleitet.

◎ Das FESTLOKAL **SUNNANBERG** nutzen die Insulaner nur zu bestimmten Ereignissen und Anlässen, wie für Ausstellungen, Theateraufführungen und Tanzveranstaltungen. Da hier über 100 Leute Platz finden, kann die gesamte Bevölkerung erscheinen (Tel. 0457 – 523 8230, Anita Hildén). Selbstverständlich wird hier auch der Mittsommerbaum aufgestellt.

Markt und mehr

◎ *Jenny Nylund* produziert in ihrer kleinen **ELISES TVÅLFABRIK** Seifen und Hautpflegeprodukte, die u. a. im Andelshandel im Zentrum zu erwerben sind. elisestvalfabrik@gmail.com

◎ Auf HUSÖ gibt es einen **KERZENMACHER** und WACHSZIEHER: *Göran Stenroos* hat seine Werkstatt in einer alten Sauna eingerichtet. Hof Nedergård, Tel. 55198. Mehrarmige Kerzen sind seine Spezialität, verkauft werden sie auch bei Lugnet in Hammarland und bei SALT in Mariehamn. Auf Husö leben nur zwei Familien – eine von ihnen sind die Stenroos'.

◎ Verpflegung einkaufen kann man im einladenden **ANDELSHANDEL** im Zentrum. Das Geschäft gehört der lokalen ländlichen Genossenschaft, die sich 1921 gründete. Hier gibt es ausreichend Auswahl an Getränken und Lebensmitteln, Eis und Schoki, so dass niemand zu kurz kommt. Wie es sich für einen »anständigen« Landhandel gehört, ist so gut wie alles unbedingt Notwendige zu erstehen – darunter fällt die Angellizenz. Tel. 55127.

Ferien aktiv

NATUR UND WANDERWEGE

Die folgenden Wanderwege sind mit Info-Tafeln ausgestattet, bisher meist nur in schwedischer Sprache.

◎ Der Wanderweg **ST. OLOFS** bietet auf 9 km Wegstrecke abwechslungsreiche Landschaftsbilder. Er hat seinen Ausgangs- und Endpunkt am Hafen. Durchwandert werden Wälder, Kulturländereien, aber auch recht felsiges Terrain, so dass der Schwierigkeitsgrad variiert; gestreift werden zudem Kirche und Dorfzentrum. – Die Route ist Teil des St. Olaf Waterway, der von Turku bis nach Trondheim in Norwegen reicht.

◎ Der 1,3 km lange Pfad **SOTTUNGA BY** vermittelt Interessantes über das Schärenleben einst und heute; er beginnt im Zentrum an der Bibliothek.

◎ Der gut 1 km lange Pfad **HAMN OCH KYRKAN** (Hafen und die Kirche) startet am Gästehafen; die Tafeln berichten Fakten über die (Kirchen-)Historie der Schärengemeinde.

◎ Rund 4 km lang ist der WALDPFAD **SOTTUNGA SKOGSTIG**. Die Tafeln erläutern Erscheinungsbild und Pflanzenwelt der Schären. Sottunga kann sich eines Åland-weit einzigartigen, weitläufig zusammenhängenden Bestands an HASELNUSSWÄLDCHEN rühmen.

DISCGOLF

◎ **SOTTUNGA DISCGOLFBANAN**: Nahe bei der Marina führt der attraktiv gestaltete Fairway durch waldiges und felsiges Terrain. Der 9-Korb-Parcours ist gratis zu bespielen, Scheiben gibt's bei Andelshandel und Salteriet im Hafen zu erwerben.

SCHÄRENTRIPS

◎ **SAGOLIK SERVICE**, Satu Numminen, Tel. 040 – 506 1299, seglinge.ax/sv/sagolik-service. Die Basis befindet sich auf der Insel Seglinge (die schon zur Gemeinde Kumlinge gehört).

Kumlinge

WEIT DRAUSSEN

Die Gemeinde Kumlinge (305 Einwohner) im östlichen Schärengarten von Åland umfasst die gleichnamige Hauptinsel, die drei größeren, ebenfalls bewohnten Eilande ENKLINGE, SEGLINGE und BJÖRKÖ sowie weitere etwa 800 Inselchen und Schären.

Kumlinge war in unsicheren und in Kriegszeiten durch die Lage auf gerader Linie zwischen dem festen Åland und dem finnischen Festland als Transitstation exponiert und vielen Unbilden unterworfen. Eine dieser schwierigen und doch auch stolzen Erinnerungen ist die KUMLINGE-SCHLACHT 1808, als eine Handvoll åländischer Bauernsoldaten – die Geschichte berichtet von gerade mal hundert – es mit viel Geschrei geschafft haben, die stationierten russischen Truppen zu täuschen und zu vertreiben. Schrecklich hingegen traf es die Insel wenig später, als sie bis auf einen Hof vollständig ZERSTÖRT wurde, wieder einmal als Hindernis für einen russischen Überfall auf Schweden.

Kumlinge liegt an der alten Postroute, und die Postfahrten übers Wasser werden von der Inselgruppe weit draußen im Meer aus ein hartes Brot gewesen sein. Liegt Kumlinge doch gerade auf dem halben Weg zwischen Festland-Åland und dem finnischen Festland, wenig geschützt. Heute genießen Reisende die Lage mitten im Wasser, die Ruhe und die Bedächtigkeit des Lebens draußen in den Schären, die verträumte Schönheit des Hafenensembles von Seglinge oder der roten, mancherorts fast weißen Klippen vor der Westküste der Hauptinsel Kumlinge.

INFORMATION

◎ **KUMLINGE KOMMUN**, Kumlingevägen 323 B, AX–22820 Kumlinge, Tel. 622 400 (in Englisch: 040 – 525 5820), www.kumlinge.ax (E). Karte und Faltblatt. – Speziell zu Seglinge: www.seglinge.ax (E).

TRANSPORT

◎ **FÄHREN NACH »REST-ÅLAND«**: »Norra Linjen« mit »M/S Alfågeln« verbindet die FÄHRANLEGER KUMLINGE (1) und ENKLINGE (2) mit Vårdös Hummelvik im Westen sowie im Osten mit Lappo und Torsholma in Brändö. »M/S Ejdern« verbindet den Fähranleger Kumlinge mit Brändös Asterholma, Lappo und Torsholma. – »Tvärgående Linjen« mit »M/S Odin« verbindet den FÄHRANLEGER SNÄCKÖ (3), im Süden Kumlinges, mit Överö in Föglö und Långnäs in Lumparland, beide im Südwesten gelegen.

◎ **FÄHRVERBINDUNGEN IN KUMLINGE**: Eine KABELFÄHRE verkehrt zwischen Snäckö und SEGLINGE (4) rund um die Uhr, mit kurzen Ruhepausen. – Für die Verbindung »Kumlinge Färjfaste« zwischen den Fähranlegern Kumlinge und Enklinge (siehe oben) bedarf es einer größeren AUTOFÄHRE, die nach einem fixen Fahrplan unterwegs ist.

Auf unserer Übersichtskarte zu Kumlinge und Brändö sind alle relevanten Fähranleger und Marinas eingezeichnet ▶

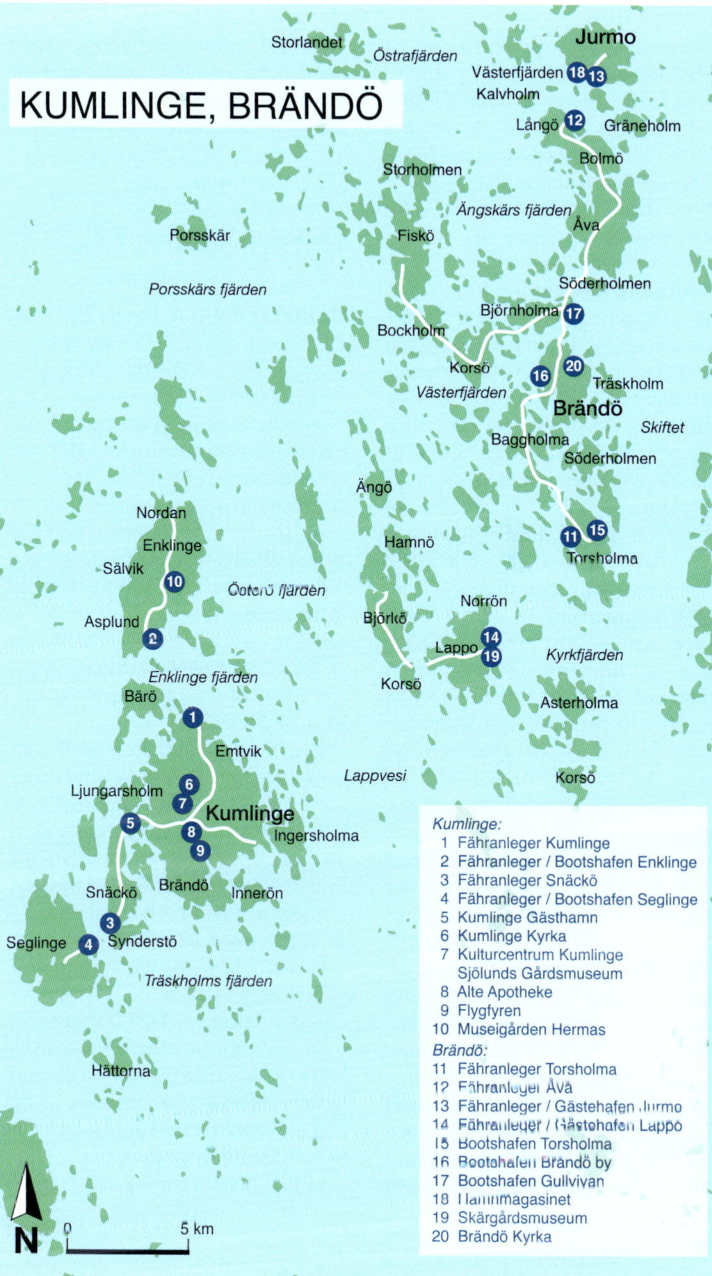

KUMLINGE, BRÄNDÖ
Storlandet
Östrafjärden
Jurmo
Västerfjärden
Kalvholm
Långö
Gräneholm
Bolmö
Storholmen
Ängskärs fjärden
Åva
Porsskär
Fiskö
Porsskärs fjärden
Söderholmen
Björnholma
Bockholm
Korsö
Träskholm
Västerfjärden
Brändö
Skiftet
Baggholma
Söderholmen
Ängö
Nordan
Enklinge
Hamnö
Sälvik
Torsholma
Österö fjärden
Asplund
Björkö
Norrön
Lappo
Kyrkfjärden
Enklinge fjärden
Korsö
Bärö
Asterholma
Emtvik
Lappvesi
Korsö
Ljungarsholm
Kumlinge
Ingersholma
Snäckö
Brändö
Innerön
Seglinge
Synderstö
Träskholms fjärden
Hättorna
N
0
5 km
Kumlinge:
1 Fähranleger Kumlinge
2 Fähranleger / Bootshafen Enklinge
3 Fähranleger Snäckö
4 Fähranleger / Bootshafen Seglinge
5 Kumlinge Gästhamn
6 Kumlinge Kyrka
7 Kulturcentrum Kumlinge Sjölunds Gårdsmuseum
8 Alte Apotheke
9 Flygfyren
10 Museigården Hermas
Brändö:
11 Fähranleger Torsholma
12 Fähranleger Åva
13 Fähranleger / Gästehafen Jurmo
14 Fähranleger / Gästehafen Lappo
15 Bootshafen Torsholma
16 Bootshafen Brändö by
17 Bootshafen Gullvivan
18 Hamnmagasinet
19 Skärgårdsmuseum
20 Brändö Kyrka

Abgeschlagen liegt Björkö – näher an Brändö als zu Kumlinges Hauptinsel, ist es mit dieser nur über den Umweg via Lappo in Brändö, also nur mit Umsteigen zu erreichen: zuerst Autofähre Kumlinge - Lappo, dann Pendelfähre Lappo - Björkö. Apropos Autofähre: Straßen gibt es auf den vier bewohnten Inseln.

◎ **GÄSTEHÄFEN**: Kumlinge Gästhamn **(5)**, Remmarhamn, Tel. 0400 – 529 199, www.kumlingestugor.com (E). 45 Liegeplätze, Treibstoff, Lebensmittelladen, Café/Bar für Snacks während der Saison (Mitte Juni bis Mitte August Mo–Sa10–21 Uhr), Grillplatz, Fahrradvermietung) und Sauna. – Etwas kleiner sind die Servicehäfen auf ENKLINGE **(2)**, Tel. 55358, sowie auf SEGLINGE **(4)**, Tel. 040 – 506 1299, www.seglinge.ax. Hier gibt es 25 Liegeplätze und idyllische Bootshäuser, zudem eine Aufenthalts- und Spielstube und Kinderfahrräder gratis zu leihen und auf einer kleinen Anhöhe den öffentlichen Grillplatz Skräddarören. – Auf BÄRÖ steuern Yachten und Boote den Hafen GLADA LAXEN an, Tel. 55304, www.gladalaxen.com (E). Hier stehen etwa 20 Plätze zur Verfügung. Mitte Juni bis Ende August.

◎ Kaum zu glauben – Kumlinge hat ein EIGENES **FLUGFELD**: 600 Meter Landebahn, ordentlich asphaltiert, ermöglichen den einzigen Zwischenstopp zwischen Turku/Finnland und Mariehamn. Nur ist das Feld nicht besetzt, so dass die Piloten den Tower in Mariehamn kontaktieren müssen.

◎ **TAXI**: Den öffentlichen Transport zu und von den Fähren erledigt Sagolik Service (auf Vorbestellung bis zum Vorabend, siehe Seite 261) mit Taxis (und Taxibooten), die Seglinge, Kumlinge-Zentrum und Kumlinge-Fährhafen **(1)** ansteuern. – Auf Enklinge: Enklinge Taxi, Tel. 0400 – 744 079.

Unterkunft

◎ **HOTEL SVALA**, Kumlinge, Södra Postvägen 10, Tel. 47474, www.thehotelsvala.com (E). DZ 169/159 €, Minimum 2 Nächte.

In einem ehemaligen Dorfkrankenhaus hat das Mutter-Tochter-Duo Jannika und Sage Reed seinen Traum von Gastlichkeit in den Schären verwirklicht. Sehr schönes Interieur und Ambiente. Dinner für Hotelgäste mit Vorabreservierung. Im Sommer werden Drinks und Snacks auf der einladenden Terrasse serviert (15–22 Uhr).

◎ **GLADA LAXEN**, Bärö, Tel. 55304, www.gladalaxen.com. Geöffnet 1.6.–31.8. DZ 130/120 €.

Ein TYPISCHER Schärengasthof mit eher einfachen Zimmern, aber insgesamt vielen Annehmlichkeiten, Sauna inbegriffen. Hoher Qualitätsstandard im Restaurant. Anglerarrangements, Kajakvermietung. Für Gäste Fährboottransfer von und nach Kumlinge.

◎ **KUMLINGE STUGOR**, Kumlinge, Tel. 0400 – 529 199, www.kumlinge-stugor.com (E). Mai bis September. Campinghütten ab 80 € (2 Personen).

Geich beim Yachthafen, direkt AM MEER. 12 einfache Hütten mit Etagenbetten, separates Servicehaus, Sauna gegen Gebühr – und am Strand gibt es eine Gemeinschaftsküche.

Stugor, Restaurant Kastören sowie

»Glada Laxen« (siehe oben) versieht für seine Gäste den Fährtransfer zwischen Bärö und Kumlinge.

Gästehafen liegen in einer (Familien-) Hand. Fahrradvermietung im Hafen, wo zudem WOHNMOBILE eine Nacht gegen Gebühr einen Stellplatz finden.

◎ **NORRBO STUGOR** auf Enklinge, Norrbo, Enklingevägen, Telefon 040 – 772 8368, Facebook. Ferienhütte 80 €, Campinghütten ab 50 €.

Eine Ferienhütte mit Sauna (4 Personen) sowie mehrere einfache Hütten (bis zu 4 Personen). Im Norden der Insel am Wasser, Ruderbootvermietung, Angelpakete, Strandsauna. Die Gastgeberfamilie organisiert Robbensafaris an, und Lottas Kunsthandwerk – Gehäkeltes und Gestricktes vor allem – lässt sich vor Ort erwerben.

Essen und Trinken

◎ **GLADA LAXEN**, Bärö, Tel. 55304, www.gladalaxen.com (E). Juli bis August täglich 14–21 Uhr.

In der ehemaligen Station der KÜSTENWACHE untergebracht, ist MARITIMES AMBIENTE gesichert, ob in den hellen, lichten Innenräumen oder auf der Terrasse mit SCHÄRENBLICK. Die Speisekarte zeigt variantenreich, was sich aus Fisch (Renke, Barsch, Räucherlachs) so alles zaubern lässt. Kein öffentlicher Fährverkehr, nur hauseigener Bootstaxi-Service.

◎ **RESTAURANG KASTÖREN**, oberhalb des Hafens Kumlinge, Tel. 0400 – 529 199, www.kumlingestugor.com (F). 15.6.–31.7. täglich 16–21, im August 17–21 Uhr, Hafencafé 10–21 Uhr.

Schöne Terrasse bei gediegenem Holzhaus. HAFENBLICK, lokale Küche. Salate, Suppen, Fisch und mehr, darunter Barschfilet für 32,50 €. Für Erfrischendes und die kurze Pause eignet sich das zugehörige CAFÉ mit bunten Kissen am Wasser.

◎ **BYASTUGAN**, Kumlinge Kulturcentrum, Prästgårdsvägen 7, Tel. 040 – 258 4140. Juli Di+Fr–So ab 11.30 Uhr.

In der umgewidmeten alten Grundschule, heute das Kulturzentrum der Insel mit Museum (siehe Seite 266) und Treff für Einheimische und Gäste, gibt es eine Sommerausstellung und ein Pop-up-Restaurant oder -Café – etwa Maijus Sushi, mit thailändischen Spezialitäten. Je nach Pächtern wechseln Angebot und Öffnungszeiten.

Sehenswertes

◎ **KUMLINGE KYRKA** (6) steht auf der Hauptinsel und ist Sta Anna gewidmet. Es handelt sich um eine kleine Saalkirche AUS FELDSTEINEN mit überraschend gut erhaltenen Kalkmalereien aus dem 15. Jh. Die unglaublich reichen, PRÄCHTIGEN Wand- und Deckengemälde in franziskanischer Tradition (um 1500) gelten in ihrer Art als einzigartig in Schweden und Finnland – ebenso wie der geschnitzte Flügelaltar im französischen Stil aus der Mitte des 12. Jh. Die Malereien wurden damals im Geist protestantischer Schlichtheit überkalkt und erst 1961 in voller Schönheit wieder freigelegt. Viele Geschichten und Vermutungen ranken sich um die Frage, warum gerade die kleine Schärenkirche so umwerfend ausgestattet wurde

Der hölzerne Glockenturm mit Barockhaube wurde im 18. Jh. auf das ältere Waffenhaus gesetzt. Mitte Juni bis Anfang August Mo–Sa 11–13 und 14–18 Uhr.

◎ **KULTURCENTRUM KUMLINGE (7)**: Im früheren Schulhaus Stenbacka werden SOMMERAUSSTELLUNGEN von Kunst bis Kunsthandwerk arrangiert, zum Beispiel die maritimen und an Landschaftsimpressionen angelehnten Textilkreationen von Birgitta Häggblom aus Hammarland.

◎ **SJÖLUNDS GÅRDSMUSEUM (7)**, Kulturcentrum Kumlinge, Tel. 040 – 752 8844, Facebook. Mitte Juni bis Anfang August täglich 12–18 Uhr.

Es ist ein buntes Kaleidoskop an Gegenständen und Artefakten, die im kleinen Heimatmuseum versammelt sind. Sie erzählen Geschichtchen von traditioneller Fischerei und Landwirtschaft und auch vom Wandel der Zeiten, vom Einbruch der Moderne. »Dechiffrieren« können die Gegenstände aber am besten die Einheimischen, ist es doch ihre gelebte Geschichte.

◎ Kumlinge ist die einzige Schäreninsel mit einer richtigen **APOTHEKE** (also nicht nur dem üblichen Medicinskap in Dorfladen oder Post). Ganz im Stil der guten alten Pillendreher-Zeit zeigt sich das stattliche HOLZHAUS in Kumlinge by **(8)**. Stolz darf Pharmazeutin Nina Carlsson nicht nur Medikamente verkaufen und Rezepte einlösen, sondern weiß auch über die Geschichte der Schärenapotheke zu erzählen. Tel. 55408. Mo–Do 8–13 Uhr.

◎ Nahe der Apotheke in Kumlinge by führt ein kurzer Pfad zu der Anhöhe FALBERGET mit AUSSICHT und einem **MAHNMAL** aus grobem Stein an die Kumlingeschlacht von 1808 – und deren Bedeutung für die heutige Teilautonomie Ålands.

◎ **FLYGFYREN (9)**: Der 15 m hohe Betonturm auf dem Kasberg (südöstlich von Kumlinge by, Richtung Flugfeld) wurde 1937 erbaut und diente als Leuchtfeuer dem Luftverkehr zwischen Stockholm und Helsinki zur Orientierung. Ein kurzer, gut begehbarer Pfad führt hinauf zum Turm. – Es gibt Pläne, den längst funktionslosen Bau zu renovieren, zu einem »Volksobservatorium« für Amateur-Astronomen umzugestalten und ferner touristisch zu nutzen.

◎ FREILICHTMUSEUM **MUSEIGÅRDEN HERMAS (10)**, Enklinge by, Tel. 0457 – 530 1442 und 25426, www.museum.ax (teilweise E). Mitte Juni bis Anfang August täglich 10–16 Uhr. Eintritt freiwillig.

Rund 20 Gebäude vermitteln einen guten Einblick in Leben und Alltag einer Bauernfischergemeinde im 18. Jh. Die Insulaner hatten ihren Haupterwerb in der Fischerei, vornehmlich dem Eigenbedarf diente die Bewirtschaftung der Höfe mit Ackerland sowie kleinem Viehbestand. Der alte SCHÄRENHOF hat seinen Ursprung im 16. Jh., bis 1973 noch war der Hof bewohnt und wurde genutzt. Als erster jedenfalls bekannter Herr auf Hermas gilt *Per Olson*, der außerdem als eine Art Steuerverwalter tätig war – 1537 wird er in der Steuerrolle erwähnt.

Herren- und Gesindehaus werden komplettiert durch Speicher und Ställe, Mühle und Rauchsauna – besonders authentisch ist, dass die Gebäude auch innen gut erhalten sind und viele bewahrte Gerätschaften und Ge-

Wer etwas für Geschichtliches übrig hat, sollte im Hauptort Kumlinge by Halt machen: oben die zeitgemäß bestückte Apotheke in historischem Gewand, unten ein prachtvolles Deckengemälde in Kumlinges Kirche ▶

brauchsgegenstände dem Ensemble Leben einhauchen. Fast wie so MITTEN IM NICHTS eine dermaßen große und liebevoll erhaltene Anlage; eine Besichtigung, die sich allemal lohnt. Immerhin diente dieses authentische Hofensemble schon als Filmkulisse …

◎ Auch Seglinge hat (außer dem pittoresken Bootshausensemble am Hafen) etwas zu bieten: Die **GLETSCHERMÜHLEN** wurden in der EISZEIT geformt, lose Steine wurden in den Fels gedrückt und begannen, unter der Wucht der Eis- und Wassermassen in Bewegung, die Felsen immer weiter auszuschleifen – getreu dem Motto: Steter Kiesel höhlt den Stein. Die größte der **JÄTTEGRYTOR** ist 1,7 m tief. Der Pfad auf Seglinge Richtung Delets Strand führt hin.

Unterhaltung

◎ **VISOR SÅ IN I NORDEN** heißt das jährliche BALLADEN-, LIEDER- und **MUSIKFESTIVAL**, das am zweiten Juliwochenende (mehr oder weniger) bekannte Künstler aus ganz Skandinavien – Finnland einbezogen – anzieht. Dann hat die kleine Gemeinde auf einmal sehr viel mehr Einwohner als normal. Und doch ist es ein eher familiäres und überschaubares Fest, in dem die Einheimischen überwiegen, Kinder nicht zu kurz kommen – wobei nichts geht ohne die Beteiligung ehrenamtlicher Helfer, der lokalen Vereine und Kleinunternehmer, die für Ordnung, Salate, Grillgut und noch einiges mehr zuständig sind.

Zentrum des Geschehens ist VÄSTRA BERGEN im südlichen SNÄCKÖ, unter freiem Himmel und der Natur ohnehin ganz nahe, wie unsere Fotos auf der rechten Buchseite dokumentieren. Aber auch die KIRCHE in Kumlinge (für eher klassisch angehauchte Musik) sowie der Gästehafen werden als Spielorte einbezogen.

Tickets – für alle drei Tage – kosten 40/20/0 €; es sind auch welche für einzelne Veranstaltungen/Tage zu erhalten. Tel. 0046 – 76 – 815 9439 (Ronnie Svenblad), visorsaininorden.ax (mit Fotos vergangener Festivals).

Markt und mehr

◎ Eine Köstlichkeit im Angebot des Ladens in Kumlinge by ist das frische BROT VON **DANSOS GÅRD**. Airi Peterssons Spezialität ist ihr DELIKATES *Hemvetebröd*. Kyrkvägen 18, Tel. 0457 – 342 5417. Vorbestellungen möglich.

◎ **LAILAS HANTVERK**, Seglinge, Tel. 040 – 779 1305.

Die geschickten Finger von *Laila Kankare-Holm* produzieren Gestricktes, Gewebtes und Schönes in Poppana-Technik, fertigen Pullover, Socken, Handschuhe, Rucksäcke. Verkauf bei Veranstaltungen und Kursangebote.

◎ Auf Seglinge findet im Juli jeden Montag um 18.30 Uhr ein **SOMMERMARKT** im Hafen statt, auf Kumlinge dienstags im Kulturhaus.

◎ Jede der drei »Großen« (Kumlinge, Enklinge, Seglinge) verfügt über einen **LEBENSMITTELLADEN** – was nicht vorrätig ist, wird bestellt! Neben ENKLINGE BUTIKEN ist SEGLINGE AN-

Oben Visor så in i Norden, ein familiäres Fest mit Lokalkolorit und guter Musik, unten links ein Paddelausflug mit dem Seekajak in Kumlinges Schären, unten rechts am Ufer nahe Kumlinge Gästhamn, auf dem Weg nach Kumlinge by ▶

DELSHANDEL im grün bewucherten weißen Haus reizvoll: unten Dorfladen mit allem Nötigen, Treibstoff inklusive, oben Sammlung von Gegenständen »von damals«. Am Trinkwasserhahn füllen Wanderer und Fahrradtouristen ihre Flaschen. – Besonders nett kommt KUMLINGE ANDELSHANDEL daher, mit Kaffeeausschamk und freundlicher Sommerterrasse.

◎ **BANK**: Auf Kumlinge ist Ålandsbanken vertreten und arbeitet in Kooperation mit dem POSTSERVICE.

Ferien aktiv

NATUR UND WANDERWEGE

◎ **KUMLINGE ÅTTAN** heißt der insgesamt 12,5 km lange Wanderweg in wechselnden Schwierigkeitsgraden, der eine Acht beschreibt und mehrere Aussichtsplätze (Tipp: Koppholm), einige Rastplätze, historische Gebäude in Kumlinge by und die Kirche passiert. Anstatt der 8 können die beiden kreisförmigen, in etwa gleich langen Teilstücke auch einzeln erwandert werden. Die Route ist weiß markiert, Start am Gästehafen oder Kirchparkplatz. Grobe Karte auf www.kumlinge.ax sowie auf einer Info-Tafel im Hafen.

◎ Abwechslungsreich ist der 7 km lange Rundwanderweg über **SEGLINGE**. Start bei der alten Dorfschmiede in Seglinge by. Die Gletschermühlen (siehe Seite 268) sind nach 2,5 km erreicht; weiter geht es nach Sandvik und ostwärts zu einer alten Pumpstation. Im Gästehafen und im Laden gibt es eine Wegekarte.

BADEN, SCHWIMMEN

◎ Öffentliche **BADESTRÄNDE** gibt es auf sämtlichen drei Hauptinseln: auf KUMLINGE südlich des Hauptortes Kumlinge by, von der Hauptstraße abzweigend beschildert; auf ENKLINGE in der Nähe des Gästehafens; und auf SEGLINGE im südöstlichen Inselbereich mit schönem, kinderfreundlichem (da seichtem) Sandstrand.

DISCGOLF

◎ **SEGLINGE DISCGOLFPARK**: Neu ist dieser 9-Körbe-Parcours, gut 1 km östlich des Fähranlegers. Das Spielen ist gratis, und Scheiben gibt es im Hafenkontor für 5 € je 3 Stunden.

RAD FAHREN

◎ Ähnlich wie auf Föglö, Kökar und Brändö landen die Radler auf ihren Ausflügen immer wieder in den Gästehäfen und an der KÜSTE. Besonders attraktiv ist die Etappe über das lang gezogene SNÄCKÖ und via Kabelfähre **NACH SEGLINGE**.

SCHÄRENTRIPS

◎ **ANGELN**: Lizenzen erhalten Sie in den Häfen, Dorfläden und bei Hüttenvermietern.

◎ **KAJAK**: Kumlinges Schärenwelt ist bestens für Paddelausflüge geeignet, aber bevorzugt für Fortgeschrittene.

◎ Sagolik Service ist der Allrounder auf SEGLINGE und die Hafenmeisterin Satu Numminen mit ihrem Team die Fachfrau für **BOOTSAUSFLÜGE** (etwa mit Picknickkorb nach Källskär), dazu Taxiboot-Vermittlung und Touristenbüro. Tel. 040 – 506 1299. – Auf ENKLINGE heißt der Ansprechpartner Markku Lahtinen, Tel. 0400 – 744 079.

Brändö

VOR TURKUS HAUSTÜR

Schon allein Brändö böte eine schmucke Schärenwelt für sich: Die Gemeinde umfasst neben zehn bewohnten Inseln noch ein paar weitere Eilande, Schären, Klippen, die insgesamt eine Summe von rund 1.200 Inselchen ergeben. Rund 450 Menschen nennen die großflächige und facettenreiche Gemeinde ihr Zuhause. Für Åland ist Brändö die nordöstlichste, von der Hauptstadt Mariehamn die am weitesten entfernte Kommune; dem finnischen Festland, der Region um Turku liegt dieser Ausläufer des åländischen Schärenparadieses fast schon vor der Tür. Von Mariehamn ist man via Hummelvik mit der Fähre ca. zweieinhalb Stunden unterwegs; ab Turku erreicht man Brändo nach rund zwei Stunden Autofahrt, inklusive 35-Minuten-Fährtransfer von Osnäs/Vuosnainen.

Brändö verspricht mit seiner eindrucksvollen Naturvielfalt eine wohltuende Abgeschiedenheit und Herz erwärmendes Entrücktsein. Ein Garten, der schnell erreicht, jedoch auch wieder verlassen werden kann. Womöglich deshalb wird Brändö ein immer beliebter werdendes Reiseziel für Festland-Finnen. Umgekehrt wissen auch die Leute in Brändo einen KURZTRIP ins internationale Flair von Turku zu Shopping oder Konzertbesuch zu würdigen.

EXISTENZSICHERUNG

Schon immer war die Bevölkerung von Brändö der weiten Welt zugewandt. Liegt es daran, dass auch hier die alte Postroute sich bahnte, dass schon früh die Insulaner übers Meer zu fernen Küsten fuhren? Seefahrt und Handelskontakte jedenfalls ließen die Gemeinde prosperieren. Zu gewissen Zeiten auch dank der SCHWARZBRENNEREI und des einträglichen Schnapsschmuggels. Die zerklüftete Küste bot Verstecke zuhauf.
Heute hofft die Gemeinde MEHR auf touristischen ZUSPRUCH, um den Einheimischen, neben Landwirtschaft und Fischfang, ein dauerhaftes Standbein zur Existenzsicherung zu bieten. Dies scheint auch notwendig, denn die Einwohnerzahl ist leicht rückläufig. Und man tut einiges. Es gibt ein vergleichsweise breites Angebot an Ferienhäuschen.

Die Besucher von Brändö erwarten lauschig-lichte Laubwälder, saftige Wiesen, bestellte Äcker (und zahlreiche Gewächshäuser) im geschützten »Binnenland« der Hauptinseln, Nadelgehölz, trotzende Kiefern, wehende Gräser an zerklüfteten Ufern und – je mehr offene Meeresflächen die Oberhand gewinnen – dann nur noch kahle Klippen und Felsen als Landeplatz für SEEVÖGEL.

Die Hauptinseln BRÄNDÖ, ÅVA, FISKÖ und TORSHOLMA verbinden eine Vielzahl von Brücken und Dämmen über die Eilande Baggholma, Korsö,

Dass Angler und Wassersportler in Brändö beste Bedingungen vorfinden, versteht sich bei 90 % Gemeindefläche aus Wasser von selbst.

Björnholma hinweg miteinander: eine REIZVOLLE STRECKE für Autofahrer und besonders auch für Radler, ist ihr Kontakt zur gemächlich passierten Umgebung doch unmittelbar. Die sich dieser »Perlenkette« anschließenden Inseln JURMO (im Norden) und LAPPO (im Süden) sowie ab Lappo Asterholma und (per Kabelfähre) Björkö, das eigentlich zu Kumlinge gehört, sind LEICHT PER FÄHRE zu erreichen.

INFORMATION

◎ **BRANDÖ KOMMUN**, Brändö by, Nottholmsvägen 71 A, Tel. 56500, www.brando.ax (E). Servicebroschüre zum Download.

◎ **JURMO/LAPPO**: Djurmo Turism, Tel. 040 – 506 4777, jurmo.ax (ausgesprochen informativ, verkürzt auf E). – www.lappo.ax (E).

TRANSPORT

◎ Von Festland-Åland aus fahren Sie zunächst zur Insel Vårdö zum Fährhafen **HUMMELVIK**. Via »Norra Linjen« bringt Sie »M/S Alfågeln« über Enklinge und Kumlinge nach Brändö. Erster Halt dort ist Lappo, Endstation **TORSHOLMA**/Lilla Hummelholmen **(11)**.

◎ »M/S Ejdern« erreicht von Torsholma auf dem Weg nach Enklinge über Lappo das Inselchen **ASTERHOLMA**.

◎ Vom finnischen **FESTLAND** kommend, fahren Sie bis Gustavs/Kustavi, nehmen die Kurzfähre von Kivimaa bis Vartsala auf Osnäs/Vuosnainen (etwa 7 Minuten) und fahren anschließend bis zum Fähranleger, von wo Sie »M/S Viggen« oder »M/S Ådan« nach Brändö zur Insel **ÅVA (12)** bringen.

◎ Neben dem Anlegeplatz in Åva befindet sich der Startpunkt des kleineren »M/S Doppingen« zur Nachbarinsel **JURMO (13)**.

◎ Die öffentlichen **STRASSEN** und Wege in Brändö (immerhin mehr als 60 km) sind, wie überall auf Åland, in sehr gut befahrbarem Zustand.

◎ Brändö hat ZWEI **GÄSTEHÄFEN**, mit Tankstelle, Laden, Bistro und Sauna: im Süden LAPPO GÄSTHAMN **(14)**, Tel. 045 – 125 5516, Facebook. 90 Liegeplätze. – Im Norden JURMO GÄSTHAMN **(13)**, Tel. 040 – 506 4777. 15.6. –15.8. 40 Liegeplätze. – Wegen der Infrastruktur von Bedeutung sind auch die Marinas in Torsholma **(15)**, im Gemeindezentrum Brändö by **(16)** und auf Björnholma, Hotel Gullvivan **(17)**.

◎ **TAXI**: Zu und von den Fähren verkehrt Brändö Taxi, Tel. 040 – 754 0655. Taxiboote sind via Tel. 040 – 506 1299 vorzubestellen.

Unterkunft

◎ **HOTELL GULLVIVAN**, Björnholma, Tel. 56350, www.hotellgullvivan.com (E). Juni bis August, sonst auf Anfrage. 31 Zimmer, DZ 135/125 €. **(17)**

Ansehnliches HOLZHAUS am Meer, gefällige Zimmer im Haupthaus und separate Familienwohnungen. Hafen und Bootsvermietung, E-Auto-Ladesäule, Strand, Sauna, Discgolf, Boule, Minigolf und ein gutes Restaurant.

◎ **PELLAS GÄSTHEM**, Lappo by, Tel. 040 – 832 4333, www.pellas.ax (E). Apartments je nach Ausstattung ab 77/67–128/118 €, Campinghütten 77/67 €. Günstigere Wochentarife. Bettwäsche und Frühstück auf Anfrage.

Der Hauptort Brändö by (= Brändö Dorf) wird in manchen Adressangaben auch als Brändöby in einem Wort geschrieben. Wir entscheiden uns für die Schreibweise in zwei Wörtern, die sonst in Schären-Åland verbreitet ist.

Heimelige, ruhige und geschmackvoll eingerichtete Apartments in Lappos altem, rotem Schulgebäude und in weiteren Nebengebäuden, teilweise im Hafen.

◎ **JURMO VANDRARHEM**, Tel. 040 – 506 4777, jurmo.ax (E, z.T. D). Mitte Juni bis Mitte August. Apartment für Familien 120 €, Bett im Mehrbettzimmer Erwachsene/Kinder 35/20 €, Zeltplatz im Garten 10 €, Womo 15 €.

Herberge im alten Schulhaus mit ehemaliger Lehrerwohnung und vier ordentlichen Zimmern mit Etagenbetten. Die freundlichen Gastgeber betreiben auch Butik & Café Kvarnen.

◎ **ASTERHOLMA STUGBY**, Asterholma, Tel. 0457 – 548 3993, www.asterholmastugby.com. Anfang Mai bis Ende September, sonst auf Anfrage. Hütten (4 Personen) 151 €/Tag sowie 709 €/Woche.

Die geräumigen Hütten bestechen durch absolut RUHIGE LAGE. Zur Infrastruktur gehören Sauna, Kanu- und Bootsvermietung und Angellizenzen. Asterholma hat keinen Lebensmittelladen – den nächsten gibt es in Lappo.

◎ **FISKETORPET**, Korsö, Tel. 040 – 500 8204, www.fisketorpet.fi (E). Hütten von Mitte April bis Ende Oktober, Camping Anfang Mai bis Anfang September. Verschiedene Hütten je nach Personenzahl ab 70 €, Womo 16 €, Zelt mit Auto 12 € plus 8 € je Person.

14 Hütten im östlichsten Ort der Gemeinde Brändö verteilen sich großzügig über ein schönes Gelände am felsigen Strand, ergänzt durch einen sauberen Campingplatz. Strandsaunas, Boots- und Fahrradvermietung, dazu ein Bistro-Café, wo Sie Frühstück vorbestellen können.

Essen und Trinken

◎ **RESTAURANG GULLVIVAN**, zum gleichnamigen Hotel gehörend (s.o.), www.hotellgullvivan.com. Im Sommer Mo–Fr Lunch 11–14 Uhr, à la carte Mo–Fr 17–21 Uhr, Sa+So 14 –21 Uhr .

Bekannt für feine Fischgerichte wie den Fang des Tages für 34 € – an einigen Sonntagen im Juli wird ein reichhaltiges FISCHBUFFET aufgefahren. Einladende Veranda zum Speisen. In der Hauptsaison wartet die Location ferner mit Events und Live-Musik auf.

◎ **LAPPOKROGEN GALEASEN**, Lappo (direkt am Hafen), Tel. 040 – 626 3023, www.lappo.ax (unter »Service på Lappo«).

Serviert leckere Fisch- und Lammgerichte, die ZUTATEN VON LOKALEN HÖFEN. Gute Küche, einladendes Ambiente, Sommerterrasse.

◎ BUTIK & **CAFÉ KVARNEN**, Jurmo, Tel. 040 – 506 4777. Mitte Juni bis Mitte August täglich 9–21 (Küche 12–20) Uhr, in Vor- und Nachsaison wochenends geöffnet.

Nett gelegen beim FÄHRANLEGER und mit Terrasse gibt es neben Kaffee, Eis und Hefeteilchen auch Fisch- und Fleischgerichte, u.a. von Hochlandrindern.

◎ **TRIXIES SHOP & CAFÉ**, Brändö by, Tel. 56343. Ganzjährig geöffnet, in der Nebensaison Mo–Fr 11–14 Uhr, So 12 –18 Uhr, im Sommer je nach Verlauf.

Die Verkaufsladen-Café-Kombination offeriert einen wechselnden Mittagstisch, als SPEZIALITÄTEN JurMo-Burger und Felchen-Sandwich sowie, neben weiteren Burgern und Sandwiches, Pizza und Kuchen.

Die Unterkünfte sind ganzjährig geöffnet, sofern nichts anderes vermerkt ist. Die Preise vor dem Schrägstrich benennen den Hochsaisontarif (zumeist Juli bis Anfang August), die Zahlen hinter dem Schrägstrich den für die Nebensaison.

Sehenswertes

JURMO

◎ Beginnen wir mit der Vorstellung einiger zotteliger Zuzöglinge auf der nördlichen Insel JURMO. Sie vergrößern die Gemeinschaft der zweibeinigen Bewohner: Eine HERDE schottischer **HOCHLAND-RINDER** hat sich seit 2002 zu schwergewichtigen Maskottchen der Insel gemacht. Nicht nur Kinder traben gerne zu ihren Weidegründen: kraulen ja – an den Hörnern anfassen nein! Das köstliche, dunkelrote Fleisch ist im Kvarnen Sommershop zu erwerben. Die kleine Welt von Jurmo präsentiert sich via jurmo.ax – ein MUSTERBEISPIEL für Eigeninitiative und Gemeinschaftssinn.

◎ **HAMNMAGASINET (18)**, Jurmo Hafen, Tel. 040 – 709 9504. Etwa 25.6. – 5.8. täglich 18–20 Uhr und nach Vereinbarung.

GALERIE und Shop im alten Hafenmagazin zeigen Kunsthandwerk und Interior Design von *Yva Gestranius*, mit viel Recyclingideen, und Produkte anderer Kreativer aus den Schären. Gestranius verkauft im Kvarnen Shop und im Gästehafen auch Kräuter, Gewürze und Gemüse vom eigenen Hof.

LAPPO

◎ **SKÄRGÅRDSMUSEUM (19)**, Lappo, Tel. 0400 – 529 462, www.lappo.ax. Mitte Juni bis Anfang August täglich 11–14 u. 15–18 Uhr. Eintritt 4/0 €.

Der nicht zu übersehende Kernbestand der Museumssammlung besteht aus gut zehn HOLZBOOTEN unterschiedlicher Bauart und Größe. In ihnen spiegelt sich nicht nur die Geschichte eines Handwerks, sondern die ganze Schärenkultur, Arbeit und LEBEN IM ARCHIPEL. Ob Bauern-oder Fischerboot – dahinter stecken viele Geschichten, die im Museum vermittelt werden sollen, ergänzt durch eine kleine Fotoschau mit Bildern aus dem Alltagsleben auf Lappo in den 1930er Jahren. Dazu kommen wechselnde Ausstellungen und Präsentationen, die von Bildern mit maritimen Motiven bis zu Einblicken in die vielfältige Vogelwelt der Schären reichen.

Gleich nebenan wurde eine kleine SCHMIEDE wieder in ihren Original- und Arbeitszustand zurückversetzt.

HAUPTORTSCHAFT BRÄNDÖ BY

◎ Etwas am Rand von Brändö by steht die Kapelle der Gemeinde, **BRÄNDÖ KYRKA (20**, ST JACOB-KIRCHE). Erstmals wird in Dokumenten für das Jahr 1544 ein Gotteshaus benannt – als Gustav Vasa die Kupferglocke der Kapelle konfiszieren ließ. 1646 wurde eine neue Kirche errichtet, ebenso 1749. Betritt der Besucher heute die sakralen Räume, steht er in einem Bau aus dem Jahr 1893. Das Gotteshaus ist ein weiß gestrichener Holzbau, kreuzförmig angelegt. Im Turm versehen zwei Glocken (1685 u. 1845) ihre Pflichten und rufen die Gläubigen zum Gottesdienst. Im Inneren fällt ein prächtiger spätmittelalterlicher Altarschrank aus Eichenholz ins Auge, eine Arbeit von um 1440, wahrscheinlich aus einer Lübecker Werkstatt. Das große ALTARBILD zeigt die Himmelfahrt Christi, geschaffen 1882 von *Alexandra Frosterus-Såltin* (1837 –1916), die viele kirchliche Aufträge im gesamten finnlandschwedischen Raum ausführte.

In Brändö sind mehr finnisch beflaggte Boote als in West-Åland anzutreffen, unten von Bord kommend in Osnäs/Vuosnainen: Reisende aus Brändö sind ab jetzt im »Eigentlichen Finnland« unterwegs ▶

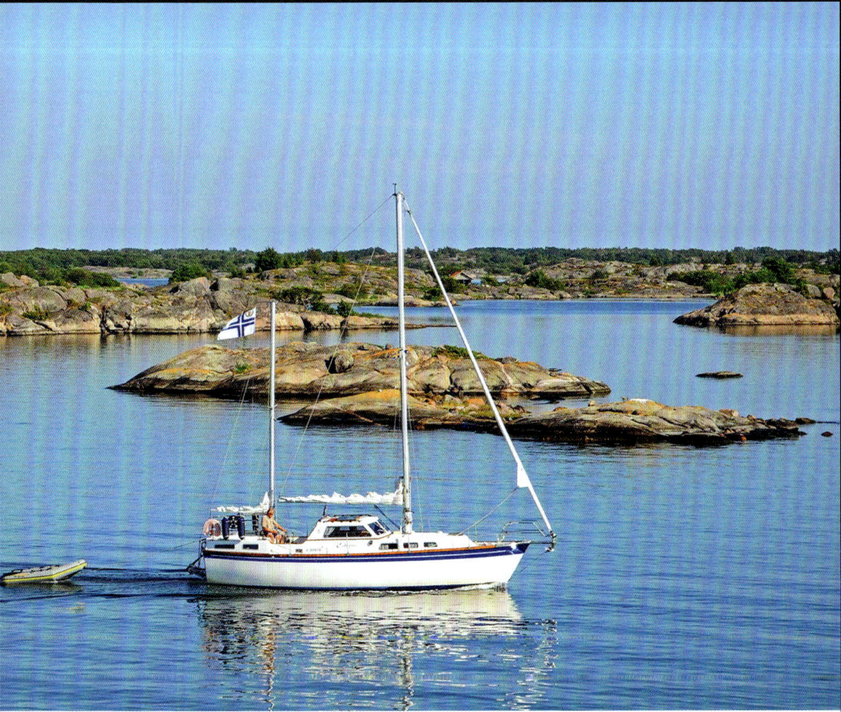

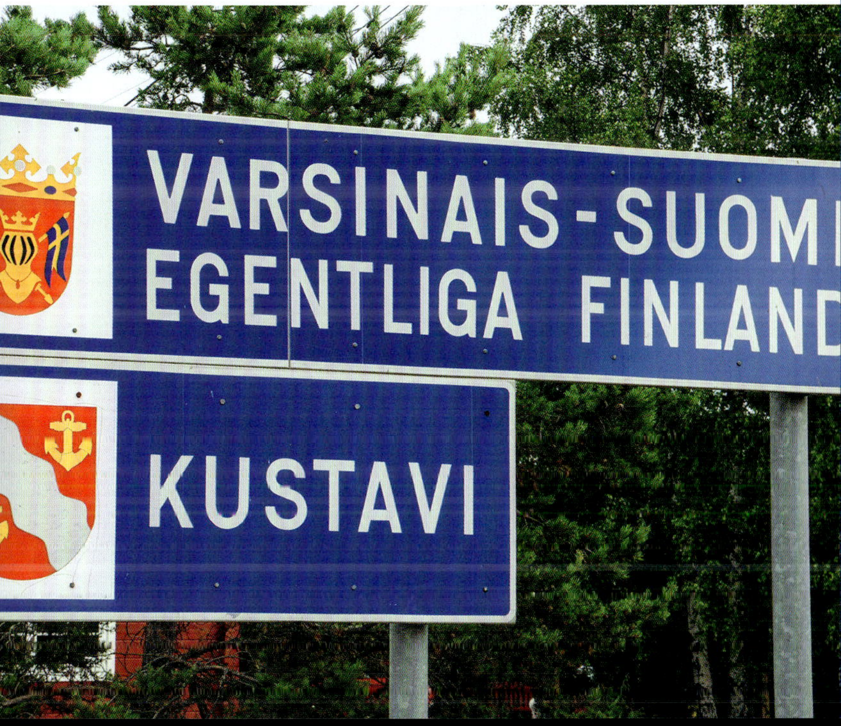

VARSINAIS-SUOMI
EGENTLIGA FINLAND
KUSTAVI

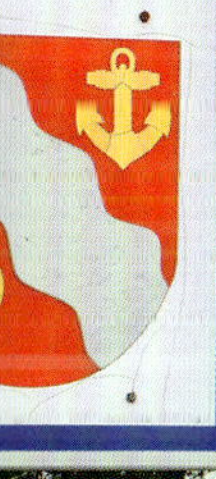

Auf der anderen Seite der Kanzel wacht eine Holzskulptur der Heiligen Birgitta, die um 1658 in den Besitz der Kirchengemeinde kam; der Bildhauer ist unbekannt. Kyrkvägen. Ende Juni bis Mitte August Mo–Sa 10–16 Uhr.

◎ Als letzte Etappe auf åländischem Gebiet führte die ALTE **POSTROUTE** durch das Schärenlabyrinth Brändös.

Dass das Navigieren zwischen den Untiefen, zudem bei widrigen Wetterverhältnissen, immer eine Gefahr für Leib und Leben bedeutete, zeigt das Beispiel des Leutnants *Gustaf Adolf Traube*, dessen angeheuertes Boot im Herbst 1773 auf Grund lief und zerbrach. Er und sechs Männer aus Kumlinge ertranken. Der hohe Herr hatte trotz Warnung der Seeleute auf einer Nachtfahrt bestanden. – Ein kleines Denkmal auf der Schäre GRAVSTENSGRUNDET erinnert an die TRAGÖDIE, wenige Kilometer südlich Brändö bys. Wegen der Landhebung mussten gerade in der Puzzle-Gemeinde Brändö im Laufe der Jahrhunderte die schiffbaren Postrouten immer wieder neu festgelegt werden.

Im Schutz des alten Hafens des Dorfes Brändö ging es an Land weiter mit dem Transport von Post, Waren und Passagieren. Der Weg wand sich ins Dorfzentrum und von dort zur Kirche. In frühen Zeiten war es Tradition, dass die dortigen Landbesitzer, also die auch zum Postdienst verpflichteten Bauern, immer gleich an ihre Häuser zwei Zimmer für Gäste mit anbauten: Gäste, die sie dann in einem rotierenden System beherbergten. Der alte Weg vom Dorf zur Kirche, großteils noch unasphaltiert, und besonders das folgende Teilstück von dort zum ehemaligen Pier an der Bucht Norrstrand sind noch in beachtenswert URSPRÜNGLICHEM Zustand, was ihre Wegführung betrifft. In Norrstrand ist nicht mehr viel zu entdecken von früherem Treiben. Hier machten die Kirchenbesucher von den ferneren Inseln ihre Boote fest und von hier ging auch die Postroute weiter – vorbei an Åva, Richtung Vartsala, was schon zur Gemeinde Gustavs/Kustavi gehört.

Unterhaltung

◎ Am ersten Septemberwochenende hat Mensch viel, Fisch weniger zu lachen beim traditionellen WETTANGELN **BRÄNDÖ FISKETAVLING**. Es winken attraktive Preise, Seemannspalaver und Tanz im Gullvivan. brandofisketavling.fi.

◎ **MITTSOMMER** mit dem Aufstellen der bunten Stangen wird gebührend in Brändö by, Torsholma, Åva, Fiskö, Lappo und Jurmo gefeiert.

◎ **BRÄNDÖLUFFEN**: HALBMARATHON und kürzere Laufstrecken gehen über bis zu 14 kleine Inseln durch famose Schärennatur. Ein Event Mitte / Ende Mai. Voranmeldung zum Lauf 20 €. bik.idrott.fi/brandoluffen.

Markt und mehr

◎ *Erica Törnroth* hat sich mit ihrem hauptsächlich textilen Kreationen unter dem Label **EGE T HANTVERK** einen Namen gemacht und vertreibt ihre Kreationen auf ganz Åland, so bei Viktor in Mariehamn, jedoch auch im heimischen Atelier. Sie fertigt jedoch auch Dinge aus Fischhaut, etwa Geldbörsen, und gibt Kurse. Torsholma, Munkviksvägen, Tel. 0400 – 403 330, ethantverk.wordpress.com.

◎ In Lappos Gästehafen führt **SJÖBODEN** schwedische Outdoor- und maritime Mode von *Pelle P(etterson)* und echten einheimischen Schmuck von Guldviva. Finnvik, Tel. 040 – 832 4333, Facebook.

◎ Ein familiärer **SOMMERMARKT** findet mehrmals mittwochs von etwa 18 bis 20 Uhr in Brändö by beim Heimatmuseum statt: mit lokalen Agrarprodukten, Fisch und Brot, aber auch Trödel und Kunsthandwerk.

Gemüse- und Obstanbau spielt auf Brändö eine wichtige Rolle. An vielen Stellen auf der Insel werden Sie mit Glas überdachte Beete und Treibhäuser entdecken.

◎ Bauer von Hause aus sind auch sie – aber ihre Tätigkeitsfelder sind stets überflutet: die Züchter der **FISCHFARMEN** wie Brändö Lax, www.brandolax.fi (E). Kein Direktverkauf.

◎ **HIMMELSGÅVA** ist eine ökologische Farm in (wie der Name vermuten lässt) Åva – produziert werden Honig, Kräuter, Delikatessen, Marmelade u.a. Verkauf am Sommerstand im Hafen von Åva – und dort, wo es Produkte der MATHANTVERKARE ÅLAND (siehe Seite 185) gibt, zu denen die Farm gehört. himmelsgava.ax.

◎ **EINKAUFEN** können Sie Lebensmittel und mehr ganzjährig im Brändö ANDELSHANDEL, Brändö by, Telefon 56210, Angelscheine gegen Gebühr. Mit Tankstelle und Post im selben Gebäude. Des Weiteren sind zur Stelle BUTIK KVARNEN auf Jurmo (Tel. 040 – 506 4777) und LAPPO HANDELSLAG auf Lappo (Tel. 56622); hier steht auch ein Benzinautomat.

◎ **BANK**: Andelsbanken för Åland in Brändö by, Askörsbron. Di+Do. Es gibt keine Geldautomaten auf Brändö!

Ferien aktiv

NATUR UND WANDERWEGE

◎ Im Südosten von JURMO verläuft ein 3 km langer **WANDERPFAD** mit mittlerem Schwierigkeitsgrad. Start ist vom Fährhafen aus etwa 1 km entlang der Straße in östlicher Richtung. Im Gegensatz zum übrigen Gemeindegebiet ist das Areal hier relativ HÜGELIG, und es gibt VIEL NADELWALD. Immer wieder eröffnen sich Ausblicke in und über das Schärenlabyrinth und in Richtung Festland, gekrönt von einem 9 m hohen AUSSICHTSTURM. Die Markierung besteht aus weiß aufgemalten Blumen, Tafeln informieren zu Natur und Umgebung.

◎ Auf 5 km bringt es der Naturpfad in **LAPPO**, Start und Ziel am Fähranleger. Vorbei geht es an der Mittsommerstange am Vårdberg und am Discgolf-Park mit Rastplatz über teils felsigen Grund. Weiß markiert.

◎ In **TORSHOLMA** geht es vom Kindergarten Milan, am Innanpåvägen 2, 3 km über einen mit Turmsymbolen markierten Weg zu einem Aussichtsturm, Replik eines kleinen Beobachtungsturms auf feindliche Bomber mit Kurs Richtung Turku im Zweiten Weltkrieg.

◎ Der Naturpfad **JÅSHOLM** beginnt am Parkplatz Askörsbron/Strand Nötö, südlich Brändö by. 3 km weiß markierter Weg führen über eine gestreckte Insel mit zwei Rastplätzen sowie jeder Menge Seevögeln.

ANGELN

Das Angelglück ist in Brändö ein zentrales Thema und Grund für viele Petrijünger, dieses Fleckchen Erde aufzusuchen. Angelscheine gibt es wie üblich in Geschäften und bei den Hüttenvermietern, von denen sich eine ganze Reihe auf diese Klientel spezialisiert haben und Angeltouren offerieren. Saison ist das ganze Jahr über.

BADEN, SCHWIMMEN

◎ Offizielle **BADESTRÄNDE**: KORSKLOBBSREVET, 1 km südlich ab Dorfzentrum Brändö by. Umkleiden, Toilette, Sprungfelsen. – Lappos Badestrand FINVIK und Jurmos Sandstrand GÄDDGRYNNAN finden sich jeweils in der Nähe des Hafens. – Weitere Badestellen: MUNKVIK, im Westen von Torsholma, sowie, besonders schön, im Südosten von KORSÖ.

DISCGOLF / MINIGOLF

◎ **LAPPO DISCGOLF PARK**, Vårdberg, Björkövägen, Tel. 040 – 832 4333. Der Parcours mit 18 Stationen in grünem und felsigem Terrain war 2014 der erste seiner Art im Archipel. Ein garantierter Familienspaß.

◎ **MINIGOLF**-Anlagen befinden sich in Björnholma (beim Hotel Gullvivan) und auf Lappo (beim Hafen).

RAD FAHREN

◎ Die östlichste Åland-Gemeinde ist wohl diejenige mit den meisten Straßenkilometern **DIREKT ODER GANZ NAHE AM WASSER**, so zum Beispiel vom relativ zentral gelegenen Hauptort Brändö by NACH TORSHOLMA im Süden, NACH ÅVA im Nordosten oder auch via Korsö NACH FISKÖ im Nordwesten.

◎ **FAHRRADVERMIETUNG**: in einigen Unterkünften. E-Bikes vermietet BRÄNDÖ BIKE & BED, Borkenholm, Tel. 0400 – 851 055.

SCHÄRENTRIPS

◎ Die bizarre Küstenlinie, die Unzahl der Schäreninselchen – Vorsicht aber bei Schutzgebieten – sind ein fantastisches Revier für WASSERSPORTLER, vor allem wenn sie im weniger windanfälligen **SEEKAJAK** unterwegs sind.

Die meisten Hüttenanbieter haben zumindest Ruder- sowie Motorboote für ihre Gäste vertäut.

◎ Kaj Lundberg unternimmt von Jurmo aus Schären- und Angelausflüge sowie **SEEHUND-FOTOSAFARIS**. Fiskefröjden, Tel. 0400 – 720 277. – Außer Lundberg ist Asterholma stugby eine gute Adresse für Bootsausflüge, Tel. 0457 – 548 3993.

SPORTZENTRUM

◎ Im Hauptort Brändö by steht das Sport- und Multifunktionszentrum **BRÄNDÖ HALLEN**. Das Angebot für Vereine, öffentliche Veranstaltungen sowie Gruppen umfasst Badminton, Tennis, Volleyball sowie weitere Ballsportarten. In der Nähe der Halle startet ein (bei Bedarf beleuchteter) Jogging- und SPAZIERWEG.

Register

Der skandinavische Sonderbuchstabe Å (å) steht am Ende des schwedischen Alphabets vor Ä (ä) und Ö (ö); alle drei Buchstaben sind im Register dementsprechend eingereiht.

ORTS-/SACHREGISTER

Museen, Kirchen und Aussichtstürme stehen (jeweils zusammen aufgelistet) unter M – K – A im Orts-/Sachregister.

Kunsthandwerk finden Sie in den jeweiligen Kapiteln unter der Rubrik »Markt und mehr«, Feste und Festivals unter der Rubrik »Unterhaltung«.

Für fast alle Museen etc. verwenden wir im Buch die schwedischen Namen, da Ihnen deren deutsche Übersetzung vor Ort (etwa bei Nachfragen) nicht unbedingt weiterhelfen würde.

Alexander Geh
Dänische Inseln 1:
Fünen
Langeland
Ærø
Edition Elch
SG215

Museen, Kirchen und Aussichtstürme stehen (jeweils zusammen aufgelistet) unter M – K – A im Orts-/Sachregister.

PERSONENREGISTER

Der skandinavische Sonderbuchstabe Å (å) steht am Ende des schwedischen Alphabets vor Ä (ä) und Ö (ö). Wie eingangs bereits erklärt: Alle drei Buchstaben sind im Register dementsprechend eingereiht.

BILDNACHWEIS

Autorin, Autor und Verlag bedanken sich für die freundliche Unterstützung.